耶林文集与研究

中国左翼作家联盟成立大会会址纪念馆
张以谦 编

上海辞书出版社

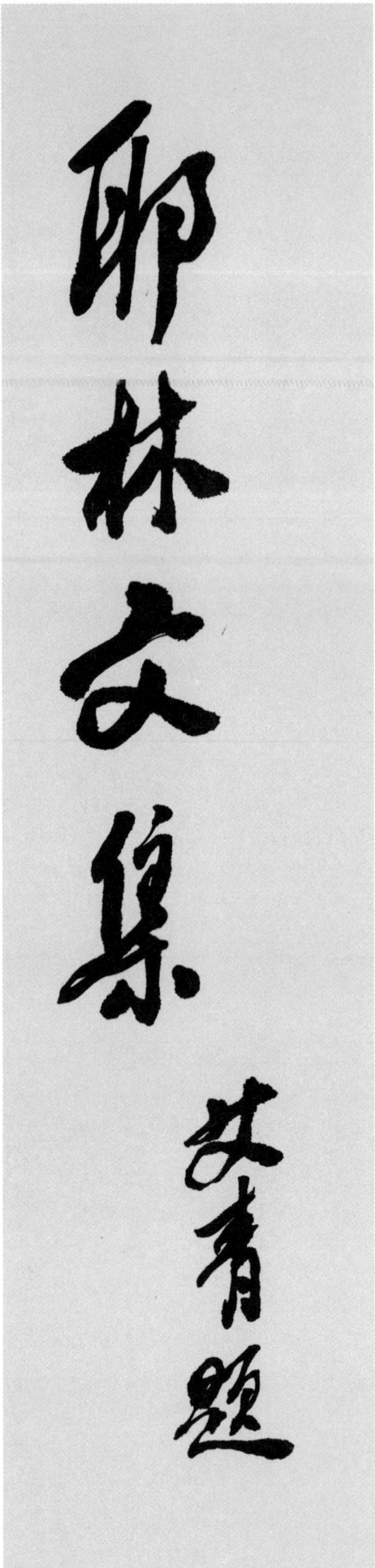

《耶林文集》艾青题词

张以谦（1929年9月—2010年11月）

华东师范大学汉语言文学系毕业，先任职于上海体育学院预科。1977年始入华东师范大学第二附属中学从事语文教学。长期任教于初、高中毕业班，高级教师。知识广博，理论基础厚实，具有丰富的教学实践经验。语文教学艺术精湛，在作文教学方面尤为突出。在积极推进教学改革工作的实践进程中，注重深入实际，坚持与时俱进。在理论著述方面颇有建树，著作颇丰，勤于思索，富于创新，关注前沿，见解独特新颖，所著作品具有较高的学术研究价值。

《我终于真正知道胡风》，发表于1981年1月27日香港《大公报》。论文《浅析〈书塾与学堂〉——兼谈鲁迅与郁达夫的散文的艺术风格》，发表于《语文教研》1983年第7期。《耶林纪念文集》，1988年1月山东文艺出版社出版。论文《为有源头活水来——谈作文教学题材的开拓》，收入《语文学习》1986年第5期。《反法西斯战争中的隐蔽战线》，2000年2月黑龙江人民出版社出版。《关于“歌特”化名考证——与肖扬先生商榷》，发表于《昌潍师专学报》2000年第4期；《指令从“格白乌”上海总部发出——共产国际中国情报组织在战斗》，发表于2001年12月19日上海《党史信息报》；《耶林传》，发表于《昌潍师专学报》；散文《周扬印象记——一个“左联”后辈的怀念》，发表于《北方论丛》2003年第5期等，为有关部门和相关研究领域的专家学者提供了重要的参考史料。2004年，其主要业绩载入中国档案出版社《中国著作权人档案》等辞书。

张以谦离休后发挥余热，不忘教师的责任，创办了华夏补习学校。在办学十余年中，前后让两千多名高考落榜生，通过补习，重拾希望，步入高等学府深造，为建设民办教育和培养社会人才做出了贡献。

序

叶林是我的老战友。我在“左联”担任党团书记时认识他的，我们在一起工作过。后来，我被调到“文总”和中共上海局文委工作，中央曾委派他担任过“左联”党团书记。

大约1933年初，叶林奉命调赴苏区工作，同行的人中有刘鼎同志。解放后，我到处打听叶林的消息，后来从刘鼎等同志处才得知，叶林那次被调往苏区工作，一起同行的约20人左右，当他们路过赣东北苏区时，由于赣东北苏区与中央苏区交通阻隔，暂时留赣东北工作，当时正值该地区“肃反”扩大化，叶林等被他们当作特务冤杀了。刘鼎同志是学工的，专长于无线电，中央苏区正需要刘鼎去，曾电令赣东北党组织：“刘鼎路过你处时，速派人兼程保护送往中央苏区。”所以刘鼎得免于难。

叶林对党忠诚，工作刻苦努力，他对人宽厚，很能团结人。他的生活朴素，我曾多次到他家里去过，他们夫妇俩住在亭子间里，烧烧洋煤炉子，吃点烧饼之类，过得十分艰苦，经常有一顿无一顿的。我看他穷，有时我得了点稿费，买点吃食给他送去，他无论如何不肯收，说：“你不是和我一样穷吗？你的负担比我还重呢！”我对他的印象非常好，当我得知他被当作敌人杀害了，我长时间感到痛苦。如果叶林不牺牲，他是会为党作出很多贡献的。

叶林是个作家，他写了好几篇小说，还有诗。应该把他的作品收集起来，作为烈士的遗作出版。

阳翰笙

1979年5月6日

前言

1930年3月2日，中国共产党领导的第一个革命文学团体——中国左翼作家联盟成立，波澜壮阔的左翼文化运动就此拉开序幕。如今，我们回顾这场文化运动，依然可以感受到它的声势浩大。可以说，左翼文化运动的历史犹如一幅气势恢宏的画卷，就其中的人物来说，既有家喻户晓的著名作家，例如鲁迅、茅盾、瞿秋白等，也有许多不为人所知但对历史发展起到重要作用的人物。

耶林，就是这样一位人物，对于现在的学生，乃至专门研究左翼文化的专家学者来说，耶林到底是何许人，恐怕也没多少人能够真正了解。但他在左翼文化运动中，曾经实实在在发挥过重要的作用。

1979年四届文代会上，周扬等在为耶林出版纪念文集的报告中写道："张眺（笔名耶林）同志，于1929年至1932年，是上海左翼文化运动中党内优秀的组织者与领导者。"耶林曾是左翼文化运动的先驱，担任中国左翼作家联盟及左翼美术家联盟领导职务，并参加中共中央文化工作委员会、左翼文化总同盟的领导工作，为左翼文化运动的发展做出了巨大的贡献。

在参加左联期间，耶林十分关心《前哨》《北斗》等左翼刊物的编辑出版工作，协助组稿，给编辑部写信，为提高刊物质量提出意见和建议。1932年1月28日日本帝国主义武装进攻上海，他积极为上海反帝大同盟领导的《反帝画报》《民众画报》《慰劳画报》创作漫画《反帝组画》27幅。

他在繁重的革命活动之外，积极从事文学创作。在1931年12月在《北斗》发表小说《村中》，1932年11月在《文学月报》发表小说《月台上》和《开辟》，他的小说深刻反映了工人阶级真实的生活和思想感情。

1933年1月，耶林由中共中央派往江西中央苏维埃区工作，并担任闽浙赣苏维埃政府文化教育部长。1935年初，在王明"左"倾路线的影响下，闽浙赣省发生"肃反"扩大化，中央代表曾洪易（1935年5月投敌叛变）把耶林打成"反革命"，将其秘密杀害横峰山区。"文革"后恢复一切政治荣誉。

去年，耶林侄孙张列力提出想与纪念馆合作出版一本纪念耶林的书籍。张列力父亲张以谦一生致力于耶林的研究，生前广泛搜集了相关的资料，做了很多考证研究工作，费了很多心血，发表了多篇学术论文。张列力继承其父遗愿，近年来孜孜不倦地继续整理文献，多次到江西南昌、上饶、弋阳、横峰等当年耶林工作过的地区收集相关史料，取得了很大的收获。我们也为其锲而不舍的精神所感动，当张列力提出合作出书一事，我们欣然接受，并提供了一些资料。同时针对耶林相关问题与其作了深入探讨，让我馆对于耶林有了更深的认识。虽然我馆在耶林是否担任过“左联”党团书记、“歌特”是否是耶林笔名等问题上与张列力存有不同意见，但我们仍希望将不同的观点呈现给读者，供大家思考及探究。此外，张列力还向我馆捐赠了一批珍贵的史料，在此表示衷心的感谢！

今年正值“左联”成立90周年，本书的出版不仅是对“左联”成立90周年的献礼，还开辟了纪念馆与“左联”盟员后代合作研究的新模式。以耶林为例，我们希望，进一步加强对“左联”盟员个体的研究，尤其是那些不为人所熟悉的盟员，我们诚邀盟员后代以及相关研究学者，与我们一同开展和加强学术交流合作。我们也相信，通过这些盟员研究，一定能够挖掘出很多很有价值的新材料、新内容。

左联会址纪念馆

2020年5月

目 录

第二部分 怀念与回忆

第三部分 耶林专题研究

丁玲给我的三封信
（代前言）

张以谦

深夜备课，我翻阅鲁迅先生的杂文，不经意间又翻到了我看了无数遍的《答北斗杂志社问》一文，我的眼前顿时浮现出满头银发的丁玲，耳边仿佛又响起1979年初次拜访她时所听到的亲切话语：“啊！张以谦啊！”

其实，我与丁玲原本不认识，她是文坛巨星，我只是一个普通的中学教员。但为了我的叔叔耶林，我曾拜访过丁玲，并得到了她真诚的帮助。

20世纪50年代，我正在大学中文系念书，丁玲却已被“反右”风暴刮到北大荒去了。书架上关于她的书，已列为禁书，只是作为反面教材才允许翻检。我打着研究中国现代文学史的招牌，终于被特许翻看到了影印版的“左联”期刊。其实我心中另有打算，想查一查久已失踪的我的叔叔“左联”作家耶林，曾有哪些作品在这些“左联”期刊上发表过。

在查阅的过程中，我知道了丁玲曾是《北斗》杂志的主编，并发现了耶林在《北斗》上曾发表过一篇名为《村中》的小说。当时，我心中非常激动，心想既然耶林能在《北斗》上发表作品，那么丁玲很可能认识他。依我的心情，很想马上去拜访丁玲，然其时丁玲已落难，我不可能前去当面求教了。我把这个愿望埋在心底，整整度过了20年。

直到1979年春，我终于从丁玲的儿媳（蒋祖林的爱人）处打听到，丁玲已从山西长治回到了北京，暂住友谊宾馆。我立即给北京的楼适夷写了一封信，请他把我的信转交给丁玲，向丁玲探询“左联”作家耶林的往事。信发出不久，就接到了丁玲的复信。

以谦同志：

从接适夷同志处转来的信收到了。

耶林给我的印象，至今还很新鲜。在《北斗》上有一封我给E.L的信，即是寄给他的。我手边无此信，我的存物中可能还有一封他寄给我的信，只是都夹在一堆旧报纸里头，一时无法找到。将来有机会当找找试试，如还有一定抄寄给你们。我没有见到他给我的小说《水》的插图。关于他到苏区去以后，我就不知道他的情况了。后来也是听冯雪峰同志说可能在赣东北，被当做AB团杀害了！我们都很难受，但冯也不知详情，也是听说。我们总还希望后来将有消息，但一直也未听说。看来……我们国家和革命真是多灾多难！想到一些故友，不免总有些怅然。……我现在在北京医院，但往哪里去，住何地，仍未定。有信仍请寄楼适夷同志处转好了。

敬礼！

丁玲

4月5日

这封信收到后过了20天，我又收到了蒋祖林转交的丁玲给我的第二封信。

以谦同志：

……

耶林给我的信，可能还得过两个月才能取出。那时我一定寄给你。

我已出院，现住西郊友谊宾馆7217房，有信可直接寄到这里。

因忘了你的地址，因此这封短简由我儿子蒋祖林转交，他也曾代问过耶林的事。

敬礼！

丁玲

4月26日

收到第二封信后的一个月，我又收到了丁玲给我的第三封信，还有她保藏了50年的耶林的三封亲笔信原件。

以谦同志：

耶林同志给我的信共三封，我已抄出，拟请文史资料发表，并附上我的一封附信，及我的附言。还没有同适夷同志商量，想先征得你的同意，不知你有什么意见，望告。如同意，则我还想在附言中简略介绍一下他的历史。这个材料就得你简略地告诉我，请写一点寄来。如你有别的用途，则全部由你处理好了，我就不交出去了。

原信寄上，望查收，收到后望给我一收条。

敬礼！

丁玲

5月25日

以上是我与丁玲的通信过程，从中可看出她对"左联"已故战友的挂念，对烈士后代查询工作的关切和支持，这确实令我十分感动。1980年，在纪念"左联"成立50年的日子里，丁玲又把耶林给她的三封信和在《北斗》上的读者来信以及答E.L的信，一并公之于众，还写了《附记》。《附记》中有这样一段话："耶林同志原名张眺，是个学美术的学生，后来参加了上海的美联和'左联'。据阳翰笙同志、刘风斯同志等回忆，都说他是'左联'党团的成员。……后来听说，在王明的极'左'路线统治下，他被诬为AB团而竟遭杀害。'左联'的许多同志，如冯雪峰、阳翰笙、适夷、刘风斯等都曾设法打问当时的经过，但终因事隔多年，至今不能得到确实的情况，而只留下无限怅惘。"（《新文学史料》1980年第1期"左联"成立50周年纪念特辑）

丁玲为之怅惘的耶林不明不白的死，已由中共山东潍坊市委作了详细调查，证实了耶林确实是被王明路线所错杀，并作出了"恢复党籍，恢复一切政治荣誉"的决定。然而，当我于1986年4月2日得到这一消息后，还没来得及向丁玲转告时，丁玲却已于次日上午10时45分与世长辞了！我只能怀着无限悲痛的心情写下了这篇文章，告慰丁玲的在天之灵。

耶林生平

一、引言

耶林是20世纪30年代，由中国共产党领导的左翼文化运动早期优秀的组织者与领导者之一，曾担任“左联”“美联”党团书记、中央文委书记。1932年底，奉江西瑞金苏区党中央派遣赴中央苏区根据地，任闽浙赣省苏维埃政府文化部长中共闽浙赣省共产主义学校校长。耶林是上海文艺界党内重要领导人，他既是画家和作家，又是诗人。曾就读于杭州国立艺术院（现中国美术学院）研究部，是七名研究生之一，也是艺术院第一位中共党员，他在杭州国立艺术院点燃了中国左翼美术运动的星星之火。是左翼文化运动早期的领导人，文化战士。

耶林，原名张星芝，字鹤眺，又名张眺、叶林（党内用名），笔名耶林、菊华、范亢、零鱼、椰林、耶灵、歌特、科德、书林、瑗霖、叶久苍、E.L等。1901年他出生于潍县寒亭北巷子的一个知识分子家庭，父亲张潼，1891年（清光绪十七年）辛卯科举人，曾在山东荣成县任教谕12年。耶林兄弟七人，长兄早年留学日本，东京帝国大学纺织专业毕业，中国同盟会员。二兄、三兄是典型的农民。四兄擅长绘画，失明，24岁亡故。五兄张岱芝，早年在东北搞森林企业，九一八事变后，受耶林影响参加抗日义勇军，1933年被党派往苏联学习，与杨佐青一起做“共产国际反法西斯工作”。六兄18岁少亡。耶林在家族同辈中年龄最小，排行第九。在年幼时，他即随父亲东奔西走。耶林的父亲喜爱新学，对数学多有研究，清末参加中国同盟会，在旧制中学教国文，最后脑溢血倒在讲台上。其父力主新学，拥护维新变法，支持“五四”运动，是当地新学的倡导者，是一位“与时俱进”的文化人。耶林家学渊源，年少具有厚实的古典文学功底，十几岁能写出很好的古诗。耶林自幼就受到家庭民主革命思想影响，有强烈的爱国民主意识，一生为中华民族解放事业奋斗，献出了年轻的生命。

二、刻苦自学德艺双收

耶林上学后喜爱文学、诗词和绘画，有自编的16岁前写的诗《学步集》70篇，现存“序言”。他酷爱书法、绘画、篆刻，远近闻名，被誉为“青年艺术家”。

1921年，耶林21岁时出任寒亭高等小学校长，张笛心、张以荣、丁子新都是他的学生。当时全国“五四”新文化运动轰轰烈烈，文言白话斗争激烈，耶林积极提倡白话文，没有教材，自编《白话尺牍》作教材。当时潍县尊孔读经的封建势力强大，排斥白话文，耶林被迫辞职，与徐力夫同往东北黑龙江投靠五兄张岱芝，在黑龙江同善社任教，一年后父亲病故又回到家乡，丁忧陪伴母亲。1925年考入济南爱美专科学校（又名周爱周美术学校），学习绘画。因不满意学校封建式的教学，与同学谷巢谷、陈志玉、张浩然、王绍洛退学，赴青岛高苑路自开画室卖画谋生，一面自学自修，一面接受新民主主义革命新思想。有人说他画一穗高粱，外国人用几十块大洋买，他不轻易卖钱，宁肯送人。在此期间画人体素描、画洋画、油画等，并阅读许多进步书刊，如《新青年》《小说月报》《向导》和《东方杂志》等，阅读李大钊的《法俄革命之比较观》《庶民的胜利》等文章，接受陈独秀、鲁迅新文学思想，积极宣传新文化思想，眼界拓宽了，越来越与旧势力势不两立。有人说他太高傲，也有人说他“读书读‘野拔’了”，意思是读书读傻了，有人说他疯了，叫他张疯子。在县里教书时，与进步青年张同俊、宋悲行、昌邑的刘培绪、李建章等交往密切，耶林性格特立独行，与庸俗时尚格格不入，对道貌岸然，心灵空虚的“伪君子”经常进行讽刺挖苦，有“俄国十二月革命党人”一样的叛逆性格。自撰“世人单从梦里者”的条幅挂在书房里自勉，并参与指导当时乐道院内文美女中的反迫害罢课斗争。耶林堂侄女张笛心当时在文美女中读书，和陈少敏、董佩行都是共青团员，耶林培养和鼓励她好好读书，争取将来经济独立，争取婚姻自由人格独立，笛心侄女一生实践了叔叔的教诲，其子女都是专家学者或医生。

三、耶林的早期革命活动

耶林受父辈和长兄影响，在“五四”新文化运动影响下，阅读了大量进步书刊，受到民主思想的启发，在家乡办学期间，开始练习白话文习作，如写小说、新诗歌，反对尊孔读经的旧学。如他写的《秋荷》一诗，就是赞美反对旧礼教、追求婚姻自主、个性解放的新作品。在另一首乐府古题中有“东邻富家儿，遇我巷之曲，顾我嗤然笑，阔步夸彩服，岂知吾生甘藜藿，不乐衣锦厌粱肉”，说明他对富贵发达的鄙弃。他在潍县县中和文华中学任教时，向学生介绍进步新文艺刊物，有《莽原》《奔流》《语丝》《创造月刊》。如丁子新回忆：“受张鹤眺老师新思想的启蒙，开始接触革命的新文化，认识谁是革命的，谁是反动的，使我从16岁起对共产党有了向往，而终生不渝。”这时，耶林如痴如醉地阅读了《共产党宣言》《共产主义之路》《社会主义问题详解》《新青年》等杂志，宣传社会主义思想的书刊。耶林看过的书都有眉批，说明其读书非常认真，与潍县早期中共党员张同俊在一起，耶林的思想此时有了质的飞跃，1927年前加入了中国共产党。他还秘密组织欢送进步青年胡殿武、宋幼石、张云南去广州参加国共合作创办的农民运动讲习所，有“君去沧江望澄碧”的条幅，表达对战友的祝贺。

四、国共分裂后的耶林

1927年国共分裂后，潍县形势险恶，张全武、庄龙甲被杀害，耶林也因传播进步文化被当局监视，正如他当时讽刺的“潍县大十字口的狗也成了国民党了”。真是满街狼犬，虎视眈眈，个人安危，朝不保夕啊！受形势所迫，他与党失去了联系，后经文美女中校长徐焕滋资助，于1928年底赴上海寻找党组织。耶林赴上海后转杭州，考入杭州国立艺术学院学习绘画，提倡“普罗”大众文艺，师从法籍教授克罗多和林风眠学习油画，并与同学李可染共同租住于西湖之滨“善福庵”，组织进步同学李可染、于海、李岫石、汪占辉、刘芳松、陈铁耕等人阅读进步书籍，组织进步文学团社“泼波社”“一八艺社”，并在杭州《国民日报》办“泼波”副刊，发表《新的认识》，提倡普罗文学，点燃左翼美术的星星之火，并传阅进步书刊。张同俊从日本寄来一本《一周间》给他，被国民党当局发觉逮捕，囚禁在浙江军人监狱。后因证据不足，经林风眠校长保释出狱，离开杭州转往上海。

找到组织与党取得联系后，张眺改名叶林，参加左翼文化运动，担任上海法南区委宣传部长，后改任上海“互济会”“上海反帝大同盟”党内领导工作，开展发行《红旗日报》，举办工人夜校等活动，与杭州国立艺专被开除的学生李岫石、刘芳松、马达等人共同出版油印刊物《马达》，组织上海“一八艺社”，参加鲁迅举办的木刻讲习所，培养了大批木刻人才，开展新兴木刻运动。在繁忙的工作中，他利用报刊、通讯、画报等形式，创作小说、诗歌、绘画等，扩大了党的影响，还为苏区根据地教科书画插图。团结了进步力量，并在工人中开办夜校，对他们进行热情帮助，培养发展了一批积极分子。在上海期间，曾担任“美联”党团书记、“左联”党团书记和中央文委书记，是上海左翼文艺运动党内优秀的组织者与领导者。在任职期间支持“一·二八”抗战，与丁玲通信，指导丁玲办好《北斗》杂志，纠正上海文艺战线上的“关门主义”，积极倡导民族革命的统一战线，用上海文艺战线上的这个平台，提倡“革命的大众文学”，使上海文艺运动出现一个崭新的面貌。积极配合苏区反“围剿”斗争，九一八事变以后，积极引导其五哥张岱芝走向革命，他的五哥在其影响下，回到东北积极靠拢共产党，最后成为一名中国共产党党员，在苏联莫斯科红军军事情报学校学习，成为一名优秀反法西斯的红色国际特工，在东北为抗击日本侵略者做出很大的贡献。

耶林在创作中，身体力行，在《新女性》《北斗》《文学月报》等刊物上先后以零鱼、耶林、椰林等笔名发表《白沫》《村中》《月台上》《开辟》等小说，还写了一些文学评论及《想对“左联”说几句话》《给丁玲的信》《到火线上去》《起来！中国的大众！》《谈谈工厂小报和群众报纸》《开展群众的斗争来回答白色恐怖》等文章，还有《反帝组画》现存上海鲁迅纪念馆。他还联络了柳亚子、鲁迅、茅盾等57人开展“中国著名作家为中苏复交致苏联电”的签名活动。针对上海左翼文化运动的“关门主义”，先后以笔名“歌特”在中共中央机关报《斗争》杂志发表《文艺战线上的关门主义》等三篇文章，文章中第一次提出反对“党八股”（又名“十八套”），还指出“小资产阶级文学家，不是我们的敌人，而是我们的同盟军”，主张团结一切可以团结的力量，建立革命的统一战线。

五、为苏区建设而牺牲

在耶林积极活动的同时，党内出现了叛徒。1932年12月，他奉瑞金苏区党中央调令，赴江西中央苏区接受新的工作。是月，耶林由中央派交通员带领到杭州，经屯溪进入闽浙赣苏区。由于国民党军队对红色根据地“围剿”，闽浙赣苏区通往瑞金的道路受阻，受省苏维埃政府主席方志敏的邀请，1933年1月初耶林被任命为闽浙赣省苏维埃政府文化部长，全面负责苏区的文化教育宣传工作。这期间，为闽浙赣省苏维埃政府机关报《工农报》撰写社论，发表署名文章《用实际工作来拥护全省苏维埃代表大会》。

1933年3月18日至25日，在方志敏领导的闽浙赣苏区的全省第二届工农代表大会上，耶林被选为主席团成员之一，闽浙赣省苏维埃政府执委会委员、省苏维埃政府文化部部长、中共闽浙赣省共产主义学校校长，他在工厂、农村、机关、学校普遍建立了俱乐部，要求学龄儿童必须入学，实行苏区小学义务普及教育，培养了苏区许多文化教育宣传人才。开展了新戏运动，为发展戏剧组建闽浙赣省工农剧团第二团，经常带剧团上前线慰问演出。主持修建闽浙赣省红场，完成编辑出版了《工农读本》第四册。在苏区根据地举行各种不同项目竞赛活动，完善了苏区学校教育网络，为闽浙赣苏区文化教育建设作出了巨大贡献。他还领导主持《工农报》和《红色东北报》编辑和发行工作，加强了画室专业技术的力量，积极配合方志敏领导的根据地工作。1934年11月，方志敏奉中革军委命令，率领红十军团北上抗日，耶林留在根据地坚持游击斗争，1934年底或1935年初的某一天，被闽浙赣苏区王明“左”倾路线的中央代表曾洪易（1935年5月投敌叛变）当作“反革命”秘密杀害，牺牲在江西横峰山区，年仅35岁。

1986年2月中共潍坊市委组织部，根据上级指示为张眺（耶林）同志平反昭雪，恢复党籍，恢复荣誉。

青少年时期的耶林

青年时期的耶林

1922年耶林与哥哥张岱芝在黑龙江哈尔滨

1924年耶林在山东济南美专读书

1922年耶林与哥哥、嫂子在黑龙江哈尔滨

1929年冬在杭州国立艺术院，耶林（左）、李可染（右）、陈伟岑（中）。

1930年“一八艺社”摄于上海，后排左起第三人为耶林

耶林的手迹、画稿与资料影印件

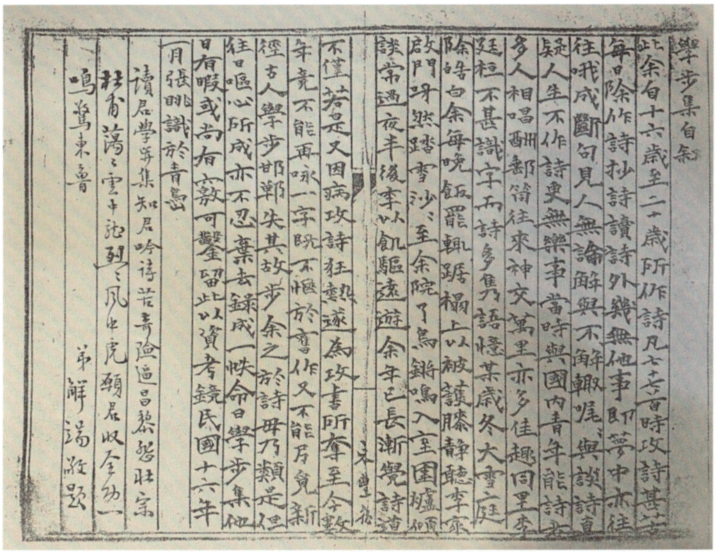

學步集自叙
此余自十六歲至二十歲所作詩凡七十六首時攻詩甚苦每日除作詩抄詩讀詩外幾無他事即夢中亦往往哦成斷句見人無論解與不解輒娓娓與談詩直疑人生不作詩更無樂事當時與國內青年能詩者多人相唱酬郵筒往來神交萬里亦多佳趣同里李廷桓不甚識字而詩多隽語憶某歲冬大雪庭除皓白余每晚飯罷輒踞榻上以被護膝靜聽李宗啟門呀然踏雪沙沙至余院了鳥鏘鳴入室圍爐和談常過夜半後李以飢驅遠遊余年已長漸覺詩道不僅若是又因病攻詩狂熱遂為攻書所奪至今數年竟不能再詠一字既不慨於舊作又不能另覓新徑古人學步邯鄲失其故步余之於詩毋乃類是但往日嘔心所成亦不忍棄去錄成一帙命曰學步集他日有暇或尚有敦可鑒留此以資考鏡民國十六年月張眺識於青島

讀君學步集知君吟詩苦壽險逼昌黎磐壯宗杜甫蕩蕩雲中龍翔翔風中虎頗君收全功一鳴驚東魯

弟解謁敬題

耶林《学步集·自叙》手迹

耶林书法手迹

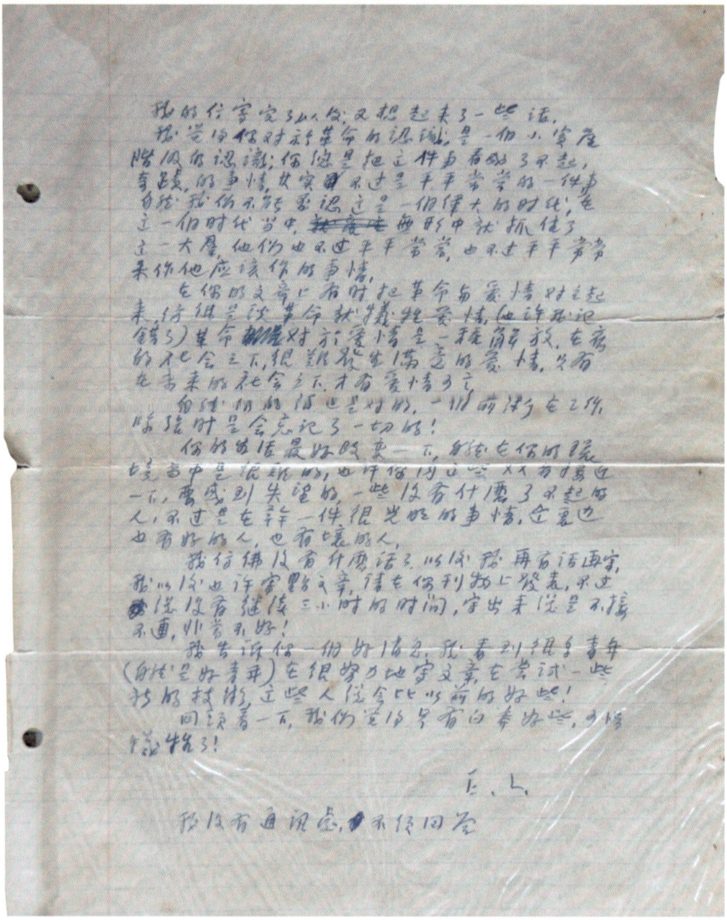

我的信写完了以后，又想起来了一些话。
我觉得你对于革命的认识，是一个小资产阶级的认识；你总是把这件事看做了不起、奇迹的事情，其实不过是平平常常的一件事。自然，我们不能否认这是一个伟大的时代，在这一个时代当中，无形中就抓住了这一大群，他们也不过平平常常，也不过平平常常来作他应该作的事情。
在你的文章上有时把革命与爱情对立起来，你总是说革命就牺牲爱情（也许我记错了）革命对于爱情是一种解放，在旧的社会之下，很难发生满意的爱情，只有在未来的社会之下才有爱情可言。
自然，你的话也是对的，一个人沉湎在工作、忙碌时是会忘记了一切的！
你的生活最好改变一下，虽然在你的环境当中是很难的，也许你同这些××有接近一下，要感到失望的，一些没有什么了不起的人，不过是在作一件很光荣的事情，这里边也有好的人，也有坏的人。
我仿佛没有什么话了，以后我再有话再写。我以后也许写点文章，请在你刊物上发表，不过我没有继续三小时的时间，写出来总是不接不通，非常不好！
我告诉你一个好消息，我看到很多青年（自然是好青年）在很努力地写文章，在尝试一些新的技术，这些人总会比以前的好些！
回头看一下，我们觉得只有白费好些，可惜糟糕了！

E. L.

我没有通讯处，你不待回答

耶林给丁玲的信（手迹）

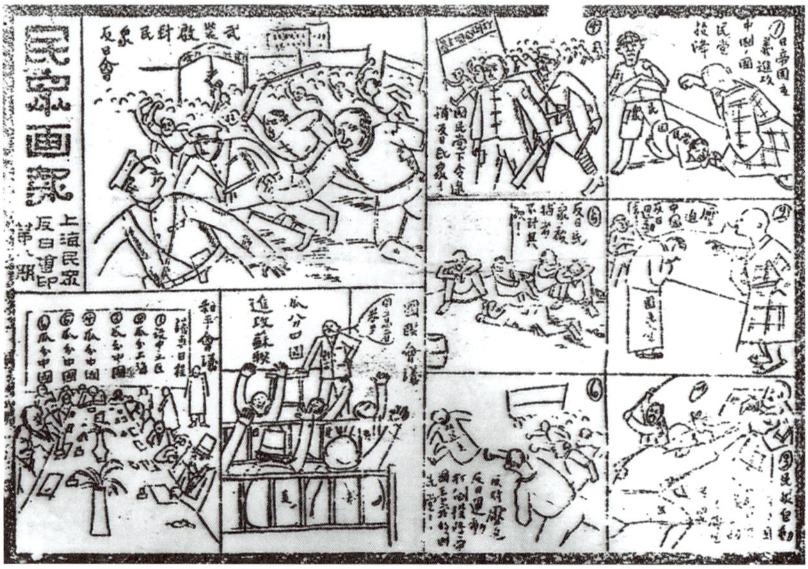

《反帝组画》“一·二八”事变后，上海掀起抗日救国斗争，耶林领导“美联”支持抗日斗争所作的宣传画。由鲁迅收藏，现存于北京鲁迅博物馆，上海鲁迅纪念馆。

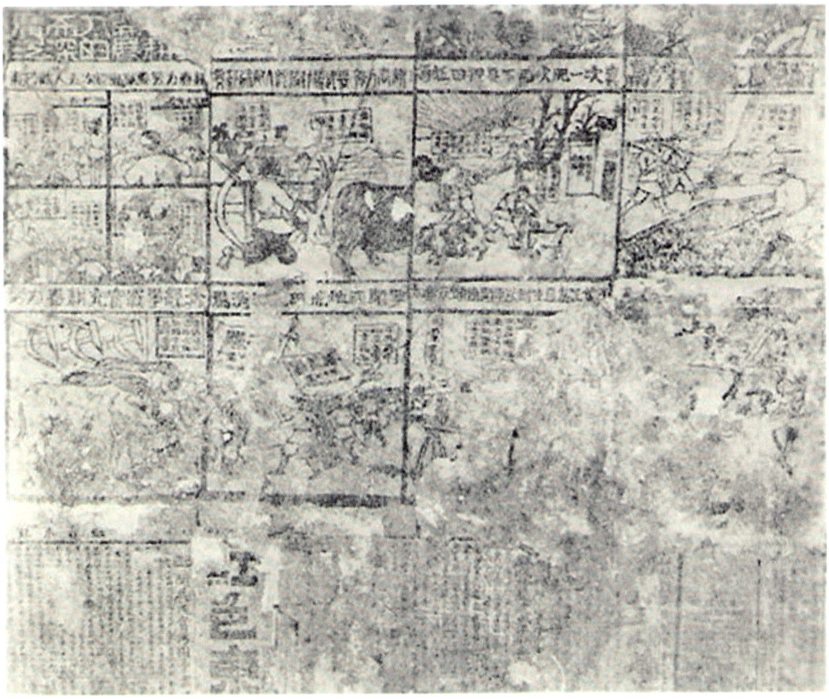

闽浙赣苏区，耶林刊登在《红色东北》的《春耕》组画

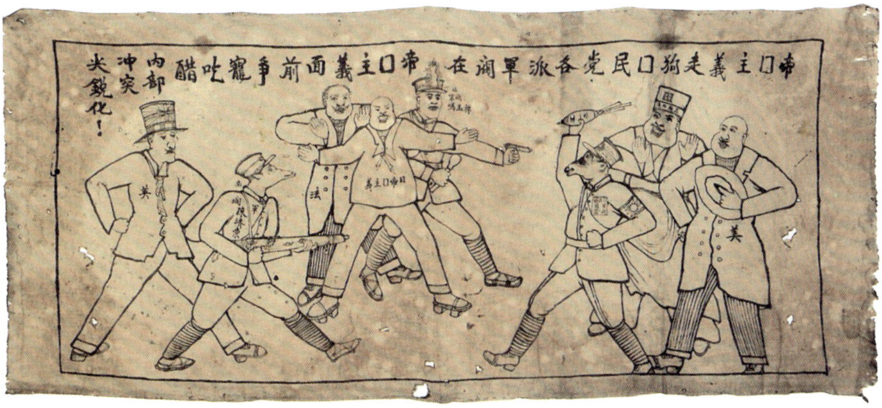

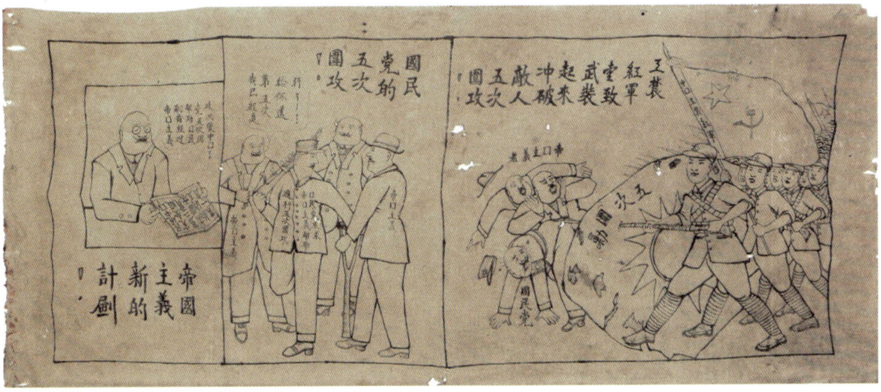

耶林在闽浙赣苏区担任文化部长，在白竹布上画的反对国民党蒋介石军阀的漫画，现存于横峰博物馆。

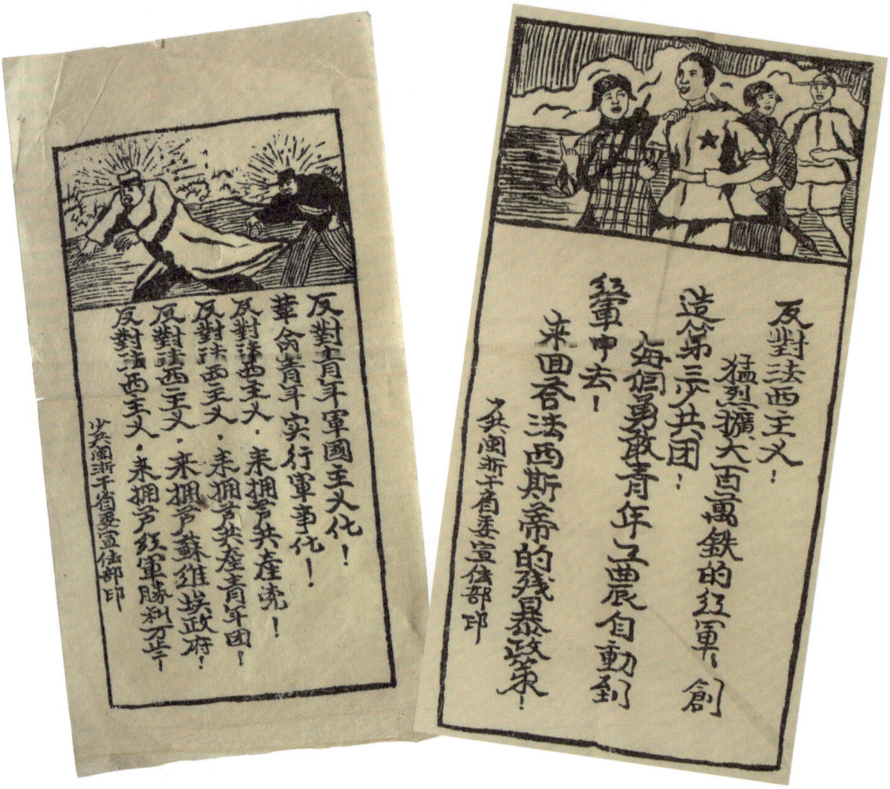

耶林闽浙赣苏区宣传标语画稿

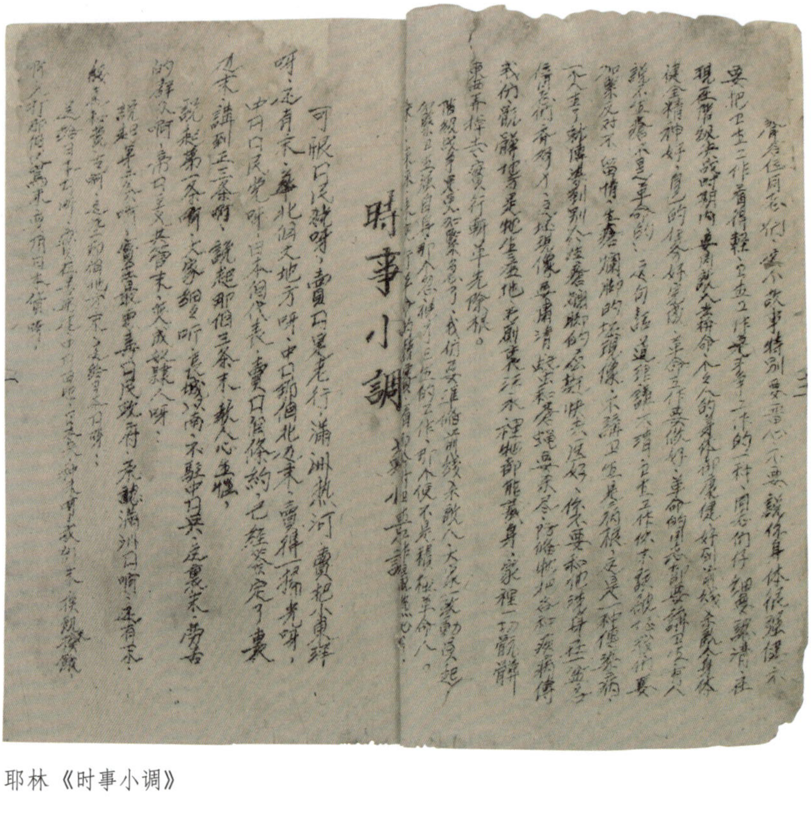
時事小調

耶林《时事小调》

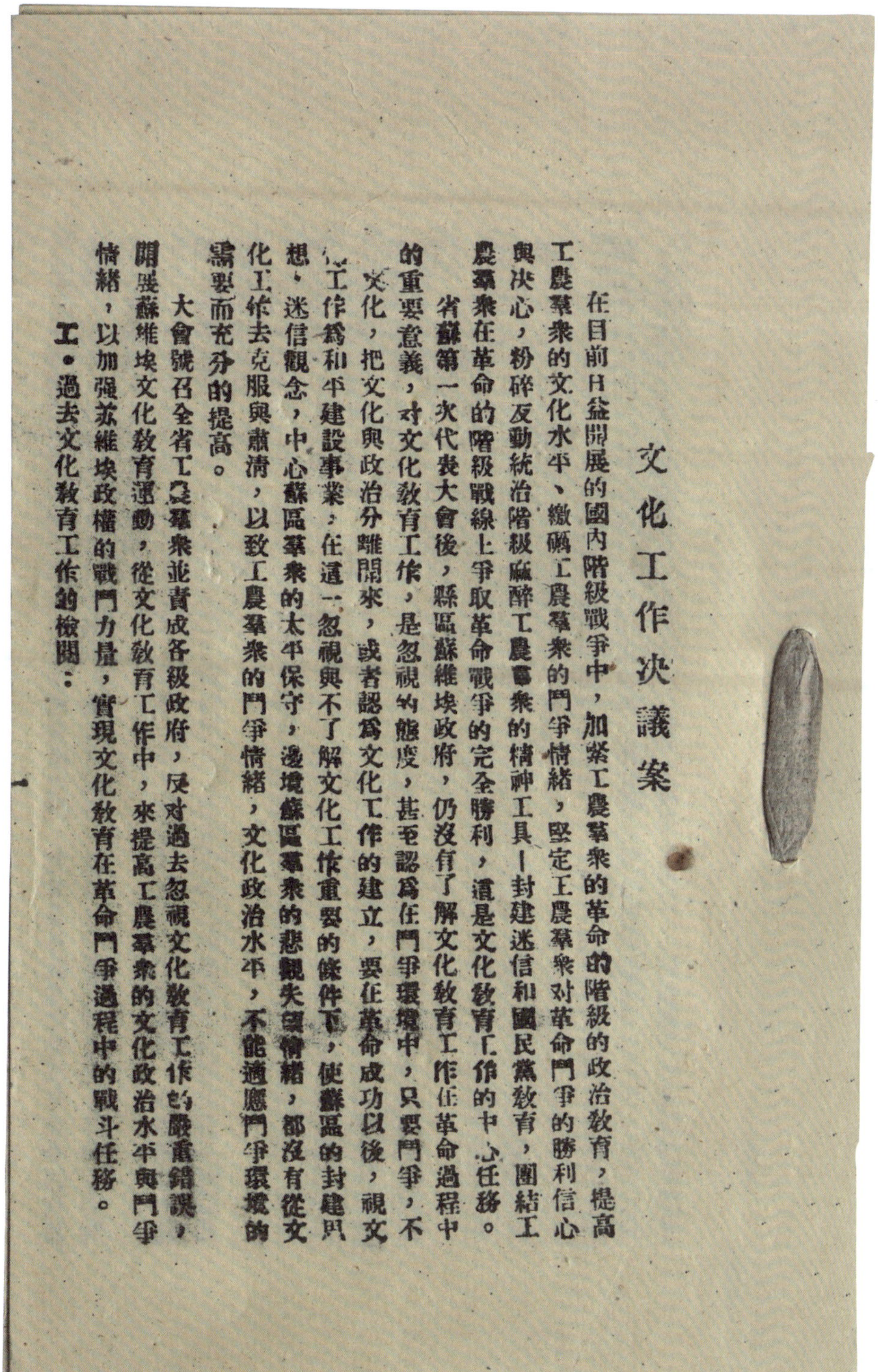

文化工作决議案

在目前日益開展的國內階級戰爭中，加緊工農羣衆的革命的階級的政治教育，提高工農羣衆的文化水平、繳礪工農羣衆的鬥爭情緒，堅定工農羣衆对革命鬥爭的勝利信心與决心，粉碎反動統治階級麻醉工農羣衆的精神工具—封建迷信和國民黨教育，團結工農羣衆在革命的階級戰線上爭取革命戰爭的完全勝利，這是文化教育工作的中心任務。

省蘇第一次代表大會後，縣區蘇維埃政府，仍沒有了解文化教育工作在革命過程中的重要意義，对文化教育工作，是忽視的態度，甚至認爲在鬥爭環境中，只要鬥爭，不文化，把文化與政治分離開來，或者認爲文化工作的建立，要在革命成功以後，視文化工作爲和平建設事業；在這一忽視與不了解文化工作重要的條件下，使蘇區的封建思想、迷信觀念，中心蘇區羣衆的太平保守，邊境蘇區羣衆的悲觀失望情緒，都沒有從文化工作去克服與肅清，以致工農羣衆的鬥爭情緒，文化政治水平，不能適應鬥爭環境的需要而充分的提高。

大會號召全省工農羣衆並責成各級政府，反对過去忽視文化教育工作的嚴重錯誤，開展蘇維埃文化教育運動，從文化教育工作中，來提高工農羣衆的文化政治水平與鬥爭情緒，以加強蘇維埃政權的戰鬥力量，實現文化教育在革命鬥爭過程中的戰斗任務。

I．過去文化教育工作的檢閱：

耶林《文化工作决议案》

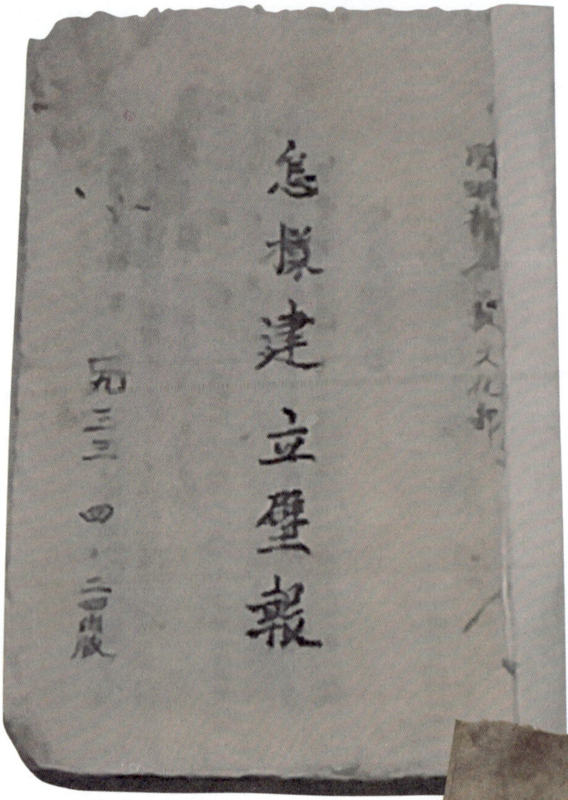

耶林《怎样建立壁报》

耶林《闽浙赣教育部训令》

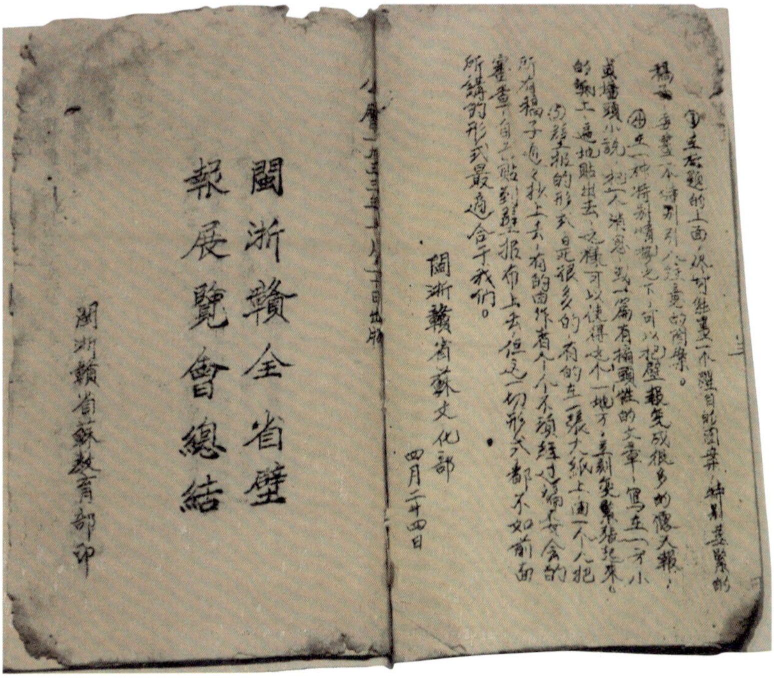

耶林《闽浙赣全省壁报展览会总结》

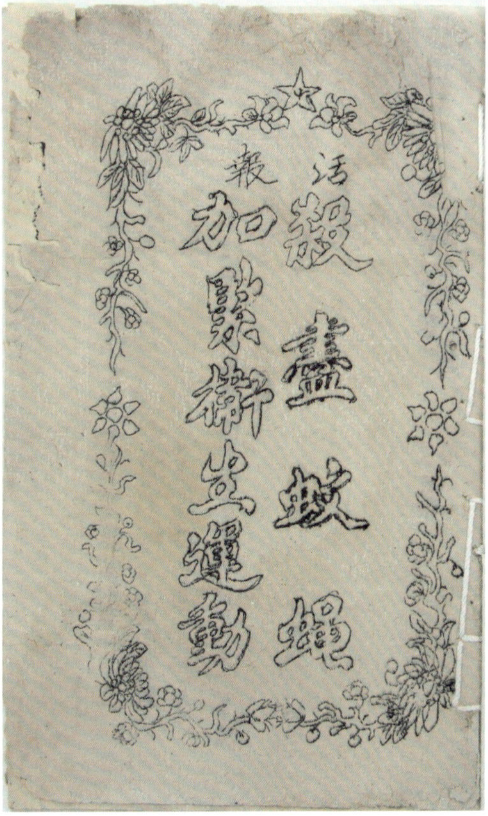

耶林《卫生运动》活宝剧

（耶林的文稿见存于上饶博物馆）

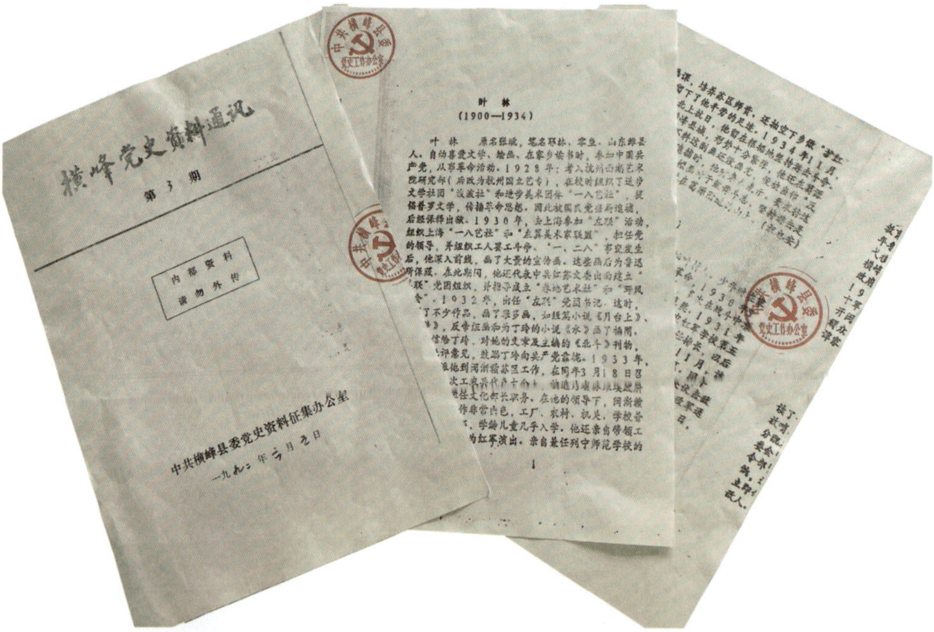

横峰县党史办提供有关耶林研究资料

有关耶林资料信件

第一部分　诗词书信文稿

古诗三首

仿乐府古题

东邻富家儿，
遇我巷之曲，
顾我嗤然笑，
阔步夸彩服，
岂知吾生甘藜藿，
不乐衣锦厌粱肉。

律诗

世人单从梦里老，
返将睡梦疑晴晓。
都到苍天真无缝，
那知女娲原非巧。

铭

无愆妇德敬以和，
一曲黄鹄双涕沱。
抚孤奉亲况瘁多，
赉以繁祉补蹉跎。
爰稽高行欷复歌，
载之丰碑留山阿。

戏作三首

听鸟声

听鸟声差不多像人答话，
他说：
罢、罢！
他既不顾你，
你也别管他。

咏蜘蛛

细细小心肝，
能有几根丝？
迎风一飘荡，
挂在别树枝。

赠某君

某君脸上下苦功，
天天涂抹雪花精。
莫道比人白一点，
终是功到自然成。

《秋荷》叙事诗残篇

【按】《秋荷》描写一位农村姑娘名田秋荷，长的美丽多姿，村中少年为之倾倒。但是她偷偷爱上了钱晨星，半夜私自奔向钱家，希望与晨星相会，但由于受到封建礼教束缚，不但没能相会，相反受到羞辱。回家后，思念之情不得解脱，忧愤不已而投河自尽。全诗有一百多行，约成于1925年前后耶林在家乡寒亭时。原诗已在解放战争中散佚。耶林的晚辈仅凭记忆，只记住了开头结尾：

斜阳照在黄牛背，
老牛依傍小牛睡。
老牛小牛都无声，
蝴蝶扑落花细碎。
知是谁家好姑娘，
家在山南水之阳。
门前两棵红杨树，
一渠流水独木梁。
姑娘年才十七多，
伊家姓田名秋荷。
眼里珍珠点秋波，
嘴吐香瓣豆蔻朵。
……
……
……
水呀水呀自在流，
流到晨星门外头。
煮作米饭烧作汤，
献给晨星细细尝。
自从舌间到心间，
暖透晨星冷心肠。

学步集自序

此余自16岁至20岁所作诗，凡七十七首。时攻诗甚苦，每日除作诗、抄诗、读诗外，几乎无他事，即梦中亦往往哦成断句，见人无论解与不解，辄娓娓与谈诗，直疑人生不作诗更无乐事。当时与国内青年能诗者多人相唱酬，邮筒往来，神交万里，亦多佳趣。同里李廷桓不甚识字，而诗多隽语，忆某岁冬大雪，庭除皓白，余每晚饭罢，辄踞榻上，以被护膝，静听李家启门呀然，踏雪沙沙至余院，了鸟锵鸣入室，围炉倾谈，常过夜半。后李以饥驱远游，余年已长，渐觉诗道不仅若是，又因疾，攻诗狂热遂为攻书所夺。至今数年，竟不能再咏一字。既不惬于旧作，又不能另觅新径，古人学步邯郸，失其故步，余之于诗，毋乃类是。但往往呕心所成，亦不忍弃去，录成一贴，命曰《学步集》。他日有暇，或尚有窍可凿，留此以资考镜。

民国十六年一月张眺识于青岛。

附：

读君学步集，知君吟诗苦。
奇险逼昌黎，缌壮宗杜甫。
荡荡云中龙，烈烈风中虎。
愿君收全功，一鸣惊东鲁。

弟 解端敬题

将来

将来里有一簇银色的幻影，
它常常被误认为生命的前程。
那银光里流漾着美丽的希望，
人们便迷惘地追逐那飘缈的银光。

渐渐地都离开了这狭隘的现在，
把无限量的希望全描向那广漠的将来。
也许能麻醉地浮过了生活的苦闷，
只可惜生命上也遗漏了可爱的“伤痕”！

等到无数的将来变作现在，
没有个更好的将来在前面萦回。
只这么一站站将人拖带，
却终不会有一日踏进将来！

堪堪地用罄了青春的财富，
没来由仍是那么迷惘地追逐。
天堂里才驻下他最后的希望，
终归呦，是打不破这美丽的谎！

1930年3月22日

给我爱的

(一)

没有机会好让我向你倾吐，
一百回话溜到口边又停住，
你是那末不在意的，
不管是我的眼睛或是我的心。

太阳把你的颜色染红了（红得这般可爱！）
汗水濡湿了你全身，
你一天比一天瘦了起来，
可是我只看见你更年青。

你是不像那些年青人的人，
你没有想到晴天里的白云，
也没有想到丛林里的鸟声，
还有那些流泉在岩石上琮琮琤琤。

你是不像那些年青人的人，
黄昏的公园里，不会有你那烂皮鞋的脚印，
影戏馆也听不到你喁喁的私语，
那握在女人手上的红酒的杯中，
也照不出你那端庄的脸儿。

你决不会像那些年青的人的，
只有苍白的面颊，
懒惰的心情，
享受着玩弄着那些单调，
无聊的旧套。

你是平静，
你是真诚，
你是勤恳，
只有一种信仰，固定着你的心。

只有一种信仰，固定着你的心。
所有的时间和心神，你都分配在一个目标里的各种事上了。
所以你不管我的眼睛，或是我的心，
因为你是不会介意着这个的。

（二）

好，正是这样才最好，
不必管我的眼睛和我的心，
你永远不会介意着这个，
我也不会找机会来向你倾吐的。
我只想怎么也把我自己的颜色染红，
让汗水濡湿了我全身，
也一天比一天瘦了起来，
精神，却更显得年轻。

我们不是诗人，
我们不会讲到月亮，
也不讲夜莺，
还有那些所谓爱情，
我们只讲一种信仰，它固定着我们的心。

这不是个简单的问题，
不是像那些流云泉水容易的玩艺。
须要头脑，
须要毅力，
一切的理论与实际，
都包括在这里了。
飞机，炸弹……
金价，银价，棉花的价……
白人，黑人……
资本主义与殖民地。
兵灾，水灾，旱灾……
军阀，走狗，屠杀……
斗争，组织……

所有的原则的运用呀！
我们将头脑放在这些烦难的事上了，
我们又将手足放在另一些劳苦的事上，
我们要管理机器，
我们又就是机器。

所以我说，正是这样才最好，
你那能介意着这个，
管什么眼睛管什么心，
我永远不会向你倾吐的。

（三）

放心，管什么眼睛管什么心，
你不介意这个，我也不介意这个了，
有什么眼睛有什么心，
纵有机会，我也没有什么要向你倾吐了。

太阳把你的颜色染红，
太阳把我的颜色染红，
但是太阳也把他们的颜色染红，
我们现在是大家（许多的大家）都一样。

一样的年青，
一样的精神，
一样的真诚和勤恳，
只有一种信仰，固定着我们大家的心。

只有一种信仰，固定着我们大家的心。
所有的时间和心神，都分配在一个目标里的各种事上了。
你不介意着这个，我也不要机会倾吐，
因为这在我们，是不值什么的了。

1931年8月初旬

时事小调（苏州景调）

可恨国民党呀，卖国是老行，满洲热河卖把小东洋呀，还有末，华北个大地方呀，中国那个北边末，卖得一扫光呀！

中国国民党呀，日本个代表，卖国个条约，已经签订了，里面末讲到三条整呀，说起那个三条末，教人心生恼。

说起第一条啊，大家细细听，长城以南，不驻中国兵，这里末，劳苦的群众啊，帝国主义共管末，变成奴隶人呀！

说起第二条阿，实在最恶毒，国民政府，承认满洲国啊，还有末，绥远和蒙古啊，这些那个地方末，卖给日本国呀！

送给日本国呀，实在苦费过，中国田地，日本来种末啊，我们末挨饥又挨饿啊，又打那个又骂末，要用日本货呀。

说起第三条啊，胆子真不小，反日运动，准备来压倒啊，承认末，日本货大推销啊，北方义勇军一齐破坏了。

听到这消息呀，敌人要惊心，半边天下，送与东洋人，这里末，中国大部分，中国那个民族啊，危险到万分。

中国的工农啊，革命更高涨，一齐起来，打倒国民党阿，工人末罢工来反抗啊，还有农民末，抗租又抗粮。

还有士兵们呀，大家想革命，一心要想，去打日本人呀，反对末卖国长官们呀，大家那个联合末，抱枪当红军呀。

南方陈济棠，北方冯玉祥，他们都是军阀老长官啊，他们末本来反老蒋啊，欺骗那个民众啊，假说打东洋啊！

各派国民党呀，都是一样人，帝国主义，是他主人翁啊，反帝末只有我工农兵呀，打倒帝国主义者，只有我红军。

可恨国民党呀，苏区来进攻，铁的红军，到处大成功呀，白军末敢来交兵，粉碎四次围攻末，摆在眼前中啊。

万恶国民党呀，步步死亡中，虽然要死，仍然来进攻啊，不打那个日本末，苏区来进攻。

万恶的国民党啊，投降日本人，虽然投降，还要骗骗人呀，他说末抗日就先剿共啊，这些那个狗屁末，没有人相信呀。

可恨国民党呀，苏区来打枪，到了个地方，就把火来烧啊，抢夺末不留猪和羊，残酷那个恶兽末，就是国民党呀。

阶级的力量啊，对比利我们，国民党进攻，现在更不成啊，同志们，大家要认清呀，广大群众拥护末，胜利是我们呀。

各位同志们呀，反对左右倾，悲观失望，一致来肃清呀，一定末，工作要加紧呀，打击那个敌人末，一刻莫放松。

各位同志们呀，精神要加紧，战线上末，勇敢打胜仗啊，还要末，打击他后方啊，打击那个敌人工作末，不敢来打枪呀。

战争开始了呀，胜利准备好，贮备武装，地雷和土炮，地上末，一齐要埋好啊，敌人那个路线上末，拆毁过路桥呀。

中心各乡村呀，东西要搬清，米谷青菜，不要留一根呀，土匪末来了难存身呀，还要那个米碓末，拆毁莫留存呀。

肃反的工作呀，一定要加紧，动摇分子，监视莫放松，注意末路票仔细看呀，查到可疑分子末，送到政府中呀。

战争的经费呀，准备要充分，土豪捉来，筹款要加紧呀，注意末，粮仓多保存，供给那个群众末，特别是红军呀。

战争环境中，耕种要加紧，努力耘禾，夏耕莫放松，战争末，经费要充分呀，努力耕种末，秋季好收成呀。

打倒国民党呀，冲破大围攻，国民党统治，要把以扫除啊，争取末一省和数省呀，革命那个胜利末，摆在眼前中呀。

我们要创造呀，百万红铁军呀，扩大民族革命的战争呀，配合末，发动工农大众啊，驱逐帝国主义者，滚出中国境呀！

1933年1月8日

加紧卫生运动（鼓词）

叫声各位同志们，
请你细心听分明。
我有一个好故事，
要来讲给你们听。
我村有个李三崽，
一家共有四个人，
出身本是穷苦人，
革命后是不少吃来不少穿，
他住的房子现在并不小，
但总是肮脏龌龊不洁净。
阳沟里是倒满了肮脏水，
阴沟里塞得水不通，
尿桶是摆在床前面，
马桶放在厨房中，
只要一到五六月，
到处都是苍蝇和蚊虫。
李三崽一点不注意，
只管吃饭和做工，
他不管他为什么面黄和肌瘦，
他不管儿女软弱无用病缠身，
他对卫生全不管，
他对于强健身体完全不当心。
一天皮寒病生起，
发热发寒势不同，
一连打了几个月，
打得眼花耳又聋，
家中四人个个都有病，

困在床上叫嗡嗡，
你看他三崽病的面如纸，
他老妈睡在一旁不起身，
大孩子瘦骨就像柴，
二儿子两眼圆睁吓死人。
病三崽抬起手来捶脑袋，
他老妈在一旁病得叫娘亲，
他说道若不去请医生，
眼着病倒四口人，
三崽听言仰头看，
两个孩子气不匀，
三崽连忙跳起身，
两腿无力眼发昏，
一步迈到二门口，
两脚蹬空倒埃尘，
趴起身来仔细想，
今天不去事不成，
我有心等到明天去，
又恐怕明天一哭不存身，
一步步来一步哼，
步步走走叫娘亲，
走到医院浑身软，
叫声医生快救人，
要求医生配药料，
要求医生亲来他家中，
医生立刻允许了，
亲来他家走一通。
医生替他诊了病，
看见他家里情形大不同，
三崽扯着医生问，
为什么我一家病倒人，
医生回答是是是，
你病的原因我说明。
不是你身体本来弱，
你不讲卫生是病根，
你家里肮脏到极点，
到处臭的真难闻，
蚊虫苍蝇多得很，
成群结队咬你们，
你们都是皮寒病，

皮寒多半是传染成，
蚊虫吃了病人血，
又把疾病传染给别人，
苍蝇身上更龌龊，
染有很多小病虫，
时常飞到菜饭上，
人们吃了病就生，
你们要想强健你们的身体，
就要加紧讲卫生，
沟里污水要除尽，
肮脏东西不留存，
到处要洒扫干净，
更要扑灭蚊虫苍蝇。
三崽听了医生话，
立即照着去执行，
先把肮脏东西来扫尽，
沟里污水不积存。
尽量扑杀苍蝇和蚊虫，
消灭了很多小病虫，
一面吃了医生发的药，
病势陡然就减轻，
全家不到三个月，
个个身体都健康，
回头记起医生的话，
果然句句都是真。
我们要想身体时常好，
就要加紧讲卫生，
讲究卫生是强健身体最好的方法，
他们现在更相信。
叫声各位同志们，
这个故事特别要留心，
不要说你身体很健康，
不要把卫生工作看得轻，
卫生工作是斗争工作的一种，
同志们仔细要认清，
在现在阶级决战时期内，
要向敌人去拼命，
个个人的身体都健康，
好到前线杀敌人，
身体健康精神好，

自己的任务好完成，
革命工作要做好，
革命的同志都要讲卫生，
有人说不生疮不是革命的，
这句话道理讲不清，
卫生工作你敢破坏，
我们要加紧反对不留情。
生疮烂脚的坏现象，
不讲卫生是病根，
这是一种传染病，
一个人生了就传染到别人，
生疮烂脚的应赶快去医好，
你不要和他洗身在一盆，
各位同志齐努力，
这坏现象要肃清。
蚊虫苍蝇要杀尽，
防备它把各种疾病传我们。
肮脏地方是它生产地，
茅厕里污水里它都能藏身，
家里一切肮脏东西弄掉去，
实行斩草先除根。
阶级战争是更加紧急了，
我们要准备前线杀敌人。
大家一致动员起，
加紧卫生强自身，
哪个忽视了卫生的工作，
哪个便不是积极革命人。
来来来，来来来来，实行革命的竞赛，
看哪个对卫生工作最热心。

1933年1月8日

白骨塔

沈潜齐是一位30余岁的男子，他生着一副灰白色圆而且厚的脸皮，眼皮垂下来几乎露不出眼睛，从他脸上看上去，就知是一位诚笃而好学的人。他现在任S中学的汉文教授，他每天晚上4点从学校步行回家以后，钻进他自己的书房，摘下他的眼镜，擦去上面的尘土，开了窗子，拿一本书“惟精惟一”地读起来，一直读到电灯一闪的时候，他才恍然大悟，知道天是已经黑了。

潜齐正在读书，他一只手按着脑袋，一只手按着书，石砚上放着一支烧去了半截的纸烟，纸烟虽然烧去了一半截，但是石砚上仍然堆着俨然像一支烟形的烟灰，把石砚烧得发了黄油，一缕烟翘起头来，在半空里划圈。

潜齐的女人白菡，拿着一封开了封的信，悄悄地开了门进来。看看潜齐在读书，嘻地一笑，捏一捏脚走到潜齐背后，立了一忽。

“学者哟！歇歇吧！真理不是用脑充血换来的！”

潜齐猛一回头。

“啊！吓了我一跳！你听，你说话总是这么尖酸刻薄！”

“看的什么书？”

“美的人生观——哲民介绍我看的，我才看了一点儿，大概不错——谁的信？”

“是你最好的朋友，也是我最好的朋友，你猜是谁？”

“哲民的！我可以看吗？”

白菡把信递给潜齐。

“白菡嫂：

我愿你现在到白骨塔去！

我已经去了——专候你！

哲民”

“很好，很好！哲民是我生平唯一敬爱的弟弟，我很愿你常同他谈谈，一定能够帮助你很多的学问知识！你去吧——我还要看书——能10点以前回来很好！”

“11点。”

“11点？——也好！——去吧——我送你。”

潜齐送白菡到门口。

“啊！剑侬来了！”

迎面来了一位西装少年。

“你们要哪儿去？”

“白骨塔去，恕我不能陪你！”

“不客气！”

潜齐挽着剑侬的手，到书房里去。

白菡喊了一辆人力车，坐上，丁零零，把脚铃踏了几脚，在暗绿色电灯照临之下，车夫的头，像卖汽水的喷水筒上喷起来的弹子，一跳一跳，摇摇摆摆，望着苍然暮色风尘仆仆的马路上人空里乱钻，转眼出了西门，到了白骨塔场子里摆着十来辆洋车，三五成群的游人，摆着八字脚步，且走且谈，一排一排的过去，白菡下了车，把眼绕场子看了一转遭，低头一看，已经有一个人，在黑影里，把车钱开了。

“哲民！让我自己开。”

“得了！得了！”

穿过一个碧琉璃瓦的大门，门下一阵噪嚷：“香蕉糖，薄荷糖！瓜子，烟卷吧！”门外是一片湖荡，湖荡里一望全是荷花，颇有几只小船，湖中心到湖岸，筑起一条长堤，堤的两边柳丝直垂到水里，堤的尽处，用石头砌成纵横两百步左右的一片场子，中心是一个石塔——就是白骨塔，人住在都会里，很不容易找到一个空气这么新鲜的地方，所以每晚总有不少的游人，来喘几口闷气。

“我们还是坐船呀，或是找一个地方坐坐谈谈？”

“逛什么！怪烦的！找个地方坐坐吧！”

“好！”

哲民同白菡，找到柳树底下，一条椅子上对着湖水坐下。

“爱这个字，我近来找了不少的书看，真使我百思千思，总跳不出他的圈子，宇宙间还有什么？只有爱了吧！所以我最后只好伏首至地说爱神要我割去左手，我就割去左手，要我割去左腿，我就割去左腿……我屡屡次次精密地严格地观察我们的爱情。真的，真是纯洁的、高尚的，超过了一般道德同法律的，所以我到了现在，不由我不钦佩你的超识，同潜齐的人格！”

“你一说话，总是像个学者！”

“怎么学者呢？我不过性好穷理吧了！——我们每次谈话，总还是像稍有一层隔膜，你说是不是？比如我们常常的坐着一言不发，一直坐一个钟头两个钟头，但是心内总像有千言万语，但总不好说似的，这就是隔膜，——很小的隔膜，我想我们必须打通这层隔膜，对不对？”

“……”

静默了一会儿，哲民接续着说：“Miss白菡！我要对你宣誓式的表示我对你的爱——我们必须毫无隔膜，彻底了解我们是纯洁的高尚的，我才能够谈得出来，——我可以说——断然地说，为爱而生，为爱而死。为爱而死，是最荣幸之死，不过我盼望我们的爱永远永远，我们的身体可以没有了，而爱是长在的，甚而可以说地球可以崩坏了，太阳可以冷却了，而我们的爱是长在的！”

“我还要进一步向你要求，请你答复我这两件事：第一，我想……——这是我数年研究的心得——我想感情是靠不住的，——善变的，因为环境变迁，感情会随着变迁，所以我想我们必须决定我们的信仰，倘或我们的信仰一致，环境自然相似的，那么感情自然不会变迁，我对我的信仰，已经用了数年苦心寻讨才得来这么一个结果。我觉得我的信仰是值得信仰的！我十二分诚意盼望我Miss白菡毋庸再费如此苦心去寻讨了！

第二，我已经看了很多关于美学的书，我眼看着这个丑化的世界，真使我欲呕！尤其对于中国现在女子的服饰，真觉无丑不备。前天我不是对你介绍有一位C教授，他划定的几种衣服样子吗？你大概也看见过了吧，所以我郑重对你介绍，请你革新你的服饰，一则美观，再也是证明我们的爱情，你能不能答复我？”

“我现在不能答复你！”

“对！对！这足见你对于然诺的慎重！”

“我现在想回去了。”

“回去了！好！”

哲民和白菡离了长堤，走到湖岸，穿过大门，哲民替白菡喊了一辆洋车，先开了车钱，白菡上车，哲民摘了帽一弯腰：

“Good——bye——”

潜齐同剑侬坐在书房里。

“你的书房安静得很！又风凉！”

“风凉倒还风凉。”

“我昨天，前天？在S学校周刊上，拜读你的大作，佛陀与耶稣之类似点…… 钦佩钦佩！”

“不成功！那是去年年底的稿子，他们拿着凑数。”

“啊！这是白菡的近作？好！好！”——剑侬的眼睛转到墙上一幅意大利镶框的油画。

“调子强些了！”

“这是印象派，总是要调子强些——可是她哪儿去了？”

“白骨塔去了，哲民来信邀她去逛。”

“哲民？”

“哲民！”

“哲民一到晚便在这儿玩吧？”

“常来。”

“老大哥！我要对你说一句不客气的话！你们这件事，不要尽管这么闹啦！”

“什么事？没有事！我把哲民当作亲弟弟一样看待，他也把我当亲哥一样！”

剑侬的头随着潜齐说话的音节点了几下。

“不过是贻人笑柄吧了！”

“你！你们总是服从什么叔嫂不授的礼教！”

“老大哥！这等事，不知己不能谈的！现在你听听，朋友当中谈别的吗？的确的！你们这种三角恋爱，会发生危险啊！”

“危险？没有危险！”

“你总是这么‘上帝板板’！”

“我已有成竹在胸！”

“我们不瞎扯，我是你们结婚时候的介绍人，况且白菡父母全没了，我当然要担一份心的。不错，你们俩感情也很好，哲民对你也不坏，不过这么闹法，总是不像话，外边跟刮风一样！”

“舆论是盲目的！”

“盲目也罢，不盲目也罢……”

白菡推门进来。

“回来了？”——剑依。

“怎么这么早就回来了？”——潜齐。

“怪烦的！”——白菡。

白菡自己倒了一杯茶喝，站在墙上挂的画前面看了一会。

“这一幅好极了！”——剑依。

“你们请坐，我到那边屋里歇歇。”——白菡。

“随便，好！好！”

白菡自己到卧室里开了窗子，脱去外衣，躺在铺上，顺手抽去了袜子，躺了一会，又爬起来，绕屋子看了一转遭墙上挂的名画，把电灯拈灭了，拈开墙角一个五烛的小红电灯，满屋子斑斑烂烂变成颤动的血色，最暗的地方也变成紫黑色浮动着一层暗绿。

白菡把头发打开，披在肩膀上，衣服全脱去，披上一件淡绿色的长衣。她微微一走动，全屋子的色彩都随着一闪一闪地变动。

她把头发披在椅子上，坐在灯下，拿一支铅笔在乱纸上乱画，她的头、面、臂都耀成霞光。

她精神凝聚在一方白纸上，手不住索索地响，半个钟头，作成了一幅简单的素描，拿一个小钉，钉在墙上，把椅子拖过来坐下。

背景黯澹的旷野，微微闪着几颗星，前面一道石涧，两个骷髅，一个站着，弯着腰，拿一个瓢，把嘴凑到瓢上喝水，水直从他下巴骨肋骨下滴滴拉流下来。那一个蹲在水边一块石头上，一只手拿一个瓢舀水，一只手就势抓了一把水送到口里，可是水从指头缝里漏了，他的牙齿，杈桠着咬他的指头。

“啊！我的眼睛不好，你又拈开这红灯！”

潜齐推开门走过来，拈开了电灯，拈灭了红灯。

“剑依走了？”

“走了！”点一支烟，坐在椅子上，烟气圈着他的头，一言不发。

“你看我的画！”

“啊！你又画这些吓人的画！”——潜齐吸完了一支烟，把烟头投在痰筒里，啧啧地冒了一阵的烟。

白菡两手握着，放在膝头上，眼看着墙上的画出神。

“啊！我要同你讨论一件事情！”——潜齐猛然抬起头来。

“什么事？”

“难说得很！我们必须赤裸裸地——毫不避讳……我问你同哲民是不是很好？”

“很好。”

“我在男子当中的朋友，唯一是哲民，在女子当中的当然是你了，我看你俩的感情又密切得很……”

“我今天有几分讨厌哲民！”

“你又不诚实了！又有隔膜了！我说的什么，我们要赤裸裸地！”

“ 真的！”

“人不要虚伪！你要有了隔膜，我的话一句也不能说了！”

“你说吧！”

“你必须赤裸裸地——毫无隔膜——我看你们的感情很密切的——我的话难说得很！”

“说吧！别这么吓人！”

“看一首咏蜘蛛儿的小诗：——

“细细小心肝，能有几根丝？

迎风一飘荡，挂在别树枝！”

“谁作的？”

“哲民！”

“什么意思？”

“你必须了解我绝对不怀疑你同哲民——不过你们已经有了很深感情了！”

“感情？”

“我简直地把我的意思对你谈了吧，我愿你同哲民结婚。”

“你？”

“事前我同你宣布离婚，同时我作你们的介绍人！”

“你会说出这样的话来？”

“隔膜！隔膜！”

“一个人不准同时爱两个人吗？”

“我现在走开，让你深思一下，你是聪明人——不承认礼教的，不要误解我！”——潜齐推门走了。

白菡在屋子里靠着椅子，看墙上的画，太阳从窗子里射进来。

“起床了？我可以进来吗？”哲民拉开一条门缝，瞅着白菡的背影。

“是我的爱人吗？请进来！”

哲民凑进来也看墙上的画。

“昨晚几时到家？那车夫倒还快！”

“只有我的爱人，能惦记着我了！”

“我们老大哥做事真万难！他竟误解我们到这步田地！他今早刚发亮就去找着我，说了那些叫人不爱听的话。他真不了解我们，我们始终是纯洁的、高尚的朋友的爱！”

“朋友始终疏远些！”

“研究学问是一样的。”

“我昨晚回来，把你的话整整想了一宿，我不再相信我的自由是正当的，我自己的美是真美了，我愿意服从你的信仰，穿你爱看的衣服，愿意你永远永远爱我！”

“能够的！能够的！我原来是盼望我们长长保持朋友的爱，倘或你赞成潜齐的提议时，那么我情愿牺牲我的意见——！”

“我很盼望的！”

“我能够送给你绝对的自由。凡一件事，都必须经过深刻的研究，比如自由也非研究不能明了——它的真意义。我相信我的信仰当中有高尚的自由，因为是从研究中得来的，美更是须加一番审美的锻炼，精密的深刻的研究，绝不是盲目不加思索所能明了的……”

“所以，孔雀的美是盲目的。因为，他不会研究中国人经过几千年研究才研究出缠脚来！”

“错了！错了！孔雀是要凭人来研究的，缠脚何尝是研究得来的呢？”

“你不要误解我，我们必须毫无隔膜！我是你永远永远的爱人！”

“爱人！我的爱人！”哲民攀住白菡的脖子，白菡就势咬住哲民的腮。

“唔！唔！怎么了？”

“表示爱情吧！”——白菡就势又吐了他一脸睡沫。

“恶作剧！”——哲民擦着脸上唾沫走了。白菡叠起几件衣服，装在提包里，女仆走进来。

“那边请。”

“你把这提包提到门口，喊一辆汽车。”

女仆提提包到门口，白菡走过来，潜齐坐在椅子上，手里拿两张带字的厚纸，剑依躺在沙发上，哲民坐在屋角书架子一条凳子上低着头。

“请坐！”——剑依。

“啊！这么如临大敌似的！”——白菡。

“坐下说话！”——潜齐。

“请你们不要说话吧！我现在要离开你们。请你们等我把话说完，我立刻要走的！”

“那儿去？”——潜齐。

“我的话本来不必说的，但是总想说，我自昨晚深深地想了一夜，越想越发觉得我是必须走的！”

“你不要胡思乱想了。”——潜齐。

“我以前简直是没有明白是同你结婚了，我只记得同你在礼拜堂玩过一次把戏，我简直不晓得经过这么一次把戏，就应当自动的放弃自己的自由。我现在才明白，我昨晚整整想了一宿，我彻头彻尾地明白了。这一切事——剥夺我们自由的事——甚而可以说这个世界，这都是你们男子智力的表现，也可以说是男性的世界。我总觉得这个世界，是不适用了，你们男子的智力证明是薄弱的了，将来或许要女子来另建一个世界，或许比较自由些，优美些！”

“你的理想是很高了，不过作不到吧了！”——剑依。

“作不到是你们世界上的笨话！有许多女子因为不了解自己，要跟着你们跑，你们世界的真理，是一只模型，将人类堆到模型里头的，拓成一个一个一样不差分毫的泥胎，那许多女子因为不明了自由是纳不进模型里头的，所以也相随着你们拓成个泥胎。我现在明白了，要去了，去寻我们的世界。我觉得神将光照着我们的前途，我满怀全是愉快，我的前途，会有新的大陆发现！你们的世界，我一概不需要！”

“发疯了！你不过需要失败吧了！”——潜齐。

“失败？我的常识，很不完全，不过我想以前大概是兽类征服人类，后来人类征服兽类了。现在人类中倘或又有两类互相征服，我敢说是兽性比较充分的失败了！”

白菡推门走了，屋子里三个人对着面一言不发，沉默了一忽，潜齐突然跳起来。

“回来——哪儿去？——回来——再商酌！”

“简直疯了！”

（该文是耶林1927年前写的小说手稿，生前未发表，现存于上海革命历史博物馆）

晚潮

早晨暑气消减，满院静悄悄的，听去差不多没有一点声音——除了一两个蝇子飞动。一个苍白色面孔的青年，顶早起了床，自己倒水擦了脸，漱了口站在当院里，深呼吸了四五口气，跑了一两百步，搬一只沙发在院子里，拿一本书看了一会儿，又换了一本，才要看，又放下，把两手交叉起来，枕在脑后，眼看着天。沙发的后面，是很大的几棵芭蕉，叶子罩着窗子，从窗子看进去，架子上插着很多的书，青年一些儿不动，他的脸被芭蕉映的，浮动着一层暗绿色。

丁零！丁零！

仆人送进一封信来，青年接到手里，赶忙取了剪子剪开……

梦耕：

不错！我很能原谅你，你的心是为世界上人用的，我决不乱你的心。我若是乱你的心，就不啻乱世界上人的心！

这是我最后一封信了！这封信不过报告我已经实践你的哲学，证明我是你的信徒罢了，我已经战胜了一切，我现在唱着胜利之歌！

我以前寄给你的相片，请你不要烧了。请你夹在一本你不读的书里头，2年，或30年后，你若随意检点你的书，检出来，你若认得是你青年时期的一个朋友，你须知道她在玻璃的世界里头，时时刻刻正在叫着你的名字。

梦耕！梦耕！

我的信再也不能写了！

啊！点点滴滴的泪珠啊！我稍加一点墨，使他落一个痕迹！这胜似我千言万语了！——永别了！

祝你晚安！

静如

青年的手，索索地打颤，又看了第二遍，叠起来插在衣袋里。

“这是何等一个可怕的消息啊！怎么一回事呢？”

暑天的傍晚，距海岸半里地外，一片森林，林内放出几处蝉声。从林内走出来的时候，顿然托出一幅淡蓝色调的图画，任谁到了这个地方，都会深深地喘两口气，似乎要把在龌龊社会里受来的闷气，全行吐出来似的。

静如同她邀来避暑的一个男朋友陈梦耕，从林里一条小道上，慢慢地一步一步送着两个长影子走出来。

“我有很多很多的话，必须同你谈一谈。但是现在还不谈，到海边草地上，同你安安静静地谈谈——”

“我从来没有那么痛快过，——像昨天我们谈话的时候。”——静如。

“痛快？”——梦耕。

“真痛快！简直地说，就是从来没有听见那么使我痛快的话！……我昨晚回家去，想了又想，一直想到12点，今早4点半我就醒了，一直想到7点，我觉得我有了新的发现。”——静如。

“什么发现。”

“一会儿再谈——你真是我的指南针啊！我真幸福，我真想也想不到你会送我这么一些高尚的……”

出了森林，是一片草地，渡过去便是沙滩。沙滩上印着早潮的痕迹，一圈一圈活动而自然的描线，细沙与细草衔接的地方，略有浑圆的石子。沙滩上横七竖八摆了一些乱石头，石头上有不知几千年前死去的海蛎，它的尸体已经成了石头，但是还遗留下一点蛎壳的蜕形。

大浪一排一排向岸上扰来，海面显出一种大无畏的力，从无数石礁顶上搓过来，对准岸边矗立的一带石墙，劈头一冲，顿时一股股的浪花，直钻上青天，像大总统帽子上的缨子似的。梦耕把胸膛竭力向前一挺，深呼吸了一口气。

“啊！自然的伟大啊！”

“你真像个诗人呀！”——静如。

“自然就是我，我就是自然！”——梦耕。

静如向沙滩上铺下了一床毯子。

“梦！我们来谈谈。”

“你看我们隔着这一层水气，看那边一带房屋，有多少色彩呀！司美之神啊！”

梦耕慢慢摇摆着两手踱过来。

“请坐。”——静如。

“你还是这等客客气气！”

梦耕坐下顺便一躺，静如把眼瞅着他。

“你静静地躺着，我必须对你谈谈。我真幸福，听了你昨天的一些话，使我明白了以前不明白的事，我这一点知识没有的人，真的，真容易被人诓骗啊！我自看了易卜生的《娜拉》才明白了，我砚田表兄，我以前以为他是真爱我，我简直是受骗！我昨晚一直想到12点，今天4点我就醒了，他是何等一个卑污的人啊！要不你……”

“我不过谈的是学理罢了。”——梦耕。

“若没有学理的解释，我是要堕落的，但是我却没有娜拉的勇气啊！”

“我不晓得砚田是怎么一个人，但是我祝你得一个真的爱人！”

“我晓得你是一个独身主义者——绝对的独身，学者生活，但是你容我说一句话吗？”

“什么话？”

“我决不侵犯你的自由。”

“什么？”

“你晓得不？砚田是我从前认为……”

“现在呢？”

“现在我才明瞭他是卑污的人，我决意拒绝他！”

“你要像娜拉一样。”

“但是我要再决绝了他，恐怕我父母不答应了吧！”

“那看你的勇气如何。”

“我必须奋斗！为爱而奋斗！”

“……”

“你容我说一句真的心坎里的话吗？我决不侵犯你的自由。”

“我盼望你能够毫无隔膜。”

“我是想了又想。”

“想什么？”

“我想了又想，我决意拒绝砚田。”

“拒绝？那是你的幸福！”

“但是你是过着学者生活的人……”

静如的声音，渐渐低微了。海岸已经昏黑了，此时静的差不多从梦耕耳朵里可以听见她脉搏的跳动，在万重黑雾里探海灯一明一明地挤眼。

“但是我想世界上，只有你一个人是爱我的了！”

梦耕颤动地伸出他负有传达爱之重大使命的手，紧紧握住静如的手：“我的心灵，已经同你的心灵融化了，化成爱河里的流水，现在眼前只有你的尸体同我的尸体罢了！”

梦耕将他温和的身体，挨近了静如，把手搭在她肩膀上，吻着静如的嘴尖。

“Deatl！我愿意你嘴尖衔了些毒药，我俩的生命同时在美满中了结了吧！”

沉默中听海水像一只将死的牛，咻！咻地叹气！梦耕慢慢地站了起来，在沙滩上，盘旋着走去走来，明月渐渐儿挂起来，照着神秘的空气中他俩的影子。

“我今天确有点危险！”——梦耕。

“什么……”——静如。

“几点了？好回去了吧！”

静如掏出表来一看：

“九点——我真怕我的家，同我的屋子！”

“你晓得夜深了，怕太太惦记着。”

“我的不幸快要发作了吗？”

“回去再谈！”静如从地下卷了毯子站了起来，同梦耕在大雾里走上海岸，转到森林里，路旁电灯静静地对他俩迎来送去。回到静如家里，打开电灯，脱去外衣，刘妈倒好洗脸水。梦耕擦着脸，刘妈泡好一壶茶，看着静如也擦了脸。

“姑娘，太太请你说话。”

“什么事？”

“说是要紧的事，候了多时了。大概这事与姑娘有些关系。”——刘妈说完带着微笑去了。

“梦耕，你且请坐，我去了就来！”静如慌慌地跑出去，梦耕眼送着静如出去。

“危险！危险！我的前途！”

他紧紧把眉头皱起，摇摆着两手，绕屋子转了几个圈子。

“还是走的好！”掏表一看。

“走！决意走！”

向桌上写了几行字，穿上外衣，携了提包出门去了。

“陈先生！买什么？”——刘妈。

“到外边绕个弯，一会儿回来。”

静如两手捏着拳，把头竭力低下去，狠命地恨不能把地踏透，登登回到屋子里来。

“电灯怎么灭了？——梦耕！——你说我怎么办呀？”

静如摸索着拧开电灯，绕屋子一看：

“哪里去了？”低头看见桌子上的信。

静如妹：

你是很了解我的，你能原谅我吗？你的意志战胜了，我现在乘10点20分的车回家了——再会！祝你得一个真的爱人！

梦耕

静如两手狠命地搓：

“刘妈，陈先生几时去的？”

“陈先生？陈先生上大街去了，有半个钟头了吧。”

“你真是死人呀！”静如看一看表，10点53分，狠命往椅子上一坐，两脚就地上搓了两搓。

梦耕！梦耕你是怎么一回事啊？——

父母啊！你不容我认识的再清楚一点了吗？我以前不能明白矢（屎）是臭的，我现在明白了，难道还要瞒心昧己去吃矢（屎），——砚田！你这卑污的东西！你胁迫我对你发誓，不再结识第二个男朋友，现在又要胁迫我父母了！我以前是何等一个愚蒙的女子啊！因为你们这……拒绝了刘家吧。父母！你们是爱我的，难道不能再容我了吗？你们爱你的女孩儿啊？不爱你的女孩儿啊？

什么是婚约？卖身契罢了！啊！啊！父母啊！你将你的女孩的灵魂，从爱的微波里抢过来，丢给了魔鬼嚼吃！啊！可怕的魔鬼，你看他白巉巉的牙齿，他将人的面具遮了他的鬼脸，“衣冠禽物”地专吃人灵魂。他就地画成了牢狱，把人的灵魂监禁起来，预备嚼吃，将夺去灵魂后剩下的白骨，抛掷到沙漠里去生活！

梦耕啊！梦耕啊！你是怎样对你父母奋斗，夺来的独身生活？你告诉我吧！你告诉我吧！我这被摈弃者！我这失路的羔羊！

咳！事到现在了，你使我怎样的想啊！严厉的父母啊！你还容我再说一句吗？你现在或者正在卖你的女儿吧？你若将那卖身契拿来，我用剪刀剪得粉碎，你不至翻脸不认我是你女儿了吗？

丁零！丁零！沙——沙——沙！

父亲家来了吗？父亲！静如呆呆地听了一会立起身来，慢慢地打开了门，顺着厦檐，蹑手蹑脚到母亲窗下。

“愈弄愈急了！”——父亲。

“急了？怎么？”——母亲。

“原来次翁同尹四兄对调，昨天才下来公事，他当然是全家娜去。他家老太太，还认真的很，急于看见了结这头亲事。我即席上说：‘未免仓卒，事事来不及。’刘次翁、夏和老异口同腔说：‘不要过于拘泥，事事不妨稍从简略’，我们一再商酌。不过事由天定，再也想不出变通的办法来，又挨不过刘次翁老脸，我只得答应了他。”

“那么几时呢？”

“规定是17日，还有一礼拜。”

“也忒急了！静儿还不赞成呢——我说了她又说。”

“你也不用说，由得她闹！”

“她就是这么任性！”

“还不够丢人的了吗？你还尽着她闹！”

“不过也要商酌商酌她的。”

“放屁！”

静如再也不能听下去了，回到自己房里，一头倒在自己床上，把两手向胸膛上拂了两把。

梦耕！梦耕！谁是帮助我的呀？你晓得你的爱人落到这步田地吗？——复又爬起来。

电灯！你暂时闭了眼，让我静静地想想！——打灭了电灯，月光从窗子外漏过来，在墙上印了一个棋子儿块。

这灰白黯淡的屋子，死气沉沉的屋子！

父亲啊！你还容我说话吗？——“放屁”，我再不能对他讲理了吗？——不能了！绝望了！“丢人”……绝望了！

我会这样仓卒成了砚田的妻子吗？啊！啊！白巉巉的牙齿——拒绝！拒绝！

母亲！你不还要同我商酌商酌的吗？——母亲！——绝望了，绝望了！

梦耕！——意志战胜了的梦耕，怎样呢？我要同娜拉一样——去——去——哪儿去？

梦耕！梦耕！你爸把我藏在你帐幕后边吗？——意志战胜！——学者生活！

我现在要把我身体化成一股空气，化成一个蚊子，藏在墙上小孔里，化成一个蝴蝶，藏在花底下。明天我母亲找孩子找不着，满院子“静如！静如！”我飞起来落在她头上，轻轻地说：“静如成了仙了！”我父亲也吓坏了说：“由你爱怎样就怎样吧！”

再不然飞去，飞到梦耕书桌上，飞到他帐子上……

嗡、嗡、嗡……惊断了静如的幻想——嗡嗡声绕着静如的头，举起手来一拍，乒！落在地下，索、索、索，是只蜣螂！

蜣螂！现在就成了你吧！蜣螂索索的鬼跳，张着嘴，把眼睛瞅我啊！怕人！

嗡……冲出窗子飞走了！

明天！——铁青色的父亲！——“放屁”！这样的生活，我再也不能向下挨了，再挨一天，要把我皮剥尽了！主啊！你毋忘你失路的羔羊！

最后的胜利！——不——不——

啊！无望了吗？——母亲！母亲！

静如坐在椅子上，把手支着头，眼泪直流下来，流到她手上，由手上滴到裙子上。

静如打开电灯，拿表一看，一点零五分，就在桌子上，修了一封信，贴好邮票，又灭了电灯，悄悄开了门。

母亲母亲！父亲！永别了！

月光从疏树叶子上，漏到地上，微微地颤动清爽的晚风，分外的凄清了！

当真吗？——不——不——母亲母亲！

邮筒！你张着嘴，将我性命吃了——

晚间人的脚步声，格外的响，沙、沙、沙，几家的狗，隔着木栅叫！啊！骇人的鬼叫！

嗐！嗐！一只将死的牛叹气啊！魔鬼的歌声啊！

梦耕！我恨没有毒药衔在嘴尖，药死你同时药死我！一霎儿罢了，你现在哪儿呢？在车上打磕睡吧？你怎也想不到我现在会跑到这儿来，我祝你晚安！——我没有你，也许会糊糊涂涂一辈子，或者把痛苦认成快乐。现在呢，我明白了，我情愿明白了死，不愿糊涂着活。梦耕啊！等你学问成功了，事业成功了的时候，你能不能回想到现在有一个女子，曾经被你爱过，或者曾经爱你过！

静如站在一块矗立海岸的大石上，下边有无数猛兽同毒蛇，翻腾跳啸，预备夺吃一个人的心，像主人要把肉投给狗，两只狗对着眼，兀兀地示威！

静如跪倒在石头上：

“主啊！他们都是爱我的！但都是凶手！可是我并不要他们偿命！”

她身体向后一折——啊——是

“最后的胜利！”

（该文为1925年耶林小说手稿，现存于上海革命历史博物馆。为纪念“左联”成立50周年，第一次发表于青岛《海鸥》1980年第7期）

白沫

吴敬堂对着镜子，很小心地把嘴唇周围和腮上的一些短胡子剃去，在皮上留下了一堆细小的黑点，颇像地图上画的瀚海。又在头发上稍微加了一点油，向后拢过去，把草帽戴上，看了一看，又摘下来，穿上他曾经使他女人发笑的大皮鞋。他想女人看见以后，一定大笑着说："看呀！你竟像是跪着来的，倒不像是走着来的呀！"

一个同事走来微笑着说："回家吗？几点呢？"

敬堂伸开两指头："两点半！"

他在藤箱里装满了刷牙的铁杯和一包香肠，给女人买的十个苹果，五个香凤尾鱼，一小瓶香水，然后提一提，估一估轻重，又放在床上。

在厨上取下白兰地来，斟了一杯，吃了几片牛肉干，又斟了半杯。因为，这么可以使他的生活更接近梦境。

"所以我的女人是保险的！"吴敬堂在一辆三等客车上，对面是他的一个同事。

"说起来话就长了，也有这么几次，刚刚引起我一点疑心，但是我对自己说：'你平下心，静静地，等一等看'。果然后来一件一件都寻出端底来，总是一个不了解。所以我想俩口子闹别扭，不外是男人不伟大，像如B君、L君都是我瞧不起的！"

"说起来惭愧得很！一次我们俩开了一次玩笑，我说：'现在人家要公妻了，时局一变，我话说在前头，我不是滞固不化的人，我让你随便……'但是她立刻哭了！——我的女人，一民——她扯着我的膀子说：'你说这样的话吗？你说这样的话吗？……'你想我当时怎么样，我像变成了一个针尖一直钻到云彩缝里活着。"他的同事，低了头，眼看着脚尖。

"实际说起来，我的进项，并不算充裕，但是吃穿了去，还有零钱听戏，人要自己找幸福，幸福不会来找人的。比如今天吧，我女人已经约好，预备马车，在车站接我，我下了车，就要看见她——一个中等身材的女人——她刚添了一个不满三个月的小孩，我还没有看见。——我们打一个招呼就上了马车，你想我们挨着坐下，其实并不必有什么话说——人的生活，只要有这么一点趣味。"

雨点打在车窗子上，隔玻璃看出去，树林、田地像一片烟雾。

“这是什么站？”他问一个护车警察。

“CY。”

“还有三站。”他伸开三个指头。

吴敬堂下了火车，雨点在草帽上滴滴答答响了几下，他在车站檐下站住，地下一个泡一个泡地跳动。一只狗拖着尾巴，从绿栏杆底下钻出来，几堆红房子埋在烟气里静静的。只是没有他幻想中的马车，他又极了目力看到极远的地方，不曾有一辆车，差不多连走路的人也没有。有几辆人力车，已经被别人抢着雇了，他心里有几分着慌，他决意从到家起，一直到明天天亮不跟女人说一句话。他又坚决地说：“必须这么样。”

他将草帽大衫脱下来，安放在藤箱里，去掣出箱底铺的一张油纸，打在箱子浮面，右手提着箱，头顶向左面歪着，试探着向泥水里踏过去，三五步的光景，衣裳全贴在皮上了，在布面上可以看出肉红色来。皮鞋里装满了一筒水，脚踏下去，在泥里打一个滑，因为鞋过大缘故，脚在鞋里再打个滑。他弯着腰，嘴里念着“宁慢了，不要快了！”一步一步，从容不迫地，差不多像是专为洗这么个澡来的。

路边的白杨树，挺着腰，站在它的岗位上。有时一个蝉哑着嗓子，从这棵树飞到那棵，大野里响着单调的肃肃的声，在别日他或者要说很有诗意了。

时时在一个窗子里，发现几个人脸，他立刻觉得着忙，箱子里铁杯磕碰着叮咚地响，自己觉得样子，或者被猜是个拿鱼的。他想快一点走过去，他又嫌这条路子太长了。

好容易挨到自己的家门，脸上一点一滴不晓得是泪呀，是雨呀，是头发上洒下来的油呢。加紧地敲他的门，但里边一点声息也没有，他恼了，喘了两脚，然后一个人出来开门，又听见一民的声说：“不要开，不要开，要问明白呀！”

一民的脸焦黄，蓬着头前襟上几片黄色的斑点，一把扫帚在屋地当中。她看着敬堂笑了，说：“当是谁呢，你吗。你看你看，我全忘了，昨天晌午还想着，这是乱着给孩子做了个小项褡。你看，全忘了，忘的连个影子都没有了——孩子从今早上学会了见识了，他会抓我一把，就笑——挤着眼笑——笑个给爸爸看。”

她抱着孩子：“笑一个！笑一个！——看爸爸湿的像母鸡吧！炒炒给孩子吃了吧！——笑一个——我全忘了，你看！”

孩子瞅着敬堂，小手一抓一抓。敬堂伸过手去，孩子哭了。

“别哭，别哭！炒个母鸡给孩子吃——你看这个项褡，好看不好看——真是个好小孩呀！”

一民扯着小项褡直送到敬堂手里，然后把孩子放在床上。在厨里找出敬堂的一套裤褂来，裤子还没有洗，团揉的像一块海绵，褂子脱了两个纽。

敬堂坐在椅子上换衣服，闻着屋子里一股臭气，暖旭旭的，一民站在他脸前，他平下心说：“你梦着我来没有？”

“啊！——是——没有梦着呢？”

“你不是说我出门，你总梦着我吗？”

“啊——大概——是小孩乱着的吧。”

敬堂指头点了她几点，一民在他手上亲了一下。

“哎呀！你的长腿呀！看这些毛呀！怎么腿上生毛呢？”一民忽然叫着说。

女仆打了一盆洗脸水，在外间屋里，敬堂走出去洗脸，手和脸在水里辟剥地响。听见一民在屋子里，啊！真像个小大人呀！戴上爸爸的草帽了——要什么，什么？自来水笔吗？

突然一个圆形铁饼似的人脸，从外屋掷到里屋，冲倒了凳子，头发上、两颊上、臂膊上涂满了肥皂的白沫，前额横竖几道手指痕，左眼上一个泡，迫的左眼挤起来：——

“你知道这顶草帽值多少钱吗？三块半！自来水笔是给孩子玩的吗？你简直没有大脑！你脸也不洗，闹得屋子里这么臭！你什么都忘了，你什么都忘了！有孩子吧，算得什么呢！你只当有了孩子，就没有用我的必要了吗？我会不承认孩子是我的呀……”

他鬓上的白沫流到腮上，大概是有些发痒，在腮上抓了一把留下四个指印。白沫悬在下颌，滴到胸膛上。

“好吧，算了吧，我都知道了，你先去把脸上些白沫洗净了，再回来说吧！”

（原载《新女性》1929年第4卷第2号，耶林署笔名零鱼）

村中

刚刚落过雨，一切树林、草原、山谷、田舍都露出被洗过的颜色，似乎显着一副有点高兴的神气。空气中含着水湿的气味，残余下的薄雾横抹在远远的山腰，布谷鸟在人看不见的地方，一声一声地叫着。

河里的水涨高了很多，水变成黄色。水面上有很多树叶和黄瓜一类的东西，从上游浮下来。

有些人，裸着四肢，走到田里去做工。还有一些人想趁着这雨后的清凉，休息一会儿，便聚在河岸上的树荫下，蹲着、坐着或站着。女人们用蒲扇遮着乳房，打着轻轻的鼾声。

一切都是平静的，古旧的，而且多少还有点快乐的。

忽然一种像蚊子的声音，嗡嗡的，不断地从远方天的那方传来，渐渐地在近起来，又大起来了。

人们成群地聚在草场上，抬着头，打量着青天，起着猜疑的语声，互相问着这一声音的原因。

——这是什么响……

——是蝗虫来了吧。

——唉，那才来不得的呢。

——是地震，一定的，等下看吧。

——管他妈的是什么，总不会是好兆头……

声音越叫越大起来。在草场上蜘躇的水牛，也举起鼻子，向天吐气。

嗡嗡嗡……

人们都叽叽咕咕起来，说是头都被这声音叫得晕了，柳树、芦苇的梢也在微微颤着。有些女人哭了，被未来的恐怖罩住。壮年的男人们，跑到茅屋里把一些桌子、碗盘搬到草场上来，预防在地震若真的来时，好不会压碎。老年的人们，便争着来说他们的经验。

这时，有人发现了在天上云彩的中间，有一个蜻蜓似的东西，于是叫了起来。声音正是从那里传出，接着第二个第三个也看见了，又指点着。没有看见的人，便随着那些向天指着的手去望，人们声音又嘈杂了起来。

——在哪里？
——什么样子呢？
——……

老太婆们举手放在眼睛上面，极目的望去，望不见什么，嚷着要别人讲给她听。

蜻蜓似的东西渐渐地飞近，形体大了，声音也大了，在浅蓝色的天宇下边，几乎分辨不出来。人们发狂地吃惊的望着它，这到底是个什么东西呢？有两三个年轻的人，走到过别的比较大点的地方去过的，便高兴地带着骄傲的神气告诉这些人：——那还不认得吗？那是飞机么！

“飞机”这个新鲜的名字，很快地传遍了全部草场上站着的人们。

——飞机呀！那是飞呀机呀！……

女人们首先叫了起来，女孩子回家叫出她的母亲，祖父呼出他的孙子，人们从四面竹林子里拥出来站在草场上。正在工作的人们，袖子卷在臂上，手上带着面粉，已经不能走动的老女人们，也从圆锥形的茅屋底下爬出来，坐在草地上向天空细看。狗跟随主人，在草地上跑来跑去。

远处越过宽大的田地，立在田边高起的小道上，人们也一堆一堆高声叫着：

“啊呀——啊呀！”

在田地当中犁地的人们，也把耕具停在田地当中，手遮着眼睛，向天上看。

天上的飞机，慢慢地从白色的雾气中吐出来，太阳光强烈地射在上面，有时一道白光在人们眼睛里闪动一下，翅子的影子，很整齐地铺在飞机的肚子上。

声音像一万根弹棉花的弓弦一齐弹起来一样，塞满了人们的耳朵，一阵高，一阵低。

天上，云彩洗的很净，天空的颜色，蓝得像宝石一样。

没有一点风。飞机在天空底下很平稳地旋转着，在机头上，青天白日的徽号，清楚地可以分辨出来。

刚才的恐怖飞走了，新生着一种新鲜的欢愉。人们都笑了起来，举着手，大声叫道：——你那东西，不要走啊！

——你们看见过没有，是下关东的人啊！

小孩们快乐得把两手卷起来，做了一个喇叭放在嘴上，兀突突，兀突突……

老年人恨自己眼睛不好，看不清，高高举起下巴，口水从嘴边滴下来，牙齿要落下来的样子。

——唉，说飞机是了不得的东西呀，能够装载着人在天空飞的巧妙东西呀！唉，我竟也看见了，这才不枉活一趟……

少年们用竹子当箭，向天上射去，又两人两人的抱起来，在草场上旋转。女子们紧紧握着手指，唱着小调。

飞机渐渐地在人们的头上出现了，那么大，那么美丽，像大的船，又像飞鱼。人们高声唱着，许多人凑齐了声音，一齐唱起来，“叽哩柁，叽哩柁，”用脚打着拍子，伸开手，向天摇动。

忽然，一个很大的霹雳在地上响起来，巨团的浓厚的白烟罩住了广大的草场，人们被压在白烟底下。雷样的声音响起，还压住了大众的惨叫，卷动着向森林那边隆隆的送去，在树林的密叶上闪着红色的电光。金色的火花从白烟当中射出来，纷纷落在地上。

人们全然昏迷在臭气的烟气当中，大声地叫，飞去了一些肢体。有一些还爬得动的，便无目的无意识的向四面林子里冲去，女人们跌倒在地上。

谁也不晓得眼前发生了什么一回事。

泥片，断碎的木屑，飞射着打在竹叶子上，肃肃的响。整个的房屋，从树林顶上飞过，跌碎在沙滩的对过。

有些男人大声叱叫着：——平伏在地上！眊趴下吧！

人从人身上踏过，陈旧的篱笆在人们的脚下破碎了，人们磕磕撞撞的，直冲到竹林里，有着湍黑的烂泥当中。

远处站在田地当中的人们，也为着这骤来的变故骇痴了。飞奔着来，试探着来救护草场上的人们，但是在中路又胆怯的退了回去。

第二个霹雳，干燥的又在竹林子顶上响起来，断了的竹枝和手足的碎片交互的从里面抛出，雷样的吼声夹着惨痛的哭叫，好久才又看见几个缺头乱额的人，失去的理智像伤了的野兽一样，糊糊涂涂，疯似的冲了出来。外面的人也呆了，不能走，也不能叫。被儿子拖着的老女人们叫着：“放开我，放开我，傻瓜！放开我呀！”

曾在关东作过兵的人，有点明白了是回什么事，大声命令着。

——散开，不准聚在一块！到沙滩上去！

烟气弥漫着全个草原，硫磺火药的气味，使人喘不过气，圆锥形的茅屋和柳树，成排地平伏在地上，沙滩上乱堆着撕去了的布片。

远处的山峰，连连不断地响着很大的回声！

飞机在天上发狂地叫着，飞得很低，巡视着他亲手造成的罪恶，满意地侧着翅子，漫地悠然向远处飞去，渐渐消失在白色的雾色当中。

草原上经过了一阵苦痛的沉默，便又像刺着了似的惊醒了起来，重新地又遏止不住的哭叫了起来。有一些人，从死神口里脱出来了一些，悲伤地在这冷涩的斜阳里，匍匐在被炸裂的土坎底下，去抬出一些残废了的昏去了的亲人和邻舍。而且捧出一些破碎不全的尸体和肉片，宝贵似地将眼泪流在那上面，疯狂地喊着这些死去了的名字，这都是他们的亲人呀！

苦痛地深沉的叹气，无可奈何的哭声，一直继续到太阳落下，一直继续到永远，他们的命运是又被这横来的灾祸来决定了。然而他们是始终不晓得为了犯什么罪而被残害了。

事变的第二天在都会里的日报上，竟登载着这样一段新闻，这样写着：……匪徒数百，白昼散布在××河上，我军用飞机追击，投弹数枚，幸能命中，毙匪无数，察匪势已窘，不日可以完全肃清云……

那些吃得肥肥的老爷们，坐在沙发上，燃着高价的雪茄，显着高兴的神气，看完了那一节新闻。

（原载《北斗》1931年第1卷第4期，署名耶林）

月台上

我同我们的车夫，吃过了夜饭，旅店里的茶房，把小木桌子从火炕上撤了去。房子里仿佛很暖，我伸直了腿，躺在火炕上，在肚子上盖着皮被子，车夫弯着腰坐在地下，他把皮帽子除去，头上暖旭旭地冒起许多热气来。

院子里很乱，隔着纸窗，很多人一个紧跟着一个，很重的脚步踏踏地走过去，有时一个人大声喊一下。在远处，马子沙沙地吃着干草，并且相踢着。那时我不过17岁，还是第一次自己走路，不晓得为什么心里非常害怕。我想在这个旅店里，最少有马贼宿在这里，我幻想着许多小说上流血的故事。这里的人们，虽然一个良民，也会说一半马贼的话。儿子对他父亲说话，也是这样，并且此地人，人人会打枪。我临起身晚上，我的嫂子告诉我，住在旅店里，睡觉的时候，不要靠着墙壁，因为盗贼会挖开墙到隔壁偷东西，这自然是可笑的瞎话。但是在那贴着花纸的泥墙上，确是一个一个的洞，自然并不透气。我看一看车夫说："真乱呀！"

"那你可不能嫌乱，这是出门，并不比在家里！"

"我那里是嫌乱呢，不过是说说罢了。"

"说什么呢，这是出门，不是容易的事，千辛万苦，多少人因为出门丧了性命，有钱的倒不跟没钱的，任你把财帛藏得多严，作事的人们一看就晓得……"

在这个时间，忽然在院子里有一个灯光，照在我们的纸窗上，把窗子耀得雪白。

"算了吧，你不要说了，你看这是个什么灯？"

"什么灯？这倒不算什么明的灯，要明的是电灯，还有电棒，走黑路的人，总归有电棒，红的蓝的，各样颜色。

他说开了就没有完结，我本来就害怕，虽然我知道他是有意说着吓我的。他做着非常庄严的脸，慢慢地一句一句，拿腔做势，一边吃着香烟，一边说话，咳嗽而且吐痰。虽然他是非常不善词令的人，但是他总要尽其可能地把他晓得的每一件事全说出来，这是每一个黑龙江人的老脾气。

在这个时间，忽然我们紧闭着的板门推开了，有一个毛茸茸的人面，从门缝里向里探望。

我一下子从炕上跳起来。

“干什么的？”

“唤——唉——唉！”

一个老人，头上包着一个布帕，大鼻子，很长的眉毛，稀稀的几根长胡子，卷曲地在他像女人的嘴上张开着，穿着一个臃肿的破大衣，脊梁上挂着霜雪，猛然看起来，他像一只立着的狗熊，抖索着像要跌倒的样子。他抓住我火炕上的木边使他自己站稳，他嘴里连连地发出一种吃稀饭的声音，板门在他身后开开又合起来，他面对着我，很努力地在同我说话。我们房间里，由他带进来许多冷空气，蓝色的煤油灯闪动了几下。

车夫也吃惊地站起来，看看他又看看我，用他的眼睛告诉我：“强盗！”他好像很担心我不晓得怎么说，于是他大声叫起来：“你干什么的？”“啊——我——”“你不曾敲门，就走进来！”他的声音叫地过分的大。有一个女人从门缝向里看，又走了。

老人不变地用他吃稀饭的声音，向我说了许多话，重复的，颠倒的，使我没有方法明了他的意思：“你出去，滚出去，喊保安队！”

车夫跳起来，捉住他的胸膛，向门口推他。

我从火炕上站起来，迷乱地说：“你是什么人呀，要钱吗，给钱吗，给你，这是两角钱。你不要推他，他要跌倒了，他要死了！”

他被车夫推在板门上，但是没有跌倒。他用他的两肘，支在门的关子上，喘着粗气。

“你是下流人呀，我没有同你说话，你要打人吗？好……”我赤着脚，从火炕上跳到地下，用手抓住他冰冷的大衣，我说：“你说明白，你是做什么的人，告诉我，说小声点，简短截说。”好容易我才听明白他的意思，他的意思是，他为了一件要紧的事，他将要去赶火车，但是他不能走路，又没有钱雇车，他跑了一天，快要冻死了。他晓得我们是到车站去，同时只有我一个人乘一辆车。他请求我把他载到车站，不然他将要冻死在雪地上。

在一般的习惯上讲起来，这样的年头，他对我的请求是无理的。但是我一半怕他，一半可怜他。同时我想如果他没有使我一定答应他的能力，于是他情愿就不开口，得罪他们是不会有什么好处的，于是我一下子就答应了他。他看我答应了他，于是直立起来，把我同车夫对比着，将车夫骂了一顿：“人越穷越自大”，另一方面把我恭维的像天神一般。他说：“人一定要有钱，认字，有好心，三点对直才担得起功名，尤其要紧的是有好心。”他说了许多话，好像表现他不是一个乡下佬，而是老江湖懂事的人，并且有恩必报。

最后他告诉我，他睡在厨房里，一明天，他就来找我们。对我弯下腰去，颤抖着又走了。

他走了以后，车夫把我骂了一顿：“强盗！不会错的……”

第二天早晨，太阳还没有放亮，车夫同我在灰色的阴影里，摸索着，浑身颤抖着，牵着马子，从很厚的泥墙门口走出来。在雪地上躺着雪车，院子里很静，隔着阴暗的窗子，听见房子里打着鼾声。车夫大声对马子乱骂着，马子休息了一晚，很神气，高兴地举着头，吐着咻咻的气，很快的一两处窗子上明亮了。

我用扫帚把铺在雪车上一晚上落的冰霜扫干净，在这个时间，老人到我面前来了。

“早啊！”

他用冷涩而且阴森的声音说着，好像是他要同车夫和好，他站在马子背后说：“满神气！满神气！我调过你的屁股来呀，要走路了。”马子不肯听车夫的摆布，在雪地上狡猾地盘旋着。

他帮助我提着篮子，我把湿漉漉的席铺在雪车上，又把我很简单的行李铺在席上，用鹿皮被子把我自己裹起来，用一条围巾把大衣的领子紧紧地扎在我的头上，连鼻子和眼睛通通扎在里边，我脚上穿着很高的靴子，一直装到大腿，盘着腿坐在车上，一动也不能动。

老人好像怕车夫同他为难，抢着挨着我膀子，很快地坐下，喘着粗气，打了一打自己的两腿：“这里还好，这里暖和，这里倒不错你上来呀，你看这个地方给你预备得当了！”院子里很多马子在踏着雪地响动了，人们也乱嚷起来，纸灯笼高高边挂在铁条上。

我们的雪车，在雪地上慢慢地爬行了。

微弱的太阳光在远处把天空染成紫色，湿漉漉的凉风从广大草原上吹过来，人们闭了眼睛，把头缩进了领子里边。荒野里非常平静，只有车夫叫骂的声音和马蹄子蹴踏着冰雪的声音，在冷峭的空气中震荡着。

路边的小树，被雪埋了一半，干枯的树枝上结着冰雪，同白珊瑚一祥，在冷风当中吱吱地响着。

太阳渐渐地从淡淡的雾气中升起，但不是南方的太阳，怕羞似地缩在黄色的云彩背后，在雪地上铺下明亮的光，使人们不敢睁开眼睛看它。

我侧着身子躲避着凉风，顺便端详着老人的鼻子。他的鼻子又大又红，在上边生着很多大的毛孔，我断定这个人不是一个能干的人，更肯定地相信他不会做强盗。

他闭着眼睛，扑扑地用鼻子吸着不大平均的气，忽然他发觉了我在端详他，他就呱呱地笑起来。他开始为我讲了一个狼的故事，他讲得很好，连车夫也回过脸来听。他笑着注视着我，他的眼睛好像是过分地聪明，他在那里好像用他的眼睛向我们发问，而且在研究我喜欢什么。

车夫时常用一句话，截断他的谈话，反对他说的不大诚实，或者指斥他说错了。但是他很聪明，他会马上转弯，很巧妙地把车夫的意见融化在他的意见当中，好像原来就一样，不过仅仅是说法不同。

“日本话你会不会？”他忽然这样问我。

我告诉他我不会，他很可惜地样子说：“该学日本话！”

他说中国人不会做买卖，而且本钱小，要发财只有给日本人做事情，所以该学日本话。

他说他认识一个日本人，而且是一个有钱的。

有一次这个日本人，因为打猎到了他住家的地方——在松花江的岸上，无边的森林的外边，在那里常年的有比人还高的草，只有一条小路是通到城市的，在地面上看着脚迹，可以分辨出熊和老虎来，在那里他和日本人认识了。

“洋枪的干活计，你明白？”

他模仿着日本人说的中国话。

“打个山跳或者卜鸽子，勉勉强强！”

于是他就做为一个伙伴，日本人在森林的外边打了两天猎，晚上日本人就睡在他家里。日本人对于他的小房子，以及中国人的饭食是多么样的发生了兴趣，尤其是对于他老婆的小脚。

他加意地描写日本人打猎的小帐蓬和他的靴子，而且日本人的枪法是何等不好，在他的手底下，放走了几只獐子和羚羊，如果不是有他，他将失意地回去，不会打着一只山鸡，而且几次发生了可怕的危险。在草场上无意之中，遇见了一匹狗熊，而日本人不晓得山路，如果不是有他领他从小路上逃走，一定会被狗熊看见，只是差一刹那的工夫罢了。

结果日本人得到了出乎意外的收获，他不过是玩玩罢了，而居然有了那么好的结果。日本人要他分一半，而他不过是仅仅拿了一个麝带。

后来日本人回到长春，马上就来信了，要他到长春去，充当他厂里一个管仓库的职员。

他说像如我们，能干什么事呢？大事情干不了，做小工不得力。坐在家里，山里边一天一天乱起来，干什么呢？ 只有这样的事，管仓库。

于是他又说到他的老婆，以前是那么样反对外国人。但是事实证明了他的心不是白用了，马上他下了一个结论，是女人们总归见识短。

于是他就到长春去了。

为了这是一个千金难买的机会，他带着家乡的土产，小鸡和马铃薯，作为一点礼物送给日本人，日本人看见他就呵呵大笑起来：“你来了？”

“来了！”

“我是多么想你啊！”

他把日本人形容的像农民一样。

他在日本人家里坐了一点钟，吃了日本茶，日本人房间里摆着短短的小插屏，洋式的桌子上摆着花瓶和金鱼缸，“简直耀眼”，他这样夸耀着。

以后日本人带他到工厂去，在路上日本人把管仓库应该明白的事情告诉他，他们就一同到仓库去了。

走进了仓库庞大的铁门，在门一边，放着一张木桌，桌子里边，坐着一个肥胖的中国汉子，日本人称他为先生。

“我给你带来了！”

于是，就把他介绍给了那位先生。先生手里拨弄着许多纸头，抬起头来看了看日本人，接着就用日本语讲起话来，一边并没有放下手里的东西，始终不曾对他看一眼。

在这个时间，仿佛觉得有一种冷溲溲的东西从他脊梁上透过。从那时起，他就晓得日本话的重要。

“那么我去了！”

日本人对他这样说着就走了，以后房间里，就只剩下他和先生两个人。先生在那里莫名其妙地忙碌着，而他一点事也没有，恐怕坐着不便当，他只好站着，在房间里荡来荡去，看一看堆得像山一样的木箱子上的黑字，“蝴蝶牌”。

他找了一个机会，同先生说：“老兄！那么就是我们俩干这事情了，我们一定尽心竭力……

话还没有说完，先生看着他自己的指头笑。他吓了一跳，仍然退到他自己站着的地方，房间里又冷又湿。

除了他以外，还有两个同他一样的仓库的伙计，其实他们一点事情也没有，扛抬货物有小工，他们只不过检查一下。

他们时常把仓库里的东西，像如扫帚和电灯泡，拿回他们自己的家里去。

“横竖是洋鬼子的东西！”

他们这样不断地对先生要求着。

先生把脸一横，大骂起来。

“你们都是和我作对……”

骂的尽管骂，但是他们晓得这样就已经是同意了，用纸把东西包成一包，挟在肋骨上跑了。

有一天先生对他大骂起来：

“一个月八块钱，请了你来，是要你做事情，不是请你来站着。”

“但是我该做什么呢？你应该告诉我呀！”

“你没有鼻子吗，你不会闻吗，你闻一闻你该干什么！”

听见的人一齐笑了。

这样的情形，只是继续了一个月，第二个月先生对他渐渐好起来了。有一天先生对他说：“我看你这个人还聪明！”

原因是他时常把自己的钱，买栗子和糖给先生的一个小女孩吃。

在此地住了三个月，他领到工钱，请了两天假，回家来看了一看。他用他的工钱，买了多少稀奇古怪的东西，带回家去，使得他的老婆欢天喜地，是多么快乐地度过了两天半的时光啊！

按时他又回到长春，到仓库里来。到仓库里他才晓得他被开除了，另一个人已经代替他的位置。

听到这一个消息，他差一点疯了，他跑去找日本人。但是日本人没有替他出力地说：“你不应该撇开厂里的事情，跑回自己家里去！”

他在长春街上跑了三天，饭也吃不下。最初他想这不过是他们小小地拨弄他一下，后来才知道这是没法挽回的事情了。

那时正是阴历八月的时候，山里的野兽正多的时候，于是他想横竖不要命了，死了干净，他就一个人跑路从长春走回家去，他想一定可以被狗熊吃了，但是一路上没有碰上一只兔子。

在路上遇到了大火，本来走山路的人遇到火，就先划着火柴，把身边草点起来，烧开一片场子，远处的大火来了，不至于烧死，而他没有去那么办。但是大火被风吹着，向另一方向走去，他仍然活着。

他回到家里，在森林的外边，桦木的小草房子里，生活像白熊一样，度过了五年。他学会了吃酒，他的老婆，天天流泪，好像丧失了什么似的。

在这五年当中，森林被公司的工人们砍伐的渐渐隔他的家远离了，草场上大的野兽减少了，马贼多起来了，并且马贼们的道德，也不如从前了。他的老婆生病死了。忽然有一天，山里发生了蛟水，他的房屋被冲坏了，而他也不能够在那里生活了。

于是，他又流浪到长春。

忽然有一天在马路上，他遇见了那一个日本人。日本人还是那么年轻，但是他老了。日本人看见他的情形，好像非常同情："哎呀，是你呀，你怎么变成这个样子了？"

他几乎哭出来，日本人马上又答应了他，他想服侍别人，这是穷人的本分，但是要尽这一本分，还需要福气。

第二天又回到仓库里，他的身体已经不像从前了，他的腿已经有了毛病，而且喜欢咳嗽。

坐在桌子里的先生，一看见他就恼了，好像他站在那里，沾污了他仓库的地板。一刻之后，他俩人就冲突起来了。

先生说："站远一点吧，老爷，你嘴里有一股屁臭气呀！"

"哈哈，站远一点——也行！"

"你要不高兴就再站回来，老爷！"

"哈哈，不要讲这些，一切事我都明白！"

"明白什么呀？"

"也许我不高兴说出来！"

他的意思是说以前的事，他晓得是先生挑弄的，但是他不需要说。许多别人，帮助着先生骂人，有的人劝着先生说："不要同他生气，他快要死了，他不是来做工的，而是来送死的！"

他在那里住了两天，就又被他们像死狗一样驱逐出来了，他仍然流落在长春市上。

他睡在人家房檐下边，而且向商场上酒店里讨一些残余的骨头充饥。在马路上行走，躲避着管闲事的警察。他幻想着去当一个马贼，向他们报仇，又幻想着忽然一天拾到一大注银子。他从长春跑到滨江，从滨江又跑到绥化，没有一点正经职业。如其说是活着，倒不如说是还没有死。

他说，我想一只鸟，上帝都为他准备了谷子和山果，不让它饿死，但是对于人，给他准备的都是忍饿和挨冻。他亲眼看见成批的中国工厂的经理和厂长，因为倒闭，人被拉去坐牢，写字的先生，到妓院里当了相帮。可是一个无用的人没饭吃，本来不算什么稀罕的事。

但是他总是这样深信着：苦，今天苦，明天还要苦，也许后天还苦，但是苦总有头，总有一天苦尽甜来的。所以，他对于回到仓库里的希望仍然没有完全绝望。

虽然是这样说，除了仓库，我们还能干什么呢！

他这样忍耐着，希望着，经过悠长的岁月，一直到了现在，终于有一天他的希望实现了。他从一个朋友的地方得到了一个消息，管仓库的那位先生病死了。所以他须要赶快抓住这个机会，赶到长春去。

他说，现在我借乘你们的车，到车站去，就是为了这件事了，明天午前八时可以赶到长春。

他说，只要先生不在仓库里，他就可以想法子回到仓库里去，并且他有把握：第一，他请人写了一封介绍信，是给另一个日本人的；第二，在仓库里有一个伙计，是他的朋友；第三，他凭着与那个日本人十年的交情，他将硬跟他要这一个位置。

他的故事讲完了，他回过脸来，对着雪车前面望着，在他眼睛里，闪耀着新的生气，他好像是沉浸在喜悦中而忘记了一切，接着他就很强烈地咳嗽起来。

我们的雪车，渐渐走进一个小小的村落。在很长的树林底下遮掩着红色的日本式的小房子，有二三四大马子，驮着日本青年，冲着冷气，卜落卜落，踏着坚硬的雪地，对着我们跑过来，又向他们背后跑过去。

雪车在村子里，充塞着包子店里涌出来的热气的街上停住了，地上的雪是银灰色的。

老人帮着我从车上下来，他对我说了不少道谢的话，并且要我到长春，到他仓库里去。他学着外国人的样子，同我握了手，等我走了几步以后，他又举起手来看一看我："再会了！"

我自己随便在一家饭店里，吃了中饭。一点钟之后，就到火车站去了，买了车票，跟鱼串一样的人群，步到月台上去。

月台上站着各式各样的人们。因为脚冷，大家慢慢地在沙地上走动着，同时注意着远处灰色的天空底下的两条铁轨交叉的地方。

矮矮的木房子底下，几个日本士兵，涂了满头肥皂，在水管子下边洗头，一边用屁股同日本妓女开玩笑。

"当当"，有一个铁的东西响了几下。

忽然在月台上，有一部分人骚动起来，许多人围上去看，马上被日本士兵赶散了。

"一个小偷，捉住了一个小偷！"

退回来的人们这样嚷着。

日本妓女像蝴蝶一样，跳着，穿着木屐，它它地踏着坚硬的沙地，踢翻别人的提篮，抢到人们中间去看，并且要日本绅士抱起来看。

好奇的人们，从月台的周围聚拢起来看，被赶退了，又聚起来。

在人们中间，三个日本士兵拖着一个污秽的猴子样人物，在沙地滚着，日本士兵用坚硬的皮鞋，毫不注意地像踢皮球样地踢着他，并且用不纯熟的中国话骂着："王八蛋！"

中国的绅士们，穿着木板一样的西装，站在人们的后边，回过脸去，很痛心地说："又是中国人，多么坏呀！"

站在月台边沿的日本士兵们，忽然举起枪柄来，乱打走近的旅客们。因为月台上太乱了，而他们有负责维持秩序的责任的。有一个只穿着一身毛绒衣的日本人，在人们中间举起手来，叫着一些听不清的话。

我忽然吓了一跳，那一个被踢打的小偷，我忽然看清了，他就是那一个作为我们的同伴的老人，准备到长春去请求一个仓库的职员位置的老人。

他嘴里吐着很多白沫，并且间杂着鲜血哀告着，用中国话哀告，又用日本话哀告，摆动着他的头，躲避着落下来的棍子，却又碰在皮鞋上。

他是一个文明国的殖民地当中，学习的日语烂熟的家伙，他具有一个奴隶的聪明，他会找一句适当的话引得文明人们的喜悦，他低声说：“哪里牙岛！哪里牙岛！”

站在两边的日本绅士们一起笑了。

于是他滚在地上，用他污秽的手指，拿起他的耳朵。他有一种能力，会使他的耳朵自己扇动两下。

“哪里牙岛！哪里牙岛！”

他愈加高声叫起来。

正在打着他的日本士兵也笑了，缩一缩脖子，看一看四周的人们。

日本妓女从绿栏杆底下抓了一大把白雪，抟成一个雪球，对着老人打去。老人躺在地上，假装躲避雪球，可是正使它打在鼻子上。于是第一个第二个日本的绅士，也到栏杆下边去抓雪球，对着他瞄准，他仍然能够使它正打在鼻子上。

寂寞无聊的月台上，顿然显出活泼的气象来，中国的绅士们也模仿日本妓女用雪球打他，报馆的记者，抽开摄影机，在拍滑稽的照片。

他一时睡在地上，一时坐起来，他会学一个骆驼，又会学菩萨，他的戏法层出不穷。日本士兵命令他吃了地上的雪，他就跪起来像猫一样，吃着他身边的银灰色的雪。

日本士兵又命令他学狗叫，他就仰起头来，一边扇动着耳朵一边叫，并且学一个哑了嗓子的狗叫。

全月台上的绅士们，像要笑死的样子，一齐笑起来。日本妓女弯着腰，要士兵们扶住她，有的人们，以至于笑到打起喷嚏来。

但是在月台的一边，那一些从山东逃难来的难民们，好像是并没有那么高兴，而且是愤怒了，他们像诅咒一样骂起来。但是老成的父亲们，马上制止了他们。

穿毛线衣的日本人，在群众当中举起手来大声叫道，他将送一个谥号给这个滑稽的老人：“支那的活宝！”

许多人举起手来，一致赞成了。

他又大声叫着：“他是一个真的活宝呀，还是个假的呢？我们敲敲看！”

绅士们摇动着，欢呼着。

“敲敲看！”

一个日本士兵脱去了制服，解下他腰里的子弹来，两只手用力摩擦了几下，又把口水吐在手心里，把一根涂着绿漆的棍子握着手里。

两个日本士兵握住了老人的膀子，在月台中心跪着，他战栗着，哀告着，许多人退到远远地方站着。

在这个时间，庞大的铁的巨兽咆哮着很大的歌声，掣碎了他头上的黑烟，顺着铁轨飞行着跑进月台来。

日本士兵全身扭转了一下，绿色的棍子在空中划了一个圆圈，空气被挤压出嘶嘶的声音来，棍子落下去，落在老人的脑壳上。

铁的巨兽停止了，仍然喘着粗暴的气，日本人的站长把路签交给车队长，举起绿旗来，许多人争着顺着铁阶爬上去，推挤着，各人找到各人适宜的位置。在许多人的心里，像吃了毒药一样。

穿着木板一样的西装绅士，在他膝头上放下一叠报纸，吐了一口气，从窗口探出头去看了一看，摇一摇头，同他身边一个人说：“所以在文明国里，没有小偷，因为文明国，处理小偷，最严厉不过。”

车开行了，我忽然向那位绅士说：“你不是某一公司的经理？”

“是的！先生！我是鸭绿江采木公司的经理！”他向我很客气地弯一弯腰。

（原载1932年《文学月报》第1卷第4期，署名耶灵，由日本作家大岛觉（武田泰淳）翻译成日文《驿头》载日本《现实》杂志，1933年5月出版）

开辟

一

在远处雾茫茫的天空底下，日本国的大炮，接连不断地响着。

许多人，老的、少的女人们一齐站在空场上，湿渌渌的草地上，听着大炮声，讲着打仗的故事。

一个日本警察倒背着手，从电车道上走过来，笑着对纸烟店里的小伙计们，说了几句半通不通的中国话，可是伙计们白白地看了他几眼，没有同他讲话。

在这个时间，在茅草棚子里边，义勇军们在那里上班。

老高是小水子顶佩服的一个人，他在讲着缴枪的技术和游击战的基本知识。

讲完了以后，马上开了一个会，决定他们几个人，马上负责去建立失业团，由阿二负总责。

会开完了，老高同阿二说："他们住的地方，你一定要晓得，要找他们，先找到你。"

"好了，你们的门牌号数通通告诉我，现在就来告诉，不要走了，不能随便的。"

"操娘！我们的门牌你都晓得！"

"不行，一定要告诉我一遍，不能随便的！"

记好了门牌，约定了下一次会面的时间和地点。电灯也亮了，他们就各人回去了，每人领了一本小书出了门，大家攀着脖子，翻开小书，看着里边的画，就唱起来。

二

晚上，阿二到大马家里来，告诉他明天到失业团去，房子已经找到了，不要耽误了时间。

第二天一大早，阿二一起床，就去找大马。因为大马是会写字的，所以一定要他来当阿二的帮手。

到了大马家里，大马还没有起来，一块稻草编的单扇门，吊在门框上。阿二把他从门框上摘下来，放在一边，房子里黑洞洞的。阿二钻进去，大马还睡在床上，身上还压着一大块稀烂的棉花，房间里臭得跟死鱼一样，阿二在床上边踢了一脚，大叫了一声。

大马像一条发条一样跳起来，看了一看，又枕着床顶上一块木头躺下去了，摸了摸眼睛，闭着眼同阿二说："什么时候了？"

咨咨地呷了呷牙齿，睁开了眼看了看阿二，慢慢地说："暖暖，我今天还不能起来，我想找生意去！"

"滚你娘的呀，领大饼的时候，你就不找生意去了。东洋兵打来了，你找生意去！"

大马在床上坐起来，从烂棉花底下抽出一条毛绒绒的黑腿来，一只手在床边摸他的裤子，郑重其事地对阿二说："真的我有点事情！"

"什么真的，什么假的，我等着你，一道走，我看你是吊儿郎当啊！"

大马穿上衣裳下了床，在铅皮水捅里倒了半盆冷水，蹲下去一边洗脸一边说："人家真的有事么，也一定去！"

洗完了脸，他俩人就一道出来，把单扇门挂在门框上。

小水子坐在老虎灶上吃早茶，他们两个在路转角的地方看见小水子，就一道走过来，喊了一声："小水子！去啊！"

小水子向他们招了招手，动也没有动，在茶杯里斟了两杯茶，要他两个坐到他的桌子上来，他皱着眉头向阿二说："我看，得变变路数了，你看那个学生，哇喇哇喇，中什么用！"

"去啊去啊！有话到那边讲去。到那边，老高也来了，大家都来了，一道谈谈！"

阿二站起来，拉着他的手催着他："去啊！去啊！"

小水子在头上抓了几把，皱着眉头说："我不去了！"

"为什么不去？"

"不去了！不去了！"

阿二抓着他的膊臂，向他脊梁上卷去，卷得很高，一直卷得他大声叫起来，又用劲在他脊梁上推一把，差点推倒他。

大马像摇铃一样大笑起来，跑过来抓住小水子的手大声说："走吧！走吧！吵什么呀！你不去，我不去，不就完了吗？"

小水子差一点跌在墙上，站起来摇了摇头说："简直跟绑票一样！"

大马拉着他，就一道走了。

他一边走一边咕哝着："没有用场的，要干不是武装，没有武装就没有用场的！"

阿二立刻截住他的话："不要乱说乱讲的，等着老高同你讲讲，你就明白了，我说不过你！"

三

早上，失业团里忙得跟小菜场一样。

写壁报的写报壁，裁纸头的裁纸头，缝旗子的缝旗子，人同蜂子一样，手里忙着，嘴里吵着，有时大闹起来。

阿二站在他们的中心，他走到门外，门外的人把他围起来。走进房间，房间里的人把他围起来。这一边的人，向他要募捐筒，那一边的人，就向他报帐。

采访员们，跟在他的背后，小声同他商量："仅只十五分钟，同我谈谈！"

从上级来的老头子，又拍一拍他的肩膀子，拉他到竖在墙角上的小车子底下去坐下，小声同他谈："第一点——第十点——第十二点。"

他从房间里飞快地跑出来，一下子看见小水子从远处跑过来，他就大声叫起来："你快来吧，现在有件事情，要你去办办！"

"我干了的就去，干不了的就不去！"

"不行，一定你去！"

他把手里捏着的一张带着油秽的小纸条，拿给小水子看："这个地方，现在有一个会，大家都有事跑去了，我又不能离开，非你去跑跑不可以了！"

"什么时候？"

"就是现在！"

他把开会应该讨论的事情，通通告诉了他。

"你再想想，看还有什么意见。"

小水子在一块小纸上记了记，小声说："四条。"

把纸条很细心地褶起来，放在袋子里就走了。

照着纸条上写的地方，他一去就找到了。在一个茅草棚子里，五条壮汉坐在那里，吃着香烟等着他。

看见他来了大家一齐站起来，客客气气地坐下，摸一支香烟让他吃。

他们立刻就开始了。

主席是一个瘦子，提出第一项，领着老婆小孩子搬到××公所去的问题。

一个头剃得精光的老头子，鼻子底下留着很长的黄胡子，他说："穷人，有五个人压迫他。第一个，第二个，连自己的亲娘老婆也压迫，连××公所的看门的也压迫！"

大家像吃茶一样，很大声地发表了意见。

瘦子作了结论，决定了动员难民失业工人的计划和详细的分工，就开始了第二项。

立刻，他们五个人像小菜场上吵嘴一样，向小水子质问起来："为什么有义勇军的名，没有义勇军的实呢？要单是顶名的话，就不如不顶好些！"

小水子几乎高兴得来不及答复他们的话，因为他们的意见同他一样，他大笑起来，他全然同意了大家的意见："开到十九路军的前线去，再不然晚上出去缴东洋兵的枪，单是哇喇哇喇，没有用场！"

第二项结束了，瘦子问小水子有什么问题提出来。小水子在袋子里摸了一摸，又把袋子翻过来看了一看，忽然大叫起来："坏了！阿二告诉我四条，我开在一个纸头上掉了，怎么办，等我再想想！"

大家坐着等着他。

瘦子又提出替十九路军募捐和打汉奸的问题来讨论。

小水子捶了捶自己的脑袋。

"糟糕！急死了，我的鬓角扑东扑东的跳！"

大家坐着没有事谈起闲话来，谈到球王牌香烟的问题和三友实业社工人待遇的问题。小水子脊梁上汗也流下来了，他说："糟透了，下回可不好这样拆烂污了！"

天也黑了，就散了会。

小水子跑回失业团去，许多人在这里围着阿二，谈论各单位的情形。房间里黑洞洞的。

各单位的情形都是活跃的，像火一样。一个工人嫌壁报太少了，自己照抄了几张。一个老太婆自己说："我是个王！"一次介绍了十九个老太婆。

听了这些跳动的故事，小水子觉得难过起来，他走进去准备把自己做的事全盘说出来，叫他们骂一顿完了。

但是等到阿二看见他，问他怎么样的时候，他忽然说："他们也不错，都很好的！"

他觉得心里同吃了盐一样。

四

在一天的早上，突然间在马路上起了很大的波浪，人像山一样站到了马路上来。拉黄包车的，把车子放在马路边，站到电线杆底下来；卖饭的伙计，手提着火柱，站到布棚子外边来；工人们手插在袋子里边，站在马路边向远处看；老太婆、小孩子，吵着骂着，就在屋檐底下。

在工房的墙壁上，贴着很大的壁报，上边写着汉奸×××的名字，许多人围着看。

在远处还没有停工的铁铺里，喷出青烟的柱子。人群堆在马路上，像潮水一样，乱烘烘地嚷着。早起来向田地里去的水牛，不能够通过，又折回来了。

十几条大汉子摊开胸膛，像狼一样从马路的另一面对着群众冲过来，好像要吃人，大声骂着："……你们要拿出真凭实据来……"

他们的话，淹没在群众大叫的声中，听不出来。

群众向后退了。

但是，立刻斗争开始了。

推小车苦力，皮的车绊挂在他的脖子上，拳头藏在屁股后边："你骂什么？你骂谁？"

拳头从髋骨底下冲出来，立刻血在拳头底下飞起来。

镔铁铺的伙计，拿着他没有作完的镔铁水壶变成了武器，掷着打过去，在那些黑流氓的后脑袋上，冲了一个窟窿。

在屋檐底下站着的人，听说是打汉奸，谁也不肯落后。

"打他的老头子呀，打×××！"

还没来得及叫每个人，平分一拳或是一脚，仅仅是短短的时间，三条大汉睡在马路上了。

群众从四面围上去，最难听的骂声在空中回转着，棍棒鞭子在空中摇动着，"打呀，打呀！"但是几条大汉在人群当中消失了，找不到了，跑得最慢的一个，也在像雨点一样的拳头当中不见了。

"到哪里去了呀！怎么看不见了？"

这一边的人大叫着："到弄堂里去"，群众就乱烘烘地堆到弄堂里去。那一边的人大叫着："到茶楼上去"，群众就乱烘烘地挤到茶楼上去。

搜遍了汉奸×××的家，后楼阁楼亭子间，连鬼影子也没有。

在马路上横七竖八排了三条凳子，三个年轻人站到凳子上，大声讲演起来。

黑色的囚车和白色的救护车，大叫着从远处飞过来。

立刻马路上散遍了黑色人物，警棍压在群众头上飞舞起来，群众退到马路边上站着。

但十分钟以后，他们发现了自己的能力薄弱的时候，就退到黑车的近旁，不再前进了。

吃中饭的时候，小水子、老五、小信子回到失业团去，高兴极了，一遍、二遍、三遍、四遍重复地讲着他们的英勇故事。

敲开酒店的门，吃了一斤花雕。

醉了，小水子回到家里，一进门把老婆扛在膀子上，又摔在床上，又笑着躺下去，就睡了。

五

一个晚上，老五在草场上出恭，忽然遇见小信子，他走到他面前来问他："现在你得闲吗？我有句话要同你谈谈！"

"可以呀，我没有事情！"

他在他脸前站着，等他出完了恭，他们就顺着草场走过去，走过了许多菜畦，又过了小石桥，走了许多路，走进了一个小小的树林，在一个小小的坟山的前面一方石头上坐下，那时候天全黑了，黑得只能够认清对面一个圆圆的脸在摆动着。

在那里坐下，小信子就在黑影子里同他谈起来，首先谈到阿二，他说阿二发了大财了，这句话把老五吓了一大跳，他绝对不相信。但是根据他个人处世的经验，使他不能不怀疑了。

"我就不信呀，在那边没有钱呀，可是我老早就看出阿二不是个好家伙来了，我一定去查查！"

小信子靠近了他一点，拿着他的手，又向他说："我还有这样的事情，想同你讲，可是你一定答应不能告诉别人。"

"自然可以呀，什么事情呀？"

"即使你告诉了，我也不怕呀。我不怕你呀，我在上海滩有的是朋友，不会忘了我的！"

他说他有一个朋友，是在行里干事情的。他说假如他肯把那边印发出来的东西，每一份送他一张，他一个月可以拿30元钱给他。

"你十五，我十五，你看这样好不好？"

老五听了他的话，头低着没有抬起来，没有回答小信子的话，他心里像着火一样，慢慢恼怒起来："你把我当什么人呀！"他这样想。

小信子坐在他前面，噜里噜唆说了许多不要脸的话，急切地等着老五回答。

三番两次向他追问。

"我不干！"他冷冷地仰起脸来这样回答。他脸上的某一部分，无所谓地跳着。

“不要说十五块，就是一万块钱，我也不干。我从来就是这个脾气，你去同你的朋友讲去吧，我不怕呀，我自己捡了这条路，要怕就不来了！”

他像吐唾沫一样，说了一大套，话越多越觉得自己变成了一个伟大的人了。同时对于他前面的人，觉得说不出的生气。

小信子坐在他面前，更加紧抓住他的手，立刻他就油滑滑地转了一个弯，滑得像没有转一样，他脸上没有一点难为情。

“不干就算了吧，我也不干了，回复了他吧！”

“多么不要脸呀！”他想跳起来，在他腰眼里一捶，再在眼睛上一捶就完了。

但是，转而一想，对于这样的人，也还是应该开导开导他，于是气就平下去了，变了一个声口，吓他又哄他。

“没有这么便当的事情呀，你不要上了人家的当呀，交朋友也要认清楚，谁是真的，谁是假的。”

小信子也跟着他，说了一些没有内容的、谄媚的，甚至于过分后悔的话，甚至于发誓，谁都晓得假的。

真是碰见鬼了！天也晚了，他向他说回去吧，就一道跑回去了。一路上谁也没有向谁说一句话，到了分手的时候，招呼了一声，就各人回到各人家里去了。

从这一天起，老五觉得干什么也没有心了。一天到晚，坐在老虎灶上，也不再到失业团去了。

他手捧着小茶壶同他对面的人说：“别人的话，再别信了。天下的事，都是一样！”

“中国人没有办法！”

六

一天，小水子和老五五个人，早上起来坐在马路上的电杆底下，等着老高。

老高来了，他们就一起围上去，头一句话：“出了什么事情了！”

“什么事情？”

他们要老高到小水子家里去，坐坐再谈。

老高就跟他们去了。

到了小水子家里，大家搬了一条板凳，在房子里坐下。

小水子的老婆到门外去，用砖支起殡铁壶烧水。

小水子先看了一看老五说：“咱们说给老高听听？”

“你先说说好了！”

他就开始对老高讲，据他们调查，阿二到罢委领了37元钱，可是他同大马经手买的大饼算起来，不过仅仅是32元，那5元就没有下落了。

接着大家一个一个发表意见，有的说：“阿二开口就是‘混蛋’！”有的说：“阿二过去骗过人家女人。”大家同样下了一个结论是：“大家一道干事情，总要干出个明堂来，要是狗屁倒糟的，那就不如不干了好些！”

老高听完了他们的话，就对他们解释，我们的钱不是像资本家一样，很容易找来的，我们的钱是血汗换来的。所以私自用了是万分不容许的，如果是阿二用了，他一定去查查他的帐，要他还出来。

小水子从中插进去说，阿二是出了名的鬼刁头，要是拿不住他的把柄，慢想他会还出来。

别的人也跟着发表意见，证明阿二不是好玩的，而且想了个办法，只有先不让他在失业团办事了，他才肯还出来。

老高又同他们解释，钱是不是阿二用了，到现在还没有弄清楚，他还没有过错，所以不能够撤他的工作。同时在事情没有弄清楚以前，大家都不要灰心，应该照常到失业团去工作，因为工作并不是帮别人作，而是自己给自己作。

小水子的老婆烧开了水，倒了三碗放在地上，要他们喝水。

老五用他很宽的脚，把磁碗推到小水子前面去，他开始说明自己是一个军人出身，本来不是工人，而且他的脾气一是一，二是二，不喜欢狗屁倒糟的。

第二个跟着说，要做公家事，就要拿出公心来，要是玩玩花头的话，他自己不会比别人不行。

老高重新对他们很详细地解释，工作的意思是什么，咱们为什么工作，他的话渐渐地没有趣味了。他们一个靠在别人耳朵上说闲话，一个就喝水喝出很大的声音来。

他的话刚刚说完，老五就接上去，仍然是说明自己是一个当兵的，虽然别人看着我傻头傻脑，可是并不是傻子，要是大家把我当作傻子看，作起事情来也没有意思。讲到结尾，他说："……不晓得别人，要是阿二钱不还上，我是不去的，——小水子你去不去？"

"我是不去的！"

"我也不去！"

他们说话渐渐同老高冲突起来，甚至于说："你们把钱用了……"

老高气死了，火气冲到头上，又咽了下去。

仍然细心同他们讲。

但是，话越多越没有用处。

到后来，他们五个人自己商议，决定立刻就去查失业团的帐，问问老高同意不，老高同意了。

七

他们五个人，到失业团，查完了帐。

立刻老高作了主席，就招集了一个会议。

要小水子先报告他查帐的结果。

小水子站起来说："我们打了三遍，照着他们的帐单上，还差一元二角钱，叫阿二来说说。"

阿二从墙边挤过来，站在桌子旁边，他说一元二角钱是他用了。本来他打算一天两天就还上，那知道越迟越没有钱，就迟到现在。同时那里边还有四角，是他拿给阿龙花了的，那天阿龙的老婆跟阿龙要钱买米，他就付了他四角。

小小的草棚里塞满了人，人的头像一大堆黄皮的瓜一样，很多的年轻工人，戴着工人帽子，他们都是因为打仗在外国厂里停了工的，他们生着宽的膀子，宽的手，无论对于什么事情，都是好奇的，热心的，不怕是很小的问题，也是尽了他们的能力去解决，进一步再进一步。

阿二的话完了，老高说："看大家有什么意见。"

第一个发言的是老五，他头上微微冒着热气。他说阿二用了钱，但是这样是不好的，所以他应该立刻还上。

他很简短的话完了，又踢了一踢小水子，要他起来说话，但是小水子没有动，只是看了看他。

塞满了一房间的群众，他们发言开首总是乱烘洪的，找不出头绪，等到一个两个渐渐地抓住问题的中心的时候，群众就会很快地找到解决的方法，毫不容情的像箭一样，向屈理的方面射过去，一个紧跟着一个。

"阿二用了公家的钱，错了。他应该承认错误，但是问题不在这里，问题在你们五个人，五六天不来办事，你们就是为的准备了这件事呀……"

"要他们把这几天里办的事情报告出来。"

"为什么纠查（察）队一天还领两元钱，阿二花角把钱就不可以！"

"这件事老高应该负责，为什么应许他们这样闹下去！"

他们好像有意形容别人不好，一个人发起，许多人跟随着，你五十，他一百，把一元二角钱凑起来了，替阿二缴上。他们高兴得很，像一大群小孩一样，大声笑着，把一元二角钱高高地举起来，而且有人拍起巴掌来。

好容易老高把顶着屋子的声音压下去，他大声问："还有什么意见，一个一个的来！"他看了看老五，又看了一看小水子。

老五夹着他的风泪眼，弯了弯腰说："好了，好了，就是那么样了，没有什么意见了！"

小水子动也没有动。

老高作了结论，重复了他已经三番五次对他们说过的工作的意义，又严格地批评了阿二和怠工五六天的他们，问他们同意不。

他们同意了。老高又切实地指出来："不允许一个人不工作。"就散了会。

他们从失业团里跑出来。

老五从后边赶上小水子，抓住他的手，同他说："糟糕——想起来——没有意思。"

许许多多不成系统的影片，在他的脑子里搅着，发了大财，30元，老虎灶。

他慢慢地向河边草棚子里走去，去找一个船夫谈话。

船夫坐在门前矮凳上，对着太阳剪脚指甲，一只小狗看见他，大声叫起来。

第二天一大早，他们到失业团里来了。一个年轻的工人，看见他们说："小水子，你来了！老五，你来了！"

"来了！来了！以前错了来！"

老五拉住他的手，向他说："你帮着我，只要在一个窄弄堂里，我遇见小信子，照腰眼一捶，再照眼睛一捶，就完了。操他妈的呀。"

（原载《文学月报》1932年第1卷5－6期合刊，署名耶林）

到火线上去

从太阳庙出发和两个同伴一齐向东走，跨过铁道，在大统路的一带，静寂得和午夜一样，偶然有一两个饥饿的贫民，像鬼影一般地在弄堂口出现，带着惊奇的眼，望着向前线走去的我们。

炮声，沉重的，响亮的。机关枪声，短促的，急速的，和我们的齐整的履声互相和着。走到了火线后的第二条防垒了。

我们和防垒边的兵士闲谈了好久，他是多么关心地问我们日军后防的情形，要我们帮忙替他们去捣乱敌人。他又道谢我们民众的慰劳，甚至到附近小铺子去买一碗酒，也不要他钱。他的眼色火一般的红，他说开火以来还不曾睡过一次觉。最后，他说我们打了许多仗，这一次才打得有意义，兄弟们大家都决定不死不罢战。

为他的热情所感，我和他紧紧地握了一次手，我的热泪流下来了——

——我们民众跟你们一起死。

——是的，我们不相信政府，我们只靠老百姓。——他也流了泪。

道了别，我们又向前去。近新民路一带民房都已烧毁了，血痕，残尸，断垣碎壁。我们踏着前进，机关枪声在耳朵边吹响，轰的一声炮响，我急把身子一缩，女同伴的琴笑了：

——这是我们打过去的！

她嘲笑我太胆小。她在这两天内，已上过三次火线。

我们到了营部，从沙袋的孔穴里，望见租界上的道路。我们的每一颗弹，正在向着帝国主义的宫殿冲去，可爱的兵士兄弟！

他们道谢了我们的礼物，便送我们回去。

——呼——呼——呼，子弹从头上飞过，我们又把身子缩短了！

（原载《文艺新闻·烽火》1932年3月5日）

起来！中国的大众！

亲爱的被压迫的全国大众：

奔流在全中国土地上的洪水，现在是变作渠了！当你们从新闻纸上看到那叠叠成篇的戮恸深心的字句，你们是在激昂悲绝吧！但是，在徒然的紧张与兴奋中，我们究竟应该如何认识当前的事变？这决不是突然的或偶发的问题，而且有计划、有步骤地国际帝国主义的阴谋，吹卷全世界还两年余之久，而且正在延长加剧的资本主义的经济恐慌，现在从满洲沃野的炮火声中，展开了他必然的挣扎。普遍的农业恐慌，大众的失业之浪潮，生产合理化的利器，再也掩盖不住和平非战争的假面具日趋崩溃的经济矛盾，走上了他死狂的最后的路。他们要行大殖民地的争夺，他们要驱迫自国失业的大众到疆场上去就屠，他们要消灭人类的新的建设，威吓抬起头来的饥饿大众。

这便是降临到半殖民地中国民众的血腥腥的命运，他的意义不仅仅是对中国的土地和经济的侵略，它的最大的目标要根本的消绝那被践踏在铁蹄之底的还作广大的怒吼的地层。这更不仅是一个日本帝国主义单独的行动，而是国际的客观的必然使日本抢作这第一炮的打手。其次，环顾我们内部的周遭，那关防在握的权贵的当局，他们是正在这事变之前酣于各种方式的内战，还在迅急的从各个帝国主义的军备库中运来杀自国民众的枪弹。又在和平统一旗号下，来作忍耐，镇定的告诫，叫死迫燃眉的国民去匍匐在叫不应的菩萨的国际联盟之前。啊！亲爱的大众！土地已被陷失，被杀者的尸骸已堆积如山，我们还能镇定地挺出胸膛以迎待它的炮弹吗？我们还能期冀和平之神的空掌来抚慰我们已腐冷了的尸骨吗？“镇静”“不抵抗”“不抵抗种不敢”“镇静”这种畜逆长上而只欺骗大众去死亡，被涂屠的口号，我们早已领受够了。济南之尸骨未干，韩城的殷血塞渠，死者已不知如何切齿，而生者正预被放于俎刀之前。啊啊，以内战屠焚为能事及中东路之夺取为骄夸的，竟未见日本兵足影而逃遁，舍奉天、弃长春，遗民众于日本帝国主义之枪杀涂屠之中。希望被支配被保护以苟安的幻梦醒除吧，肩起了重荷去身赴国难者为谁？这，只有我们自己！除了民众自己，一切被压迫、被屠杀、被欺骗的中国大众，只是应当认识了自己的生死存亡，只有握在自己的手内！起来，中国大众，以大众的武器去解决自身的劫难！

在文化领域的工作者，为残暴所压制而劳苦大众有同一命运的文化工作者，为正义为真理而斗争的文化先驱，其速在这次残暴卑劣之屠杀，退让中挺身出来，以大众的力量为力量，以大众的意志为意志，在此次人类真实文化之消亡之危机下，为正义而战！

（原载《文艺新闻》1931年第29号）

想对“左联”说的几句话

我们承认，在大革命的前夜，一切革命分子都是要兴奋地起来参加这个伟大的行动的。所以，“左翼作家联盟”在这个时期出现，正是表明向来只在纸上写文章嘴里表表同情的文学家，也觉悟到他们在时代转换期中应尽的重大义务，而要不客气地起来动手干了。

在“左联”的纲领里，他们毫不顾虑地喊着：“我们的艺术不能不呈献给‘胜利’，不然就死的血腥的‘斗争’！我们不能不援助而且从事无产阶级艺术的生产！我们对现实的态度，不能不参加世界无产阶级的解放运动和反无产阶级的反动势力斗争！”

是的，这种勇猛的、进步的、彻底的态度，我个人以及像我这样的一群青年们，都是十分赞同而且无疑地会起来热烈地拥护的。可是有一点，在我们要动手拥护之前，我们不能不先问一问，“左联”的实际行动能否和他们在纲领中所规定的趋向同一的步子。

我们知道“左联”是一个颇为广泛的结合体，它所包含的分子是比较复杂的。若然我们马上要求它显出充实的壮健的成绩来，那我们是不免近于苛求，但我们对于它曾经发生过的错误，当然是有权利检举出来，好让他们以后的努力容易走上正规。

“左联”第一个缺点，是几乎看不见它有行动。

从成立大会至今，怕已有一个月了吧。但是，除了在几个杂志上看见了它的一部分名单和纲领外，我不知道它在做什么？四三惨案、四八惨案、晓庄师范被封、建南中学被封、大夏中华艺大等校学生的被捕，一切资产阶级统治者的示威，煽沸了无数青年的热血。然而，“左联”在这个严重白色恐怖时期里，曾有过什么明显的表示呢？

再退一步说，在目前的高压下，政治行动是不容易公开的，那么我们可不可以来看一下它在文艺斗争上的行动呢？《现代小说》、《拓荒者》、《萌芽》、《文艺讲座》、《大众文艺》……好像有不少刊物是属于“左联”的。有了这样多的武器，谁都会敢希望“左联”一定能掮起普罗文学的大旗，攻向资产阶级文学的阵地里去。然而，这些不少的刊物又几曾表现过多少前进的力量呢？还不是和从前一样，几个老作家，东也凑一篇，西也写一段，成了每一个杂志的招牌，而每一个杂志，也都是论文创作，批评随笔，内容几乎一律。最近《拓荒者》3期以非马克思主义的方法，大捧蒋光慈的《丽莎的哀怨》及《冲出云围的月亮》，更十足地显出了从前个人主义的杂志的特色。

有了这不少的错误，所以就引起了很多“左联”会员的责言，甚至有许多切实的青年都在疑惑“左联”是在干着挂新招牌卖旧菜的勾当。我曾听见一个青年说：“这里又是‘左联’的作品，那里又是‘左联’的作品，也不知道我们是买那一种的好，这都是他们以‘左’倾挣钱的法子。”同时，还有许多青年在责怪“左联”依然是纸上谈兵。

自然，舆论有时的确是靠不住的，可是以上的对于“左联”的批评，我以为有它自己的根据。

我是爱护“左联”的一个，我是希望“左联”能够克服自己的一切劣点，走向革命的队伍，成为大革命时期的喇叭手。所以，我大胆地贡献“左联”下面的几个意见：

一、每一个联盟员，都要极力克服小资产阶级个人主义。而把自己的全力交给联盟，要使自己的力量在联盟中表现出来，要以联盟的成果为自己的欢快。

二、“左联”的刊物应尽力避免自己的吹嘘，要努力克服一切敌人！这样，才能使群众格外认识谁是对的，谁是错的，谁是友人，谁是敌人。

三、“左联”所属刊物，应该大规模地作一个出版系统，这个系统应该包括全部联盟员的努力，也可以说是应该包括全部普罗文艺运动的努力。这样，在出版界方能形成一组鲜明的势力。同时，在读者方面也会感到选购上莫大的便利。

四、“左联”不仅以“参加”革命的文化斗争为满足，应该更进一步成为无产阶级革命运动的实践者。我们要看到“左联”的每一个刊物上，对于一切斗争事件都能有敏锐的批评，切实的建议，热烈的宣传，具体的策略。而同时，“左联”更应该是策略的执行者。

对于“左联”因为爱之切，便不觉言之深。但为时间所限，只能先写这些。有暇的时候，还是要来占《巴尔底山》的篇幅的。

1930年4月21日于沪西

（原载《巴尔底山》1930第1卷2－3号合刊。耶林署笔名菊华）

春地美术研究所成立宣言

艺术也如其他的文化一样，是跟着时代的巨潮而生长着演进着的。所以现代的艺术必然地要走向新的道路，为新的社会服务，成为教养大众、宣传大众与组织大众的有力工具，新艺术必须负着这样的使命向前迈进。

然而，目前中国一般艺术家所显示给我们的，很明白的是适合于少数人的口味的、空虚的、颓败的、享乐的作品，而他们所设办堂皇的艺术学校，也必然地以空虚的、颓败的、享乐的教材来麻醉蒙蔽艺术界的青年，使全国的群众，受其影响，受其欺骗，而忘记了时代的使命。一切这一类御用的学校，更苛捐杂税地巧立名目重征学费及其他各种费用。致一般艺术爱好者，在经济的重压下，无由研究，散落于街头巷尾。自称艺术之高洁之士者，实商贾者流，大众美术之叛徒。

我们深切地感觉到：为着完成文化建设；为着培植我们已在萌芽的、前进的、现实的、时代的艺术；为着使艺术扩大深入到群众中去，成为大众的艺术；为着给许多散落在街头的穷苦艺术家，能自由研究以及使被麻醉被欺骗的艺术爱好者，不再走向死亡的道路；为着使艺术的罪人们残余势力迅速地灭亡，我们就需要一个新的集团，以群众的力量来追寻自己的道路，以完成我们的时代使命。春地，就在这样的实力下产生的。虽然她是新生的，尚非大规模研究所，然而她却有着时代迫切需求着的任务，且必然也会在广大艺术爱好者合作下，走向光明伟大而健全的道路上去。

为着创造与研究时代艺术的朋友们！来吧！我们是热诚而欢快地期待着。

（原载上海1932年5月26日《上海新闻》叶林写，未署名）

耶林写给丁玲的四封信

（一）

现在又看了你的一篇新的作品，和你编的杂志，你的作品我差不多是全看了的。因为我晓得了你的通讯处，所以我想对你说几句关于你的文章的话。

直率一点来说，我觉得看完了最末一次看到的你的作品，仍然是不能使人满意！我仿佛觉得你写的文章在某一方面说，是不如从前了。虽然你是在很努力地向新的方面进行着，同时有很多人拼命的赞美你！我的话请你原谅，自然你所努力的方向是万分对的，同时你是万分可以赞美的！现在我所要说的话，只可以说是一个读者对于一个作者更进一步的要求吧了！

我觉得你最近的作品，仿佛大半是先立下了一个题目，然后计划着去做似的。所以它的内容总是比较空虚，偏于想象，反而不如你以前的文章充实。

以我的意见，你不须要劲（尽）是抓住一件很有意义的事情和人物来描写，如果能很客观地把以前、现在整个的社会或者一部分，作为对象描写出来（自然是你最理解的一部），一定更有意义。我的话或者没有说明白，再说一遍，你只要很客观的、很实在的把这个社会写出来，比如现在农村的破产，一般失业的现象或者在革命新的高潮之下的小资产阶级，只要很实在的写出来，就是最宝贵的东西。如果你的文章能够从正面把现实社会的一部分写出来，一定比把社会放在背后以个人为对象写出来的好些。

我的话太抽象，不过是我所感到的话。

同时，希望你不要仅仅满足于一个同路人的地位，而更要进一步改变你的生活，如果你的生活能够更接近群众，你的文章一定更充实，更好！

我是一个学生变成的工人，我很留心国内的文学。我很忙，我的信，不须回答，希望在你的文章上回答我。

最后，希望你用很大的力量研究社会学。

我的信写完了以后，又想起来一些话。

我觉得你对于革命的认识，是一个小资产阶级的认识，你总是把这件事看成了不起，奇迹的事情，事实不过是平平常常的一件事。自然我们不能否认这是一个伟大的时代，在这一个时代当中，无形中就抓住了这一大群，他们也不过平平常常，也不过平平常常来作他应该做的事情。

在你的文章上有时把革命和爱情对立起来，仿佛是说革命就牺牲爱情（也许我记错了），革命对于爱情是一种解放。在旧的社会之下，很难发生满意的爱情，只有在未来的社会之中，才有爱情可言。

自然你的话也是对的，一个前卫在工作紧张时是会忘记了一切的！

你的生活最好改变一下，自然在你的环境当中是很难的，也许你同这些××（无产）者接近一下，要感到失望的，一些没有什么了不起的人，不过是在干一件很光明的事情。这里边也有好的人，也有坏的人。

我仿佛没有什么话了，以后我再有话再寄，我以后也许写点文章，请在你的刊物上发表。不过总没有连续三小时的时间，写出来总是不接不连，非常不好！

我告诉你一个好消息，我看到很多青年（自然是好青年）在很努力地写文章，在尝试一些新的技术，这些人总会比以前的好些！

回头看一下，我们觉得只有白莽好些，可惜牺牲了！E.L

我没有通讯处，不须回答。

（二）

看到了写在《北斗》2期上的话，使我十分快慰！你说你愿意在行为上答复我，这是我没有想得到的事。我看到了这句话以后，我想了一想，适合于你作的事，同时不大妨害（碍）你的文章生活，而且可以帮助你的文学生活的，或者可以作这样一件事，这是我自己想到了，也许不大好，另外你自然可以去找一些别的关系。

在现在尤其是最近，有很多小资产阶级的学生等等，很愿意为工人负（服）点务。同时在工人方面，一般地是没有所谓文化这些东西，如果能以号召一般小资产阶级的分子成立一个“工人之友社”，在（再）各找工人的关系去成立一些大大小小的学校，也不一定要成为学校的形式，尽可以找两三个人在一个小房间里教他们识字都可以。另外出版一些比较通俗化的小书，使他们容易了解他们所处的地位和他们应作的事，如果这个工个（作）能作起来，一方可以训练工人，一方也是从事于文学的人们接近工人的一个方法，自然要作出点成绩来，一定要用很大的努力，这也可以作为以后驱逐文盲运动的第一步，你的意见如何？

我以前给你的信，自然有误解你的地方。因为我太不知道你，最近我看了你的《一天》，你写的的确很好，很真切！

现在把我写的三首诗给你看。我写出后给别人看，有人说不好，你看一看，如果不好，就给我改改。如果你认为可以发表就发表，但是不晓得对于你们的刊物的态度是不是合适。如果是发表了，我希望尽可能的多给我一点点报酬，因为我是穷到别人想不到的地步！我现在又变成失业的人了。

我希望你一方面进一步的在文章上努力，一方面想法直截（接）跑到这一方面来，跑过来有许许多多帮助你的地方，自然不能像那些什么事也不做的人一样，我们对于你的希望不仅是一个赛甫林娜。

前面我对你提的意见不晓得你觉得如何，我希望晓得你须要向我说的意见。写信给我，可以写到“天通庵车站同济路九三弄九号张眺收”。

最近我吸到“左联”方面特别注意到大众文学这一方面去，我个人的意见，这只能算是在新的文艺运动当中一小部分，这决不是他的全部。我有许多意见现在写不出来，因为我现在头痛得很。

我不写了。

现在从我的朋友的地方拿来这一篇文章，这篇文章的态度是很适合于你们的刊物的。以后我还可以找到一些别的稿子，在一二日内可以寄去，我想你们是不会嫌太多的！

《北斗》2期我看了两篇，都不是好作品。尤其是《一侍女》，在内容和形式方面都是很坏的作品，全《北斗》上一些作品都比你的文章差得多！这自然是整个中国文化的问题。

在《北斗》前面，那一张画是很好啊！

你们要不要工人通讯？

张眺

稿子如果不发表，千万不至于遗失了！

（三）

看了你的信以后，我觉得还有很多意见要说。

对于中国的文坛，我们渴望有一两个新的作家出来。但是，事实是很难出来的。中国工人的教养，比起外国来太不如了。一些旧的作家像如鲁迅、矛（茅）盾，他们是有他们的步调的。所以我上一次说，对于你不只希望你是一个赛甫林娜。

你现在采取的写文章的态度，我不反对。因为在你的文学生活的过程上，是辩证法的发展的，你否定了过去而采取一条新途径这是对的！对于你写文章的前途是乐观些的，这样的斗争是一万个正确的。

我现在要说一说这样的一个问题，一个非无产阶级出身的人，只要是站在无产阶级的立场上，是可以写无产阶级的文章的，这话也是对的。只有无产阶级出身的人，才能写无产阶级的文章，这话也是对的。

在没有产生无产阶级的文章的时候，我们渴望着看看站在无产阶级立场上的文章，这样的文章是宝贵的。但是真正能把无产阶级提贡（供）在我们面前的，还是革拉特珂夫。我以前对你说的那个意见，不适和（合）于你现在的要求，或许是的，但不是很错的意见。

《韦护》我不曾好好的读一读，我很想细心看一遍，来说几句话。对于你的文章的批评，很多不正确的意见我很承认，尤其是钱杏邨，这个人简直不懂辩证法。关于革命和恋爱的问题，你的意见也是对的。但是我有一种感触，我曾有一次遇到一个我不认识他而他认识我的人，他偷了一封有害于我们的信，转弯送给我，使我非常感动。这是除开革命，不会使他这样的。再当我们严格地批评一个同志的时候，在我们的无情指摘（责）之下，我才感到对于对方的真正的爱护，这也是革命把他们的温情的假面摘了下来了。在这一方面，我们觉到革命与爱是不冲突的，这自然不是恋爱，我说的话几乎隔你的意见很远，不是一件事。

做着能做的事，是极好。但是如果能创造新的生活，你将发现更多的宝库。

《北斗》我可以多找些文章来。繁市是一个比较好的理论者，他有时间写文章，可以叫他多写。他已经托雪峰拿去几个短篇，收到否？

不用的稿子，不用退回。

现在找一起好稿子，真是一件困难的事，希望能找使《北斗》寿命长一点的！

我是一个学画的人，原名张眺，现在叫叶林。我非常喜欢文学，但是我的时间，可以说很少很少。但是在走路当中，没有睡觉的时间，每天总想它个把钟头。我不会写论文，写小说我很喜欢，但是第一没有充分的时间来写；第二我总是拿着笔写不出来，我的修养是很浅的，假设不是太妨害（碍）你的工作，你们应该教我的。我打算多写一些短文章，练习练习，我对于我自己有一个很可笑的计划在进行着，我很希望我自己会写文章。

我刚刚从工人区域搬出来，很快地又要进工人区域去。我像拜伦厌烦英国一样，厌烦着小资产阶级的生活。

我们——我、风斯、繁市有一个小小的集会，每礼拜开一次，把国内的画家、文学家很用心地来讨论。我们讨论过林风眠、郁达夫，日后可以把我们的结论写出来，寄给《北斗》。

张眺

（四）

《北斗》编者：

就1、2期《北斗》的创作小说而论，描写技术上固然获得较满意的成功，具体意识则不免颇多不正确的倾向，有几篇的取材对象更是十足的小资产阶级性，“取材当不当不成问题，成问题者只在观点正确不正确”的话自然是对的。但同时也该考虑到，这样的题材能不能给读者一种宣传熏染的力量。如若没有，则这篇文字根本就要不得，因为文艺这东西，没有“组织的感情而使之向上”以外的意义。用这种态度来读《一幅剪影》，显见作者过分缺乏支配材料的能力。全篇集中点在于一个行近幻灭而不能自裁的知识女子，对于革命虽有同情，却没有实际参加的勇气，终至作者借口断定这样的人，在这时代里，是没有邀得怜恤的可能的。情节既枯燥无味，配置又不得宜，这里有的只是感情的对话与修辞的装点，在旅馆房间里做着机械动作的两个剧中伶人而已。《一侍女》虽似要指出，资本主义统治下畸形发展的都市生活之末运。但因表现得不显明，深刻印象且不说，即最低限度的一丝同情心都引不起，徒使人感到侍女无赖的可厌；《祖母》太唯心主义了，无论思想抑刻画上，都觉得出好处来；《喜剧》则缺少中心，意识也嫌过于模糊；《晶子》技术十分圆熟，毫无意识可言，却读得不感晦涩。它写着一般小家庭的美满生活，现社会与这小集团不起任何冲突，他们的生活程序契合着规律。这类非社会化的文学作品，我以读者之一的资格敢说，大多数人已不欲接近了。以绝然不同的风格出现的《虚脚楼》，却一方暴露着土地资本势力下农民生活的窳陋；一方又示着中国农村经济的崩溃。老七的观念虽是极普遍的奴隶性，但他的生活情形实足代表一般的农民，知识阶段正该促进他们观念的革命化，完成中国革命。所以，这篇是有可取的地方。平时不留心（或没有能力留心到）疏江、修堤、植树等事，这次大水灾自是一半由于人为的，平时受压迫的农人，遭了这次的惨劫，很有起来暴动的可能。《水》目前尚未结束，故不能见到其效果。

选译有具体计划，很好。希望以后不要杂碎的翻译来持门面。戏剧《假洋人》比《莺》较好，惟尚嫌质太坏，量太少；诗多旧派，倾向太坏；小品，第2期没有，是大缺憾。较多收获的，还得数批评介绍与文艺随笔栏。朱璟关于新文学运动趋势的论文，极多见到处。“创造社作家们在那时候的诅咒资产阶级的作品，依然是资产阶级的文学，正如世纪法国戈底叶他们，虽然憎恨他们所属的阶级而仍是资产阶级作家一样”的对比引得极当。希望编者对这栏特点注意，批评给予作者的指示是很大的，可以叫现在倾向坏的作者不再重蹈覆辙，同时使文艺界一般的进行走上轨迹。

祈祷第3（期）《北斗》文学内容上，给我答复。读者之一

（原载《北斗》第1卷第4期）

“读者之一”即E.L（耶林）

附代邮

E.L：

你的信我收到了。我不但从你那里给我的许多正确的意见，而且还得到了许多快乐。因为你的诚恳和直率的态度都非常使我高兴。不过也有些地方你对我，我认为稍稍有点误解，本想回你一封信的，因为我也有许多意见觉得很需要向你一说，但是不知道你的通讯处，没有较好的方法可以寄给你看，所以只好罢了。现在只向你说一句，就是你说你希望我在文章上答复你，而我却愿意在行为上答复你。最后我希望你的稿子，别人的稿子，我所希望能看到的稿子，能快点寄来。

丁玲

怎样去反对国民党黄色工会

目前工人运动的激烈发展和政治性质的提高——法电工人反对巡捕的斗争，彩印工人的斗争组织赤色工会，大东书局工人的罢工等等——很明显地表现出工人斗争形势，使由反攻而走到进攻的地步。

正是因为工人运动的发展，国民党资本家黄色工会对工人联合的进攻，亦更加厉害。禁止罢工、怠工，逮捕和什么“老公妥协”、“不顾国难”、“违反法令”、“故意捣乱”、“严惩不贷”等文，来压迫和欺骗工人群众的斗争。特别是在每次斗争中，更直接地首先遇到黄色工会的压迫和欺骗（发电工会破坏工人反对被捕工友，反对开除工人的斗争，出版业黄色工会破坏大东书局工人的罢工等等），因为黄色工会是国民党资本家的压迫与欺骗的执行者和传播者。因此，组织和动员工人群众加紧反对黄色工会对工人群众压迫与欺骗，是举行反国民党资本家的斗争中，最重要工作之一。

赤色工会应该在领导工人群众的斗争中，揭破黄色工会的一切行动，把千百万的工人群众夺取在自己的周围，以致根本消灭黄色工会在工人群众中的影响，并联系到反对国民党。为使这一任务的实现，必须执行以下具体的几点：

一、反对黄色工会，必须独立领导经济斗争来夺取工人群众在自己的周围。赤色工会、支部、小组和我们的反对派，必须抓住工人群众的一切切身要求，在群众中提出建立斗争的领导机关，由工人群众选出自己的代表，并且随时可以撤换。这些代表，应该直接去向雇主国民党作斗争，定条件。并且时常要同他自己的选举人发生联系，和报告自己做了什么工作，这样群众才知道代表是做什么的。代表亦成为群众面前负责任的人，才能把群众从黄色工会的幻想中夺取过来，不应当把工人要求提到黄色工会中去逼迫黄色工会去做，因为黄色工会在工人群众高力压迫之下，或者做一些小的要求。这样一来，不仅不能反对黄色工会，并且要增加群众对黄色工会的幻想。换句话说，独立领导经济斗争，就是一切工作。工人自己来做，就是反对黄色工会最有力的要求。

二、在斗争揭破黄色工会的欺骗面目，黄色工会不仅是压迫工人群众的斗争，同时也用些欺骗的手段，提出些欺骗的空的不去实现的要求来欺骗工人群众，我们的工会和反对派的任务，不是在群众中提出更高的空的口号，认为口号高些，好像是革命些，而是要在斗争中证明谁是空喊的，谁是群众利益的真正拥护者，实际的领导工人群众去作斗争，只是这样群众才会知道我们的反对派是做什么事的人，绝对不应当拿口号来代替斗争的行动。此外要把黄色工会的一切行动同国民党资本家勾结，压迫罢工、私行谈判、妥协、受贿、介绍私人去做工、武断宣传等等，在工人群众中揭破。惟有如此，才能把群众吸收在赤色工会的组织和影响下面来。

三、时刻防止和揭破黄色工会领导斗争来破坏斗争的阴谋。黄色工会看到工人斗争起来斗争或将要起来斗争时，参加到工人自己选出来的斗争领导机关中来（最近大东书局工人组织的罢工委员会，黄色工会参加进来），破坏罢工（同资本家私行谈判，宣布上工，禁止工人行动等等）。我们的反对派应要号召工人起来，反对黄色工会参加罢工的领导机关，如果工人群众把黄色领袖选举到斗争领导机关中来，那我们就应该时刻注意黄色领袖工贼的行动，和在群众中宣布出来，并驱逐出斗争领导机关。另外一种现象，就是黄色工会看到工人群众不可遏止的要举行斗争时，宣布怠工和罢工，可是他把一个工厂里的工人，分作一部分工人怠工和罢工，另外一部分或重要部分不举行怠工和罢工，所谓秩序的怠工和罢工，这种现象在过去上海、北京、天津都发生过，而且将来也会发生的。我们知道罢工是工人和资本家力量的对比，针对着资本家的弱点，给以打击是斗争胜利的先决条件。假使在一个工厂里面，重要部门不举行怠工和罢工，资本家是不怕的。这会破坏了工人群众的统一战线，和涣散了工人群众的斗争情绪。

还有一种现象，黄色工会作无准备的怠工和罢工，或者是宣布罢工之后不做任何工作，拖延抑制工人群众对罢工的积极性等等，故意使这一斗争失败，来消灭工人群众斗争的情绪。

以上这些都是黄色工会领导工人斗争来破坏斗争，赤色工会和反对派就应时刻要注意这些黄色工会的阴谋和事实，在群众中揭破。

四、在有群众的黄色工会，应参加到黄色工会下层群众中去，时时站在工人群众利益上提出要求，独立领导经济斗争，处处与黄色工会对立起来，这只是经过艰苦的不断的工作，才能把群众由黄色工会的影响下面夺取过来。对于黄色工会的机关（企业的黄色工会的下层机关）如果真正的由工人群众选举出来的，可以参加到里面去。但是不要受国民党黄色工会的津贴，不脱离企业的生产，时时站在工人利益上领导群众来反对黄色工会。要使群众明白自己与黄色工会是对立的，不是黄色领袖之一，只有这些条件之下，才可到黄色工会下层机关中去工作，假使真正是群众把我们选举出来，我们不去当选，怕领导群众作斗争，这是错误的。

五、反对黄色工会，应实行下层统一战线。工人群众觉悟程度的不齐，是特别要注意的，许多工人刚有由黄色工会的锁链中解放出来，但是还在那里观望、等候、考虑，怕加入赤色工会组织中来。并且因为黄色工会各种欺骗手段的运用，和赤色工会工作的不够，还有一部分落后的工人群众，对黄色工会发生幻想、留恋，这就是需要建立工人群众的下层统一战线的组织（工厂委员会、斗争委员会），不论他是任何派别和任何工会会员，都吸收在这个组织之内。赤色工会经过小组和反对派的作用，来领导和发动工人群众的斗争。

这里附带的说一个问题，就是工厂委员会是经常的组织，领导工人群众作一切日常的斗争。斗争委员会和罢工委员会，是暂时的某一斗争或罢工的组织，斗争和罢工后，他就取消了，只有工厂委员会的存在。但是为什么有了工厂委员会，又需要斗争委员会和罢工委员会呢？因为某一大的斗争和罢工的胜利与失败，在国民党资本家压迫之下，都会影响到斗争领导机关的存在问题。因此在每次大的斗争和罢工中，必须有特别机关的组织，才不致影响到工厂委员会的存在问题，而且在工作上也是需要的。

六、反对黄色工会的领袖，与反对黄色工会和反对国民党有不可分离的联系。在工人群众中说明，黄色领袖与黄色工会和国民党相互的关系问题，指出黄色领袖不好，是黄色工会不好，黄色工会的主人是国民党资本家、警察、军队和破坏罢工及斗争的工贼等等，绝对地揭破国民党改组派工会及调换黄色领袖的欺骗。只有如此，才能使工人群众由反黄色工会的斗争转为反国民党的斗争，这是反黄色工会工作中的重要工作之一。

11月20日

（原载《红旗周报》第25期，1931年12月2日出版）

谈谈工厂小报和群众报纸

工厂小报是宣传最广泛的群众的工具。虽然这一定只是一个工厂报纸，而且现在还大半只能够用墙报的形式。可是，这是最能够接近到最广泛的工厂里的每一个工人的报纸，所以工厂小报实是党和工会的很重要的工作。

第一，工厂小报用什么话来写呢？用群众日常口头上讲的普通话来写呢，还是用知识分子的新式“白话”——不成其为白话的白话来写呢？答案是很清楚的。可是，现在一般同志差不多完全没有注意这个问题，简直没有想到有这样一个问题！我们必须纠正这种错误，一定要用口头读出来普通工人可以懂得的话来写。工人之中有很多是不识字的，识字的也很不容易懂得那种封建余孽的半文不白的白话，而且他们大半不能够懂得比较复杂的真正白话的句头和字眼。因此，如果用那种新式白话写工厂小报，那就等于用英语写了工厂小报去贴在法国巴黎的工厂里的。必须用真正的白话，而且是浅近的白话，每一次用到新名词，一定要顺便的解释，句法要简单、明了、短俏，代名词要确切、清楚，如果不能够，那么宁可多用几次名词，缩短语越少用越好等等……这虽然不是最重要的问题，却是第一个问题，实现解决问题。这个问题不解决，工厂小报的内容即使好到万分，仍旧和极广大的的群众不相干。

第二，工厂小报必须着重在具体的、切实的、绝对不夸大、不吹牛的消息，工厂小报首先要能够领导起工人群众的经济斗争。因此，单有口号的宣传，尤其是一般口号的宣传是不够的，必须把这一工厂里的“新闻”，关于每个工人的“事件”，例如扣工钱、罚金、挨打挨骂……关于工厂的消息，例如减少工钱，增加夜班时间，扣除工房的房钱。……总之，工厂管理的每一个举动，都要正确地、迅速地记载到工厂小报上去，不但如此，关于政治的消息，也要简明清楚地叙述。首先要注意的是，工厂小报要提出关于本工厂最切身的政治问题。直到现在，我们在工厂里常常只宣传一些关于全国的政治问题这是不够的，要经过工厂小报，领导群众去注意当地的市政问题（例如上海的市政府，租借的西董华董，纳税会等等），去注意这一区域的政治问题（例如上海浦东的什么保卫圈，什么自来水，什么房捐等等……）。这里，有许多直接涉及到读者本身的日常生活的；这里，应当准备群众自己管理自己生活的认识和力量。将来区苏维埃，使苏维埃的政权机关，假设没有这种准备，是不能够切实组织起来的。总之，工厂小报要会经过正确地记载客观的具体的事实，去鼓动群众起来斗争。

第三，工厂小报要根据党的政策，运用这些具体的事情去动员群众，这就是登载简单明了的论文。有了具体的事实记载之后，这些论文的力量将要增加十倍、二十倍，这些论文应当是最通俗的，根据工厂里工人读者所知道的事实，去解释党的口号，具体地指出这一工厂的工人，可以怎么样怎么样去实行这些口号。所有这些，都是经济斗争和政治斗争里面所必须的宣传方法，而且工厂小报要想能够执行自己的组织群众的责任，还必须迅速地反映这一工厂的每一件事变，这就要支部干事会负责的，不能够等待区委省委，而自己消极地做旁观者。比如说，昨天晚上某一个工人或者女子受着了打骂或者侮辱，那么今天就要有个消息揭露，今天就要有评论的文章，具体的而不是笼统地指示全厂工人应当干些什么，应当怎样保护自己的权利，这样去动员群众的斗争。

第四，工厂小报必须和群众有密切的联系。首先，工厂小报要组织自己的访员，自己的通信员，最好要在工厂的每一个部门（例如细纱间、粗纱间），在这一工厂的工人住宅的每一个区域（例如一个街堂、一个胡同），都有自己的访员，要他们能够按时的报告当地的“新闻”，工厂里的通信员就要能够学习着自己写消息、写简短的文章。工厂小报的编辑委员会，要在自己的访员、通信员之中做有系统的教育工作，逐渐地扩大他们的组织。工厂小报的编辑委员会，要吸收非党的工人参加，要讨论而共同决定对于每次事变的态度和政策，而写成功指导群众的社论，然后指导自己的访员和通信员根据这篇社论，到工厂的各部门去，到工人住宅的各区域去，——发展群众之中的讨论，反映群众的意见。对于群众的意见，要会正确地批评，给他们相当的教育。单纯咒骂落后群众的“消极”，甚至于“工贼”等等，是不容许的。对于工贼走狗的暴露和攻击，也必须有正确的策略，必须要使最落后的群众也看得见工贼的真面目。

第五，讲到群众的报纸。上面所说的话都可以应用到一般的群众报纸，只要把范围扩大到整个城市，以至于全国。暂时，全国性质的群众报纸是很难发行。群众报纸是甚么？不是上海流行的小报，而是真正劳动群众读得懂、听得懂的报纸。暂时，这种报纸在白色恐怖之下，要求公开的存在，必须有一种所谓“灰色性质”。但是，这不应当遮盖住我们的政治立场。固然公开发行的群众报纸，比工厂小报更加要留心警察的检查和注意，而实际上这种报纸发行的可能决不是没有的，可惜的是“九一八”以来，许多革命的公开发行的刊物（杂志或者小报），都是给知识分子看的。我们必须来创办给群众看的报纸，至少首先要在上海开始这个工作。不久以前有一种革命报纸，准备给群众看的，而且是每天出版的“号外”，可是这个报上，居然会发现“某某借途消号”的标题。这种左传古典，现在连年青的一辈子知识分子都不懂得的了。但是，出现在群众的报纸上——这不客气地说，实在是对于革命的一种罪恶。这里，可见文字问题的重要。群众报纸关于政治、经济、革命运动、国际新闻等等都要有确切的事实，完全用白话简单明了地“翻译”出来，然后群众报纸的论文，指导性的社论，方才能够有力量去通俗的解释和传播正确的行动口号。这种群众的报纸，还可以吸收大众文艺的作品，使现在大半还只有读武侠等类的旧式白话小说习惯的劳动民众，能够更加容易地迎受革命的宣传，经过革命的大众文艺（演义武小说、短篇纪实，以及唱本、小调等等），而肃清他们人生观、宇宙观之中的封建意识和资产阶级意识的毒汁。

第六，群众报纸和工厂小报，都需要发展工人通信员运动。这种工作，应当是党的工会的一种重要工作。这不能够交给无产作家联盟或者革命文化运动总联盟之类的机关去做的，这些团体自己有自己的特殊任务，而对于这种任务固然是不能够胜任的，必须党经过赤色工会大规模地发动这个运动，而且必须有公开的真正群众的报纸的存在。这些通信员应当是赤色工会，在每个工厂小报的周围去组织，使他们逐渐地和公开的群众发生直接公开的联系。

第七，群众报纸和工厂小报，都应当组织读者的读书会。这种组织应当和报纸发生密切的联系，报纸的访员，尤其是通信员，是开始组织读报会的最方便的枢纽，随后应当领导群众自己发展下去。中国识字的劳动者这样少，读报会的作用更加大，而且这些组织都是党和工会的外圈，他们可以把党的口号政策，广泛地传播到不识字的劳动群众之中去。

总之党的宣传，首先是要“脸向着群众”。工厂小报和群众报纸，是在真正广大的群众之中的宣传武器，这不是给少数革命的青年学生和工人之中千分之一的知识程度很高的人看的，这是给真正广大的工人劳动者读的，甚至于不识字的人听的。所以，一般同志都要切实的注意这个问题。

3月1日

（原载《红旗周报》第31期，1932年3月11日出版）

文艺战线上的关门主义

中国左翼文化运动，所以一直到今天没有发展的原因，是由于我们在文化运动中，一些做领导工作同志的右倾消极与“左”倾空谈。

不论在介绍世界无产阶级的文艺，尤其是苏联无产阶级的文艺上，不论在无产阶级的文艺批评上，不论在开展群众的革命文艺运动上，更不必说在无产阶级文艺创作上，我们都很少成绩。我们一些做领导工作的同志，一天到晚讲着文艺大众化，然而我们还没有看到在这一方面的真正努力。通俗的白话小报、工农通讯、壁报、报告文学等等的大众文艺运动简直还没有开始，许多工作讨论了，决定了，然而对于自己决定的执行，却表示出非常迟缓与不充分，甚至消极怠工。

无疑的，右倾机会主义在文艺运动中，同样是目前的主要危险。

但是，使左翼文化运动始终停留在狭窄的秘密范围内的最大的障碍物，却是“左”的关门主义。换句话说，在左翼文化运动中，我们同样的看到了以“左”倾空谈，掩盖了实际工作中的机会主义的现象。

试翻阅最近一些文艺杂志上关于文艺性质与文学大众化等问题的讨论，我们立刻可以看到，在我们的同志中间所存在着非常严重的“左”的关门主义。这种关门主义不克服，我们决没有法子使左翼文化运动变为广大的群众运动。

这种关门主义，第一表现在对“第三种人”与“第三种文学”的否认。我们的几个领导同志，认为文学只能是资产阶级的或是无产阶级的，一切不是无产阶级的文学，一定是资产阶级的文学，其中不能有中间，即所谓第三种文学。

这当然是非常错误的极左的观点。因为在中国社会中除了资产阶级与无产阶级的文学之外，显然还存在着其他阶级的文学，可是不是无产阶级的，而同时又是反对地主资产阶级的革命的小资产阶级的文学。这种文学不但存在着，而且是中国目前革命文学中最占优势的一种（甚至那些自称无产阶级文学家的文学作品，实际上也还是属于这类文学范围）。排斥这种文学，骂倒这些文学家，说他们是资产阶级的走狗，这实际上就是抛弃文艺界的革命的统一战线，使幼稚到万分的无产阶级文学处于孤立，消弱了同真正拥护地主资产阶级的反动文学做坚决斗争的力量。

当然，这并不是说我们应该抛弃我们无产阶级的立场，同革命的小资产阶级文学混淆起来。却正相反，我们的任务是在正确的估计那些小资产阶级文学作家的革命方面，给以鼓励与赞扬，使小资产阶级文学中的革命性发展起来，同时指出这种文学中所存在着的一切弱点，使他们在我们的具体指示之下（决不是谩骂），走向革命的斗争。

革命的小资产阶级的文学家，不是我们的敌人，而是我们的同盟者。我们对于他们的任务，不是排斥，不是谩骂，而是忍耐的解释、说服与争取，只是这样，才能实现无产阶级对于小资产阶级的领导，实现广泛的革命的统一战线。

这种“左”的关门主义，第二现在文艺只是某一阶级“煽动的工具”、“政治的留声机”的理论。照这种“理论”看来，凡不愿做无产阶级煽动家的文学家，就只能去做资产阶级的走狗，这种观点显然把文学的范围大大地缩小了，显然大大地束缚了文学家的“自由”。

在革命的小资产阶级的文学家中间，有不少的文学家固然不愿意做无产阶级的“煽动工具”或“政治的留声机”，但是他们同时也不愿意做资产阶级的“煽动工具”或“政治的留声机”，他们愿意“真实的”、“自由的”创造一些“艺术的作品”，对于这类文学家，我们的任务不简单在指出在帝国主义国民党的反动文化政策之下，不能有文艺的创造的自由，指出在有阶级的社会中间文艺决没有超阶级的自由，而且还要去领导这些革命小资产阶级的文学家，为了争取自由而进行反帝国主义与反国民党的斗争。只有这样，才能使小资产阶级的文学家了解到我们所指示的道路的正确，而走到我们的道路上来。

此外，在“煽动的工具”“政治的留声机”中固然有文艺的作品，然而决不是一切宣传鼓动的作品。在有阶级的社会中间，文艺作品都有阶级性，但决不是每一文艺作品，都是这一阶级利益的宣传鼓动的作品，甚至许多文艺作品的价值，并不是因为它们是某一阶级利益的宣传鼓动作品，而只是因为它们描写了某一时代的真实的社会现象。托尔斯泰的作品的伟大之处，并不在托尔斯泰宣传了代表统治阶级的无抵抗主义，而正是在他正确地描写了当时俄国的农民。许多揭破现社会的矛盾，描写小资产阶级的没落的作品，可以不是无产阶级的作品，但可以是有价值的文艺作品。

无产阶级文艺批评家的任务，正是在以马克思主义的武器去批评所有的文艺作品，正确地指出这些作品的阶级性与它们的艺术价值（或无价值），而不是把一切这些作品因为它们不是无产阶级的作品，就一概抛到垃圾堆里，去痛骂这些作品的作家为资产阶级的走狗。马克思主义的文艺批评家，不是资产阶级的自由主义者，拿所谓超阶级的观点去批评艺术（如胡秋原），但同时他也不是疯狂的宗教的信徒。

我们在左翼文坛上所需要的，就是这类的批评家，真正的马克思主义的批评家！只是依靠这类批评家，我们才能建立马克思主义的文艺理论，在革命文艺界中的领导作用。

最后，必须说到关于文艺大众化的问题。文艺应该大众化，左翼文艺家为了要实现宣传鼓动的目的，应该采取各种通俗的大众文艺的形式，通俗的白话文，写出能为大家所了解的文艺作品，这完全是正确的。然而，因此认为只有这种作品才是文艺作品，只有利用这种“有头有脑”的说部、唱本、连环图画之类的形式，才能创造出无产阶级的文艺观点，无疑的是错误的。我认为无论如何现代文艺的各种形式，比较中国旧文艺的形式是进步的，无产阶级的文艺当然应该利用这种新的形式。

至于说这种形式工人看不懂，那就是“有头有脑”的《红楼梦》与《水浒传》等，工人何尝看得懂。所以我们的任务不是在抛弃现代艺术的形式与技巧，而且提高工人的教育程度，使工人们懂得这些艺术品。

然而，在现社会下对于工人这种教育是非常有限的。所以以为在现社会之下，可以把工人的教育怎样普及或提高，使他们能够赏鉴文艺的作品，这当然完全是社会民主党的幻想。所以无产阶级的先锋队，第一步任务是在领导工人阶级的经济政治的斗争，推翻地主资产阶级的统治，建立民众的政权。只有那时我们才能实行普及教育，教育广大工农群众，使他们能够赏鉴高尔基或绥拉菲莫维支以及托尔斯泰等的作品。

所以，左翼作家在目前集中力量于阶级斗争的宣传鼓动的工作，利用一切通俗的文艺形式号召工农阶级起来斗争，是完全应该的。因为用革命的手段推翻地主资产阶级的统治，建立民众自己的政权，是他们目前的中心任务。但这绝不是说只有这种宣传鼓动的通俗作品，才是无产阶级的文艺，而且事实上这种作品的大多数却并不是文艺作品，这当然不是左翼作家的耻辱。

我们对于不能像我们一样做的文艺家，应该给他们以“自由”。因为事实上我们也没有法子强迫他们像我们一样的去做，我们的任务是在教育他们，领导他们，把他们团集在我们的周围，而不是把他们从我们这里推开去。

对于革命的文学家，就是不是无产阶级的文学家，我们都应该爱护。马克思对于海涅，列宁对于高尔基那种亲爱的态度，应该给我们很好的榜样。

在中国这种文化落后的国家中，就是产生中国的高尔基，他的作品也没有法子为大多数工人所阅读，然而我们决不说，因此中国现在不要高尔基。中国现在不但需要高尔基、绥拉菲莫维支，而且需要那些小资产阶级的革命文学家，这些人的作品，在广大的小资产阶级的知识分子中，都有极大的革命的作用。

要使中国目前的左翼文化运动变为广大的群众运动，坚决地打击这种“左”倾空谈与关门主义，是绝对必要的。只有广泛的革命的统一战线，才能使我们的活动从狭窄的、秘密的，走向广泛的、半公开与公开的方面去。在文艺界中革命统一战线的执行，比在工人运动中要求我们更多的细心、忍耐、解释，甚至“谦恭”与“礼貌”，因为这里我们工作的对象不是工人，而是小资产阶级的知识分子之群，而且是小资产阶级中最敏感之群。

然而，我们必须重复的说，这并不是说我们应该变成文艺上的自由主义者，投降资产阶级或小资产阶级。如像在许多情形之下，那些叫喊“马克思主义”的“左”的文艺家常常所做的那样，而是应该领导革命的艺术家走到马克思主义的道路上，这里所需要的，正是坚定的马克思主义的立场！

（原载中共中央机关报《斗争》第30期，1932年11月3日出版）

论我们的宣传鼓动工作

争取广大的工农群众到我们的领导之下，是同我们的群众的宣传鼓动的工作不能分开的。关于这一点，我们的党一直到现在还有给以充分的注意。大家都还在以为宣传鼓动工作决没有像组织工作那样重要，然而事实上没有群众的宣传鼓动工作，就不能有群众的组织与群众的行动。

我们还没有很好的宣传鼓动工作的转变提到全党的前面，还没有充分了解到宣传鼓动工作的转变，是转变我们党的群众工作，是使我们党深入到群众去的最主要条件之一。

像目前我们所做的宣传鼓动工作，当然完全不能令人满意。

首先，关于宣传鼓动工作的形式方面。我们所采取的宣传鼓动的形式大都不外是传单与标语，所以每一次我们检查某一运动环节中我们所做的宣传鼓动工作时，我们总是说发了多少传单，多少标语，这差不多是我们宣传鼓动工作的全部。当然，在上海党的区委下面，我们现在也出版了各种小报，在个别的工厂内，我们还有工厂壁报，然而这些工作还不过是在开始。

可见我们所采取的宣传鼓动的形式，大都是限制于死的文字的。由于中国一般文化程度的落后，中国工人识字的百分数是非常低的。因此，这种宣传鼓动的方式，也就不能变为群众的，而常常是限制于少数人的。

我们的党以及群众团体，还没有能够打破宣传鼓动工作中的这一传统藩篱，而尽量的去采取与创新的宣传鼓动的方式。关于宣传鼓动队的组织与作用，我们早已提出了，然而并没有引起所有我们党的组织，尤其是党的宣传部注意，利用图画、利用唱歌、利用戏剧等许多群众的宣传鼓动方法，向广大的群众进行宣传鼓动的工作，我们还没有系统地开始。图画、唱歌以及戏剧等的宣传鼓动的方式，事实上已经证明更为群众所欢迎，更能吸引广大群众，然而我们并没有把这些方法充分地应用。

在我们的左翼文艺家中间，有着不少图画家、音乐家与戏剧家，然而我们并没有充分地去利用他们，使他们的天才能够与群众的斗争密切地联系起来。蓝衫团的戏剧，虽是已经证明是最合适于广大群众需要的东西，每次的上演可以吸引几百几千工人参加，然而我们却让其自生自灭，没有给以充分的领导与帮助。

在左翼文艺家中间，现在固然正在热烈地讨论着如何使文艺大众化的问题，主张用通俗的白话文著作、连环画、报告文学、说部与唱本之类的东西，然而这还不过是在讨论罢了。真正大众文艺的著作，我们还没有见过。

就是讲到我们所发的传单的文字吧，也大都是不通俗的，缺乏煽动性与群众性的。我们的宣传员，实际上也不过是照例的写传单，至于传单如何写法才能动人，那是很少为他们所注意的，他们也没有真正到群众中去，学习群众日常所用的白话，用这种白话来写他们的传单。

旧的宣传鼓动工作的传统与习惯，是深深压在我们的身上，我们在这里需要极大的斗争与创造性来转变我们的工作。

只有利用一切这些活泼的群众的宣传鼓动工作的形式，我们才能把我们的政治影响传达到工厂中、农村中、学校中、兵营中的广大的群众中去，我们才能用更多的办法来动员群众。

其次，在宣传鼓动的内容方面，我们往往是死板的，千篇一律的，笼统武断的。我们在这一方面缺乏具体性、时间性，缺乏忍耐的解释与具体的证明的工作。

我们同志在这一方面的特点，那就是"党八股"（又名"十八套"），无论什么问题来的时候，我们就有那么一套话来应付。从拥护苏联、拥护苏维埃与红军起，一直到加紧两条战线的斗争止，我们不管群众是否接受我们的主张，我们却必须把所有的"十八套"完全吐露出来方才痛快，像这样的宣传鼓动，当然没有法子动员广大的群众到我们的领导之下。

要能动员广大的群众到我们的领导之下，我们首先必须提出群众在某一具体问题上的迫切要求，抓住这些具体要求来动员群众参加斗争。因此，这里所需要的是带有时间性的、具体性的、适合于群众目前斗争的要求的宣传鼓动，而不是"党八股"，谁想在这种情形之下背诵"党八股"，谁就没有法子争取到广大的群众，而且这种背诵只会使群众离开我们。只有带有时间性、具体性的、适合于群众目前斗争的要求的宣传鼓动，才能把最大多数的群众，不管他们的政治倾向如何的不同，团结在统一的战线之下。

在某一工厂所发生的罢工斗争，如若是为了每天增加一分的工资的斗争，那我们的宣传鼓动必须从这里开始，我们要动员一切我们的力量，为了这一要求的实现，进行我们的宣传鼓动工作。我们在这里的第一步的中心任务，是动员最大多数的工人群众参加斗争，然后我们在斗争中逐渐提出为工人群众在斗争所切身了解的口号，逐渐把这一为了一分工资的斗争提到更高的阶段。如若在这里我们一开始就是那么一套，那比较落后的大多数工人就会退出斗争，以至下层的统一战线遭到分裂。

这种"党八股"式的宣传鼓动，实际上是由于脱离了群众，由于不知道宣传鼓动的对象是什么，这样的宣传鼓动，自然只能是死板的，千篇一律的料。这样的宣传鼓动，自然会变成学院式的，没有生命的，缺乏群众性与煽动性的了。

同时，这种"党八股"式的宣传鼓动常常是笼统武断的，对一切反革命派别或是黄色工会的把戏，我们只是说这是"反革命派别的欺骗"。我们笼统地提出"打倒一切反革命派别"、"打倒黄色工会"等这类口号，我们总是觉得我们所了解的，群众也是了解的，所以只要“打倒”或是说一句“这是欺骗”，就什么都完了。

其实，问题就没有这么简单，许多在我们（无产阶级的先锋队）所没有问题的问题，在群众中就会发生问题。比如黄色工会的调解仲裁，我们知道这是欺骗，然而在工人群众中会发生相当的幻想，甚至在某一企业或工厂中，大多数工人会认真相信这种欺骗。因此笼统的说“这是欺骗”或是高喊“打倒”，不但不能使群众相信我们的正确，而且会使群众对于我们发生反感，这里需要我们忍耐的解释与具体的证明工作。我们必须根据一切事实，在群众的面前揭破黄色工会出卖工人的行为，使群众在他们自身的经验中，了解到黄色工会的欺骗，而起来反对黄色工会。

这种忍耐的解释与具体的证明的工作，就是在我们党内也是同样需要的。笼统地一百零一次的背诵“右倾是主要危险，但是不要忘记‘左’倾”这一套党八股，并不能丝毫帮助我们去同“左”倾机会主义做斗争，细心的解释这些倾向的机会主义的内容何在，这样才能真正的打击机会主义与教育同志。

不论是“国民党是帝国主义的清道夫”，或是“只是苏维埃政权能够统治中国”这类简单的真理，都同样的需要许多事实的证明与细心的解释，而我们党八股的宣传鼓动工作却完全不注意这些事。

此外，党八股式的宣传鼓动只能是秘密的与狭窄的，他绝不想法子去利用公开可能与争取公开，我们党八股的宣传家无论到那里，从不想用另外一种方式，用许多具体的事实来说出我们所要说的话。他们必须把他们的“十八套”完全拿出来方才痛快，因为不如此，不足以表示他们的革命。一种公开的刊物如不许我们投稿则已，假使我们能够投稿，那我们就非把“十八套”完全拿出不成，非使这一公开刊物不能继续出版不成。因为在他们脑筋中，只有秘密的东西，才是革命的东西。

事实上，虽是帝国主义与国民党的白色恐怖非常严重，但是如若我们能够彻底的转变我们的宣传鼓动工作，那就可看到我们还有许多公开可能没有利用，还有许多地方能够争取公开。比如反日、反帝的报纸，拥护东北义勇军的报纸的公开，都不是完全不可能的。反对国联报告书的演讲队、蓝衫团等等，还可公开的进行工作。总之，只要我们能够活泼地利用每一个具体的事变，利用公开的可能去开展群众的宣传鼓动工作，我们的活动范围，一定可以十倍的、百倍的扩大。

最后，略为说一下宣传鼓动工作与组织工作的联系的问题。关于这一问题，我们虽是无数次地重复地说过，然而实际上我们的宣传工作是与组织工作脱离的，宣传部的任务似乎只是写写传单标语，组织群众，那似乎是组织部的事。在这种宣传鼓动工作同组织工作分离的情形之下，决没有法子使我们的组织变成群众的组织，也没有法子使我们群众的宣传鼓动变为组织群众的主要武器。

必须使我们的宣传鼓动工作，同时就是组织群众的工作。在反对李顿报告书的宣传鼓动队的周围，必须组织起反对李顿报告书的委员会。每一张传单，每一张报纸，每一队蓝衫团，必须是群众的组织者。同时一切我们的组织，不论是上反、工会、东北义勇军后援会等等，要使它们变为广大群众的组织，那就必须用很大力量去进行他们的宣传鼓动工作。

更狭义些说，就是宣传工作的本身，也就是组织工作的一种。不论是宣传鼓动队，不论公开的或是秘密的报纸，都需要有计划的与具体的组织工作，如何去组织宣传鼓动队，如何召集它们的会议，如何扩大它们的组织等等，没有组织工作，是没有法子前进一步的。创办一种报纸，而不去解决如何组织编辑委员会，如何募集捐款，如何组织通讯网与发行网，如何发展与教育通讯员等等问题，这种报纸决没有法子变为群众的报纸。

革命形势的发展，广大群众的“左”倾化，需要我们重新审查我们的宣传鼓动工作，更进一步地为了这一项工作的转变而斗争。

（原載中共中央机关报《斗争》第31期，1932年11月18日出版）

在走向粉碎四次“围剿”的路上

自从帝国主义国民党的四次“围剿”开始到现在，已经将近半年。这是中国工农红军与百万的国民党军队血战的半年，这是苏维埃区域内的工农群众在国民党区域内千千万万工农群众的拥护之下，为了苏维埃革命在一省与数省的首先胜利，而同帝国主义与国民党进行决死战的半年。

一切帝国主义与国民党的报章杂志，都在异口同声地宣传国民党军队在四次“围剿”中的胜利，说共产党军队现在已经走到了灭亡的道路上，然而事实上，却并不如此。即以鄂豫皖三省的情形来说，虽是因为蒋介石军队在数量上超过我们十倍，在军械的供应上较我们优良的缘故，在许多情形之下使我们为了战略上的关系，不能不退出原有苏区根据地，然而在每次决战中间，我们都获得了很大的胜利。我们曾经给了蒋介石最中心的部队以最猛烈的打击，解除了他们的武装，武装了自己。在鄂豫皖苏区的红四方面军与湘鄂西苏区红三军的主力，虽是现在已经离开了原有根据地，然而我们的主力红军不但没有多大损失，而且在战斗中受到了更多的锻炼。红四方面军与红三军因为已经取得直接联系的缘故，力量更加扩大了，它们正在鄂豫皖陕边广大的区域内创造着新的苏区根据地。

在这六个月的血战中，蒋介石的唯一“成功”，就是把红四方面军与红三军的主力压迫出了它们原有的根据地，然而国内战争的战线，因此却更为延长了，苏维埃与红军的影响因此也更为扩大了。同时就是在苏维埃的原有根据地上，国民党的力量也不过限止于几个军队驻扎的城市与区域，在许多地方，尤其在乡村中，苏维埃还是统治者，我们的地方武装独立师、独立团、游击队、赤卫队与少年先锋队等，正在广大工农群众的热烈拥护之下积极行动着，为了保卫旧有苏维埃的每寸土地而斗争着。

至于在江西中央苏区的情形，红军自重创广东军队于赣南之后，即向北进攻，曾经取得乐安、宜黄的伟大胜利，最近更出师闽北，占领了建宁、泰宁、邵武、光泽、将乐、顺昌等许多重要的城市，并且与赣东北红十军打成了一片，湘鄂赣苏区的红十六军，正在东向进军呼应中央区红军的胜利，并且同湘鄂边的红八军取得了直接的联系。在这一方面，国民党军队不但没有能够占领我们一寸苏区的土地，而且我们的土地是扩大了；在这一方面，我们正在以胜利的进攻，去击破帝国主义与国民党的四次“围剿”。

帝国主义与国民党六个月的对于苏区与红军的四次“围剿”的“成绩”，就是如此。这就是帝国主义与国民党报纸上所说的，他们的“成功”与我们的“消亡”！事实上，在六个月的血战中，帝国主义与国民党不但没有能够击破我们的主力，而且我们在不少战线上取得了很大的胜利。但是在另一方面，我们在六个月的血战中，也还没有能够根本粉碎帝国主义与国民党的四次“围剿”，给“围剿”的国民党的军队以致命的打击，战争还在相持的局面之下，决定四次“围剿”的胜负的大战争尚在我们的前面。

但是这六个月的战争，更加速了反革命统治崩溃的过程，百万以上的军队的战费与给养，使国民党的财政到了山穷水尽的境地。民众的负担虽是空前的增加，然而国民党政府的收入却更为减少了，战争使国民经济加速度的破产，数千里国民党军队所驻扎的与所经过的区域都变成了一片焦土，数千万的苏区与非苏区的民众，遭到了国民党军队的残酷的屠杀。

同时国民党财政上的困难，使国民党军队的生活更为恶劣了。不断的战争，给与白军士兵的只是饥饿、寒冷，疾病与死亡，在广大的士兵中间，反对进攻苏区与红军的情绪，是一天一天的增长着，“不愿残杀自己的兄弟”的呼声，正随着十九路军数千遣散的士兵，而漫天野的向外扩大着。广大士兵的哗变与投入红军的潮流，将随着寒冷的冬天而更加高涨起来。

国内战争的战线空前的延长与扩大，使千千万万工农民众更其明白地看到，国民党政权与苏维埃政权的根本不同在那里，前者是对于民众的无厌的搜刮与横暴，是对于一切劳苦民众的奸淫，抢掠与烧毁。而后者则以革命的手腕，没收一切豪绅地主的土地财产，分配给劳苦的民众，组织与教育他们，为了他们自身的解放而斗争。国民党在四次“围剿”开始时，所说的“三分军事，七分政治”的把戏，现在为铁的事实所揭破了。一切这些所谓关于“匪区”内，农村土地处理条例与屯地条例等等，实际上不过是奴役民众的新的锁链。在这一大规模的国内战争中，民众对于国民党的愤恨是达到了空前的程度，而苏维埃与红军却扩大了他们的影响，取得了千千万万新的拥护者。

在国民党的后方，正爆发着广大的工人斗争，农民暴动与灾民难民的骚扰，游击战争响应着苏维埃与红军的积极行动。

在这六个月的“围剿”时期内，国民党政府对于帝国主义各国的依赖是更其增加了。他公开地放弃满蒙，接受了共管中国的李顿报告书，奴膝卑颜地以取得各帝国主义对于国民党财政上的与军事上的更多的帮助。他以坚持对于苏区与红军的进攻，取缔一切民众的反日、反帝的运动，来回答日本帝国主义与一切帝国主义的侵掠。五千万元的美麦借款，七千万元的石沽铁路的法国借款，一千万美金的钢铁厂德国借款，以招商局抵押给美国大来公司的三千万元的借款，以及一切其他的借款，都是由于国民党的投降出卖而取得的。国民党是帝国主义瓜分中国的清道夫的作用，没有像现在再明显的了。随着民众反日、反帝情绪的高涨，反对国民党的斗争，当然也是更加尖锐化起来。

日本帝国主义进攻热河与平津的军事行动正在加速度地进行着，在李顿报告书讨论的周围，必然更会暴露出帝国主义进攻苏联与瓜分中国的一切阴谋。在这些巨大的事变前面，反帝的怒涛，不但将给帝国主义的侵掠以有力的回答，而且将给国民党统治以极大的打击。

六个月的“围剿”苏区与红军的战争，对于地主资产阶级的国民党政府，当然不是虚度的。在这一时期内，南京的国民党的“中央政府”，自从汪精卫下野之后一直到现在，谁也没有法子爬上去继续统治，而由于帝国主义各国在瓜分中国中相互矛盾的紧张，反革命内部的军阀战争却在山东、四川、福建等省重新爆发起来。这些战争的范围，虽是为中国革命与反革命的基本矛盾所限止着，然而他们是更加促进了统治阶级内部的崩溃，引起了广大民众的不满与愤恨。

六个月的“围剿”苏区与红军的战争，对于地主资产阶级的国民党，当然不是虚度的。国民党的统治是加速度的崩溃着，群众反帝国主义与反国民党的斗争正在深入扩大。这一战线的继续延长，将给与国民党的统治以更多的困难，将使国民党政府在以后与红军决战中间遭到惨败。

当然苏维埃与红军在敌人四面包围的情形下，在敌人烧杀毁坏的政策下，我们在财政经济方面也有着极大的困难，然而我们有的是苏区与非苏区千千万万工农群众的拥护。这些困难，依靠在民众的积极性与创造性之上，在苏维埃区域的扩大与红军的胜利进攻中是容易解决的。

决定四次“围剿”的胜利的大战争尚在我们的前面。依据国内阶级力量对比的分析，我们可以有根据地说，胜利将是我们的。同时我们的更大的胜利，一定会造成中国革命在一省与数省的首先胜利，一定会使我们同帝国主义的武装发生直接的冲突。“我们必须最明确的看到，同帝国主义直接的武装冲突的阶段是在我们的前面。在我们前面放着最伟大的历史任务，打倒帝国主义的任务。”（中央关于四次“围剿”的决议）

然而要粉碎帝国主义国民党的四次“围剿”，要战胜世界帝国主义的直接武装干涉，我们还需要更大的努力，牺牲与决心。我们的党必须领导工农群众的日常斗争，更广大地动员千百万群众到反帝国主义与反国民党的阵线上来，把所有革命的民众武装起来、组织起来，参加这一决死的战争。最大限度地扩大红军，使红军变为能够战胜任何帝国主义军队的巨大的工农武装。我们必须把十万、二十万的红军，扩大到一百万。最坚决地执行苏维埃的一切法令，转变苏维埃的一切工作，巩固无产阶级在民族革命与土地革命中的领导权。最大限度地扩大与巩固我们的党，打击一切对于目前形势估计不足，对于积极进攻策略表示动摇犹豫，对于革命力量缺乏信心的右倾机会主义，以及“左”的盲动主义与关门主义。这将保证我们在帝国主义国民党四次“围剿”中取得胜利，保证我们在同帝国主义直接作战中取得胜利！

我们现在是在粉碎帝国主义国民党四次“围剿”的路上。

11月15日

（原载1932年11月18日《斗争》第31期，转载1932年12月10日《红旗周报》第53期）

开展群众的斗争来回答白色恐怖

不管国民党和一切反动报纸怎样宣传红军的“失败”，和咒骂红军与苏维埃，红军胜利和苏维埃区域的巩固和扩大的事实，是给了他们以有力的回答!

中央苏区的红军在建宁、泰宁……等处，取得了新的胜利。最近又与赣东北的红军打成一片，在金溪、资溪方面给以敌人的打击，消灭了敌人的主要力量，而奋追抚州!第四军团“所向无敌”地击溃杨虎城的军队，逼近西安!在目前双方相持的形式下，红军正在积极地进攻，争取胜利的决斗。

国民党将东北三省双手拱献与日本帝国主义，再次声明赞成帝国主义瓜分中国的计划（李顿报告书），眼睁睁地看着东北的劳苦群众，遭受日本帝国主义的屠杀，不愿以一枪一弹去帮助和接济在东北进行反对日本帝主义战争的义勇军，让日本帝国主义去屠杀，不愿以一个铜板去援助和救济东北劳苦群众。国际上，这就是国民党给与日本帝国主义者消灭义勇军的有力帮助。

相反地，国民党却动员了百万以上军队，集中了一切的债款、公款、灾款与教育经费来进攻反帝的先锋队——红军，进攻已经脱离了国民党与帝国主义的剥削和奴役的苏区劳苦群众。国民党利用了一切帝国主义给与的新式武器，飞机、大炮、毒瓦斯、达姆弹去屠杀苏区劳苦群众。

帝国主义与国民党所进行的屠杀，在国民党统治的白色恐怖区域内，更野蛮的、血腥的在进行着。在日益崩溃和死亡的国民党，企图以血腥的屠杀政策来维持其统治，禁止一切反日、反帝运动，破坏工人的反日罢工，拘捕、监禁和屠杀反帝的民众……尤其是对于中国革命的唯一领导者——中国共产党，采取更残酷的手段。

帝国主义与国民党很明白地知道，中国共产党唯一革命的政党，是千百万劳苦群众的领袖，是中国苏维埃运动的领导者，它将推翻帝国主义与国民党的统治，而争取中华民族的解放和独立!国民党派遣暗探到党内来用威胁利诱的方法来动摇党内不坚定的分子，诬蔑造谣来破坏党在群众中的信仰，企图使党与广大的劳苦群众隔离起来。最近更利用了一些无产阶级的叛徒，造出种种污蔑和咒骂党的谣言。企图用这些方法来破坏白区的党，进行他们“围剿白区”的计划!

动员广大的劳苦群众，普遍的进行反对白色恐怖，反对“围剿”红军与屠杀苏区劳苦群众，反对压迫反帝运动，反对拘捕和屠杀革命战士……。组织群众的斗争，以群众的力量来冲破帝国主义与国民党所进行的白色恐怖，是党在目前和重要的工作。

国民党的中央三次全会将在南京举行，蒋介石也将由武汉回南京，国民党想利用这一机会，进行所谓“迎蒋与庆祝剿共胜利大会”很明确的，这是国民党要“庆祝”他们屠杀劳苦群众的“成功”，和表张（彰）他们屠杀的“功绩”。而且拥蒋的分子，还可以利用这一“庆祝与欢迎”来提高蒋介石的地位，藉以打击一切反蒋的势力，尤其是这种“欢迎与庆祝”正是在国民党三中全会开幕的面前，这种作用是更加明确。

国民党企图利用这一“庆祝大会”，宣传“剿赤”的“胜利”，散布些官家新闻和报头上的通电、捷报来欺骗群众。更利用一些名流学者们，组织“匪区参观团”来作国民党的宣传员，企图经过他们来散布红军“杀人放火”，增加对群众的欺骗作用，然而这一切都否认不了事实，“事实胜于雄辩”，国民党的武断宣传和造谣，早为事实所揭破，而一切前后矛盾的消息，更是容易揭露的纸老虎。

国民党这一“庆祝大会”，很明确是企图在帝国主义面前扮演一副“丑表功”，用以取得帝国主义者的同情和援助。这在国际帝国主义的强盗窝——国际联盟，正在进行分赃的会议的时候，更有他特殊的意义！很明确的，这是要在国际帝国主义的面前，表示他们镇压中国革命，屠杀中国劳苦群众的努力，表示他们如何地在执行帝国主义者的指示，而努力地消灭中国革命运动！企图用这一些“丑表功”来换取帝国主义的同情和继续的帮助。希望帝国主义者承认这些“功绩”，而维持其统治，更希望以这种忠顺服从的事实去取得东北三省文体之迅速解决，保持“名义上的”土地之完整！这里，更加明白地说明了，国民党是在尽帝国主义的清道夫的责任。

国民党更想以这一武断的宣传来动摇对群众和苏维埃红军的信心，动摇群众对于红军胜利的解决信念。广大劳苦群众对于红军的热烈拥护和宝贵帮助，使国民党在开展的群众斗争面前发抖。

党在目前必要抓紧这一事实，在广大的工农劳苦群众中，进行反白色恐怖，反对“围剿”红军与揭露国民党这一武断宣传工作。我们应当在广大群众的面前，揭露国民党这一“庆祝”的意义，说明这是对劳苦群众的示威，国民党要以屠杀民众的“功劳”去取得帝国主义的帮助。同时，我们必须将红军胜利的消息，苏区工农生活状况，红色战士的生活，苏维埃政权与民众的关系……等，详细地向广大的劳苦群众解释，在群众中发起和组织广大的庆祝红军胜利的运动，发宣言，打通电募捐，募飞机来庆祝红军，征调工人到苏区去扩大红军，组织工人的参观团到苏区去参观。

我们在援救革命战士，慰问和救济在监狱中革命战士的工作，也应该在广大的群众中进行，组织各种后援会募捐、募集衣服……等。我们必须组织群众的行动，给以工人阶级的叛徒以严厉的打击，应该普遍地告诉工人与一切劳苦群众，共产党的叛徒，就是工人阶级的叛徒，他是反对一切劳苦群众的利益的。工农劳苦群众为了要保护自己的利益，必须反对帝国主义与国民党，同样也必须反对这些出卖工农群众利益的叛徒！

我们必须以广大群众的行动来冲破帝国主义与国民党所进行的白色恐怖，也只有依靠群众的力量，组织群众的行动，发动群众斗争，才能给敌人以严重的打击。

12月6日

（原载《红旗周报》第53期，1932年12月10日出版）

用实际工作来拥护全省苏维埃代表大会

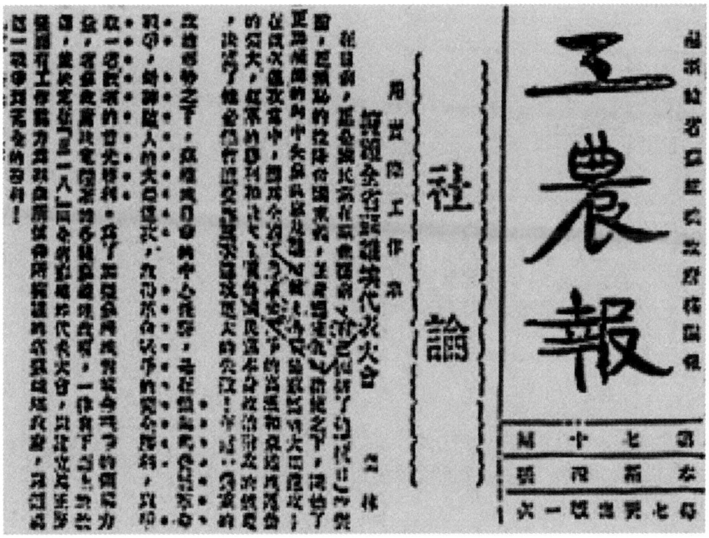
工農報

社論

用實際工作來

此文信息刊登在福建省地方志编纂委员会编《福建省志·新闻志》（方志出版社2002年出版）第62页。书中表述：“闽浙赣省的《工农报》，是民国19年（1930年）8月方志敏于江西省弋阳县芳家墩创办并题词写报名。1932年11月成为闽浙赣省苏维埃政府机关报，社址迁至江西省横峰县葛源。报纸开始3日刊，后周刊，8开单面印刷，也出过16开单面印刷，每期1张至6张不等……，报纸每期几乎都有社论，由报社干部自写或省负责人撰写。1933年3月10日第7期的社论是《用实际工作来拥护全省苏维埃代表大会》，署名叶林。”此报原件经多方查寻，至今无下落。

第二次闽浙赣省苏大会文化工作决议案

在目前日益开展的国内阶级战争中，加紧工农群众的革命的阶级的教育，提高工农群众的文化斗争情绪，坚定工农群众对革命斗争的胜利信心与决心，粉碎反动统治阶级麻醉工农群众精神工具——封建迷信和国民党教育，团结工农群众在革命的阶级战线上，争取革命战争的完全胜利，这是文化教育工作的中心任务。

省苏第一代表大会后，县苏维埃政府仍没有了解文化教育工作在革命过程中的重要意义，对文化教育是忽视的态度，甚至认为在斗争环境中，只要斗争，不要文化，把文化与政治分离开来。或者认为文化工作的建立，要在革命成功后，视文化工作为和平建设事业。在一忽视与不了解文化工作重要的条件下，使苏区的封建思想，迷信观念，中心苏区群众的太平保守，边境苏区群众的悲观失望情绪，都没有从文化工作去克服与肃清，以致工农群众的斗争情绪，文化政治水平，不能适应斗争环境的需要而充分地提高。

大会号召全省工农群众，并责成各级政府，反对过去忽视文化教育工作的严重错误，开展苏维埃文化教育运动，从文化教育工作中来提高工农群众的文化政治水平和斗争情绪，以加强苏维埃政权的战斗力量，实现文化教育在革命斗争过程中的战斗任务。

一、过去文化教育工作的检阅

1.各级文化部组织不健全，工作没有建立好，尤其是各级文化部都没有健全的政治生活。工作人员的文化的政治水平，是异常低落，这是不了解文化工作的重要与没有加紧对文化工作的领导。

2.在很早以前，有些文化教育机关，被少数阶级异己分子、改组派、AB团混进，因为这些反革命坏文化工作的结果，没有获得大的成绩，这证明过去对选用文化工作人员，缺乏无产阶级警觉性。

3.俱乐部工作，没有在各地建立起来，就是建了俱乐部，没有实际工作，没有给工农群众的文化群众的文化政治教育。所谓俱乐部，也不过打打串堂，开开晚会，开会演演新戏。俱乐部的读书、识字、读报研究等工作，没有切实建立起来，最大的缺点就是没有吸收群众参加俱乐部工作，仍然没有尽量发挥俱乐部的作用。

4.识字运动，比较有成绩，参加工农补习夜校的约八千余人，参加识字班的亦有六七千人，但是很少有日常的工作，也没有充分从政治上动员工农群众参加识字运动。中央政府强迫学习命令传到以后，各机关工作人员，才开始对读书识字的注意。

5.读报工作，在各县大部分乡村中建立了，但因村读报员文化程度的低落，不能将各种报的内容传达到工农群众，并且有些县份忽视了读报工作。在一两个月内，没有召集过区读报指导员联席会议（万年、乐平、余江），区读报指导员很少巡视各村读报工作。

6.壁报在各县是建立些，但已建立的壁报，也很少按时出版。同时，缺乏工农群众投稿，很少社会化、斗争化、实际化的内容。各机关的壁报，很多是技术人员包办，绝少成为群众言论机关。

7.新戏运动没有深入到群众中去，工农剧社（过去红色剧团）在各地公演，虽然在群众中获得相当的宣传教育作用，但省文化部没有抓紧政治上、工作上的中心问题编成新戏，用艺术手段传达到群众中去，这是运动中极大的缺点。

8.列宁小学，在各县部分地获得好成绩，提高了儿童文化程度。但有一部分因为教员文化的政治水平低落，没有做教员的能力，不知教授方法，除了不读封建书籍外，与旧的私塾没有多大的差别的。并且有少数学校，因为教员加入了改组派、AB团，受了革命的法律的裁判后，没有很快地补充新的教员，以后停办了（闽北），这是一个极大的缺点。

9.列宁小学教科书，没有编印出来，一般是读工农读本。理科仪器、标本，更是一无所有，教授上增加很多困难。

10.教员缺乏，致使小学不能在各地开办起来，就是已建立的163所列宁小学（闽北在外），其中仍有少数教员是老迈腐朽在充数。在教员这样缺乏的条件下，而各县还是忽视选送学生到省办的列宁师范中去。

11.列宁师范过去（在红校时代）被反动分子混进做校长教师，由于这些反动派破坏的结果，没有得到成绩，现在又缺乏教员，不能按计划去一批一批培养出小学人才。同时，教科书极其缺乏，标本仪器又不完备，所以一些学生毕业后，仍然不能成为健全的小学教员。

12.省文化部组织不健全，部长及委员都是兼任其他工作，没有建立对下级的巡视制度，没有健全的编纂工作，只是写指示信，开联席会训练班，缺乏对下级工作的实际检查与活泼的领导，各种书籍和歌曲剧本不能充分地编印，这是工作中的极大缺点。

二、今后的文化教育工作

今后文化教育总的方针，应该是加紧群众阶级的政治教育，提高群众对革命战争的热情及战争胜利的信心和决心。发展识字运动，扫除文盲，着重年轻儿童的文化教育；发展新的社会力量，反对把文化与斗争割离，与工农群众实际生活割离，以及把劳动与知识割离开来；实行政治化的、社会化的、劳动化的文化教育。依据这个总的方针，执行下列的文化教育工作：

1.俱乐部工作，是文化工作最主要的工作，是最易于团结群众、鼓动群众教育群众的文化机关。各级政府与各级群众团体密切联系起来，协同努力，建立普及各乡的俱乐部。在俱乐部里面，应包括识字、读报、壁报、工农补习夜校、新戏运动、晚会、研究工作各部分，在这些工作中，都要以给群众阶级的政治的教育，鼓动群众对革命战争的热情，传达解释苏维埃一切重要的决议与中心工作为主要内容。同时，省文化部应计划与实行大批俱乐部工作干部，各级政府应发动甲俱乐部与乙俱乐部互订比赛条约，进行各种工作的比赛，更有力地促进俱乐部的各种工作进步。

2.为提高群众的政治水平和阶级的政治教育，扫除文盲，是目前极重要工作。除本年上季310所工农补习夜校完全建立与健全工作以外（闽北苏区要尽可能地开办工农补习夜校），下季全闽浙赣省应开办400所。在今年一年中，参加工农补习夜校的要达两万人以上。识字班是识字运动的辅助方法，应在各村普遍建立起来，大的村需组织30人至40人的识字班，小的村要组织20人至30人的识字班，在本年参加识字班的，要达八万人，合参加工农补习夜校，要完成十万人识字计划。为完成这一识字运动计划，要经常举行识字的政治运动，各级群众团体应协同各级文化部以极大的努力求得识字运动的开展。在各村俱乐部建立了以后，识字班与工农补习夜校工作，可并到俱乐部去。区文化部应发动各村夜校识字班于每月终举行成绩竞赛，以促进识字运动的进行。同时，还应激励识字人教会不识字人的人识字，实行识字教学互助。

3.壁报在各农村、各村、工厂、各学校、各机关都应建立起来，工农群众的言论，当地实际生活情形，红军地方的斗争消息，以及工农群众青年儿童文艺绘画等工作，都应该经常搜集在壁报上披露。这对教育群众，推动工作，紧张斗争有极大作用。但壁报工作，反对一人或几人包办，必须尽量吸收工农群众投稿，充实壁报内容。建立了俱乐部的地方，可将壁报工作合并到俱乐部去，小学与工农补习夜校的教员以及村读报员，应帮助当地建立壁报工作，区文化部应举行全区壁报展览会，好的壁报，应用各种方式奖励之。

4.读报工作，应普及在各村建立起来。已经建立了俱乐部的地方，利用俱乐部的晚会，进行读报工作。区读报员于每一期报来应召集村读报员开联席会以，解释报的内容，讨论读报的技术，并有计划地轮流检查各村读报工作。征求工农固定读者，虽获得较好的成绩，还必须继续征求，增加工农读报者的数量，推广工农报的宣传教育作用。同时，县区村读报员应经常搜访各当地群众斗争生活，及各种工作进行的情形，经常通讯到工农报社，反映群众实际情形到上级苏维埃政府来，尤其要帮助工农通讯建立工农通讯网。通讯网的具体办法，省文化部应单独具体规定之。工农报社应设法建立与白区群众通讯，宣传苏维埃区域各种革命事业的成功。

5.鼓动群众对革命战争的热情，加强群众的阶级教育，揭发反动分子的宣传，肃清封建迷信。戏曲、歌曲最容易取得宣传教育作用，省县文化部、省县俱乐部以及工农剧社，应不失时机地为宣传战争胜利，启发群众的阶级斗争，揭发反动派的欺骗，以及反封建迷信思想，编印最容易为工农群众所了解的新戏、歌曲，散发各俱乐部，各红军部队，各学校儿童团、少先队以及工农剧社去排演歌唱，开展戏剧运动。在戏剧运动当中，特别要注意开展群众的演戏运动，广泛地建立工厂的、农村的、学校的剧团组织，注意培养工农群众演戏的人才。同时，在演剧和编剧方面，应尽量采取群众化的形式，扫除不为群众所理解的对话和场面，利用为群众熟悉的和最简便的演剧形式——如街头剧、儿童剧、活报剧等。

6.社会科学是工农革命重要的武器，在目前为了使广大工农群众逐渐地获得社会学科的高深知识为目的，要尽量开展马克思列宁主义的初步知识传播运动。在这一运动当中，要发展与一切反动的不正确的思想斗争，以求得理论与实际的统一。

7.反对封建迷信还是要继续不断地进行，彻底肃清反动统治阶级利用麻醉工农群众的封建思想迷信观念。非基运动，亦须在群众中进行。

8.体育运动应在工农群众中去展开，发动群众经常做各种运动，特别要做关于战争需要的运动，如跳高、跳远、赛跑、游泳等运动，强健身体，锻炼在革命战争中所需的技能，更有力地粉碎敌人的大举进攻与四次“围剿”，争取革命在中国的完全胜利。

9.搜集斗争中的纪念品，及为革命牺牲的红色战士的可留为纪念的物品，一切革命烈士的纪念品，以及革命战役的照片等等，建立革命纪念馆，使群众观览，兴奋群众革命的斗争情绪。

10.学校教育方面：

（1）列宁小学，在今年于全省范围内要增加到200所，每所学生要达40人以上。在建立了列宁小学的地方，凡7岁至16岁的儿童，应实行免费强迫教育。在各县如有读过三四年的学生多，应由县文化部计划办第二期小学（高等小学）。

（2）为培养小学教员人才起见，列宁师范除原有学生毕业后，应继续开办师范班四班，每班至少60人。各县文化部也应有计划地训练列小教员，尽可能的开办训练班，省文化部尽可能地派员帮助。在本年暑期中，各县应开办工农补习夜校教员训练班，以便在本年下季增设夜校。

（3）各学校内，应设夜校，吸收当地工农群众到夜校里读书。

（4）现有的学校，要进行改造。教法的改善，教员中的老迈迂腐，应实行淘汰，实行教员资格的检定，严厉取缔封建式宗教式的学校与教员。

（5）列宁小学，应以区为单位，实行每月工作考查，并举行学校成绩的比赛，特别好的报告县文化给奖。

（6）为表扬红色战士为革命牺牲的伟大精神，与特别优待革命烈士子弟，省苏无论如何在本年下季，成立革命烈士子弟学校，实行完全免费的教育，培养革命的子女。

11.列宁师范与列宁小学的教科书，省文化部应继续编印，求得完善，教授法也应计划编发。

12.各种文化教育工作，应多多吸收青年工农群众参加，加强目前斗争的和将来新社会的力量，青年女工、农妇应享受男子同等教育。对妇女也应劝其加入俱乐部、识字班、工农补习夜校。

13.各级文化部，必须有专人负责日常工作，并应吸收同级各群众团体派人参加文化部工作，取得工作上的帮助与更有力的推动。县文化部应任用两个比较有文化工作经验的做巡视员，省文化部除副部长，应增加经常工作人员和文化的技术人员，以充实与健全省文化部组织，加强文化工作的领导。

1933年3月23日

（原载《闽浙赣苏区革命文化史料汇编》，江西人民出版社1997年出版）

闽浙赣省苏文化部《关于怎样建立壁报》

一、壁报的作用

①壁报是亲切的同群众联在一起的，最便利的宣传工具，他的出版，比任何一种刊物都简单，它的内容，常是最尖锐、最简明、最有煽动性，在某一种情势底下，它可以在一天内出刊七八期，刊用种种有煽动性的形式，可以在某一地方，很短的时间，在群众中掀起紧张的空气来，因为壁报的宣传，发动起颇大的斗争来的例子是很多的。

②壁报比别种报纸主要不同的地方，在于它能表现一个机关、一个村坊、一个工厂、学校的个别情形，常常是在某一个工厂内的壁报，内容与文字不被别个工厂所需要，甚至不能理解，而在本工厂内，是被人们热烈欢迎着。

③壁板是广大群众发言言论的园地，有些群众的文字不为任何一个刊物所采纳，但在壁报上，对于每一个群众的文字都是欢迎的，不怕是很拙劣的文字。因此，壁报上常是表现着各方面的群众语言和各种形式、各种观念。

④壁报是群众的语言，同时是最能够与群众接近的。所以，它便成为训练群众文字技术和提高政治文化水平的教育者。同时，因为适合于壁报的特殊作用，壁报的文字也成为无产阶级文学运动中一种很精彩有力的形式。

二、壁报的建立

①一个经常出刊的壁报，一定要有三个人到五个人的编辑委员会，担任规定壁报内容及收稿、编稿、改稿和管理通信员的事情。

②在壁报编委会底下，一定要由本机关本地方，每个工作部门，找一个或两个通讯员，把那一部门内经常发生的事情投稿到壁报来。

③一个好的壁报，必要的设备要有一块壁报布，布上划分许多格，可能时画上一点简单的图案。如果没有适当张贴的地方，应用木板设一壁报架，同人一样高，再印一种壁报纸，与壁报布上的格子一样大，画一点好看的图案在上边。

④建立壁报，要选择一个最引人注意的地点，如贴在不被人经常注意的地方，壁报的作用，就大大地减少了。

⑤为了使壁报很快的进步，可以利用革命竞赛的方法或找个别壁报，订立竞赛合同，以内容与形式的好坏与发动群众投稿的数量及能否按期出版为标准，两

方派人检查，评定好坏，好的要帮助对方使逐步好起来。同时，可以壁报展览的方式，使编辑壁报的人多得一些参考的资料。

三、壁报的编辑

①一个经常出刊的壁报，一定要很好的注意，使壁报成为群众的言论机关，尽可能地使每一个本集团内的群众，都有发表稿子的机会。编辑及通讯员应该向不投稿的征求稿子，并教他采访消息的技术，即写文字的技术，如果对方不会写字，可以听他的口头说明，替他写出来，或者利用说报及发现群众对于壁报发生兴趣的时候，要他投稿子来，要绝对反对包办的方式。

②在编辑好上一期的时候，编委会就要决定下一期壁报内容的中心。每一期壁报，要把一个主要的政治问题作为中心，使一切文字环绕在这一中心的周围，不重复的表现着问题的各方面，这样才会集中读者的注意，使鼓动的力量大起来。如果在一期壁报里，拉杂地谈起七八个问题，会使读者捉不住一个清楚的印象，而且觉得厌烦起来。

③有些壁报是分栏的，比较好的稿子，就通通贴上去。有时壁报的稿子大半成了言论或完全成了地雷公，使看的人感到单调，引不起兴趣，因此壁报的分栏是必要的，主要应该是言论消息、群众生活、小品文字、红板与黑板等栏，但依照个别的情形，可以增加或减少，在每期内也不一定每一栏都有，但一定要填满一期的布，同时各栏占的地位的大小，也应该预先决定。

④壁报编辑委员会，在决定了下期中心内容以后，就要通知写稿人及通讯员，使其在一个中心底下去写文字和收集资料，在决定收稿时间，把各种稿子集中在负责收稿的编辑手中，依照一定的时间，各壁报编辑者开会审定稿件，负责修改已选定的稿子，把前后的次序编好，把修改过的稿子，再交回写稿的本人教他在壁报纸上写清楚，重新送回编辑委员会，依次贴在壁报布上，同时决定下期中心内容。

⑤壁报出刊的时间，应该是一星期一次，必要时可缩短出刊时间，必须做到按期出刊。

四、壁报的材料

①壁报的材料，同其他的报纸一样，对于政治言论，地方设施的意见，理论问题的讨论，各地的消息，本地方消息，小品文字等等都需要的，但壁报所收集的材料，应该是偏重于有鼓动性的、实际的，短少而且有力的，其目的在于团结而且激起广大群众在一个目的之下动员起来，批判和督促社会的改善，长篇大论的理论与叙述，是不必需的，尤其是照着书上抄下来的稿子，是要不得的。

②壁报的材料，特别要注意采用本地地方的消息，尤其要注意壁报材料适合于本地方群众的迫切要求，如果是群众为了他切身的要求提出来的意见，不怕是不很对的意见，也可以由编辑在末后提出纠正的意见来，一同在壁报上发表，这样一方面可以引起许多人为了这一个问题提出讨论，同时可以教育群众，如果是在壁报上，有一个还不为群众熟悉的政治问题必须发表时，也要同群众的要求很好结连在一起，使群众明了这一政治问题，为自身的密切关联。

③一些失去了时间性的消息，不大完全的消息，临时不能适用的消息，也应该收藏起来，常常有一些新消息，正需要一些旧消息补充上才充实起来，而且一

点也不感到是旧消息。

④插画和小品文字，在壁报上是很要紧的，因为可以引起人的兴趣和引人注意。

⑤要求得壁报的健全，必须有许多负责并且有办法的通讯员（作通讯员的方法，参看怎样作通讯员小册子），壁报编辑者要经常帮助通讯员收集材料，告诉他们一些必要的办法，同时指定一个题目，要他在这个题目底下去收集。

五、壁报的文字

①壁报的文字，应该是绝对群众化的，绝对避免不为群众所了解的字句法和文法，尽可能运用群众化的语言，可多多的运用当地的土话。

②为了解释一个比较难于了解的问题，一些比较呆板的论文和宣传大纲的形式，常常不容易引起人的兴趣。在壁报上，要尽量利用问答的形式，小调的形式，使人看了容易记住，可以唱的一切群众文化的形式。

③壁报的文字，是一种最简明最尖锐的文字，好的壁报文字，是一种最精彩的文字形式，它应该是有煽动性、简短的，句句话是事实，没有一切空话，在文字和语气当中，流露着讽刺、批判和赞美。同时，利用醒目的标题和有力的符号，如"！""？"以加强文字的力量。

④壁报的文字，应该是有兴趣的，叫人喜欢的，有些时候可以尽量加一些笑话进去。

六、壁报的形式

①壁报的装饰，应该尽量美术化，如果是一点装饰也没有的壁报，对吸引读者的力量必定会减少。

②壁报稿子占的部位要均衡，不可一篇过大，一篇过小，新稿子贴上去，旧的稿子通通揭下来，不要一层一层留在上面，像胡子一样。

③在标题上面，尽可能画一个醒目的图案，特别要紧的稿子，要画一个特别引人注意的图案。

④在一种特别情形之下，可以把壁报变成很多的露天报或墙头小说，把一个消息，或一个有煽动性的文章写在一方小纸上，遍地贴出去，这样可以使得这一个地方，立刻表紧张。

⑤壁报的形式是很多的，有的在一张大纸上面，一个人把所有稿子通通抄上去，有的由作者个人不需要经过编委会的审查，自己贴到壁报布上去，但这一切形式，都不如如前所讲的形式最适合于我们。

闽浙赣省苏文化部

1933年4月24日

（原载《闽浙赣苏区革命文化史料汇编》，江西人民出版社1997年出版）

闽浙赣省苏维埃文化部关于识字班的工作

一、识字运动在目前的重要

1.在目前闽浙赣省文盲的数字还占着全省人数百分之九十九以上，在这样情形之下，因为不识字的结果，往往不能很理解地看各种文件和革命书籍，是群众的政治水平不能充分和很快地提高起来。在工作上有时因为不了解苏维埃的法令，使工作成绩不能圆满，或者竟至弄错了。在日常生活中，如记账、写信、看路票、写报告也容易弄错，许许多多求知识的机会都因为没有识字的眼睛，都轻易放过了。在大多数的群众，还没有识字的能力的现在，对革命斗争工作，具有损失的。

2.目前是革命与反革命决战的时期，为达到革命战争的胜利，必须充分地和很快地加强群众政治的认识，并提高群众文化水平。群众政治文化水平的加强，即使阶级决战力量的加强。因此，使广大群众能够看书识字，有看苏维埃法令的能力，研究政治问题的能力，不放过每个求知学习政治的机会，这是目前最重要的工作。

3.识字运动是文化工作的基本，在大多数群众还没有识字的能力的时候，文化工作只能在初步的最狭窄的几个部门内开始着，但是斗争环境对我们的要求是更多的知识，更高学理的获得，和更多数的文化水平比较高的干部。另方面因为群众识字数量的绝对少数，和文化水平的低落，有许多作为战斗武器的文化部门，如增社会科学、文学艺术，在目前还没有充分的能力获得这些武器，有时那怕是最通俗的作品，还没有鉴赏的能力，在这样的状态之下开展文化斗争，适应环境的要求，必须使群众获得文化斗争的基本条件——识字，因此在目前扫除文盲，在文化工作中是应该最最要紧的。

4.列宁同志说："在文盲的国家里，是不能建设社会主义的！"摆在我们革命胜利的面前，正需要更高的文化水平特别是渊博的科学知识，为了实现未来的美丽的社会的建设，在目前要先识字运动开始。

二、识字班的重要工作

在目前为了很快地消灭苏区内大多数的文盲，识字班的作用，比列宁小学、工农补习夜校，更为重要，更易于收得大的效果。列宁小学，主要是儿童的教育，工农补习夜校，使青年成年的工农群众，在工作余闲的时候，练习识字的学校。识字班主要教育对象，与工农补习夜校是相同的，但是它比较工农补习夜校教育的方式更为活泼，更容易吸收广大的群众来参加，甚至有时并没有学校的形式，都可以进行识字工作。

参加识字班的群众应该是：

1.在没有建立列宁小学、工农补习夜校的地方的群众。

2.工作太忙，没有时间加入工农补习夜校的群众。

3.各机关不识字和识字不多的工作人员。

凡以上的不识字的群众，都应该利用识字班教育他们，识字班是帮助列小、工农补习夜校力量未能达到的群众一种教育方法，就是说识字班的任务，应该是凡没有能够参加列小、工农补习夜校的不识字的人们，应该全部吸收在识字班内教育。

在目前识字班，所担负的任务，要比列小工农补习夜校还要重大的多。因为它是用最灵活的方式，吸收在各种工作万分忙碌中的最大多数的革命群众，他们在扫盲运动当中，应该是最精干最有效果的一支军队，在消灭文盲的过程中，它将是一个最有力量者。

三、识字班的主要任务

1.每一个识字班，要设一个主任。这一主任，首先要理解他自己在扫盲运动当中所负的重要使命和政治上的意义。

（1）扫除文盲的成功，需要全数识字班主任的积极热烈的动员。

（2）识字班主任，是扫除文盲运动当中站在最前面的一个突击者。

（3）识字班主任，应该积极学习各种识字工作的最简单的方法，很灵活地去应用。除了应用有学校形式的识字班，较读以外，还要学习更多方法，吸收大多数不能按时上课的群众来参加识字工作。

（4）识字班主任，不仅是一个和平教书者，他应该是扫除文盲运动的宣传者，同时要有计划地动员广大群众加入识字班。

（5）识字运动的积极开展，对于争取革命战争的胜利是有着很大帮助的。

2.参加识字班的程度，应分作三个阶段：第一个阶段一千字；第二个阶段两千字；第三个阶段三千字。每个人学满三千字，就可以读书应用。这一文盲就算是被扫除了，但是目前主要还是为完成第一个阶段而努力。

3.在第一个阶段当中，应分作五级：第一级一百字；第二级三百字；第三级五百字；第四级七百字；第五级一千字。

4.每一个参加识字班开始识字学习的人，在他报名参加识字班的时候，即将他的名字登记在识字班主任工作成绩表上。从主任处购买第一册工农读本，或一百个方字，并领取第一级识字成绩表，将领取的年、月、日的名字和自己的名字由主任填好。这一表格共分五格，每当识字者学满二十字时，就交主任检查，如真能识得出、解得出、写得出，即由主任划一横画在第一格，并注明月日（用五分之一的写法）盖章，再交本人收存。学满四十字，经主任检查过，即由主任把横线延长到第二格，盖章。每学满二十字，就交识字班主任检查填表、盖章，到完全把一百字认满时，经过主任检查认为及格，就由主任最后签字注明学完的日期，把第一级识字成绩表交回。识字成绩如下图：

〇〇〇第一级识字成绩表

全一百字

	二十字	四十字	六十字	八十字	一百字

一九三三，　　，　　，领

一九三三，　　，　　，交回

〇〇〇〇识字班主任〇〇〇签字

上面〇〇〇是填写识字人姓名，下面是写〇〇〇〇识字班名字，后面是〇〇〇识字班主任姓名。

5.第一级识字成绩表交回后，就再向识字班主任领第二级识字成绩表和方字，或读本。第二级识字成绩表要比第一级成绩表多五格，因为第二级要完成二百字，第二级成绩表经主任检查交回后，就令第三级成绩表，一直到第五级。五格表，最好用五种颜色，使学习和教学的人都容易分别，如果没有颜色纸，也可以一色纸。

6.在进行第二级时，应温习以前的。每一次检查新的时，要同样检查第一级学习的。如果第一级学习的又有遗忘了的，第二级的成绩表不能填起来，要等他温习纯熟了后再填起来。

7.这一表格，必须经过识字班主任负责检查过以后才填写起来，识字班主任一定保证第一级的一百字，识字人全部认得出、讲得出、写得出，这是识字班主任的责任。

8.这一表格：（1）可以提高识字班主任的责任观念；（2）很清楚地可以了解学习程度；（3）使学习的人时刻提醒自己，对于自己学业才不致放松；（4）积极的可以及早升级，懒惰的不能升级。积极的和懒惰的很清楚可以看出，不使积极的迁就懒惰。

9.每一个识字班主任，每月应填制一个识字工作成绩表，图如下：

〇〇〇〇识字班主任〇〇〇

〇月份识字班工作成绩表

班级＼人名											
第一级											
第二级											
第三级											
第四级											
第五级											

〇月〇〇日主任〇〇〇签字

本表于每月28日填起，交区文化部审查送县文化部保存。

10.这一表格，每月底由识字班主任填起送文化部，自己另存一份，并将这表在壁报上公布。

11.学生学完第一级字时，将第一级成绩收回，就在这一表格上于学生姓名之下，画一直画于第一格，学完第二级就延长到第二格，必须收回第一级成绩表时才填写这一表格，学满二百几十字，仍不能填第二格。

四、竞赛和检查

1.识字班主任是扫除文盲运动当中的突击者，因此它自己应该深刻地认识局势任务。在每月底，每一识字班主任要自动订出个人工作计划，写成竞赛条约。

〇〇〇〇识字班主任〇〇〇同志：

我们为了扩大识字运动，以完全消灭苏区内的文盲为目的，决定以革命竞赛的方法，执行我们的工作，完成我们在扫除文盲运动当中的重要任务，特订出下列的竞赛条约，要求你们加入竞赛。

(1) 在○月份内，我处除了原有的学生○○人外，重要吸收○○人参加。

(2) 在○月份内，要教熟各级学生识字数目如下：第一级○○字；第二级○○字；第三级○○字；第四级○○字；第五级○○字。

(3) 凡经识字班主任检查过认为已经识得的字，经过签字以后，不使有一个学过的字读不出、写不出、讲不出。

(4) 竞赛条约证明者○○○签字

接受者○○○○识字班主任○○○签字

提出者○○○○识字班主任○○○签字

公历一九二二

自动找一个对象，最好的地方接近的识字班主任，将这一竞赛条约向他提出，要求竞赛。将这一条约交给对方一份，自己村一份，交送文化部一份，区文化部要抓紧领导这一竞赛工作。区文化部汇集各识字班主任的竞赛条约，订出本区的识字工作计划，写成竞赛条约，再向别区提出要求竞赛。

2.县区文化部必须保证，这一竞赛工作不是一纸空文，担保这一条约的百分之百地执行，它应该切实地检查识字班的工作。

(1) 要问识字班主任，在这一月内条约上应完成的工作是否记得，参加识字班的学生条约上应完成的识字数目是否晓得。

(2) 要考查识字班主任用什么方式去完成他条约上的计划，并经常供给他许多有效的方法，替他解决困难问题。

(3) 依照学生识字成绩，检查她学过的字，是不是读得出、写得出、讲得出。把他学过的字念出来要他写，试验他是否会写，再要他自己把他学过的字通通写出来，看是否满足他成绩表上的数目（如果有几个字写不出时，也可以提出来要他写）。提出只要他讲（如果必须连起几个字来才能讲的，不要分开来问），如果学生是用工农读本，防备他口读得很熟，移动了地方就不认得了，可用一张纸，中间撕一个洞如 [○]，把要问的字从洞中露出来，要他识。

(4) 如果到月尾，竞赛条约光荣地超过了，或不能完成，负责检查的人要回答出超过或不能完成的原因来。这些原因一定很透视地寻找出来，作为我们以后的教训。

(5) 因为每个参加识字班的人都是很忙的，不能够有充分时间来受县区文化部的检查。因此对于检查工作，应该很活泼，它可以便找一个在田畔工作后休息的人，问他识字到几级就很随便地，但是很切实地检查一下，这样可以减少时间，并免得识字班主任事先准备了教好的学生来受测验。

3.除了县区文化部负责检查各识字班工作外，到月尾各竞赛对象要互派代表检查对方的工作。检查方法如上，主要是挑几个好的和坏的学生来受检查，不一定每个人都检查。

4.当找竞赛对象的时候，要注意找比自己好的。如果只是找不如自己的，即是懒惰的表现，同时好的要把自己的经验告诉对方，注意领导对方。如果只是为了夺取奖品而竞赛，就失掉了革命竞赛的本意。

5.竞赛终结，全县或全区的优胜者，必须给奖品鼓励他，或用现在奖励。

五、识字班的工作方法

1.如果这一识字班，是有着学校的形式的，或是借列小与俱乐部的地方，每天夜晚有一定时间来识字的，要依照学生的程度和当地的情形分为几级，定好时间，如六时至六时半为第一级上课，六时半至七时为第二级、第三级合上，如时间定不准，也可以大概分出来。

2.如时间不能一致，可在这一级上课时，另一级温习，以后另一级上课时，这一级温习，或分作两面，一级向这一面，一级向那一面，由两个人同时上课。

3.识字班主任如果教的学生很多，一定要活泼及利用许多人帮助他教，如挑第三级的好的教第一级，这样可以节省班主任许多时间。但主任仍要事前注意代替教书的人是否全懂的书上，教后要注意是否教错，如果完全放任别人去教一定会教错。

4.许多人因为过于事多，没有时间按时到识字班来学习，可以利用看图识字的方法，在他有闲时，多教他几个，因为有图容易记起来，教了后要他自己每天温熟三个或五个，要他把方字带在袋里，走路时、工作休息时都可以拿出来认，教他一遍一遍地认，做一会工作，休息一会，就认一会，一直到认熟。

5.没有方字的，可依照他的生活，用白纸裁成方块，（如 □ ）写上字教他。如他要去耕田，就用两个方法，写“耕田”两个字给他装在袋里，走路时、休息时都可以学习，这样他很容易记住，没有纸时可写在他手背上，或臂上。

6.同时要告诉他，在识熟了以后，即用指头或树枝，甚至筷子，在地上写，一直把学的字写熟。

7.对于不识字的人的家庭里，可以把每个工具的名字都写在上边，如灯上写灯，桌子上写桌子，门上写门，使全家人都可以依照工具的名字，识得许多字。

8.初学字的人，往往读有韵脚的小调，容易记住。以前封建社会教学生的课本，总是三字经、日用杂字等，这些课本自然不是我们要采用的，但利用有韵脚的文字教读是很便利的，如我们印发的《识字真要紧》和《苏区景》等，都可以个别地作为课本教他识字，这样教的时间很少，他可以完全记住，记住了以后，就慢慢地由他自己把每个字抄成方字，一个一个地学习，但要注意不要使他们仅仅把小调背得很熟，一个字挨一个字读下去全都识得，分开来认，就认不出了。

9.建立识字板的方法，在识字运动中是很有效果的。识字板的建立，主要需要识字班主任负责去推动这一工作，同时要灵活地利用许多人帮助他自己工作，并要很有计划地去进行。

建立识字板的方法是：

（1）识字班主任有计划地在本村周围，每一条路口，检查路票的地方，建立一方横的可以写五个字长的木板，上边横写识字板三字，如路旁有墙可以钉在墙上，没有墙壁，可做小小木架安置在路旁，必须是人容易注意的地方，上面要先用白粉和胶水涂过，再用油涂过，可以用墨写字，或用黑板用白粉写字也可以，如图：

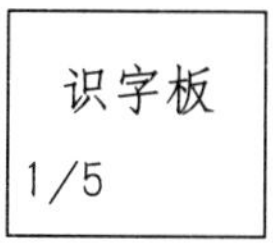

(2) 识字班主任要有计划地规定出识字的程序，最好依照工农读本的次序和看图识字的次序，每天不要过多，三个字就可以了，写在识字板上，并注定日期，一天天依照规定的程序写下去，这一程序一定与本村内识字最低一级的学生相同，宁比他们迟一点，不要太快太多。

(3) 识字班主任要于前一天找刚第二天守路的人，把第二天写在识字板上的字教给他，如果识字工作能够很开展的动员全村的人加入，前一天教熟守路的人是很容易的，第二天守路的人就在识字板的旁边，每来一个过路的人，他就问一问他是识得上面的字吗？如果不识得，就教给他。这样不但可以教每个人，并对于守路的人的识字教育也是很好的。如果可能的话，守路的人除了教给过路的人的识得这二个字外，还可以把三个字送给他，使他一边走一边温习。

(4) 识字班主任除了利用识字板的方法，教给全村的人这三个字以外，还要利用其他的方法，把这三个字普遍地教给全村人，并且检查督促保证这三个字在一天内，使全村的人识得出、讲得出、写得出，不能够以为写在识字板上，责任就完了。

(5) 除了建立识字板以外，还可以同识字板并列着另建立一方温习板，把以前学习过了的字，有计划地每天三个字或五个字，一天一天温习下去，同样由守路的人负责去问过路的人。

10.在阴天的时候，或群众休息的时候，群众在一起嬉戏的时候，识字班主任要利用这些时间进行识字游戏赛。最简便的竞赛方法，就是试验那一个认字认得多。比较有兴趣的方法，举几个例如下：

(1) 把群众分成两队，分两面站着，每人分一方厚纸板给他，（最好是石板）把他的名字写在上边，要他把自己名字的三个字记清，问他们统统记得了吗？记得了以后，就把纸板收过来，排列在远处的地上，使他们都看不到纸板上的字，然后喊口令一、二，要他们一齐跑去各自认自己的名字，每人再把每人的纸板捡起来，很快地回到原来的队中，检查那一边人对了的多，就是那一边赢了，这样重复地演三四次，就可以使全村的人通通认得自己的名字。

(2) 并排五个人为一队，像赛跑一样。五个人隔开相当的距离，每个拿着纸一方，铅笔一支，将自己的名字写在纸尾，在两百米以外一个人在等候着，这一方有发口令，五人静听他的口令，发口令的人先高声叫一个口号，这口号必须先选几个比较难识的字，如“打倒土豪劣绅”，如果恐怕他们听不清楚，可叫两次，赛跑的人不能提出来问，叫完以后，立刻喊一、二，五个人一边跑一边把听到的口号在纸上写出来，跑到另一端就把写的纸交给在等候的人，先到并写对了的人胜利。

(3) 同以前五个人赛跑一样，每人各带纸笔，在赛跑的终点设一块（没有板利用土墙也可以）在板的背面，不能使赛跑的人看见，写几个难于认识的字，五个人跑到板的背面，看一看上面的字，立刻跑回来，一边走一边把板上的字由记忆写出来，重跑回到原来起跑地方，先到并写对了的胜利。

11.教育儿童同教育成年人有多个不同的地方，同时教育儿童在整个教育工作当中，是一个最重要的部门。因此每一个担任扫除文盲运动的人，对于教育儿童都应该给以很深刻的注意，教育儿童应该学习理解儿童心理，理解儿童成年人不同的心理，在这当中去求得一些使儿童容易理解、容易接收的教育方法来，作教员应该他自己就像一个儿童，同儿童一起游戏一起谈笑，同儿童一样，不要同儿童隔离，只有能够活泼儿童化的教员，才能为儿童欢迎，才是好的教员。教学的方法，应该是启发式的，利用种种方法，如利用图书，利用实在的东西（如讲草字就拿真的草去讲），利用表演，利用儿童的实际（如讲火炉，就教儿童制火炉、点火炉），启发儿童明了。应该尽量使儿童感到兴趣，把读书的地方真正造成儿童的乐园。严格的反对一切压迫儿童，不肯细心地说服儿童，详细地解释，只是一味压儿童写、读、背，使儿童感到枯燥阴惨，以及打骂等等行为。

12.识字班的教学方法，应该是注意每一课总的意义的解释，使学生理解全篇的意义。每个成语不要分割开来讲，有些成语，一个字一个字地解释是不能够解释的，如“布尔什维克”如果分割开来解释，就不成语句了。

13.已经识得一些字，但不能够应用的人，要准备一个小册子带在身上，在各种文件书籍上，遇到生字就写在小册子上，找人问，问了以后，就注一个字音，并把意义记上，经常温习，逐渐学习，一直到没有不识得的字。

14.在识字工作中，温习是最重要的，许多人学会了后面的，前面的就通通忘记，甚至同没有学差不多。因为不晓得温习的方法，时常是许多年纪大一点的人没有办法，说是年纪大记性坏，不能学习了，其实如果能够有计划地学着后面，温习在前面，一定不会发生这样的毛病的。温习的方法是，比如学完了十课，就一方面学第十一课（生的），同时从第一课温起，每天温两课，试试自己能够全读出不，如果有不晓得的就问问主任，一定使全都了解了。温习的功课每天是两课，生的是一课，慢慢地就可赶上生课了，赶上以后，就再从第一课起，在温一遍，一遍一遍温习下去，就不会忘记了。

15.在识字运动中，要反对为识字而识字的现象，要注意教熟了一个字，立刻使学习的人去应用这一个字，只有一边识字，一边把这些字去应用，才能加快识字的速度。同时使每个识得的字都能有用，更容易提起识字人的兴趣。应用的方法：

(1) 填字：写一句话，比如“今天吃了早饭”，把他写成这样“今○吃了○○”，要学习的人，把这个句子填起来。

(2) 做日记：装一个日记本，每天把他个人做的事见到的、听到的记下来：

“5月25日：天晴，我早上起床，就去砍柴，回来吃了中饭，午后去开反帝大同盟的会，听参加的人作报告：日本帝国主义占领热河，和国民党的无耻投降……”

(3) 作壁报：作壁报是训练作文字最好的方法，识字班主任应该经常训练学习识字的人，尽可能利用他会写的人写成消息，向壁报投稿。

(4) 读书：识字运动与读书运动是密切联系着的，在识字运动中，一定联系到读书运动，但要注意拿些什么给他们读，在目前最要紧的是连环画、故事、小调，最浅显的理论文字（这些书籍中的插图是很要紧的）。读书的方法，除了个人读书和组织读书以外，街头读书馆的方法是很好的，方法是把一些有许多插图的书，用箱子挑着，到了村子里放开在一块板上（这块板可以折起来，因为便于携带），与校椅在墙上陈列起来，如图：

陈列的时候，必须是群众有闲的时候。一边由这个人作简单的解释，由群众自动取板上的书看，看完了就再到别村子里去。

六、识字班工作的几个要点

1.每一个从事识字运动的人，他必定是一个识字运动的宣传者，他们一定经常不断地把不识字的苦处，识字的好处，识字运动的政治意义，利用小调、图画壁报、讲演种种方式，深入到群众中去。如省文化部印发的《识字真要紧》，一定要使各乡村的群众都会唱，同时把识字竞赛、识字游戏等在群众当中去举行，特别到不识字的群众当中去举行，识字班工作的开展同识字宣传的深入是关联着的。

2.在我们各种形式的宣传当中，要立刻征求群众加入识字班，立刻登记起来，另外要有计划地到乡苏代表会、贫农团、工会等等群众团体的会议上去作报告，要求他们帮助动员群众参加识字班。

3.在目前各种识字工作中，流动现象的存在，还是异常严重的。识字班的工作，很少有经常工作的列小和工补，能够半数经常到校就是很好的学校，几乎很难于找到几个学生全数到校的学校，要消灭这一现象。

(1) 在开学的时候，应有一次谈话说明识字工作，如果学一天又休息两天，同不学是一样的，一定要激起他们的决心和毅力，并发动学生自己订出一个简单的纪律，不经常学习的人，要依照订出的纪律处罚他，如罚纸或罚油。

(2) 识字班主任，要在不经常学习的学生中间，检查不能学习的原因来，要想出很活泼地方法，帮助他解决困难，教学的方法也尽量利用以上指出的方法，更活泼的去利用。

(3) 识字班主任要经常把到校的学生名字与其成绩，和不经常到校的学生名字与其成绩，做出清楚的统计表在壁报上发表，并在群众会上报告，发动他们的目的自我批评。

(4) 经常的举行识字竞赛。

4.识字班的简单设备，和识字板及书籍等费用，要尽量发动群众自己去解决，这不仅是节约苏维埃的经济，同时只有这样，这一识字班才是群众自己创造出的，才同群众连成一片，同时对于消灭识字班流动现象，也是方法之一。因为他自动出钱办的识字班，他一定更努力争取识字的权利。

七、识字运动的困难在哪里？

1.有些人把识字看的很困难，并且拿革命工作忙，没有时间识字，当作一个理由来拒绝识字。自然工作忙有时是会妨碍识字，但是如果很活泼地利用种种方法和各个哪怕是很短的时间，即使是工作忙，仍然每天有识五个字的机会，同时正因为革命和革命工作紧张提起了每个群众的积极性、创造性和学习的热忱，使过去一个字不认识的人，由于工作的要求，是他从学习认识路票，学习介绍信，以至于写报告，在一年当中，可以看文件看书籍，这样例子在苏区里边举不胜举。我们回想过去，一个学生从开始识字到能看书写信，需要三年到五年的困难情形，与现在对比起来，可以看出革命工作不但不妨碍识字，并且对识字有极大的推动。

2.有些年纪大的人说："我年纪大了，脑子迟钝，学不会了！"因此，对于识字就认为是绝对不可能的事。其实识字，只要天天学习，并不是多么困难的事。在苏联有一个老年女子，十月革命时他已60岁了，从那时才开始识字，到五年计划开始的时候，已经成为一个无产阶级的作家了，在苏联还有许多老工人，因为学习科学的知识，在积极学习德语。根据这些事实，可以晓得并不是年老的人不能学习，实际是老人自居的落后思想在牵制他，不许他努力。

3.有些列小教员，因为学生的家属时常要他的子弟去砍柴，不要他到学校读书，这样的认识，还是不对的。在过去未革命以前，受教育是很困难的，需要很多的钱，才能读一年的书，但还有许多工农分子，卖掉土地，送儿子去读书。现在一切读书的困难，苏维埃都替他们解决了，除了癫子，再不会有人不愿意读书。在这里第一，我们对一识字的宣传还不深入；第二，还没有很完全适合工农读书条件的学校办起来。因此群众对于识字常常认为是不可能的事，对于这一问题的解答，应该是各识字班负责的人，多多研究一些适合于群众要求的教学方法。

1933年6月17日

(原载《闽浙赣苏区革命文化史料汇编》，江西人民出版社1997年出版)

闽浙赣省苏维埃政府关于七、八两月文化教育工作的突击计划

——第二次县教育部长及直属区教育部长联会决议

建立乡俱乐部达到三百五十七所
参加工补人数达到二万人
参加识字班的人数达到四万人
列小学生达到一万零一百零五人
固定读报者达到十万人

在目前战争紧急当中，粉碎敌人的进攻，争取革命战争完全胜利的任务之下，文化教育工作应该是用工农补校、识字班、列宁小学、教育、识字、读书方法，扫除苏区内多数文盲，启发群众阶级觉悟，提高群众文化政治水平，加强群众对革命工作的能力。同时用俱乐部、演戏、活报、展览会、晚会及其他等等工作，深入思想斗争，扫除旧社会思想习惯的传统宣传战争的胜利，鼓动群众对革命战争的热情，坚定群众对革命的胜利信心，广泛地、有力地动员群众，积极而坚决地加入战争，这是目前文化教育的重大任务。不理解文化教育工作的重要作用，把文化教育工作和战争对立起来，取消教育工作，忽视教育工作，中央教育人民委员第一训令已明白指出："对于文化教育怠工，简直是革命的罪人！"

正因为革命战争的紧迫，文化教育工作，必须加倍的积极化，奋起突击精神，为完成与超过七、八两月文化教育工作的突击计划而斗争。

一、俱乐部工作

1.在七、八两月中，俱乐部普遍地在各乡建立起来，各县建立乡俱乐部的数额如下：

横峰	上饶	葛源	弋阳	贵溪	德兴	余江	乐平	化婺德	万年	总数
54	70	9	57	52	43	483	30	84	20	902

2.各县俱乐部要切实建立起日常的工作和各项组织，所排演的各种剧本、活宝及各类材料，须是省教育部发下的，或经省教育部审查过的。在七、八两月中，各俱乐部应完成的工作如下：①演戏四次；②读报八次；③演说竞赛两次；④晚会四次；⑤壁报出刊八期；⑥活报剧公演两次；⑦泅水比赛两次。

二、工农补习学校工作

1.在七、八两月中，各县建立工农补习学校，参加人数达到的数额如下表：

横峰	上饶	葛源	弋阳	贵溪	德兴	余江	乐平	化婺德	万年	总数
3700	3200	500	3500	3000	2700	200	1800	600	1000	20200

2.工农补习学校工作，应马上在乡教育委员去讨论，做成计划去动员群众，依照全乡人数，每20人当中，至少有一人参加工补习，就能完成计划上的数字。

3.在工作方面，要依照“识字班工作”上指出的消灭流动现象的方法，消灭寒热病现象，和学生流动现象。

4.各县工农补校原有的学生，在七、八两月内，把第四册工农读本读完，新学生读完第一册。

5.区教育部会同乡教育委员会，举行两次工农补校的测验。测验方法，县教育部应选定出来。

6.关于工农补校的一切物质问题，由乡教育委员会有计划地作广泛的政治动员，发动群众去解决。

三、识字班工作

1.在七、八两月中，各县建立识字班，参加人数达到的数额如下表：

横峰	上饶	葛源	弋阳	贵溪	德兴	余江	乐平	化婺德	万年	总数
7000	6800	2000	6400	5000	5500	500	3500	1000	2000	39700

2.在六月份内，把各乡识字班委员会建立起来，讨论全乡识字班工作，计划在全乡人口当中，至少是个人有一个人参加识字班。

3.识字班工作方法，省教育部已编印小册子一本，县、区教育部都要详细讨论，并召开乡教育委员会、识字运动委员会及识字班主任的联会作专门的讨论，详细的解释，担保这一小册子上指出的方法，能详细地传达，并能活泼地应用。

4.在七、八两月，各识字班的成绩，要识完工农读本第一册，内容要保证全部了解。

5.在七月份内发动村与村、班与班的工作竞赛，月尾得出全乡成绩的总结。八月份内，发动区与区、乡与乡工作比赛。比赛的主要内容：①参加识字班人数多少；②识字多少；③经常工作好不好。比赛发动主要是由识字运动委员会发动群众，自动得来比赛，而不是由上级指定的分派的。

四、列宁小学工作

1.七、八两月内，各县增加列宁小学，参加的学生要增加到的数额如下表：

横峰	上饶	葛源	弋阳	贵溪	德兴	余江	乐平	化婺德	万年	总数
2417	1513	623	1512	1435	1439	253	400	183	230	10105

2.坚决执行儿童免费的强迫教育的命令，与儿童团在工作上发生很好的关系，去动员儿童参加列小，求得在每个列小的周围，无一个失学的儿童。

3.在每月当中，区教育部与乡教育委员会，检查各列小工作一次。检查的主要内容：①教授方法好坏；②学校经常生活好不好；③学生进步的速度。

4.区教育部，每月召集全区教员联会一次，检阅各列小成绩与缺点，并交换教学的经验。

五、工农报固定读者工作

1.七、八两月，各县发展工农报固定读者，合原有的应达到如下表规定的数字：

横峰	上饶	葛源	弋阳	贵溪	德兴	余江	乐平	化婺德	万年	总数
1700	1700	300	1700	1700	300	300	300	300	300	10000

2.每10人（不足10人也可以）成立读报班或读报组，共订报一份，这样在群众方面经济不会发生困难。不识字的人，也可以加入，由识字的人讲给他听。依照全乡人数，四个人当中，有一人订报，就能完成这个数字。

六、壁报工作

1.在两个月内，各机关、各学校、各工厂、各俱乐部都建立起壁报来，根据这些机关的统计数字，作为建立壁报应达到的数字。

2.省教育部前发下的“怎样建立壁报”的小册子，县区教育部、乡教育委员会、县指导员及各壁报编辑，都要详细地讨论过，并很好地传达下去，壁报建立的方法，应依照这一小册子所指出的。

3.各壁报要依照“怎样建立壁报”所指出的每七天出版一次，并要按期出版。各壁报出版次数，乡教育委员会应正确可靠地登记出来。

4.为要交换壁报经验，与推动壁报发展，在七、八两月内区要举行壁报展览会两次，各县举行一次。在八月内省教育部举行全省壁报展览会一次，各区要选好的壁报三份，送省教育部陈列。

七、培养干部问题

1.乡教育委员会、识字运动委员会、俱乐部、工农补习学夜校、识字班，都要尽量吸收工农分子来参加工作，学习工作。

2.在七、八两月内，每工农补校内要培养两个工补教员人才。

3.由工作好的先进区，选调工作人员，到落后区去工作，以推动他们的工作。

八、工作方式问题

1.为要完成这一计划，应采取红五月工作竞赛的经验，抓紧几个中心工作，召开各种联会详细讨论与布置，并发动县与县、区与区、乡与乡、村与村自动找对象，订立竞赛条约，以革命竞赛方式，完成这一工作。

2.各教育部、教育委员会，要加紧检查与督促工作，区教育部对县教育部每半个月作工作报告一次。县教育部在8月5号以前，把7月1日至30的工作做成总结报告到省教育部。9月5日以前，根据七、八两月的工作，做一总结报告省教育部。

九、乡教育委员会工作

1.乡教育委员会，在7月5日以前，一律建立起来。

2.乡教育委员会的组织，要切实根据中央教育人民委员部发下的组织纲要所规定的工作去执行，区苏与乡苏要切实去动员。

3.县区教育部要抓紧几个中心乡，用更大力量建立和健全起来，以影响和推动其他乡的工作进展。

1933年6月24日

（原载《闽浙赣苏区革命文化史料汇编》，江西人民出版社1997年出版）

怎样去领导俱乐部列宁室工作

俱乐部列宁室，是党教育群众、提高群众政治文化水平，扩大党的政治影响的重要工具之一。我们检查红五月及六月份各级宣传部对俱乐部列宁室工作的领导是非常不够的，具体的事实：

1.俱乐部列宁室组织部不健全，不普遍。还有不少的地方，没有建立这些组织。

2.俱乐部列宁室的各项工作，没有真正地建立起来。如墙报、识字、晚会等工作，有异常不实际。如：

①墙报的出版不注意内容的充实与装饰改善，大部分是贴了几张千篇一律的文章，不能切实联系党的中心任务与群众实际生活并开展斗争，以致墙报虽然出版了，可是在群众中无影响，那就不问，这是为了出墙报而出墙报的形式主义。

②晚会工作表现，许多是没有政治化。有些地方开晚会，只做老戏打花鼓、唱京调、跳舞（中国式的），真正的革命意义的新剧和歌曲很少表演，更谈不上根据当地实际情形编活报表演，以致每个晚会是不能与党的中心任务联系起来。

③有大多数地方的俱乐部，虽有些工作，但只是演戏，忽视了建立列宁室工作，尤其是识字、读墙报、讨论会等工作，还没有开展。

各级党的宣传部对俱乐部列宁室工作的领导是异常忽视，没有具体的想出办法去领导这一工作，没有积极地发动党团员去参加这一工作，这是俱乐部列宁室工作没真正建立的主要原因之一。

伟大的“八一”纪念就快到了，为了要真实地建立俱乐部列宁室的工作，来充分进行党在党员中及群众中宣传教育，必须很坚决地反对俱乐部列宁室工作中的官僚主义。具体的执行下列的指示：

1.党对俱乐部列宁室工作的领导，必须经过同级苏维埃教育机关或俱乐部党团给以具体的工作任务和方法。各级党的宣传部（或科）须对俱乐部列宁室工作予以讨论，并经常检查工作。

2.俱乐部列宁室的工作任务，必须与党的任务联系起来，经过俱乐部列宁室来深入在党团员与群众中的宣传教育，扩大党的政治影响，提高党团员与群众的积极性。

3.现在将俱乐部列宁室工作中墙报与晚会工作具体写在下面：

（一）墙报

甲、墙报，是党的支部的机关报，支部应选择观念正确、工作积极的党员，担任墙报委员会主任及负编辑之责。

乙、墙报必须成为党团员与群众生活中的刊物，所以它的内容，主要地是要将党的中心任务及工作联系群众实际生活，来发动党团员与群众的积极性、创造性，并须在墙报上开展思想斗争（墙报分栏，照中央政府教育部编的《俱乐部的组织和工作纲要》所规定的）。

丙、在每个纪念节和党所提出的每个中心工作任务，出版墙报专号。如在“八一”纪念节，应出“八一”专号。在进行查田、查阶级，准备秋收、秋耕，扩大三个师……都要出专号。

丁、墙报的稿件，党团员应领导群众的积极来写。俱乐部出版委员会，应该在规定每期墙报内容后，召集通信委员会，告诉他们怎样去写墙报稿及教育群众去写。

戊、在每期墙报出版后，必须把所有的稿子都来一个批评，就是有错误而没有贴出来的，也应由编辑人将他的错误写出来，贴在墙报上，使大家晓得或发动群众来讨论。

己、墙报的装饰，应力求精美。墙报稿纸，应求一律，不要大小不齐。如四边用红、绿纸装成边，边上写标语口号，分栏的地方，用色纸写。墙报的方式不一定是四方的，可造成各种模型，如飞机的样子，兵舰的样子（这些样子的装饰是比较困难，但有可能时就应该这样去装饰）……等来装成墙报，平常也应采取长方形的式样，使墙报装起来容易看见（如高三尺五寸，长六尺或七尺）。

庚、墙报出版后，如农村群众中的墙报应轮流分挂到各村各屋去，并派人去解释。如系机关列宁室墙报，首先就应该在机关工作人员中先行阅读讨论，然后再送到各机关或群众中去阅读。

（二）怎样去组织晚会

甲、晚会，是宣传工作中的一个很重要要的工具，因为它是利用化装、表演、新戏、活报……等娱乐的方式来深入群众中的宣传，这种方式是最易引起群众情趣的。如果事前有充分准备，使内容充实，那就在宣传工作的收效上是会特别丰富的。

乙、在每次举行晚会前，应该确定这次晚会的中心内容。一切新戏、活报……都要环绕这一中心内容来表演。那些随时演戏，毫无目的，特别是表演无革命意义的花鼓调老戏等，不仅在宣传工作上毫无效果，反在群众中发生不好的影响，这是在晚会工作上不能容许的。

丙、在各种纪念节前，应举行专门晚会，或有特别主要工作，如扩大三个师，查田运动……等，也应举行单独晚会。晚会内容，应适合这些中心。在“八一”纪念前，各地均应在群众中举行晚会，加紧“八一”纪念活动。

丁、每次晚会表演的戏剧活报，应事先有充分时间训练。故晚会委员会的工作，不仅是召集晚会，主要的是准备晚会，如事先征求演员并定期预演，准备各种化妆用品，号召群众参加晚会。

戊、举行晚会时不仅将已准备的戏剧活报在群众中表演，还要发动群众自由上台表演和唱革命歌曲、做群众游戏等，这样更能使群众对晚会的兴趣提高。

己、在未演戏剧或闭幕时，党应派人去向群众讲话，只要解释一个问题，讲话要简单明了，时间不得过十分钟。

庚、表演每出新戏之先，应将戏的内容由导演员向群众说明。表演到最精彩时，领导群众呼口号或鼓掌，来深入群众中的影响及提高群众的兴趣。

辛、晚会表演的新戏活报，除根据工农剧社编印的外，当地党部亦可搜集当地实际材料，编为新戏活报拿来表演，这样更能实际的来教育群众。但自己编的剧本，必须经过上级党部或苏维埃教育部审查批准后才能表演。

以上所指出各种具体工作，各级宣传部（或科）应详细讨论，具体执行，必须将执行情形经常报告我们。

1933年7月12日

（原载《闽浙赣苏区革命文化史料汇编》，江西人民出版社1997年出版）

闽浙赣全省壁报展览会总结

省苏教育部为了扩大壁报作用的宣传，交换壁报工作的经验，改善全省壁报工作，发挥壁报的作用，使成为有力的宣传者与组织者，在争取五次战争胜利的发展中，成为最精干的战斗武器，有力地帮助战争胜利的取得。因此举行了全省壁报展览会，展览了数天，根据各评判员评判的结果，认为一般的比今年春季省区各机关壁报展览会是进步了，评判的结果如下：

一、在壁报的内容方面：主要是能够紧捉住目前最中心的政治问题，如在八月份最终一期壁报，应该是省委省苏号召的粉碎敌人五次围攻和国际青年节的问题。同时，本机关的政治生活，也是围绕着这一中心问题的周围，文艺和插图同样以这一问题为中心。这样，这壁报才成为一种力量，使读者得到一个整个的印象，像红五分校壁报上关于粉碎敌人五次围攻和巩固政治委员制度的文字，及兵工厂的反官僚问题等都是很好的模范，其他如政工分局壁报也能反映自己的政治生活。

各县的壁报，多数对于目前政治问题不能很好地抓紧，如弋阳对于敌人进攻及割谷等问题及群众的斗争生活，都没有反映到壁报上去，葛源就只简单地提到要认字。

二、壁报建立的方法：这一次壁报展览会，因为只是展览一期，所以是否按期出版，投稿人数多少，很难清楚地检查出来。但在分栏方面，看到了许多新的方法，如省苏机关壁报问题与回答一栏，列师提出意见一栏，都是过去没有的，这几栏的辟出，对于编者与读者可以建立很好的联系，而且增加了壁报的兴趣，同时可以增加群众对于壁报爱戴。

但是在另一方面，全期都是红版与黑版的或者把稿子乱贴的现象还有的，如无线电全期壁报，有一半以上的地位，是登载着一个题目的许多篇文章，也是不好的。

三、文字方面：在这一次壁展，很明显的文字方面是有了很大的进步，省机关壁报与洪武分校壁报的文字都同以前不同，已经完全改变了过去冗长无味的文字，但表示着更大的进步的是列宁师范学校的壁报。如在“送他们上马！”的题目下，用极有鼓动性的文字，写着要校内几个落后的同学骑在马上，赶上前面的同学，并画着一个极有趣的插图，几乎每一篇都是吸引读者，使读者感到趣味的，有鼓动性的。政治论文是用问答的形式写出的，使读者爱读，而且可以得到一个明确的印象，插图突出有创造性，并且有趣味，虽然是很幼稚。

另外如有趣的谜语、小说、笑话等，都能使读者爱好。

其他的壁报在文字方面缺点还是很多，如有一个壁报上面的文字用古文字的——矣！还有一个壁报用极端肉麻的文字，写了一篇关于“精神爱”的文章，那简直是对于壁报工作的侮辱！

这一次壁展插图很多，但很多是从画报抄来的，还有很多没有意义。这样的插图，虽然多也不能增加精彩，插图一定是有创造性的，同时是与壁报的内容有关系的，才是好的插图。

四、关于壁报的形式：这一次壁展，一般在形式上也有了进步，特别表现在壁报布的改善，如红五分校与省机关壁报的壁报都是最好看的，壁报纸各机关也都是精益求精，想出许多新的式样。

特别是列宁师范学校的壁报布，虽然在形式的美丽上是落后于红五分校与省机关的壁报，但他们都是教书有名的艺术家画的，列师则是由学生自己着笔画的，画的内容是表现苏维埃教育，虽然是幼稚的，但能表现出工农分子的创造性及其独创的风格。完全没有装饰的是被服厂，少共国际团的壁报，工农剧团的壁报布也是过于陈旧了。

1933年

（原载《闽浙赣苏区革命文化史料汇编》，江西人民出版社1997年出版）

《工农读本》

第四册

第118课　三个国际节

第119课　少共国际歌

第120课　人类的乐园

（存课文题目，内容略）

闽浙赣省苏文化部编纂股编订

（原载《江西苏区教育资料汇编1927－1937（七）》，赣南师范学院苏区教育研究室编，江西高校出版社1985年出版）

第二部分　怀念与回忆

我的怀念

丁玲

1931年，我在上海编辑“左联”机关刊物《北斗》的时候，收到过许多读者的来信。这些信通常我都亲自作复，同时把来信珍藏着。但我珍藏的信物，如同我个人的命运一样，也经过不少动乱劫难。因我在上海的被捕，在抗日战争和解放战争中的几次“坚壁”、撤退，散失了许多。因为深怕遗失而把一部分寄存在朋友的家里，却又因为朋友的不幸，如宣侠父同志的被国民党特务的杀害，以及十年前自己被多次的抄家，所有珍藏的重要信物，几乎都荡然无存。但这里发表的20世纪30年代耶林给我的三封信，却是偶然而又偶然的同一些废纸保存了下来，真是我几十年生涯中难逢的巧事。

耶林原名张眺，是个学美术的学生，后来参加了上海的“美联”和“左联”。据阳翰笙、刘风斯等回忆，都说他是“左联”党团的成员。他给我的这几封信都是以一个工人工作者、文学青年的身份写的。还听说当年他曾为我的小说《水》画过插图，可惜我至今没有找见。1932年他被派到赣东北苏区工作。后来听说，在王明的极左路线统治下，他被诬为AB团而竟遭杀害。“左联”的许多同志，如冯雪峰、阳翰笙、楼适夷、刘风斯等都曾设法打问当时的经过，但究竟事隔多年，至今不能得到确实的情况，而只留下无限怅惘。

前些日子，他的侄子张以谦搜集他的遗作遗物，我便把我珍藏的这三封信和一封作为读者给《北斗》杂志发表的信，把这几封信的原件，全都寄给了张以谦同志。

1980年是“左联”成立的50周年，《新文学史料》要出版纪念专辑。我把这一组信件和我在《北斗》上答复张眺第一封信的“代邮”，寄给史料编辑部发表，以表示我对这一战斗革命组织和为此而献出了生命的战友们的无限怀念。

忆张眺同志

江丰

活动于20世纪30年代，曾是上海左翼文化运动领导成员之一的又名耶林的张眺，1932年底调到赣东北苏区工作，一年后就牺牲在那里。屈指算来已46年了。

张眺原是学画的，1929年进杭州国立艺专研究部当研究生，是该校进步学生运动的领导人，曾被捕过。1930年上半年离杭寓居上海，从事左翼文艺活动。

我认识张眺是1931年初，在我参加上海“一八艺社”之后。他比我们这批“一八艺社”成员年纪大五六岁，所以都把他当作老大哥看待。张眺为人真诚朴实，和蔼可亲，在政治和文艺理论上乐于助人，大伙都信任他，都愿意接近他。

我们这批人都穷得很，既没有职业，又没有什么稿费收入，吃饭问题经常在街头饭摊上解决。张眺有时也参加在内，这说明他的生活并不比我们强多少。我到过他的家——那是地处贫民区的一间狭小的亭子间，他和周湘浦就住在那里。

张眺当时是在搞文学写作，似乎不画画了。记得我曾读过他发表在某文学刊物上的一篇小说，小说描写的是上海下层人民的生活，采用了不少上海话，看来这是为了积极响应“左联”的号召，力求文章大众化的缘故。我是上海本地人，当时正热衷学习上海话的张眺，总是令人发笑地操着浓厚的山东口音的“洋经浜”上海话，找我谈天，并且像小儿呀呀学语般地要求我教他。

我与张眺虽然相识不久，从他介绍我参加“上海反帝大同盟”这一事看来，他在政治上对我是信任的。1931年5月的某一天，他郑重其事地问我：“你愿意参加‘上海反帝大同盟’吗？”我听了非常高兴，立即表示愿意加入这个革命组织。几天后的一个上午，张眺约我去四川路的虹口公园接关系，不多久，一个身穿条纹布长衫，中式裤子，形容憔悴，打扮像小商人模样的人出现在我们的面前，这就是“上海反帝大同盟”的负责人洪灵菲。张眺把我介绍给洪灵菲：“他叫周熙，画画的，是工人的儿子，对工人的生活情况很熟悉，可以同你一起做工人工作……”从此我开始与洪灵菲在我的老家杨树浦工人区开展工作。我们两人通过一年多的互相接触，我学到了不少革命的工作经验，特别是受到觉悟了的工人们的革命品质和无私无畏精神的熏陶，使我更坚定地走上为共产主义理想而奋斗的革命道路，并且此后数十年中，不管遇到何等挫折也不曾懈怠和心怀沮丧。正因为这样，特别使我感念张眺。这位老大哥的诱导，我是不能忘记的。

当张眺去中央苏区时，我在坐牢，不能相送，竟成永诀，至今想来，犹觉情不自已！我在想，那些风雨如晦的年月，那些曾经为新中国的来临执行催生作用的并为此英勇地献出生命的战士——包括张眺这样至今少为人知的同志，是永远不能被我们遗忘的。

1980年2月10日于北京

（原载《山东文学》1980年第9期）

怀念张眺同志

胡一川

我和张眺是1929年在杭州国立艺专念书时认识的，他那时在法国画家克罗多教授直接指导下的研究班里学习。他经常穿着长衫，见人总是笑咪咪的，住在岳坟旁边的宿舍里。平时较接近的同学有李可染、李岫石、于玉海、季春丹、王肇民、汪占非等人。他在艺专学习时曾被捕过，但很快就被林校长和克罗多教授保出来了，可见张眺在他们眼中是一个好学生。我还记得，当林风眠校长由于画了一批油画受到南京国民党当局指责时，张眺曾经劝林校长去苏联，在行动上表现出很成熟。仅从这些短暂的接触中，张眺留给我一个生活简朴、作风正派、平易近人、钻研业务的深刻印象。

1931年夏，当“一八艺社习作展览会”在上海展出期间，我曾间接听到张眺说过：不要用资产阶级人道主义和虚伪的恩赐观点去搞创作。他好像指的是描绘“慈善家”施舍粥饭之类的作品。因为它不是解决社会问题的根本办法，把这类作品发表出来，在群众中很容易产生一种副作用。他的意见至今还有一定的指导作用。

我不知道张眺同志在什么时候和为什么离开杭州国立艺专的。我于1932年秋，由于参加“一八艺社”和从事革命活动被学校开除后，初到上海，生活很困难。张眺同志知道了，在这年冬天，约我到兆丰公园谈话。他说他准备到福建去，他在大夏大学附中教刻图章的课，可由我去代；他还建议我可改为教木刻。在他未动身去福建之前，还特地介绍我认识了他的爱人周湘浦。后来我就根据张眺同志的介绍，到大夏附中教木刻。我记得第一课首先讲些鲁迅先生提倡新兴木刻的意义，又讲了木刻特点和简单的技法，然后把一双破皮鞋摆在讲台上当静物，让同学们在梨木版上刻画起来，学生们觉得很新鲜。我在那里代课只有一个学期就被捕了，从此再也没有见到张眺同志，但我常常想起他那谦和、沉着的风度。他在艺术方向上给我们的原则性指导，他对一个革命青年在生活和工作上的责任感和无微不至的关怀，都使我永远不能忘记。

解放后，我才听说张眺同志到苏区后，已于1934年不幸牺牲。并知道杭州国立艺专的李岫石、季春丹和上海新华艺专的马达同志都是张眺同志介绍入党的，他是“左联”党内最早的领导人。因此，我进一步想到，在1929年成立的“一八艺社”中涌现出不少进步美术工作者，坚持美术为人民和革命服务，这与张眺同志的热情、关心、带动、支持都是分不开的。

当我们纪念美联和“一八艺社”成立50周年之际，使我更加怀念张眺同志！

（原载《美术》1980年第4期）

引路的先驱者

于寄愚

张眺（即耶林）是引导我重新走向革命的良师益友，他也是我入党的介绍人。

20世纪30年代时期，张眺是党在上海领导左翼文化运动中优秀的组织活动家与卓越的领导人之一。他画过不少革命宣传画，也写过一些文学作品。当时，他主要作党内的秘密工作，公开露面的时间不多。除了一些当时同他相识的老文艺战士，后来的人很少知道他。

我怀念张眺，并不在于他建树过多少丰功伟绩，而是他那种大无畏的革命精神，不屈不挠的坚毅的意志，给人们留下了难以忘怀的印象。同时，他又是一个异常谦逊、朴实、对同志们体贴入微的好战友。

我最初认识张眺，正是我对中国革命前途一片茫然而深深陷入苦恼的时刻。为了说明这一点，我只好先谈我自己几句。

1926年秋，我考入了唐山交通大学补习班。那时正是军阀混战的时代。作为一个有爱国思想的青年学生，我对国家的命运忧心忡忡。不久，从南方传来了北伐军节节胜利的消息，我看到了新中国的曙光，精神振奋起来。我开始参加唐山交通大学党的秘密组织所领导的工人运动，例如募捐支援开滦煤矿的罢工工人等。1927年，上海“四一二”事变后，又传来了国共两党分裂的消息。因为那时我还缺乏阶级分析的观点，不可能了解当时革命斗争的复杂性。我只感到，中国革命又夭折了。我进一步陷入政治苦闷中。思想上比较进步的同学，陆续消失不见了，有的被捕，有的出走，我一天比一天感到孤独、抑郁。终于，我忍受不下去了，我打算采取一条为艺术而艺术的道路，以逃避现实的人生。

记不准是1928年或1929年的夏天，我背离家庭，私自出走，考入了杭州国立艺术院。我从一个学工业的学生转为一个学美术的学生。而且，从此以后，我模仿别人，蓄起了拂肩的长头发，摆出一副超人的姿态。

1929年夏天，张眺以山东同乡的名义第一次来看我。他虽然比我只不过大几岁，但他的言谈举止颇有长者之风。一见面，他就使人感到十分亲切。我现在还记得我们之间的一段谈话。我问他：“我过去学科学，现在学艺术，你不认为我的行为有些荒唐离奇吗？”

张眺出乎我的意外回答说："你学过科学对学艺术很有用。一个真正的艺术家一定要有科学头脑。"对他的回答，我当时并不甚懂。但从此以后，他经常来看我。来时，他总带几本进步的文艺刊物介绍给我看。我记得，其中有《莽原》、《奔流》、《语丝》、《创造月刊》等，在他的诱导下，我再一次看到了新中国的光明前途。我坚定相信，只有无产阶级最有前途。我并且下了决心，要为无产阶级的大众文艺而奋斗。这种文艺当时也叫"新兴文艺"或"普罗文学"。

这时，在他的周围已经团聚起一部分思想上比较进步的同学。在他的指导下，由我出面负责，成立起一个左翼文艺团体，叫"泼波社"，人数将近20人之多。"泼波社"以开展无产阶级大众文艺为宗旨，出过几期墙报。我们又通过社会关系，在当时杭州的《国民日报》上出过几期副刊。可惜，我们当时太幼稚了一些。除了文艺作品外，我们还在墙报上对学校当局提出各种指责与非难，这引起了杭州当局和学校当局的注意。我们社中一个负责外交活动的同学被学校当局叫了去，几经逼问，他交出了全部人员名单，学校当局相当震动，下令禁止了我们的活动。也可能通过这件事，杭州当局对张眺引起了怀疑。张眺同志一度被捕的事，其详情我已经记不清了。我只知道，他是在1930年春天，被迫逃离杭州，去了上海。

在"泼波社"成立前后，另一部分同学也成立起"一八艺社"。我当时的印象，他们是一种纯学术性的文艺团体，没有既定的政治倾向性。其中也有我们"泼波社"的少数成员在内。我记得起来的就有李岫石和罗言侃。"一八艺社"在张眺以及李岫石、罗言侃的影响下，后来也逐步"左"倾，我是1930年夏天到上海后被学校开除的。随后"泼波社"的大部分成员，"一八艺社"的部分成员也陆续被学校当局开除了。其中有些人也到了上海。例如李岫石、胡一川、姚馥等人都是最早一批被开除后去上海的。人数虽不多，后来都成了上海左翼美术运动中的骨干力量。特别是"一八艺社"在上海成立分社后，受到鲁迅的大力培植与支持，有了新的发展，成了上海新兴木刻运动中的主力。

历史证明，20世纪30年代时期，鲁迅先生所一手扶植的新兴木刻运动，不仅已扎根上海，而且遍布全国各地，是中国美术运动史中一座丰碑。但是，并没有多少人晓得，最早在杭州点起的星星之火，把我们这批人数虽然不多的青年美术工作者引向革命道路上的，是张眺同志。

1930年夏天，我到了上海之后，就参加了"左翼美术家联盟"的工作。主席是许幸之，副主席一度是沈叶沉，代表地下党领导"美联"的是张眺。我是"美联"的总干事。过不多久，张眺由于作党内其他重要工作，不常过问"美联"的事了。我以"美联"代表的身份，参加"上海反帝大同盟"的工作。那时正是"立三路线"时期，一切工作都为了实行武装暴动。"美联"也归"上海反帝大同盟"领导，实际上，"美联"的日常领导工作已落在我同许幸之两个人的身上。我们除了组织盟员参加游行示威、写标语、撒传单之外，很少能作其他有关美术方面的工作。唯一可算是"美术"工作的，就是替"上海反帝大同盟"、"互济会"、"上海总工会"画些宣传画稿。由于当时路线上的错误，盟员疲于奔命，队伍愈来愈少，到1930年底，"美联"就无形中解体了。

这期间，我偶尔也能在西门路的华北小学里遇到张眺。小学的王校长是张眺的家乡人，同情革命的进步人士，我们几个从杭州来的同学，时常在这里碰头、会面。

每当我思想上感到苦闷的时候，一遇到张眺，我的心情就开朗了许多。虽然，他当时也同许多人一样，分辨不清“立三路线”的错误性质究竟是什么。但是，他那种革命乐观主义的态度却能给我以有力的感染与鼓舞。那时，大家都很穷困，身上的衣服也破旧不堪，我有时一天只能吃两碗“阳春面”。他的处境也比我好不多少。但每次见面后，他总是先问我生活得怎么样了，他自己从来不诉一声苦。当我向他汇报“美联”的工作情况时，他也总是以赞许的态度，微笑着点头，鼓励我坚持作下去，并且问我，他可以帮助“美联”作些什么事。他那种谦逊的态度，有如我在领导他一样。但是，我心中有数，他已经在党内负有重要的领导责任，只不过由于秘密工作纪律，我不便多问他罢了。每次见到他，我总要委托他画一两张宣传画稿。说实在的，我在杭州学画的时间很短，又是个低才生。我自己画的宣传画，人体结构很不合理。我又只会画些伸出大拳头、张开大嘴巴喊口号的所谓“作品”，群众看了当然不太喜欢。张眺接受委托后，总是按时交稿。他画的画十分精细，人物同背景也画得相当风趣，可以说得上是真正的艺术品。这里，我还要附带说一下李岫石，他是一个踏踏实实而又默默无闻的人，他长期在互济会工作，却是美联坚定的支持者，他也给美联画了不少宣传画。每当我想起他们这种认真不苟，对革命事业忠诚负责的态度时，总要引起我一阵深思。这种态度不是在说明：一个革命者要敢于藐视眼前的困难，坚定地信任未来的胜利吗？

1930年秋后到1931年初，是“立三路线”同王明路线大换班的时候，这两种有何不同之处，且留待历史学者去作结论吧。我的痛苦是，就在这个时期中，美联工作濒于瘫痪。顿时间，我成了上海滩上的流浪汉，在这一个时期中，我通过原上海反帝大同盟的一个同志的安排，曾当了一个时期党内《红旗周报》的发行员。发行站被破坏后，我又通过私人关系，跑到上海《文艺新闻》，当了一个时期的美术编辑，实际上是文字编辑。中间，我也曾用原“美联”负责人的名义联系过“一八艺社”的同志，搞过几天木刻活动。最后事实证明，像鲁迅曾批评过的那样，我是一个货真价实的“空头艺术家”。我又一头跑到沪东一家纱厂当保全工去了，在那里作了一个时期的工人工作。

一天，快到1931年年底了，我从工厂到市内来，在华北小学里，偶然遇到了张眺。见面后，他故意作出一副责备的样子说：“你怎么像一只野猫似的到处跑，叫人找也找不到。”但我看得出，他见到我，心里十分高兴。我也故意装作生气地说：“我不变成一只野猫，不早就饿死了吗？”他仍然板着脸说：“你还未入党吧？为什么不主动找组织？”我也板起脸来说：“党在哪里？”

确实，这一个时期我正一肚子苦处无处诉。当我参加“上海反帝大同盟”工作之后，上海反帝大同盟的负责人洪灵菲对我也很关心，也可能有意培养我吧，几次叫我主持会议。他已经准备发展我入党。接着，我就见不到他了。后来，我才晓得，就在这时，他曾一度调离“上海反帝大同盟”。我当《红旗日报》的发行员时，发行站的老刘，一次告诉我，第二天介绍我入党。我也真算多灾多难，就第二天，发行站被破坏了，老刘被抓去了，我的住地埋伏下“包打听”，我也差一点被捉了去。

这时，张眺又望了我两眼，忽然欣快地笑了起来：“好！明天你就入党。”

第二天，按约定的时间，我到了四马路一家茶楼去，这是个五花八门的地方，各种黑市交易都在这里进行：流氓的人打相打，妓女拉客人，投机商贩卖烟土，甚至贩卖人口……。屋里吵吵嚷嚷，无奇不有。我进去一看，除了张眺，还有洪灵菲也一起坐在屋角的一张小桌旁边，他们正在笑着望着我进来。我的入党仪式很简单，一共不到三分钟。我要轻声背诵的第一句话就是：“我准备无条件的为党牺牲”。

初次见面，他们认为，我在失去党的领导时，仍然能主动地作革命工作，这也可以算是经过严重的考验了。我从未见过张眺板起脸来同别人讲话。这次见面，可能由于他的心情相当激动，他也学会了用两难的口气，表现出他对同志的由衷的热爱。看来，张眺同洪灵菲一直在扶着我。这也说明了，党对一个同志最大的关心是政治上的关心。的确，我就像一匹失缰的马，终于被党找回来了。

入党后，我被派到沪西作贫民工作。“一·二八”淞沪抗战之后不久，我又被调出来，协助成仿吾出版与改选的一种以文言文为主体的灰色小报，宣传抗日救亡活动。3月间，我又被党任为“美联”的党团书记，负责重新恢复“美联”工作。直到7月中旬因春地艺术社事件，我被捕入狱为止。中间，我只见过张眺一面，这也是我最后见到他的一面。

这次见面是在灌输省文委召开的文艺工作会议上。会议由张眺主持。过去，张眺在党内，前后负责过什么工作，我无从了解。这次看出，他又回到了党对文艺工作的领导岗位上来了。从我负责重新恢复“美联”工作以来，除了这次会议，张眺从未对我直接下过什么指示，他大胆放手让我把美联的担子担起来。在鲁迅的热心支持下，美联借春地艺术社为基地，以“一八艺社”的同志为骨干，大力开展起木刻运动。这方面的工作，领导责任全放在周熙身上，可惜，我在政治上很不成熟，由于不谨慎，春地艺术社遭到破坏，许多同志伴我一同入狱。这件事一直引起我的内疚。

1932年秋后，上海地下党的工作愈来愈困难了，许多文艺界的老战士，例如丁玲、楼适夷，都陆续被捕了。人们可以想象到，在那种极端严重的白色恐怖下，张眺是怎样坚持斗争的。据说：1932年底，党派他去了苏区。想不到，他去苏区之后，不久就牺牲了。这些年以来，他也几乎被人忘记了。这是我们未死的老战士一谈起来，就感到十分痛心的事。

粉碎“四人帮”之后，党中央同人民对过去在一次及二次大革命中战斗过的老战士，无论是牺牲了的或是尚活着的人们，无不给以热忱的关怀。在这次第四次文代会上，20世纪30年代时期的文艺界老战士得以聚会一堂，凡是认识过张眺的人，包括间接晓得他的人，几乎不约而同地要为他过去战斗的业绩作些纪念活动。我和张眺互相认识的时间虽然比较长，我们私人之间的友谊也比较深，但毕竟我们在一起工作的时间还不够多。我对他的革命经历，知道的还是太少了。即使如此，他那种不避困难艰险、为革命献身的精神，他那种不计困苦、不屈不挠的斗争毅力，他那种满腔热忱、引导同志前进的远大眼光，他那种谦逊、质朴、对同志以诚相待的崇高品格，凡是接触过他的人，都是难以忘记的。

死者逝矣。我们来纪念他，并不在于慰死者于九泉之下，因为一个真正的共产主义战士，从来不会想到这种事。我们来纪念他，就是要以先驱为榜样，踏着他战斗过的脚步，在革命征途上走下去。为革命而牺牲的先烈，他们留给后代的革命精神，必将像火把一样，一代一代传下去。珍贵过去的历史，就是寄希望于未来。怀念那些披荆斩棘的人，不正是表明了我们为共产主义事业而奋斗到底的决心吗？

1980年前夕

（原载《中国现代文艺资料丛刊》第5辑，1980年4月）

悼张眺诗

王绍洛

（张眺字鹤眺，笔名耶林，山东潍县人。自幼天资聪敏，博览群书，尤擅长绘画，精通诗律，是“左联”党内最早组织者与领导者之一。1932年间，被党派赴江西苏区工作。临行赠言，犹记喜吾怀。岂料一去竟成永别矣！）

（一）

五十四年前，负笈在泉城。
同窗共研读，同案写丹青。
吟诗明湖畔，对弈历下亭。
相处有三载，情谊逾弟兄。
羡君八斗才，走笔似蛇龙。
更慕识见远，宏论启愚蒙。
探求救国策，马列乃所宗。
五三惨案起，劳燕各西东。
国难日深重，倭寇占盛京。
蒋党不抵抗，义士绘请缨。
君乃弃学业，为党来沪东。
传播革命种，置身工农中。
血汗连心苦，油衣赠友情。
文艺利如剑，斩妖诛群凶。
俊彦为革命，左联应运生。
君先作倡导，吾也入联盟。
笔绘群丑图，血染战旗红。
纵情歌大众，功绩推迅翁。
文章震敌胆，敌破赖军功。
国亡燃眉急，慷慨欲从戎。
临别贻画囊，云将苏区行。
赠言铭肺腑，革命必始终。
欣然投画笔，别妻上征程。

一去无消息，荏苒岁月更。
芦桥事变后，我亦入军营。
逢友问君讯，无人知君情。
我心常恻恻，疑君已牺牲。
今接令侄书，始知别后情：
冲过敌封锁，冒死到赣东。
讵料王明辈，忌才害隽英。
诬为A B 团，屈死目难瞑。
闻之肝肠断，老眼泪纵横。
我党创建后，几经误左倾。
林江承衣钵，推行到顶峰。
罗织隐群杰，狂吠诬元戎。
几至亡党国，教训恨重重！
叛逆幸覆灭，驱雾见河清。
泉下如有知，含笑沐春风。

1980年1月于青岛

（二）

半世天涯音渺渺，书来回首感苍黄，
朱城联句诗情远，沪渎挥毫画意长。
壮志未酬生有恨，高风常驻死何妨。
捶胸顿足问苍穹，底事天心太不平，
伍子兴吴终剑死，屈原谏楚郁江行。
输诚尽悴慕高节，饮恨蒙冤误左倾。
才大怜君悲短命，吞声唯有赋忠贞。

（原载《文汇增刊》1980年第3期）

我所知道的张眺同学

林风眠

我在杭州国立艺术院任院长时，我记得张眺（耶林）是研究部的研究生。他是“一八艺社”最主要的成员。陈卓坤是国立艺术院的学生，也是组织“一八艺社”很热心的同志。大概在1930年春天，张眺被浙江国民党省党部逮捕，关进浙江军人监狱里。当我知道这一消息后，即要学校秘书处去办理保释他出狱的交涉。因为在学校里张眺常来找我谈艺术上的问题，对他比较熟悉，认为他是很好的学生。交涉的结果，因为没有什么证据，由我用校长的名义担保释放。当时克罗多在国立艺术院任教授，很同情张眺无故被捕。李可染也来找我，请我注意此事。出资450元的事是没有的。可能在张眺出狱后，因经济困难，我们帮助他一些是有的。

后来不久，大概在同年秋天时，浙江省党部突然到学校来要张眺，说是由我担保的，应当由我负责交出来，等等。此时，张眺已不在学校。我说他已离开了学校，我哪里去找他。后来也就不了了之。不过，第二年春天，我还收到张眺的信，说我在艺术上很有成就，劝我到苏联去研究、旅游，还寄给我好几本关于艺术理论新出版的书（记得是冯雪峰编译的）。后来就一直再没他的消息。在“文化大革命”时，有外调的同志来了解过“一八艺社”的情况，还谈到张眺同志。我所记忆的只是这些。

1979年7月25日

他可能讨论过我的作品，因为我那时画了许多反残酷暴政的，以“人道”为题的很大幅的油画，这些画都毁于抗日战争中。李可染和同济大学的陈盛铎看见过，又及。

（此文是林风眠先生给张以谦的信，当时由吕蒙先生转交给张以谦先生。信件现存于中国左翼作家联盟成立大会会址纪念馆。）

忆张眺同学

李可染

张眺同志（笔名耶林），是我1929年在杭州国立艺术院（1930年下半年改为国立艺专）研究部学习时的同学，也是我的好朋友。50年过去了，许多往事记不清了，但张眺同志刻苦好学的精神，热情诚恳地待人，在同学中传播进步思想以及艰苦朴素的生活作风，印象是很深刻的。

1929年春天，我与张眺同一天到达杭州。他是山东潍县人，我是徐州人，他比我大两三岁，因乡音接近，又怀着共同的志趣，投考杭州国立艺术院研究部，加上两人经济条件都不宽裕，互相同情，谈话很投机，便结成要好的朋友。那时杭州西湖岳坟西边有座尼姑庵（善福庵）。这是一座已经倾斜的楼房，房间门前的栏杆早已脱落，出门稍不经心便有坠楼的危险。因为租价低廉，只有两元一间，我们俩便租下来，一起住在里面。当时国立艺术院的同学风趣地说："张眺和李可染住在'危楼'上"。我们那时是穷大学生，连电灯也装不起，只能靠点煤油灯照明，我们每天天不亮就点起煤油灯早起晚睡刻苦学习。

我们投考杭州国立艺术院研究部，主要跟法籍教授克罗多学画油画。入学考试课目主要是素描、油画。我从13岁开始学画国画，还在上海美普师专也学过两年国画手工，但对油画没有接触过。听说考油画心里不免着急，张眺以前学过油画，他为人很诚恳热情，为了帮助我解决入学考试的困难，他和我一起到城里买了油画颜料和工具，从此我们俩天天一起在西湖边上练习写生。张眺教我掌握油画技法，从色调到明暗，层次先后，一笔一笔教我，张眺实际上是第一个教我油画技法的启蒙老师。

国立艺术院研究生入学发榜的结果，我被录取了，张眺反而没有考取。他心里很难过，但他没有气馁，就去走访林风眠校长，说明自己家境贫困，千里迢迢来到杭州学画，很想能得到一个深造的机会，并且说明他在艺术上的志愿，他一连去了多次。林风眠校长被他的决心志愿所感动，就破格录取了他。张眺无论做什么事情，有一种不达到目的决不罢休的坚强毅力。

我在没有到国立艺术院以前，总以为自己在艺术方面也知道一些事情。当我同张眺长期接触以后，发现他学识渊博，古今中外的书看了不少，与他相比，有很多地方值得我学习，我很佩服他。我们俩是国立艺术院中班次最高年龄较大的同学，学习刻苦。没有钱也没有时间去讲究边幅，留着长发，穿着破旧的长衫，但同学对我们俩却很尊重，像兄长一样对待我们。

我们在一起刻苦阅读鲁迅先生编著的书刊，读世界名著，也钻研一些进步的文艺理论。有些理论较深，不太容易懂，张眺同学常把他的理解和心得耐心地讲给同学们听。张眺同学思想进步，常找一些业务好思想好的同学谈话，常常谈话到深夜，并介绍进步书刊给别人看。他循循善诱启发同学，诚恳待人的精神很感动人。张眺很有风趣，很幽默爱说笑话，尽管我们生活穷困，但非常乐观。

当时我不知道张眺是不是中共党员，杭州国立艺专有许多同学受张眺的影响走上了进步和革命的道路。我知道的有于海（又名于玉海，后改为于寄愚）、汪占辉（又名汪占非）、季春丹（力扬）、李岫石（肖石）等，我因与他朝夕相处受他直接影响是很大的。

"一八艺社"成立时（因1929年正当民国十八年故名），张眺同志是"一八艺社"主要成员之一。我记得"一八艺社"很少开社员会，都是通过谈心交换意见的方式，探求艺术道路问题，张眺经常对社员们说："人生为什么，艺术何处去？"张眺在这些活动中起很大作用。1931年夏天，杭州"一八艺社"曾在上海举办暑期习作展览，胡一川、王肇民、汪占非和我都有作品展出。于海（于玉海）和李岫石（肖石）还在《文艺新闻》上写了评论。鲁迅为这次展览写了一遍《一八艺社习作展览会小引》。从此更加引起国民党特务的注意，加紧了迫害。

1930年春张眺被捕，那时国民党特务经常到学生宿舍查抄书刊。激起研究部导师、法籍克罗多先生的愤怒，痛斥中国反动政治黑暗。张眺被捕后，关在杭州陆军监狱，我跟一位名叫黄瀛的同学经常一起到监狱去送些衣物、牙膏、肥皂之类的日用品，探听张眺下落。为张眺被捕的事，我曾找过林风眠校长，说明张眺是位好同学，他刻苦学习，为人正派，很有才华，请他出面营救，不久张眺就释放了，很可能得之于林风眠校长、克罗多老师的助力。

张眺出狱后，对我谈过监狱生活情况。他们每天都锻炼身体，革命意志不衰。陆军监狱士兵中有的出生穷苦，受生活所逼没有办法才干这样的，他们对监狱中青年学生表示同情，有时偷偷把香烟投给他们。我记得张眺出狱后脸色苍白了些，却没有一点颓废的情绪，还是与经常一样，乐观诙谐有风趣，不久他就离开杭州到上海去了。

张眺在上海时，我暑假回家，路过上海曾去看过他。住在什么地方记不清了，记得几个人睡在小屋里。生活极为艰苦，有时没有饭吃饿了，躺在地板上张眺还要说笑话，故意说些鱼呀肉呀一些好吃的东西，逗得大家起来捶他。张眺就是这样在任何艰难的情况下，总是不改变他那爽朗诙谐乐观的作风。那时在上海的有于海（于玉海）、李岫石、张眺和我，都拿于海（于玉海）当小弟弟看待，他生活随便，早晨不愿早起，尤其在冬天。

回忆在杭州国立艺术院我和张眺相处的日子里，我们生活非常单纯，在谈话中从不涉及玩乐和个人享受的事，我们的主要话题是中国社会的前途，现实主义的艺术道路以及前人刻苦治学的精神和方法。从那时起，我们经常读鲁迅先生编著的书籍，阅读卢那察尔斯基、普列汉诺夫、托尔斯泰等艺术论集，一些世界名著，可说是“念兹在兹”，学习上非常专心致志。古人曰：“与君一席话，胜读十年书”。我和张眺同窗大约不过年余的时间，然而朝夕相伴，促膝谈心，这是多么可贵的时间，这可以说是我对于社会、艺术有了比较正确认识的开端，是我一生的转折点。这些是与张眺的启发分不开的，他是我终身不忘的挚友。

1980年于北京寓所

（原载《西湖》月刊，1980年第5期）

纪念新美术、文学运动的先驱战士张眺同志

汪占辉

40多年前，我在抗大工作时，写过一篇文章其中提到耶林同志。那就是1929年，我在杭州国立艺专读书时遇到的张鹤眺同志。在那苍茫黑暗的时代，由于受到几位年长的革命同学的启迪，使我更快地走上了革命道路。

那时，在杭州国立艺专聚集着不少有共同革命志趣的同学，在我的观感中，张眺同志是一位特异的使人崇敬的文学、美术人才，张眺同志各方面的情况，都引起我的尊重和注意。有关张眺同志的言行、传闻，在我们的记忆中留下了很深的印象。

张眺同志的家乡是山东潍县，那是一座具有悠久文化、人才荟集的古城，张眺同志出身于清寒的书香世家。由于在这样的环境中长大，在张眺同志身上体现出劳动人民的勤劳、厚道和知识阶层的严肃、谦和，视野广阔，有大志的品格。

在“五四”运动以前，中国共产党还没有成立的那一段时间，帝国主义的铁蹄已踏上古老中国的土地，山东人民在帝国主义、地方军阀、地方豪绅的残酷压榨下无法生活，纷纷逃往关外——东北谋生。张眺同志青年时代，也有去过东北的一段经历。不久，又回到家乡干革命。仅此，已导致张眺同志1932年在《文学月报》上，发表了短篇小说《月台上》，反映了东北劳动人民所受的屈辱苦难生活。

由于第一次大革命失败，新老军阀相互勾结，加紧对进步人民迫害。张眺同志在家乡无法立足，又到了全国政治文化斗争的中心地带——沪杭，寻找革命真理，开展范围更大的活动。1929年春，他到达杭州，进入杭州国立艺术院研究部学习绘画。他一面提高艺术技巧，一面摸索救国救民的道路。他在国立艺术院时，与李可染同志成为极要好的同学。

“九一八”事变前后，日本帝国主义节节侵占中国领土，国民党对外卖国求和，对内实行“攘外必先安内”的反动罪恶政策，激起了全国人民的无比愤恨。这期间，左翼文化运动在鲁迅先生倡导下，开始兴起。国立艺术院出现了进步的美术、文学团体——“一八艺社”“泼波社”。“泼波社”活动时间较短，“一八艺社”由于鲁迅先生的支持、爱护，成了近代美术史上很有影响的

新兴美术运动团体。张眺同志不仅暗中支持“泼波社”的工作，也是“一八艺社”的骨干社员。

张眺同志作为共产党人，他当时确切地知道中国的另一面，光芒万丈的中国苏维埃政权和中国工农红军正在艰苦奋战中前进。因此，张眺同志在引导“一八艺社”等进步团体活动时，表现得沉着、稳重而又机智。

张眺同志联络国立艺术院其他革命同学，一起物色、吸收、培养了几十名同学加入“泼波社”和“一八艺社”。当时于玉海同志、李岫石同志、季春丹同志、姚馥同志、刘梦莹同志、周佩华同志、卢鸿基同志、黄显之同志、徐绿溪同志等都是较活跃的，在素描、国画、油画、木刻、漫画、雕塑、图案以及艺术论，文艺批评、诗歌、散文各个文学艺术领域，大家都有广泛的兴趣，开展了壮阔的活动，出版了刊物、壁报等……“一八艺社”的理论座谈是很吸引人的。张眺同志常在讨论过半，主要分歧大致提明，大家都希望听听他的见解时，他只是简单地讲不多的几段话，道理清楚，语调平和，有时还非常风趣，把复杂的争论引向愉快的团结人的交谈，在无形中提高大家对新艺术论原则的理解，表现出一位成熟、干练、学识渊博，为青年所尊重的高年级同学的风度。张眺同志不仅善于团结进步同学，而且对国立艺术院那些有影响的代表人物，如林风眠校长、克罗多教授……都能在互相尊重的气氛中融洽交谈，有时在课堂上请教，或私下交换艺术见解。林风眠先生、克罗多教授，过去也是受过艰苦与贫苦的学生，有着类似遭遇，对反抗国民党越来越重的压迫表现出某种同情。林风眠先生在法国时，创作的《白头巾》油画，就是同情贫苦渔民的深情作品。在国立艺术院时创作的反残酷暴政的大幅油画，表现了对在监狱中受难的工农革命者的关切，受到张眺同志等许多“一八艺社”社员的赞誉，也遭到国民党最高当权者的训斥，从赞成与反对中，可以看出当时林先生的思想倾向。

“一八艺社”社员有一项活动，就是在星期日大家带作品到林风眠校长家中请教，每次林先生都诚恳接待。他对国立艺术院有些进步活动是默许的，表现出一位爱国知识分子的正义感。这同张眺同志的争取、团结是有关系的。张眺同志由于具有善于团结人的长处，不断地扩大着进步思想的影响，除座谈、交谈以外，还积极协同于玉海同志、刘芳松同志把《泼波》办得出色。第一期专论《新的认识》，就出自张眺同志的手笔。李岫石同志、季春丹同志等其他社员，也以他们的艺术才能，批驳了李朴园的“为艺术而艺术”、“民族主义文艺”的谬论，并鼓励有活动能力的社员，向“新野社”的同学做争取团结的工作。

张眺同志工作的特点，是果敢而得体，表现出久经锻炼而凝成的丰富经验。对照来说，我班有一位姓黄的同学，是“一八艺社”的活动分子，口齿伶俐，说北京话，和大家说笑时一时很受同学欢迎，他爱在我们几个“一八艺社”中表露一些“消息”，待我们想听下去时，他忽而闪烁其辞，王顾左右而言他。久之，大家对他产生一种反感。张眺同志恰恰与此相反，他从来都带着北方劳动人民那种礼貌和亲切，说什么事情，事先充分考虑，胸有成竹，该谈的就谈，不保留，不过分，意尽言简。这种态度，自然众望所归。张眺同志虽是“一八艺社”的一员，却最有威信的。

张眺同志与李可染同志一起住在“善福庵”的危楼上，我住在他两位的间壁。他两位学习极为刻苦。在国立艺术院那良好的自然环境中——当时校址在平湖秋月间壁哈同花园和对过的苏公祠那一片地区——抓紧提高素描和油画技巧，艺术造诣得到很快而扎实的提高。虽然国立艺术院研究部，只不过七八位学员，他们却都是国内有名美术学校的高材生，而后考入国立艺术院深造的。每一位有自己的抱负、自尊感，都很用功，画也有一定的特色。但是，在我们这些“少年气盛”的低年级同学看来，总觉得多数流于一般。而对张眺同志和李可染同志的绘画、为人，产生由衷的尊敬，那时他两位确实是孜孜不倦，广观了近代美术、文学名著，受到高古芬芳的民族艺术传统的熏陶。他们作画的风格，追求的旨趣，呈现出与众不同的格调，甚至他们朴素的衣履，言谈的幽默，都给广大进步同学留下特有的亲切感。张眺同志和李可染同志那时的绘画，还没有进入实际创作的阶段，都是以后离开国立艺术院进入社会时，才开始大量创作。

这一时期，他们是在探究和掌握素描技巧，在完成了无懈可击的严格、准确优美这一阶段性要求之后，以极端忠丁对象的责任感，达到洗炼、简约、浑然一体的地步，这样一来为以后的创作，打下扎实的造型技术基础。他两位画的木炭画人体、油画人体画风很接近，不同之处是李可染同志拥有本人典雅别致的特点，张眺同志有着略显拙稚的另一种情趣。我曾听他们两位谈过19世纪末20世纪初的外国画家中，对高庚更喜爱一些。我们低年级同学在观察他两位的油画人体习作时，确实感到有点高庚的味道。但又感觉到他两位比起高庚来，对人体描绘的要求更准确、严格，在整体概括上斟酌得更深。然而，张眺同志和李可染同志后来画革命宣传画时，受影响最深的还是鲁迅先生推崇的凯绥·柯勒惠支。最近发表的张眺同志1931年给丁玲同志的信，张眺同志当时对柯勒惠支的版画——《牺牲》极为赞誉。

国立艺术院研究部教室里，平时陈放着研究部学员的木炭画、油画人体习作。我们几个低年级同学，常被吸引了去观摩，每逢有空都要进去反复琢磨，一看就是一个钟头以上。张眺同志和李可染同志的油画风景也很典雅别致，用色多是“灰绿”，对象多是堤柳一类。他两位画人体的色调多是“土黄”，女人体多是背面。人体和风景，色彩虽然单纯，却给人们高尚的美感。

在文学方面，张眺同志的造诣较深。他读的古书很多，对近代名著，不论中外都广泛涉猎。有时他还向我们年青同学，推荐一些进步书刊，如鲁迅先生早期的小说俄国托尔斯泰、柴霍甫、高尔基的作品。由于张眺同志很注意文学，也影响了我们很多“一八艺社”的社员。那时，于玉海同志对德文、英文都有一定基础，可以借助字典阅读原版小说，李岫石同志、季春丹同志、杨澹生同志在文学方面都有广泛兴趣。

那时张眺同志已在进行文学创作，在国立艺术院时，是以“零鱼”的笔名发表作品。夜晚，他在“善福庵”小楼上，不是读书，就是写作。由于平日早午都在教室作画，下午要去上西洋美术史课等，加上“一八艺社”的工作是很忙的。因此，他两位无论读书、谈论、谈话、课堂作业，都采取“简约”这一原则，非必要的都放开。西湖风景，名闻中外，他两位是无暇多领略的。如果说娱乐，那就是偶尔去离校半里外的电影院看看电影。为了利用这次机会，就故意由葛岑走过博览会大木桥到放鹤亭，绕过苏公祠，沿哈同花园经广化寺，再从西泠桥回到

"善福庵"，把看电影与湖畔散步结合在一起，把单位时间压缩得十分经济，这时他两位并肩而行。我有时跟在后面，听他们纵横古今的深刻议论，确有"胜读十年书"的感觉。

那时，张眺同志和李可染同志的仪表也大致相似，都是高高的个子，身材匀称，都穿着兰布长衫，制服裤子。因路远也无时间更改，蓄着拂领的长发，张眺同志穿一双宽大厚底的肥大皮鞋，李可染同志穿一双厚大的蓝球鞋，这样的形象在一般阔人看来当然有些"寒酸"，但在我们追求进步的穷学生眼里，俨然是仪表非凡的新学者风度。李可染同志年青时，能操一手很好的胡琴，每逢周末，邹森同学常来找他伴奏，清唱一曲"汾河湾""女起解"，每当李、邹二位这样地拉唱到非常动人之时，张眺同志就掩卷倾听，手里还下意识地画着但丁的正面桂冠头像。这好像是他的一种习惯，也反映了他平日的向往和抱负的不凡。

张眺同志的脸型，略带长方形，眉宇间是现出刚毅、仁厚的气度，面部略有点清癯，脸色古铜加一点枣红，身体一直很健康，没见他生过病。休息时，常听到他两位放声倾情大笑，那也许是谈论某一位艺术大师时引发的吧！大约在1929年的初冬，岳坟小街上，不知什么原因，忽然不包饭了，我于是买了一只打气的小煤油炉自己做饭，我也就请张眺同志和李可染同志一道进餐。后来大家联合一起，用此小煤油炉组成伙食组，于是我做小厨倌，他两位一个管帐，一个采买。德国制的小煤油炉着实管用，做起饭来火候容易掌握。杭州的矮胖油菜，只要烹得不过火，是非常鲜嫩的。我做米饭，也积累了经验……三个人每顿饭吃的津津有味。有时饭后说几句逗乐的话，真是"一箪食，一瓢饮，在陋巷，人不堪其忧"，三人却怡然自得地享有别具情趣的穷学生之乐。这在那些公子哥儿们，会把我们三人看得太没有意思。不同的人生态度，在吃穿方面，自然各有打算，那是各不相干的。我在其中是一个幼小者，更觉得有研究部学长的庇护，心理格外踏实畅快。这日子虽然不长，在我的心里，却留下了永不磨灭的印象。

1930年初，杭州国民党反动当局，对国立艺术院蓬勃兴起的新文学、美术运动引起了注意，再加上蒋介石"亲临"国立艺术院，看完了林风眠先生反残酷暴政的油画，大皱眉头。浙江省党部的黑狗们，更加狗仗人势，遛进国立艺术院，东嗅西寻，就在这样的情势下，张眺同志忽然失踪了。在1930年初春，李可染同志从国立艺术院校侧的浙江省图书馆看书回到住处，只见房门大开，书物零乱，知道张眺同志出事了。因那时国立艺术院常有同学被无故拆阅书信，抄检书物的事情发生。经与其他进步同学一起打听，才知道张眺同志被关进了浙江军人监狱。

李可染同志向林风眠校长力荐张眺同志，为人十分正派，克罗多教授拍案大骂国民党政府政治黑暗，其他靠拢张眺同志的同学也都焦急万分！最后终因张眺同志在狱内坚决不吐露半句进步活动背景，反动当局一无所获，最后经林风眠先生、克罗多教授担保，以逮捕无据而释放，这前后大约关了两个多月时间。我记得张眺同志出狱后，在杭州国立艺术院呆了不太长的时间，就到上海去了。

张眺同志在上海时，曾给我写过好几封信。每当我拿到那布局十分匀称、字体异常典雅的信封，真是如获至宝。那时他为隐蔽自己和照顾收信人的安全，他给我写的信都在信末写着"你猜我是谁"，而不署自己的名字。大约在一年以后，我看到张眺同志在上海所画的鼓动工人罢工的一套革命宣传画，我记得其中一幅是：小画面正中摆一小桌，桌后正中稍后坐着一个蓄鼻胡的日本殖民侵略者，双脚交叉于桌下，色情狂地笑开了的头面，缩着耸起的双肩，臂肘置桌面，两手合掌，桌旁有一恶棍侧面坐，他的左手掌拍在一位女工的屁股上。画下面的文字说明是“上班时工头调戏女工，不听调戏就开除”。另一幅是有远近透视的十二三个人物在殴打，地上有工人罢工时做饭的大锅，巡捕房的军警、“三道头”用短棒、抢托殴打罢工工人。画下面的文字说明是“军警驱散工人”，抬走大锅”。

张眺同志在20世纪30年代初的这些宣传画，不论文字说明，还是图画，都十分洗炼。画中的人物，好像用火柴搭成似的简单、拙稚，放开一切细节细部，突出宣传的主旨极为深刻、锐利，往往使人看了怒发冲冠，收到打动人心的强烈宣传鼓动效果。这些宣传画，我当时匆匆看过，距今已近半世纪，仍有深刻印象。可惜大部分已无从查寻，所说个别篇幅，鲁迅纪念馆保藏，那是很珍贵的革命文物！

张眺同志在上海搞革命活动的时候，我们还是杭州的“一八艺社”社员，常常听说搞革命活动的共产党人，会遭到国民党特务突如其来的袭击，有的徒手格斗，有的逃窗脱险，有的跌伤，有的被捕，我们常常担心着他们的安全。欣幸的是张眺同志已经逐渐熟悉了做工人工作，并且生活在工人群众之中。他1932年，在《文学月报》最后一期上发表的《开辟》短篇小说，就具体地反映了他当时从事工运斗争的情况。

1932年初秋，杨澹生、王肇民、沈福文和我，也被杭州国立艺术院开除了。林风眠先生为我们写了致杨仲子先生的介绍信，使我们得以继续在北平大学艺术学院西画系入学，继续从事新兴美术运动。我在离开杭州前，给在上海担任《文艺新闻》编辑的于玉海同志去了一封信，希望到上海那天能看到他和张眺同志。因为那时我担任过《文艺新闻》杭州总经售人和杭州特约通讯员。到上海时，于玉海同志以《文艺新闻》编辑部的名义热情招待我，更令我欣喜的是张眺同志也来了，他向我询问了一些情况，作了一番叮嘱，因工作很忙，就匆匆告别了。那天我见到的张眺同志，和在杭州时的样子大不相同了，长发变成了爽利的平头，脸色黑红，显得十分壮勇。

过了几年，我们在北平的几个“一八艺社”社员，忽然听到传闻，说张眺同志牺牲了，但细节一点也不清楚。我在很长时间内，坠入深长的悲伤和怀想之中。抗日战争时期，我在抗大总校政治部宣传部工作时，在晋冀鲁豫抗日根据地冀西邢台写的《美术生活的轮廓——我怎样来到抗大》，以及此后的几篇文章中，都表达过我对张眺同志的深长怀念，和对他为人的高度敬佩。

张眺同志的生平，只不过30多年，他从事革命工作，也不过十几年时间。他因革命斗争的紧迫没有可能写出长篇巨著，也没有被广为传说的史绩。作为新兴美术、文学运动的先驱战士，他在杭州国立艺术院最早播下的种子，后来又经过众多的前辈的培育，形成了今天“无尽的旌旗蔽空的大队”，而张眺同志光荣牺牲已经46年了！本文也不过介绍了我耳闻目睹的他的某些生活片段，决无溢美之词。我认为这位不为人知和少为人知的新兴美术、文学运动的崇高战士，是应当隆重纪念的。用张眺同志自己的话来说，“革命，其实不过是平平常常的一件事。自然我们不能否认这是一个伟大的时代，在这一个时代中，无形中就抓住了这一大群，他们也不过平平常常，也不过平平常常来做他应该作的事情”。这些话说得极好！唯其如此，我们更应当纪念张眺同志这位平凡的崇高的革命烈士。

1980年春 写于西安美术学院

我与“一八艺社”

王肇民

我于1929年考取杭州国立艺术院，受张眺的影响，参加“一八艺社”。胡一川为组织干事，我为研究干事。研究干事的工作是：一、每星期六下午，举行习作观摩会，请林风眠校长指导，要求对每幅画提出具体意见。二、周转同志们之间所藏有的马列主义书籍，互相阅读。

1932年暑假，“一八艺社”复开画展于上海，画展被破坏，因为我有作品参加展览，被开除学籍。同时被开除学籍的有20多人，几乎是“一网打尽”。在此以前，1930年春，张眺第一个被捕。出狱后去上海，继续领导艺专的革命美术活动。

1932年9月，经林风眠同意，发给我及杨澹生、沈福文、汪占非（汪占辉）四个人修业证书，并经王青芳协助，转学北平大学艺术学院西画系。一个月后，又成立北平木刻研究会。以原“一八艺社”老社员为骨干，我仍为研究干事，负责征集了上海、杭州、广州三处木刻研究会的作品数百幅，三次开木刻画展览会于艺文中学。在展览会上吸收会员，王青芳是艺文中学的美术教师，踊跃参加，并一再负责解决展览会的地点问题。

1933年，遵照北平“左联”的意见，与漫画研究会复开木刻漫画展览会于艺文中学。苏联大使前往参观，并以300美元买木刻作品六幅，以示鼓励，且誉与捷克的木刻有同等水平。

1933年暑假，我因为毕业后失业，离开北平。遂将累次所征集的木刻作品，全部交金肇野保管。

我一直怀念着引导我走向这条进步道路的张眺。抗战期间，我在重庆枣子岗垭遇到力扬同志，他告诉我张眺在江西苏区被特务陷害了！我说不能调查吗？他说在那种情况下无法调查啊！一直到今天我才真相大白！

1979年2月27日写于广州美术学院

（原载《一八艺社纪念集》，本集收录时稍有增补）

云天寄怀思

刘芳松

(一)

我于1930年初春，与于海同到杭州，初见耶林，他的长发几乎垂及颈后，蓄留长发，是杭州国立艺术院学生一时的风气。也因他出狱不久，未及修剪，中间夹着一副长形的脸和一双炯炯有神的眼睛，嘴角挂着微笑，显得十分和蔼可亲。他是杭州国立艺术院研究院的学生，1929年和李可染一同考入，也一同住在“善福庵”一个房间里，我搬进他两人东隔壁的一间。他们西隔壁住的汪占非，是于玉海的同班同学。

“善福庵”坐落在岳坟附近，紧临去灵隐寺的大路，由住持老尼把余屋租给经济困难的学生。上了二楼，走动起来，全楼都在摇摇晃晃。这所楼的二楼，是进步学生经常聚会之地，也是特务注意的中心。

耶林年龄比我们几个人都大几岁，喜欢找人接谈，谈话时把声音放得很低，生怕冒犯哪个似的，加上他常识经验都较为渊深、丰富，大家都喜欢接近他，在心目中当作“老师”。

使我印象较深的一次，他在和我谈话中，忽然询问我对他有什么看法，有什么意见。实在说，我从学校出来不久，在校养成一种自以为了不得的派头，我从来不会向别人、别人也不会向我提出这种问题，我一时不知怎样回答。他的这几句话实际告诉我，大家相处应当互相关心，彼此说说意见，督促上进。因之，通过这次谈话，我们之间的关系又亲近了一步。当时上海出版了一本翻译的进步小说，大家轮流看了。一次，耶林特地召集这几人凑在一起，谈谈对此书的读后体会。过去的读书习惯，看过后顶多跟一两人随意谈谈意见，如今这种方式，很使我感到新鲜，而又觉得集体力量到底是可贵的。

他不仅经常有意找些同学谈心，连对那个教他人体速描的法籍教授克罗多也很关心。耶林平素觉得这人富有正义感。一次他告诉我，他有意找克罗多在课后谈心，问克罗多知道不知道法国作家巴比塞，克罗多想了一下：“哦，Bar——busse！”把后两个音节讲得重重的，“知道，知道！”但克罗多对这个作家并未说出什么意见。克罗多喜爱东方艺术，对政治平时不多过问。

由于接触同学渐多，了解到其中一些思想较好的，于是在1929年下半年，耶林发起成立一个人数不多的文艺团体，取名“泼波社”，并通过一个姓黄的学生，与当地杭州《国民日报》接洽，在该报副刊定期出个文艺副刊——《泼波》，主办的是耶林，公开出面的是于海。再以后，由于学生们不满足于校中的沉闷空气和死板的教学方式，就更为扩大地成立一个艺术团体。那年是民国18年，即命名为“一八艺社”。“一八艺社“成员一般学习上比较勤奋，也有不少思想进步的。耶林对这个组织直接间接都给以极大的赞助和支持。以后“一八艺社”部分成员到上海举行画展，得到鲁迅的关心和爱护，耶林从中也起了不少作用。

耶林在1929年底到1930年初被杭州国民党当局捕去，在监狱关了约一两个月，经学校方面林风眠和克罗多出面保释，被捕原因可能由于《泼波》的关系，姓黄的学生丧失警觉，泄露了其中的主要人物和情况。

在监狱中，耶林接触了些一直在坚持斗争的不屈的革命者，也从这些政治犯身上，得到不少有用的东西。他曾向我介绍狱中生活极有规律，每晨必高唱《国际歌》，这《国际歌》他早年唱过，他还低声地把不够完整和准确的词曲传播给我们。

杭州国立艺术院办有校刊《阿波罗》，由李朴园负责编。新出刊的一期内，李朴园写了篇文章谈艺术问题，提出“为艺术而艺术”的主张，这也是迎合学校当局把学生圈在西湖里面，使之远隔尘世，埋头作画的办学要求。当时，也确有一些学生深以这种终日手执画笔，面对湖山为满足。

刊物一出，“善福庵”内就成为议论的中心。对这种把学生学习思想引入歧途的主张自不能同意，何况上海左翼文化运动的浪潮，早已冲进这座艺术官苑的大门，左翼文艺刊物和著作已成为一些学生如饥似渴般的精神食粮。越议论，情绪越激愤，一臻主张写文反驳，但反对文章决不可能在校刊发表，决定公开在校内贴出。耶林与大家商讨了文章的内容、态度和语气，岫石负责执笔，并由李岫石署名，岫石的字迹漂亮大方。洋洋数千字，在校院内显著地位张贴后，使这所四周用平静的湖水围绕起的艺术之宫，不啻轰然一声投入一块巨石，波潮扩展，激荡到每一个学生的心胸，学生们纷纷围观，到处议论。李朴园更大为惊慌，几次访问岫石，不敢为自己的观点辩护，只说扫了他的面子，使他没法混下去，请求李岫石主动收回。学校方面，因文章写得很技巧，避免任何“过激”字眼，表面看来是“学术讨论”，且针对的是李朴园，没有涉及学校，所以也无法公开干预。文章在学生中影响很大，如这年年底，岫石早已离校到了上海，还有素不相识的同学写信给岫石，表示钦慕之意。

但是，不祥的征兆，可预期会到来的。耶林这时对于学校的沉寂生活早已厌烦，特别是这时“左联”已宣告成立，上海文艺界沸腾的战斗生活深深地吸引着他，他便于这年4月，离开杭州到了上海。他走后我即搬到他的铺位，与可染同一房间。初夏的一个早晨，突然来了几个便装的人，径直进入我们房间，开口问：“这里住一个姓李的吧？”可染似乎未有意识到事态情势，就顺口回答：“有”。那么你是四川人吧？这时我们心里都明白了，答说这里都不是四川人，更没有四川姓李的住在这里。来人在屋内巡视一下，略为翻动翻动，无非是些油画画框之类，又盘问了些话，就不声不响地走了。

岫石是四川人，分明是来查问李岫石的，但又何以未到岫石所住的校内宿舍查问呢？是弄错地点，还是故意放风？总之，岫石不能继续留下，也就离校到上海和耶林会齐了。

耶林虽然离开杭州，继续在传播着革命火种。他走后即连续来信，告知他参加的一些革命活动情况，如参加了纪念“四一二”的示威游行，参加了纪念“五一”的示威游行，描述示威的盛况。6月底，他来信告诉我，上海艺大已被封闭，临时办一个文艺暑期补习班，建议我参加，我即与于玉海一同到了上海。一些未有引起学校注意，仍然能以留校的进步同学，就继续留校学习。耶林于这年年底，大约这时主要搞互济会的部分负责工作，决定由互济会组织，把这批学生组织起来，就共同研究了线索和名单，分派从未去过杭州无人认识的何宋之，到杭州国立艺术院，去那里建立了一个互济会小组。

总之，耶林是在山东时入党的，离开山东，在杭州或上海，是怎样和何时联系上党的组织关系，我不确知，因为这是当时不允许谈论的。但是作为一个共产党员，他一天也没有离开党的工作。凡在西湖与他相处的，都能够明白，最初向每人心中播下或抚育了真理的种子，其后通过各种不同的途径而走上革命的，正是耶林。这些人，终其一生都不会忘记他。他是这批人的启蒙师、引路人。

（二）

从耶林开始，我们先后离开杭州聚集到上海。在艺院继续就读的，其中的力扬不久被学校开除，也参加了这批小小的队伍，王肇民、汪占非还有稍后入学的夏晨中，被学校开除后，迫使他们到北平艺院完成学业。先期离校去法留学的艾青，回国后也在上海聚集到一起。

耶林初到上海住在岫石同乡何宋之的一个亭子间里，我们陆续到了，也都挤在一起，最多时有七个人。好在是夏天，地板能容纳得下就行了。何宋之原是上海艺大学生会负责人之一，此时仍然随着到文艺暑期补习班学习，目的是负责学生会工作，耶林已经没有机会画油画了，但仍然随身带个速写本。有一次，何宋之去补习班前，在细心地打领带，耶林趁机为他画了一幅速写，题名为《执委去校之前》，暗含讥讽，因为那时谁也无条件注意穿着，何宋之则比较讲究。使何宋之看了，大笑一阵。

耶林并非只是专长绘画的，他小时攻读古典文学，有些根底，并结交些“文友”，虽未谋面，相互唱和不绝。他长于篆隶书法，自己说，所书字幅，从不写别人字句，都属自己的习作。我曾读到他一首七古《咏燕》，是为他周湘浦大学毕业作文写的，得到周的老师深许。从我那时的欣赏能力看，我很为钦佩。他平素喜爱刘禹锡《竹枝词》一类古典作品。一次在背诵元稹《连昌宫词》，对其中“风动落花红簌簌”之句，认为状物有情致。他赞赏京剧《打渔杀家》的内容，还对于其中桂英一句说白：“一轮明月照芦花”，认为似出文人手笔，但却真切表达了渔家女儿对渔民生活的热爱情感。可是他自到杭州后或更早一点，完全摒绝了中国旧体诗词以及中国画和中国书法的写作，而注意于当代的文艺作品和翻译作品。他在文学上热爱俄国高尔基和契诃夫，在绘画上极为偏爱法国谷诃反映南洋群岛风土人物的作品。

我们既然住在这样狭小的天地，白天就到附近的法国公园，读书或写作。耶林带着速写本，但主要在写小说，他在短短时间内写的几个短篇小说，不是在法国公园的炎气蒸人的树荫下，就是利用繁忙的地下工作中写作的。

稍后，他读到丁玲的小说《水》，他根据原题材画了一套连环画，用钢笔勾描，在地下一种大约由“上海反帝大同盟”出版的小报上刊出。

我们数次搬家，都是被二房东最后逼退，安全也时常受到威胁。1930年秋，耶林、岫石与我三人，在法租界斜桥租了一所亭子间住下，对外保密起来。由于岫石和我于这年夏天，都经耶林介绍，先后参加了“左联”、“互济会”、“上海反帝大同盟”等党的外围组织，其中以参加“互济会”的活动较多。耶林有时在房间内起草些文件，如一次起草上海“互济会”宣传大纲等，他常向我们谈些政治形势，如反立三路线斗争，他说，他“当时是立三路线的积极参加者，现在又是立三路线的一个积极反对者”。他说，当时要求革命工作者占领会场，占领马路，在小菜场上搞选举，还有飞行集会等，无疑是缺乏地下工作的斗争艺术，只能暴露目标，遭致革命组织被破坏。那时他可能负责上海互济会的宣传工作。

我们三人生活费都没有固定来源，常常断炊。有一次晚餐没有办法解决了，只好把一时用不着的衣服找出，以便送当铺去。但是，凡第一次进当铺的都会有一种难堪的感觉，何况这一大包衣服还须下楼经过二房东住处，更不愿在二房东面前暴露这些冒充“学生子”身份的窘相。三人互相推诿，肚子饿得可以了，最后商定，共同出门，由我进当铺。也不必再买来作饭，一同上街简单吃一点。

他两人在当铺拐角处等候我，我硬着头皮跨进大门槛，把一包东西递到高高的柜台上。朝奉打开布包，一件一件地翻着，最后包上包袱用手一丢，说了两个字：“弗要！”我不啻被劈头打了一棒，嗫地问了句：“铜钱少一点，可行？”朝奉看也不看一眼，甩手干别的去了。躲在门外的两个人，其失望的情绪更不用说了。我们又带着这一大包东西，从二房东住处经过，回到亭子间。当铺要的是值钱的东西，耶林一声不响地脱下他身上穿的一件新做的哔叽夹袍，这是他从潍县乐道院一个境遇很不好的女教师临时接济来的一笔钱做的，目的是进出旅馆，可作护身符。我们三人仍然精神紧张地走过二房东大门，无论如何这一次是可以解决问题的了。我们走到当铺门口，由于我们还不知道当铺营业规律，时间8时已过，老远就望见当铺的两扇黑漆大门紧紧关闭了。岫石提出他要到北四川路只有他认识的一个同乡去打发这一餐，我和耶林无声地把包袱又复携上了楼。我斜倒在床上，心里盘算着恐怕实在不会有另外什么办法了。耶林却坐在桌子旁，拿起他惯用的一把鸭嘴剪刀，跟平常的习惯一样，一手抚摸下巴，一手用剪刀剪胡须。放下剪刀就在练习簿上，一笔一笔地写起了小说，这篇作品大概就是后来发出来的《月台上》。

耶林这种坚毅精神，很使我感动。当然，我们经常挨饿从无什么怨天尤人之情，何况时时还有特务的追捕，其威胁更大。当时我想到的是，我度过了十数年学校生活，依赖家庭供养，但我来到上海，参加了党领导的地下工作，自认为这才算做了有意义的事，我思想有所依托，精神感到充实。虽然我还很幼稚，但理直气壮地自认为找到了真理。再看到耶林那种毫不为困难所压倒的精神，难道我不应为此而感到骄傲吗？

以后进出当铺都是我的事了，也逐渐摸清其营业情况。有的断黑而止，如八仙桥附近的当铺，个别通宵营业，主顾是赌徒、烟鬼和小偷，当值最低。也弄清了手表、自来水笔何处可收受，皮鞋、西装又以四川路、武昌路一带估衣铺收价为高，但时限短，利息大。我也为其他的同志去跑路，解决困难。

1930年年底，我们由于积欠房租，被辞退。另在法租界偏北处，租了一个亭子间，周湘浦正值寒假，耶林向这家二房东租了一间后楼，与周湘浦同住。

丁玲至今还保存下来的，近50年前耶林给他的四封信，信中提到我们三人组成一个小组，即在这个时候，和稍后一点时间写的。因为我们在这里住了一段时间后，耶林为工作关系，不能与我们同住，就另觅住处，但常有机会见面。耶林信中还提到三人讨论林风眠、郁达夫等人的作品，打算多写些评论文字。由于大家对林风眠较为熟悉，对于这位倾向于后期印象派并具有人道主义思想的我国杰出的艺术大师，怀有深厚的感情，从当时左翼文化运动精神出发，非常期望他在思想上艺术上再前进一步，对郁达夫亦然。但由于种种原因，文章没有写出来。

（三）

于海通过一个偶然的关系，认识了王姓葛姓两个四川人，王的年龄略同于耶林，葛自称18岁学习日文。并由日文重译了一本苏联瓦尔加伦世界经济的著作，厚厚的一本，王也从日文译些文艺理论著作，都在辛垦书局出版。大家认识了后，常在一块交谈。谈话中对于当前中国社会改天换地问题，每每发生分歧。他两人观点，认为中国社会自蒋介石掌政后，即进入资本主义社会，因而中国革命应属于社会主义革命性质。以后见面，总要掀起一场争论。耶林知道了这些情况，建议跟他们有计划地进行辩论下去。双方约定，每隔周一次在虹口公园，举行这个中国社会性质和革命任务的小小讨论会。

双方参加者开始还另有三两人，持续下去，基本就这五人，以于海、岫石和我为一方，王、葛两人为一方。虹口公园比较僻静，树荫下、草地上围坐在一起，还不致引人注意。公园的树叶由浓绿变成鹅黄，由鹅黄而逐渐凋零，阳光下凉气有点袭人了，但我们的辩论，各不相让，不见分晓。我们三人对涉及中国革命性质这个根本问题，只是从有限的书籍、小册子和党的文件中得到些原则认识，也略有点感性知识，如过去生长在农村或小城市，对于那里的社会经济结构，从直接感受中，也形成些见解，认为党中央提出的中国社会和半封建半殖民地性质，中国革命的资产阶级民主革命型，而必须由无产阶级来领导都是正确的，但都缺乏深入系统的认识了解。对方两人既富于雄辩的才能，特别是葛，条理清楚，逻辑性强，而又能够随时搬出具体材料和数字根据，尽管这样，却不能使我们信服。如说长江航运以外国轮船业为主，超过了民船运载量，这就表示资本主义在水运交通上占了优势。但这究竟是更促使中国半殖民地化了呢，还是资本主义化了呢？诸如此类，工业、农业等涉及很广泛。

耶林十分关心这场辩论，每次必向他告诉情况并提些问题。耶林除了为我们解析些我们认识不足的地方，还通过组织关系，把这件事反映给“社联”，并请“社联”派人指导。不久，“社联”就请由社会科学研究会派了一位姓金的同志，东北人，从日本回国的。约定也是每隔一个星期一次，去虹口公园，把上周辩论会上的问题，带到这周学习会上，和我们讨论并为解答，作为我们的指导。于是，这个辩论会又使我们增强了信心，针锋相对地持续下去。

王在会上，基本不开口发言，态度特重，只偶尔对葛的观点旁敲侧击式地支持一下。他是参加辩论的五人中唯一的中共地下党员。

关系到中国革命性质这一重要问题，当时社会上实已争论着了。以后不久，王礼锡编的《读书》杂志出刊专号，载文公开讨论。在党内，陈独秀仅在一年前，由于坚持其“取消主义”主张而被开除。他在党内的影响自然还会有些。我们三人接触革命时间短，在王、葛看来，可能可以作为他们争取的对象。如有一次谈到国民党黄震遐等的民族文学，王、葛就鼓励我写文章反驳，并借了篇论民族问题给我，还多次关心地催促，即使未写成，也要把已成的部分给他们看看。这份论民族问题的原稿，是从辛垦书局取来的，有署名，署名即叶青。但在当时，对辛垦书局及叶青的背景和政治面貌虽略有认识，但并不确悉。可以断定，他们两人花费这样多的工夫和精力，并不是学术目的，而有其政治目的的。

最后一次辩论，大半个下午都是王的发言，好像作结论似的把葛已反复提出的论点，加以系统化，并予肯定，旗帜鲜明地提出，中国社会既已进入资本主义，也只有等待资本主义社会成熟，工人阶级强大了，再衽无产阶级革命。他终于系统地暴露出来他一直未肯出面提出的取消主义观点。我们的“辩论会”也就宣告结束而不需要进行了。

耶林听了这个最后结果，仅仅向岫石和我作了简单的表示：王竟在群众面前公开提出与党相对立的论点和主张，是违背党的纪律，是有其目的的，绝不允许的。

1931年冬，一个黄昏的时候，我在闸北天通庵附近与王相遇，王告诉我，党把他开除了，他打算离开上海，另觅政治出路。“耶林竟然下我的毒手，以后走着瞧吧。”我望着他灰色的影子在苍茫的蓝色中消失。

根据阳翰笙的回忆，耶林曾一度担任“左联”党团书记。同时，又根据于海确切的记忆，1932年春，美联恢复活动，以原“一八艺社”为骨干，对外开展些工作。有一天，耶林召集于海、江丰、马达三人宣布成立“美联”党团组织，三人都是党员，指定于海担任书记。在党团的领导下，成立了“春地艺术社”，并得到鲁迅多方面的帮助。此后不久，于海以美联党团书记身份，参加一个会，主持者是耶林，并宣布这会是江苏省担任文化方面的领导工作了。我于这年下半年，在美联党组织遭到破坏之后，被调到美联接替于海的工作，至迟在这以后，到1933年春，我离开上海，从未见到耶林，也未有听到有关他的消息，他是在这期间内，先我离开上海，调到苏区去的。而在临行之前，为保密关系或时间紧迫，未能和他再见一面。

1938年夏，在武汉与力扬会面，力扬告我，关于耶林的下落，他已得知，在苏区被诬为AB团而遭到陷害。他并说，消息确凿无误，不必再打探了。我们一时相对无言。当时我未有问及他消息到底从哪里来的，而力扬亦已故去。但这与最近所得的消息，基本一致。耶林是1934年于闽浙赣边区被害，他的公开职务是边区苏维埃政府教育部长。被害时，年龄仅34岁，他是一颗闪烁的流星，照亮了许多人的心，然后倏地在浩茫的夜空中消失。留下的，只是人们对他永远难灭的怀念，如同对于许多卓绝的先烈那样。

1980年4月

注："春地艺术社"这名称，在《鲁迅日记》和有的回忆文章中称为"春地美术研究所"或"春地绘画"等。就我所记忆的，正式名称应为"春地艺术社"。力扬写这块白底黑字的招牌，我正在场，我也多次出入该社。其后被查封，迁于北四川路底，改称"野风画会"，招牌上旁署"蔡元培题"四字。

（原载《新文学史料》1902年第3辑）

忆叶林同志

赵 平

1937年，我从上海到了延安，在徐特立领导下的中央教育部工作。后又在陕北公学政治部工作，1940年冬邓发派我赴重庆，为召开“七大”搜集大后方工运资料。我到了重庆，住在红岩——八路军驻渝办事处。正遇皖南事变，白色恐怖笼罩了山城。当时，周恩来副主席号召我们与“红岩”共存亡，在动员大会上进行革命气节教育。周恩来副主席用他那带有苏北乡音的普通话，感情深挚地朗读叶剑英为纪念方志敏写的一首诗：“血战东南半壁红，忍将奇迹作奇功。文山去后南朝月，又照秦淮一叶枫。”

听了这首诗，就激起我对方志敏领导的赣东北苏区革命斗争的回忆。怀念十年内战时期，为革命牺牲的战友、同志，尤其使我不能忘怀的是叶林。

第一次大革命时代，我是一个十七八岁的青年。在国民革命军占领武汉的革命风暴中，把我卷进了革命队伍。蒋介石“四一二”叛变革命后，我正在叶挺将军所领导的国民革命军第二十四教导团。不久，又参加了“八一”南昌起义，后来在浙东举行暴动，成立了中国红军浙东第一师，又告失败！我辗转回到了上海，找到了组织，在上海从事工人运动。

革命在旦夕总是曲折发展的。“九一八”事变后，上海的工人运动有过一度的高涨，后来由于李立三、王明极左路线，到1933年初，上海地下党的组织被国民党破坏得十分厉害。不久，连中央机关也撤到苏区去了。这时，苏区红色革命根据地需要大批干部，凡是在上海滩难以立足和苏区急需的干部，陆续由中央转移或输送到各苏区革命根据地去，充实和加强苏区的战斗力量。

我是1933年1月初，由党中央派往赣东北苏区的。与我同行的有曾经留法、留苏回国后在中央工作的王奇岳，还有一位是住机关刻蜡板的周民志，我们三人装扮成商贩一样，在春寒料峭时离开了上海，经杭州住了一夜，谁也无心留恋杭州的山光水色，换乘小船到了安徽屯溪。与屯溪我党的地下交通站接上关系，经他们指点引路，穿越深山密林，机警地躲过国民党军警的盘查。

从上海经杭州、屯溪这条进入赣东北苏区的红色交通线，是上海中央通往苏区的主要交通线。当时有许多同志经此线进入苏区。因为皖南与上海之间，一向商贩来往较多，易于掩护。另外，在白色恐怖笼罩祖国大地的艰苦年代，满街狼犬，遍地皆是，由于方志敏十分注意赤、白交界处的群众工作，为打通这条交通线做了许多艰苦工作。由于这条交通线的开辟，也为粉碎国民党对苏区的封锁、围剿，增添了许多便利。往来于此线的交通员，他们的贡献，我们是不应忘记的！

我们三人在路上只走了七八天，很快就到了赣东北苏区的中心——葛源。葛源当时是闽浙赣省苏维埃政府的所在地，方志敏是省苏维埃政府的主席。凡是中央派往赣东北的同志、干部，他都十分热情地接待、谈话。我记得他当时曾对我们说："我相信中央派来的同志，都是经过革命斗争考验的。"不论是工人出身的干部，还是知识分子出身的干部，方志敏都十分尊重和信任。

此后不久，王奇岳被分配担任了中央闽浙赣省委秘书长，我被分配担任了闽浙赣省少先队总队长。1933年3月18日到23日，赣东北苏区召开了第二次工农兵代表大会。这次大会重新改选了闽浙赣省苏维埃政府的领导，方志敏继续担任省苏维埃政府主席。改选后的省苏维埃政府教育部长是叶林，我由少先队总队长调共青团省委任宣传部长，兼省苏维埃教育部副部长。因工作关系，我与叶林一度接触十分密切，他给我留下了深刻的印象。

叶林当时三十几岁，比我大七八岁。由于他是北方人，看上去稍老一点，叶林高个、长脸，脸上还有一点白麻子，我总以为他是北方调苏区工作的，不知道他曾在上海领导过左翼文化运动。

叶林文化程度较高，写一手漂亮的毛笔字，还会刻图章。直到今天，叶林签署文件的签名，我还有深刻的记忆。他常常把葉字下面的木旁边，再连写一个木字，连起来成为"葉林"，十分活泼，富有艺术性。

叶林待人接物的态度，充分表现了他的文化素养。待人和蔼可亲，对人讲话十分耐心，不浮不躁，说服力非常强。我因为是工人出身的干部，原来读书不多，他总是循循善诱地帮助我。叶林经常召开赣东北苏区各县的教育科长会议，每次会前都与我商量，开会时通知我参加会议，从不以领导者自居。他对工作极为负责，而且对教育工作也很有经验。叶林当时不吸烟，当他知道我会吸烟后，每当找我谈话时，先买一盒烟放在桌上招待，我十分感动。我与叶林真是一见如故，他待人诚挚，颇有忠厚长者的风度，一点也没有知识分子高傲的架子。

1933年五一节，赣东北掀起支援反四次围剿的大生产运动。叶林曾在《红色东北报》"五一"特刊上，画过"康拜因"和介绍苏联集体农场生产等的各种图画。这时我才知道叶林不但字写得好，也会画画，是多才多艺的。50年前，就在苏区报刊上面画康拜因，这确实是不容易的。那时的中国农民，还不知道种田可以用机器。苏联的康拜因也是发展不久的新鲜事物，叶林就以大生产的思想教育农民，以历史的眼光看，这确实是十分有远见的。

直到1982年秋天，我遇到阔别50年的楼适夷，两人闲谈回忆往事时，才知道楼适夷在"左联"时期也认识叶林。从楼适夷处才知道叶林原来是20世纪30年代初，上海"左联"、"美联"、"一八艺社"的主要领导人之一，本来就是领导左翼文化运动的，是上海党中央派往赣东北苏区的干部。

我记得叶林在赣东北任教育部长期间，十分留意民歌、民间小调、民间戏曲的搜集。他在公余之暇，经常召集年老的农民三五人座谈，让他们介绍民间小调、民谣、歌曲等，有时他把自己搜集到的民间资料，念给他们听，请他们提意见，再作修改。他既接近群众，又非常虚心，真是“不耻下问”。他对苏区的大众文艺十分重视。50年前，叶林就把“左联”时期的文艺大众化问题推广、贯彻于苏区的文化教育工作中，这是多么不容易啊！叶林是坚持文艺大众化方向的先驱者，我想有关江西苏区的档案中，《红色赣东北报》上，也一定会保存有叶林当时的许多作品。

赣东北苏区教育部的许多布告、公告、文件都是叶林亲手拟定的，赣东北苏区的教育工作，当时是十分活跃的。各区、乡都设立了列宁小学，工农补习夜校。省苏维埃政府为培养苏区的文化教员，叶林亲自兼校长，并亲自上课。我记得刘畴西的爱人负责列宁师范的教务，曾找我上过课。现在湖北省省长黄知真同志，就是当时听叶林讲过课的学生。赣东北苏区各工厂机关、学校、部队还成立有俱乐部、列宁室、红角、宣传队、歌咏队，省、县有专业工农剧团。当时上海“剧联”也曾派过一些会演戏的同志到赣东北工作，后在肃反扩大化中不幸牺牲了！

赣东北苏区的教育工作，在省苏维埃政府的领导下，在叶林这位熟悉文化教育工作的领导人具体组织下，确实展现出一种新的面貌。叶林确实起了相当大的作用，为苏区教育事业作出的贡献是很大的。

1934年1月21日，毛泽东主持中央苏维埃政府召开第二次全国工农代表大会的工作报告中，对闽浙赣这一阶段的工作，曾作了充分的肯定。他说：“赣东北的同志们也有很好的创造，他们同样是模范工作者。”方志敏在他的《我从事革命斗争的略述》中也写道：“苏维埃模范省，这是一个难得的荣誉，赣东北的同志们，要努力工作，保持这个可宝贵的荣誉啊！”叶林作为当时赣东北教育方面的领导人，也应当说是接受这一荣誉者之一。

赣东北苏区的群众，对以方志敏为省苏维埃政府领导人的工作，也确实有他们亲身的体会。我记得叶林搜集的民歌中有这样几句：从前开口唱山歌，没有甜歌唱苦歌。如今开口唱山歌，一唱桌上有米饭，二唱灶里有柴禾，三唱有了新被窝，……（年代久，也记不准确了）

从这几句民歌中，也充分反映了50年前赣东北苏区，在共产党的领导下，农民是一度翻过身的，方志敏所领导的闽浙赣苏区，是当时红色根据地的模范，也是人所共知的事实，然而叶林所作的贡献，却长期被湮没了！

正如我前面说的，革命总是曲折的。这种曲折除了敌我力量强弱关系外，我们党的路线、政策的正确与否，对革命的成败、得失影响也是很大的。闽浙赣苏区从兴旺发达到遭受挫折的历史过程，我们也可以从中认识到许多问题。

1931年，王明以“百分之百布尔什维克”的身份，占据了党中央的领导位子。他教条主义地推行国际路线，不顾我党我国的实际情况，向各红色根据地派遣所谓的全权中央代表，即钦差大臣，凌驾于苏区领导之上，瞎指挥，一言堂，几乎丧失殆尽！而且许多党的优秀干部，也无辜受到残酷斗争，无情打击，还有在“肃反”扩大化中不幸牺牲者，为数可大啊！闽浙赣苏区的曾洪易，就是由王明派去的标准的钦差大臣。曾洪易是苏联留学生，1931年4月代表王明达赣东北。

此人毫无实际工作经验，也不懂革命理论，却摆出一副代表中央的臭架子，专会搞阴谋诡计。曾一度篡夺了闽浙赣省委书记的职务，以太上皇的身份，妄图指挥方志敏。无论谁向他汇报工作，他总是哼哼哈哈不表态。整日躲在小房间里，和他老婆一起东拼西凑地写什么。每次开会作报告，都是千篇一律的：1.国际形势；2.国内形势；3.苏区形势；4.我们的任务。毫无实际内容，是最典型的党八股。曾洪易到达赣东北后，曾以“肃反”为名，大批地以“AB团”“改组派”“第三党”“兄弟会”“托派”等罪名逮捕、刑讯、迫害过党的许多干部。

方志敏对曾洪易的行径，虽有所抵制，但由于他以中央代表的身份出现，为顾全大局，有时只能忍耐。如1933年7月，曾洪易以反“罗明路线”的面目出现，召开全省党支部书记大会，硬逼着方志敏检查“右倾保守”。到会的同志听了检查，对曾洪易极为不满，但敢怒而不敢言，甚至痛心地流下了眼泪！叶林与其他来自白区的干部，也极为愤慨，都是站在同情方志敏一边的。

曾洪易对军事一窍不通，还野心勃勃地抓兵权，自己十分怕死，抓兵权却不敢上前线。只有七军团的政委乐少华骂他怕死鬼，他一句不吭。因为乐少华是工人出身的干部，在莫斯科留学时，与曾洪易是同学，深知曾洪易的底细。

方志敏眼见七军团支援中央苏区后，赣东北地区的军事力量薄弱，就大力扩大红军，建立了北上抗日的挺进师，匡龙海任师长，王如痴任政委，向安徽方向开辟新区。方志敏曾调我到白区，因敌人封锁，交通阻隔没有去成，就调我到挺进师担任了政治部主任。我随军转战于都昌、浮梁、祁门、太平、石棣、黟县、歙县、东至、彭泽一线，与做地方工作的叶林从此分别了！

后来听说方志敏率领北上抗日先遣军离开赣东北时，曾洪易、叶林等留在葛源根据地坚持斗争。曾洪易本性不改，继续以“肃反”名义陷害同志，据说就在此时，叶林被以莫须有的“托派”罪名，惨遭秘密杀害，至今连尸骨都不知去向。正如刘鼎同志说的：“因为那些不可见人的事，一件件都被保密封锁了。”事过半个世纪，当然更无法查寻究竟，但确证叶林是党的优秀干部，却不是一二人，而是有口皆碑的。刘鼎同志也是由党中央派往苏区的健在者之一。因他是搞无线电的，中央苏区急需他，到赣东北后，苏区之间因四次围剿阻隔，刘被滞留于赣东北。他与叶林也有接触交往。据我所知：刘鼎同志在赣东北曾在红大工作过。他当时创制过一种用毛竹片做的瞄准器，比当时步枪上的准星更准确，一时传为美谈，也许刘鼎同志淡忘了！

刘鼎同志说：“缪敏同志可能认识叶林同志。”缪敏已去世，我确证缪敏与叶林很熟，我和缪敏在抗战时的延安，也有过密切来往。

曾洪易在赣东北苏区做尽了坏事，最后从“苏区”开小差跑到南京。以他两手鲜血向蒋介石邀功请赏，蒋介石给了他一个江西小县长的职务，落了一个“不齿于人类狗屎堆”的下场。

直到我撰写此文不久，才知道叶林原名叫张眺，山东潍县人，出身于穷苦知识分子家庭，是我党卓著才华的文化革命战士。他16岁就能写很好的古诗，20世纪20年代就发表白话小说，20世纪30年代是著名的左翼文化人，笔名“耶林”。他的小说，在中国社会科学院编的《中国现代短篇小说选》中，曾作为左翼代表作家的作品收录。

正如阳翰笙回忆说，叶林如果不过早的牺牲，他能为我党做更多的事情。叶林这样难得的人才，确实是我党的宝贵财富。所遗憾的，也是痛心的，这些同志竟被曾洪易之流所杀害，而死于非命，使我莫大愤恨，又极度悲痛！叶林同志牺牲已50周年了，仅借这篇拙文，聊作沉痛哀悼吧！

1983年2月于无锡大箕山

（原载《新文学史料》1983年第3期）

怀念张鹤眺同志

田仲济

今年3月2日，是中国左翼作家联盟（简称“左联”）成立50周年，我们特发田仲济同志的《怀念张鹤眺同志》一文，以示纪念。张眺（笔名耶林），字鹤眺，原名张星芝，是我省潍县寒亭人，1929年至1932年之间，是上海左翼文化运动中党内优秀的组织者与领导者。张鹤眺同志于1932年底1933年初，被党派赴苏区工作，后在苏区牺牲。在全国第四届文代会期间，周扬、阳翰笙、江丰、丁玲等17人，曾联合向中国文联建议，为张鹤眺出版纪念文集。

大概是1930年春天，因为未能缴纳学宿费，我只好从上海闸北中国公学社会科学院的宿舍中搬了出来，临时借住在西门路华北公学一位中学同学王宇澄同志那里，华北公学是从山东旅沪同乡会中分化出来的一部分人办的。学校规模不大，只有小学部，校长郭育才不问校政，一切事情由王宇澄同志负责，所以我可以住在那里。王宇澄同志曾是山东早期的“C·Y”，大革命失败以后跑到上海，失掉联系了。

住在那里不久后，灶披间上面的独立亭子间中住了几个美专的学生，由于里面有张鹤眺同志，很快我们就熟悉了。有一天我到他们屋里去，见他们正在油印一份刊物，名字好像是《马达》，刻印的仿宋体，并有插图，封面两色，图案字“马达”配有机器的图案，美观大方，是一份虽是油印却颇令人喜爱的文艺刊物。那五六个人中，有张鹤眺、于海、刘芳松，还有一位搞插图画的。那些日子中，我同那位搞插图画的接触很多，直到一年后我到了济南，办了一个文艺周刊，名《处女地》，附在青岛《民报》上出，同时还有一个社会周刊名《社会科学》，附在济南《民国日报》出，刊头都是写信托他绘制的。可惜现在连他的姓名也忘记了。但他那质朴而英俊的形象，至今仍历历在目。

他们几个人中，张鹤眺同志较大，在里边也起着组织领导作用，他是山东潍县寒亭人。由于那时我正在给《青岛时报》编一个文艺周刊《野光》，他们出《马达》月刊，还在组织无名文艺社，我在《野光》上发了一个消息，有一次张鹤眺到我们屋中就谈起这个问题来了。

我们从文艺逐渐谈到政治，接触逐渐多了起来。那时都在青年时期，都有时代的苦闷，社会的苦闷，因而也就容易接近。忘记了是怎样谈起的，时间大概是接受后约计两个月左右，宇澄、成文、我，还有同住的一二人，由张鹤眺同志介绍，都参加了“互济会”。我们将“互济会”会员证都藏在住室的墙隙中，也许现在仍然藏在那里。接着建立起“互济会”的小组，除了住在那里的几个人外，还有几个是张鹤眺同志介绍来的。记得其中有一个姓金的朝鲜人，名字也忘记了。但关于他有件事情给我的印象很深。就在第二次小组会上，他对组织工作的粗心大意提出意见，他以自己未经仔细审查就径领他来参加小组会，认为太大意了。他说，据他所知，居留上海的朝鲜人非常复杂，有的是专为日本帝国主义充当特务的。这意见自然主要是对张鹤眺同志提的，张鹤眺同志没有什么表示，我也没怎样重视。这意见虽然很对，但在我思想中，“互济会”不过是一个外围的群众组织，又何必那么神秘呢？

有一次布置全组都去参加飞行集合，我是和张鹤眺同去的，他腋下夹着一包传单。回到住处后，他笑得那么得意。他说，在一个小百货商店中，他讨一张印着商号的包货纸，想将传单伪装起来，那老板舍不得给，等那老板走开后，他向小伙计讨了几张，并捆得好好的，是用的他们的捆货线绳。

除了参加飞行集合外，还参加了几次粉笔运动，粉笔运动就是夜间到马路上用粉笔写标语，标语的内容、书写的地点，都是张鹤眺同志对我们讲的。我记得并不是对集合小组成员共同讲的，而是由他分别布置，和我一起的常是王宇澄。我们写过几次，都没出过事情。

使我迄今未能忘怀，而又颇为腹诽的一件事情，便是张鹤眺同志那次约我到菜市场参加的区委选举会。一清早是菜市场最热闹的时候，也是喧哗扰嚷最厉害的时候，面对面讲话倘若非高声都不容易听到。就是在那种场合中，区委选举开始了，先后有两个人讲话。靠近的买卖蔬菜的，有的觉察到了，抬头望望，遂即忙他自己的事，有的略微怔一下，也就又忙起自己的事来了，他们大概很难以理解是在干什么。张鹤眺同志几次推我靠近那讲演的，大概我就是所谓基本群众了。事先张鹤眺同志曾同我讲过，为了区委要在广大群众场合中选出，所以挑选了菜市场那地点。那次选举是平安过去了，但我久久不能释然，难道这是在广大群众的场合中选出的吗？真是太形式主义了。自然，张鹤眺同志不过是照上级指示办事罢了。今天回想起来，问题是很清楚的，那是“左”倾路线指挥下的行动，是不足为奇的。

我更经常要做的一件事情是送《红旗日报》。最初，是张鹤眺同志常送我一份，以后他问我是不是可以代他送几份，我答应替他代送，陆续增加到十几份。送报是有一些规定的，有的要求从后门送，有的要求从前门投到信箱中，报纸绝对不允许别人看到，这种工作我一直做到离开上海。

《红旗日报》是一份对开的日报，印刷得并不好，字迹有些模糊，一看就晓得是个小印刷厂印的，铅字已用得有些磨损了。有一次张鹤眺同志带给我一份印刷得非常清楚的《红旗日报》，一眼就看出印得不同。问他这期为什么印得这么好，他对我说：“你看内容就晓得了。”接着门外大喊着卖《红旗日报》的报童跑过去了。张鹤眺同志听了笑得非常得意，他说：“你看，他们禁不了，更无法禁止读者阅读，只好采取鱼目混珠、以假乱真的办法了。”我这时才注意到那份

《红旗日报》的内容，满篇都是编造的胡言乱语。

又过了不久，我就到了济南，以后再没有和张鹤眺同志见过面，也没有通过信，然而，却时常怀念他。建国后，曾探询过几次，可没有知道的。20世纪50年代的后期，听到有人讲他在长征途中牺牲了。是去年冬初，忽然接到张鹤眺同志的侄子张以谦同志探询他叔叔在上海时期的情况的信，并转告说，阳翰笙同志已有信证明，他被调至文委工作时，是张鹤眺同志代替他任“左联”党团书记的。以后，大概是1932年底或1933年初，张鹤眺同志被江西瑞金苏区党中央派赴苏区赣东北工作，以后在王明极左路线下，他被诬为AB团而惨遭杀害，死时年仅三十余岁。

那么，张鹤眺同志是真的死去了！他曾留有一捆《红旗日报》和几本书在华北公学的地板中，建国后我常想那些东西若是取出来，那是很珍贵的文物了。每想起那部分东西就必然联想起张鹤眺同志。他为人寡言笑，但是那么纯朴、善良，每次革命工作获得胜利的时候，他总是笑得那么得意。

我想，若是使他看到五星红旗在天安门上升起；若是使他看到“四害”被铲除；若是使他看到“左联”50周年纪念活动，他更该笑得多么得意啊！然而，张鹤眺同志死去了，他死得太早了，我们永远见不到他了！但是，他却将永远活在我们心中。

（原载《大众日报》1980年3月2日）

一次永生难忘的亲兄弟在上海会面

张逸仙

……

我生于1894年7月1日。兄弟共七人，我是老五。我大哥叫张辑五，日本留学生，毕业于东京帝国大学纺织专业，同盟会员。七弟张鹤眺，又名张眺，杭州国立艺术院研究生部读书。我12岁时，正在小学读书，四兄在病中读了许多大哥从日本寄来的《民报》《天讨》等宣传旧民主革命的书刊。每晚饭后四兄便向我们兄弟们讲述清廷如何腐败，中国已到了危亡地步男儿应当奋发自励。从这时，我思想上开始孕育着一种民族革命的思想。

……

1931年“九一八”事变的炮火轰垮了我“实业救国”的梦。日寇进驻哈尔滨，强迫张伯言先生合营阜济公司，以谋吞并。伯言先生断然拒绝，只身回了山东潍县老家，悲愤而死。于祖黄也回了家乡，继张伯言先生而去世。

我这时三十多岁，正当壮年，激于民族义愤，对日寇的烧杀掠夺极为愤慨！在不愿意做亡国奴的思想指导下，把多年积蓄的公私财物全部拿出来，作为购买枪支弹药的基金。把愿意抗日的亲友、同志、散兵、游勇、胡匪等一起纠合起来，以朱霁青抗日救国军第十一路军的名义，进行一番战斗，曾攻破东兴、木兰、风山等县，一时颇有点成绩。为持久计，我以救国十一路军总参议的资格，到关内找支援的关系。

我首先到北平、天津找张学良将军，通过张将军的参议见到了张学良，受到了奖许和慰藉，张学良送了我三百元路费。我又到南京求援，到了南京，通过朋友关系介绍，找到了国民党中央委员方觉慧，这位方中委答应通过“快航”，请示蒋介石，要我等信。

在等“快航”答复的期间，就到上海去看望我的弟弟张鹤眺。他当时已化名为“叶林”（叶林即耶林，当时是中共中央文委，“左联”党团书记，和鲁迅在一起，写的小说翻译成多种文字），一般人称他“叶先生”。我找他时认识他的人很谨慎，知道我们是亲兄弟关系，从东北来看他，才肯帮忙找。我见到弟弟说明这次南下的目的，弟弟知道我此行来历以后，与我整整谈了一天一夜，对我这种找国民党上层关系组织抗日的爱国举动，十分不以为然。教育我这样做是不行的，弟弟介绍了中央军委委员彭干臣与我交谈东北抗日之事。

我离别了弟弟，又到南京见了方中委。他说："'委座'已经来信说'暂从缓议'。"我的一线"救国抗日"的希望，被"缓议"二字宣判了"死刑"。从此，我对国民党中央政府关于东北问题的做法，有了一些了解，也体会到弟弟叶林的看法正确，开始有了"此路不通"的认识，于是，我又返回东北。

……

（编者按：本段回忆是叶林的五兄张逸仙先生在1955年"肃反""审干"时亲笔写的自传。当时张逸仙先生为了说明自己的政治身份，以及到苏联红军军事情报学校学习和抗日革命活动的经历，写的过程特别细。经过整理，收入在2000年由黑龙江人民出版社出版的《反法西斯战争中的隐蔽战线》一书，此段文字由张逸仙先生的外孙女许华整理提供的。）

我在杭州国立艺术院的好同学张眺
——摘录李可染在林风眠艺术研讨会上的发言

李可染

1929年我在杭州国立艺术院当研究生，林先生是我的恩师。我知道林先生的一些往事，可能有些同志没有见过他的那些画，讲出来给大家提供参考。

在20世纪30年代，艺术派别虽然很多，但主要有为人生而艺术和为艺术而艺术的。我最早看到的他的作品是《白头巾》，画的是渔民家属，妇女带着白头巾在海边迎接打渔回来的渔民。因为渔民在海上打渔很危险。有的能回来，有的就回不来了。所以家属都在盼望着。还有《摸索》，很大的，画的是但丁、荷马、托尔斯泰、歌德等很多人，手都往前伸着。他就是画这些大的思想家，在摸索人生的道路。还有《人道》、《生死》等很大的画。《生死》是两张，像壁画挂在林先生的房间里，左边一张，右边一张，画的是人类的痛苦，有脚镣手铐，很惨的，像人间地狱。看林先生这些画，我感觉他很崇拜托尔斯泰的人道主义。后来这类画可能被国民党看到了，据说引起了蒋介石的反感，林先生没办法了就转向画静物。

我第一次见到林先生的静物画是一幅鸡冠花，那漂亮极了！林先生的艺术是非常高超的，他的画充满了诗意，并不像现在有些画家的画让人看不懂，他的画大家都能看得懂，很美。我个人觉得，他的画摆在世界现代绘画，就是从文艺复兴之后到印象派的画家之中是毫无逊色的，甚至超过他们。

我对林先生是非常崇拜的，他对学生非常爱护。1929年我们学校在杭州成立了“一八艺社”。1930年在上海开了一次展览会，鲁迅先生在纪念册上写了一篇很短的小引，虽然短但非常有名，传出去后引起了国民党的注意，警察就经常到学校来。与我同房间的，我的一个最好的同学叫张眺被捕了，他是“一八艺社”的领导人之一，他影响很大，可能是地下党。张眺是山东人，对艺术非常诚恳。他在考研究院时，未能考取，他就找到林先生的家里，讲了他对艺术的看法和自己为什么要学习艺术的态度。林先生对他很爱护，在发榜时给他补上了一个名字，张眺被捕后，林先生非常关怀。张眺当时被关在陆军监狱里，我经常去看他。后来他被释放了，我感觉是林先生帮的忙，救了他。后来“一八艺社”被迫解散，一些同学被开除，都是由林先生介绍到其他学校，如汪占非、沈福文等，所以林先生对学生是非常爱护的。

林先生的教育走的是蔡元培的“兼容并包”的教育道路。现在回忆起来看，在杭州国立艺术院出了许多人才，如艾青、董希文、吴冠中、赵无极、朱德群、王朝闻、王式廓、彦涵、王肇民、汪占非、沈福文、罗工柳、力群、胡一川……为什么呢？就因为林先生的学校比较自由。所以林先生后来画过一幅“十年树木，百年树人”的画，画的是蔡元培的像，还有学生和树。林先生在教育上贯彻的是蔡元培“兼容并包”的精神。

…………

1981.11.2

（博一根据录音整理，原载《美术》杂志1982年第1期）

杭州艺专，左翼美术运动的摇篮

——兼忆西湖两兄弟

汪占辉回忆 张以谦整理

翻开星斗灿烂的中国左翼文化运动史，不难发现中国文艺界众多的名人，很多是在蔡元培先生支持下，林风眠先生主持下的杭州国立艺术院，后来改名的杭州美术专科学校出来的。这不是偶然的巧合，是与林风眠先生“爱才如命，兼收并蓄”的办学思想有关。

林风眠先生不仅在艺术上主张“中西融合”，在办学思想上也主张“兼收并蓄”。即使在20世纪30年代蒋介石的高压反动政策下，林风眠出于对学生的爱，保护了新生的左翼美术团体“一八艺社”，后来在鲁迅先生支持下，涌现了一批左翼美术骨干。“七七”抗战前后，蓬勃兴起的木刻运动的中坚，最初的艺术种子差不多都是从杭州、上海的“一八艺社”播撒出去的，这已是不争的事实。

无论是当代诗人艾青、力扬，美术家李可染、赖少其，木刻家江丰、胡一川，已过世很久的“左联”、“美联”领导人张眺等，不管在他们生前和身后，都对林风眠先生有深情的怀念和由衷的敬爱。我是当年杭州国立艺术院的小字辈，对杭州国立艺术院的那段求学生涯终生难忘。即使在耄耋之年也不会忘怀。尤其是对李可染、张眺两兄弟，当时大家尊称的李艺术、张理论，更加难以忘怀。如果当时没有林风眠先生的“惜才、爱才”，这段国立艺专的“双胞胎”艺术佳话，在中国左翼美术史上将失去光彩。

“九一八”事变前后，日本帝国主义节节侵占中国领土，国民党对外卖国求荣，对内实行“攘外必先安内”的反动罪恶政策，激起了全国人民的无比愤慨。这期间，左翼文化运动在鲁迅先生倡导下，开始兴起。杭州国立艺术院出现了进步的美术、文艺团体“一八艺社”“泼波社”，“泼波社”活动时间较短。“一八艺社”由于鲁迅先生的支持、爱护，成了近代美术史上很有影响的新兴美术运动团体。张眺同志不仅暗中支持“泼波社”的工作，也是“一八艺社”的骨干社员。

“一八艺社”“泼波社”成立，吸收、培养了几十名进步同学。于玉海同志、陈卓坤同志、胡一川同志、沈福文同志、李可染同志、王肇民同志、刘芳松同志、李岫石同志、季春丹同志、姚馥同志、刘梦莹同志、周佩华同志、芦鸿基同志、黄显之同志、徐绿溪同志等都是活跃分子，在素描、国画、油画、木刻、漫画、雕塑、图案以及艺术论，文艺批评，诗歌，散文各个文学艺术领域，都有广泛的兴趣，开展了壮阔的活动，出版了刊物、壁报等……杭州国立艺术院的左翼活动，可说是前赴后继，一直到抗战时期。

当时“一八艺社”的理论座谈是很吸引人的。张眺同志常在讨论过半，主要分歧大致提明，大家都希望听听他的见解时，他只是简要地讲不多的几段话，道理清楚，语调平和，有时还非常风趣，把复杂的争论引向愉快的团结人的交谈，在无形中提高了大家对新艺术论原则的理解，表现出一位成熟干练、常识渊博，为青年所尊重的高年级同学的风度。

张眺同志不仅善于团结进步同学，而且对杭州国立艺术院那些有影响的代表人物，如林风眠校长，克罗多教授……都能在互相尊重的气氛中融洽交谈，有叫在课堂上请教，或私下交换艺术见解。林风眠先生、克罗多教授，过去也是受过艰苦与贫困的学生，对反抗国民党越来越重的压迫，表现出某种同情。林风眠先生在法国时，创作的《白头巾》油画，就是同情贫苦渔民的深情作品。在艺术院时创作的反残酷暴政的大幅油画，表现了对在监狱中受难的工农革命者的关切，受到“一八艺社”社员的赞誉，也遭到国民党最高当权者的训斥，从赞成与反对中，可以看出当时林先生的思想倾向。“一八艺社”社员，有一项活动，就是在星期日大家带作品到林风眠校长家中请教。每次林先生都诚恳接待，并且亲切地一一予以指点。他对艺专的进步活动是支持的，表现出一位爱国知识分子的正义感。

“一八艺社”的成员，除座谈、交谈外，还积极协同于玉海同志、刘芳松同志把《泼波》办得出色。在《浙江日报》上的第一期专论《新的认识》就出自张眺同志的手笔。

李岫石同志、季春丹（力扬）同志等其他社员，也以他们的艺术才能，批驳了“为艺术而艺术”、“民族主义文艺”的谬论，并鼓励有活动能力的社员，向“新野社”的同学做争取团结的工作，艺专的进步力量便逐步扩大，呈现出活泼兴旺的景象。

国立艺术院研究部只有七八位学员，张眺同志和李可染同志两个住在岳坟边“善福庵”的危楼上，我住在他两位的间壁。他两位学习极为刻苦。在国立艺术院那良好的自然环境中——当时校址在平湖秋月间壁哈同花园对过的苏公祠那一片地区——抓紧提高素描和油画技巧，艺术造诣得到很快而扎实的提高。虽然国立艺术院研究部只不过七八位学员，他们却都是国内有名美术学校的高材生，而后考入国立艺术院深造的。每一位有自己的抱负、自尊感，都很用功，画也有一定的特色。但是，在我们这些“少年气盛”的低年级同学看来，总觉得多数流于一般。而对张眺同志和李可染同志的绘画、为人由衷地尊敬，那时他两位确实是孜孜不倦，广观了近代美术、文学名著，受到高古芬芳的民族艺术传统的熏陶。他们作画的风格，追求的旨趣，呈现出与众不同的格调，甚至他们朴素的衣履，拂肩的长发，言谈的幽默，都给广大进步同学留下特有的亲切感。

张眺同志和李可染同志，那时绘画，还没有进入实际创作的阶段，都是以后离开艺术院，进入社会时才开始大量创作。他两位画的木炭人体、油画人体，画风很接近，不同之处是李可染同志拥有本人典雅别致的特点，张眺同志有着略显拙雅的另一种情趣。我曾听他们两位谈过19世纪末20世纪初的外国画家中，对高庚更喜爱一些。我们低年级同学在观察他两位的油画人体习作时，确实感到有点高庚的味道，但又感觉到他两位比起高庚来，对人体描绘的要求更准确、严格，在整体概括上斟酌得更深。然而，张眺同志和李可染同志后来画革命宣传画时，受影响最深的还是鲁迅先生推崇的凯绥·柯勒惠支。国立艺术院研究部教室里，平时陈放着研究部学员的木炭画、油画人体习作。我们几个低年级同学，常被吸引了去观摩，每逢有空都要进去反复琢磨，一看就是一个钟头以上。

张眺同志和李可染同志的油画风景，也很典雅别致，用色多是“灰绿”，对象多是堤柳一类。他两位无论读书、谈论、谈话、课堂作业，都采取“简约”这一原则，非必要的都放开。西湖风景，名闻中外，他两位是无暇多领略的。如果说娱乐，那就是偶尔去离校半里外的电影院看看电影，为了利用这次机会，就故意由葛岑走过博览会大木桥到放鹤亭，绕过苏公祠，沿哈同花园经广化寺，再从西泠桥回到“善福庵”。把看电影与湖畔散步结合在一起，把单位时间压缩得十分经济。这时他两位并肩而行。我有时跟在后面，听他们纵横古今的深刻议论，确有“胜读十年书”的感觉。

李可染同志年青时，能操一手很好的胡琴，每逢周末，邹森同学常来找他伴奏，清唱一曲《汾河湾》《女起解》，每当李、邹二位这样地拉唱到非常动人之时，张眺同志就掩卷倾听，手里还下意识地画着但丁的正面桂冠头像。这好像是他的一种习惯，也反映了他平日的向往和抱负的不非凡。

大约在1929初冬，岳坟小街上，不知什么原因，忽然不包饭了。我于是买了一只打气的小煤油炉组成伙食组。于是，我做小厨倌，他两位一个管帐，一个采买。德国制的小煤油炉着实管用，做起饭来火候容易掌握。杭州的矮胖油菜，只要烹得不过火，是非常鲜嫩的。我做米饭，也积累了经验……三个人每顿饭吃的津津有味。有时饭后说几句逗乐的话，真是“一箪食，一瓢饮，在陋巷，人不堪其忧”，三人却怡然自得地享有别具情趣的穷学生之乐。这在那些公子哥儿们，会把我们三人看得太没有意思。不同的人生态度，在吃穿方面，自然各有打算，那是各不相干的。我在其中是一个幼小者，更觉得有研究部学长的庇护，心理格外踏实畅快。这日子虽然不长，在我的心里，却留下了永不磨灭的印象。

1930年初，杭州国民党反动当局，对国立艺术院蓬勃兴起的新文学、美术运动引起了注意，再加上蒋介石“亲临”国立艺术院，看完了林风眠先生反残酷暴政的油画，大皱眉头。浙江省党部的黑狗们，更加“狗仗主势”，遛进国立艺术院，东嗅西寻。就在这样的情势下，张眺同志，忽然失踪了。在1930年初春，李可染同志从国立艺术院校侧的浙江省图书馆看书回到住处，只见房门大开，书物零乱，知道张眺同志出事了。因那时国立艺术院常有同学被无故拆阅书信，抄检书物的事情发生。经与其他进步同学一起打听，才知道张眺同志被关进了浙江军人监狱。李可染同志向林风眠校长力荐张眺同志为人十分正派，李可染亲自到监狱探视张眺，并且送牙刷、肥皂等日用品，克罗多教授拍案大骂国民党政府政治黑暗，其他靠拢张眺同志的进步同学也都焦急万分！最后终因张眺同志在狱内坚不吐露半句进步活动背景，反动当局一无所获，最后经林风眠先生、克罗多教授担保，以逮捕无据而释放，这前后大约关了两个多月的时间。我记得张眺同志出狱后，在国立艺术院呆了不太长时间，就到上海去了。

张眺同志在上海时，曾给我写过好几封信。每当我拿到那布局十分匀称、字体异常典雅的信封，真是如获至宝。那时他为隐蔽自己和照顾收信人的安全，他给我写的信都在信末写着“你猜我是谁”，而不署自己的名字。大约在一年以后，我看到张眺同志在上海所画的鼓动工人罢工的一套革命宣传画。我记得其中一幅是：小画面正中摆一小桌，桌后正中稍后坐着一个蓄鼻胡（希特勒式）的日本殖民侵略者，双脚交叉于桌下，色情狂地笑开了的头面，缩着耸起的双肩，臂肘置桌面，两手合掌。桌旁有一恶棍（工头）侧面坐，他的左手掌拍在一位女工（背向观众站在小桌前沿）的屁股上。画下文字说明是：“上班时工头调戏女工，不听调戏就开除。”另一幅是有远近透视的十二三个人物在殴打。地上有工人罢工时做饭的大锅，巡捕房的军警，“三道头”用短棒、抢托殴打罢工工人。画下面的文字说明是：“军警驱散工人，抬走大锅。”

张眺同志在上海组织上海“一八艺社”时，我们还是杭州“一八艺社”成员，常常听说搞革命活动的共产党人，会遭到国民党特务的突如其来的袭击，有的徒手格斗，有的逃窗脱险，有的跌伤，有的被捕，我们常常担心着他们的安全。欣幸的是张眺同志已经逐渐熟悉了做工人工作，并且生活在工人群众之中。他1932年，在《文学月报》最后一期上发表的《开辟》短篇小说，就具体地反映了他当时从事工运斗争的情况。

1932年初秋，杨澹生、王肇民、沈福文和我，也被国立艺术院开除了。林风眠先生为我们写了致杨仲子先生的介绍信，使我们得以继续在北平大学艺术学院西画系入学，继续从事新兴美术运动。我在离开杭州前，给在上海担任《文艺新闻》编辑的于玉海同志去了一封信，希望到上海那天能看到他和张眺同志。因为那时我担任过《文艺新闻》杭州总经售人和杭州特约通讯员。到上海时，于玉海同志以《文艺新闻》编辑部的名义热情招待我，更令我欣喜的是张眺同志也来了，他向我询问了一些情况，作了一番叮嘱，因工作很忙，就匆匆告别了。那天我见到的张眺同志，和在杭州时的样子大不相同了，长发变成了爽利的平头，脸色黑红，显得十分壮勇。

过了几年，我们在北平的几个“一八艺社”社员，忽然听到传闻，说张眺同志牺牲了，但细节一点也不清楚。我在很长时间内，坠入深长的悲伤和怀想之中。1942年，我在抗大总校政治部宣传部工作时，在晋冀鲁豫抗日根据地冀西邢台写的《美术生活的轮廓——我怎样来到抗大》，以及此后的几篇文章中，都表达过我对张眺同志的深长怀念，和对他为人的高度敬佩。

张眺同志的生平，只不过三十多年，他从事革命工作，也不过十几年时间。他因革命斗争的紧迫没有可能写出长篇巨著，也没有被广为传说的史绩。作为新兴美术、文学运动的先驱战士，他在杭州国立艺术院最早播下的种子，后来又经过众多的前辈的培育，形成了今天“无尽的旌旗蔽空的大队”，而张眺同志光荣牺牲已经46年了！本文也不过介绍了我耳闻目睹的他的某些生活片段，决无溢美之词。我认为这位不为人知和少为人知的新兴美术、文学运动的崇高战士，是应当隆重纪念的。用张眺同志自己的话来说：革命，“其实不过是平平常常的一件事。自然我们不能否认这是一个伟大的时代，在这一个时代中，无形中就抓住了这一大群，他们也不过平平常常，也不过平平常常来做他应该作的事情”。这些话说得极好！唯其如此，我们更应当纪念张眺同志这位平凡的崇高的革命烈士。

1980年春 写于西安美术学院

回忆叶林同志

周湘浦

我今年74岁，要回忆的往事已经过去半个世纪了。由于年代久远，记忆力衰退，有些事情的时间、地点只能记一个大概，但是对50多年前与我生活在一起的叶林同志，是永远不会忘记的。

我和叶林（当时叫张眺）从通信到认识，最后生活在一起，前后只有四年左右的时间，但是我们的感情却是很深的。由于感情的真挚，直到今天回忆起来，仍然会感到十分痛苦，久久不能平静。

1927年第一次大革命时，我从南京回到济南女中读高二。我有一位同班同学名叫张笛心（她比我年龄小4岁），曾经向我介绍张眺（叶林）的情况（张眺是张笛心的堂叔父），我当时没有答应与她往来。与此同时，张笛心也把我的名字、长相和性格等情况，向她叔叔作了介绍。

1929年，我考取了上海光华大学中文系，录取名单在报纸上公布了。当时叶林在杭州国立艺专研究班学西洋画，与李可染是同学，一起住在西湖边上的“善福庵”内。在秋季开学不久，我接到叶林的一封信，信写得很长也非常感人，字里行间充满了感情，也含蓄地批评我清高自傲。我回了他一封信，此后他经常给我来信，而且信都写得很长，信中与我谈绘画、谈小说创作，还向我推荐一些外国文学名著。他毛笔字写得很漂亮，信的文句也优美动人。有时他来信也批评社会上的资产阶级作家的作品，例如张资平、章依萍等写的那些充满低级趣味的，专谈三角恋爱的黄色小说。

这些信的内容，对我这个读文学系的女学生来讲，是有莫大教益的。于是我在内心里开始滋长着一种钦敬的感情，觉得他知识渊博，暗暗地喜欢这样的来信，对一个远离家乡在外读书的女孩子，这些信也是极大的安慰和鼓励。有时迟收到他的信，都会坐立不安。

1930年初春的一天，我突然接到他的同学李岫石来了一封万万想不到的信。他说张眺在校内参加进步活动，被当局逮捕了。这一意外的打击，弄得我像失魂落魄一样。信中说要我寄点钱去，以便去监狱探望和设法营救……我想：“一位尚未见面的男同学，我没有合法的身份去探望他。”内心是非常着急的，就马上从我家里给我的生活费中，寄了20元给他的同学李岫石。过了些日子，接到张眺的来信。他说是教他们画西洋画的法籍教授，名字叫克罗多的，亲自写保单把他保出来的。因为张眺平时学习很刻苦，在未进国立艺专前绘画就已经有了一定的造诣，克罗多教授对他是很器重的，才肯出面保释他。

在这一年的初夏，他来信告诉我，他已经到了上海，住在法租界一间亭子间里，约我去与他见面。这一天，我吃了中午饭就去了。走到他的住处一下子就把他认出来了，他长得个子高高的，瘦长的脸，眉毛细而长，眼睛不太大，嘴角总是带着一丝微笑，留着一头长长的头发，穿着一身灰色布的学生装，完全是一位浪漫派诗人的样子。同时在这间亭子间里还有四五位年轻的文艺爱好者，彼此也没有详细介绍，我好像记得有两位是四川人，他们都一直在埋头写东西。我们两个人谈了两个多小时，后来觉得谈话不方便，就出来到了附近的公园里，一直谈到下午5点钟，我才依依不舍地回到学校去，这就是我和叶林初次见面的经过。我看到他们当时那种穷困潦倒的狼狈样子，真是又好笑又爱慕，觉得这真是几个十分有趣的穷大学生。

从此，我和叶林就经常见面了。我把我的课余时间，大部分都牺牲在与他的交谈中。他曾经告诉我，他出身于一个书香门第的家庭，父亲是清末的举人，很有学问，在山东潍县旧制中学当国文教员，病死在学校里，这与我的家庭情况十分相似。他父亲病故以后，家道衰落了。他的亲生母亲同前母所生的孩子不和睦，经常闹家庭纠纷，他对此很不愉快。

他在高等小学毕业以后，就考取了济南美专。他觉得在这所学校内学不到什么东西，就离开了这所学校，和他美专的一位男同学叫陈志玉的跑到了青岛，在现在青岛的观海一路租赁了一间房子，两人一起自学绘画，完全过着流浪汉的生活。每天靠白开水和大饼充饥，靠卖画赚几文钱过生活。

他说他俩在青岛时，曾经认识了有名的画家张若谷。这位大名鼎鼎的张先生，有一天跑到他俩的画所，对他俩煞有介事，十分自得地说："明天是阴历7月7日，是牛郎织女相会的日子，你们看军阀混战弄得织女牛郎也不能如期相会了。你们赶快用这一题材，构思一张画吧！"他俩听了仰天哈哈大笑，叶林说："我家里有一位包办婚姻的年轻妻子，早就带信催我回家去'鹊桥相会'了。这位张先生所考虑的却与我那位封建婚姻的妻子不谋而合，这真是有趣极了。"说着又是一阵哈哈大笑。

在战火纷飞、军阀割据的日子里，他说他也曾在寒亭、潍县当过中学老师。1928年他封建包办的妻子因生肺病去世了，他还在潍县县中教过书。第一次大革命失败后，叶林在家乡的处境越来越困难，当叶林被迫出走离开潍县前往杭州国立艺专时，为了解决出走时经济上的困难，借了60元钱才得以及时取道青岛、上海到了杭州。西子湖畔的这所所谓的中国艺术之宫，并没有使他感到满足，尽管他也学了不少西洋绘画的技法，但是那种追求资产阶级艺术形式的沉闷空气，终究使他无法忍耐。他开始与一些穷苦同学一起讨论大众艺术，并传阅进步书刊。终于被浙江省党部派往国立艺专的鹰犬所嗅到，而把他第一个关进了杭州军人监狱里，幸得法籍克罗多教授一臂之力才得走出图圄。出监狱不久，国民党二次要逮捕他时，由于校长林风眠的暗示，得以安全离开杭州。叶林说，他曾劝过林风眠到苏联去，也曾与同学一起商量去苏联留学。叶林逃出杭州后到了上海，这时正是左翼文化运动刚刚开始的时期，叶林就又投入了上海紧张的新的战斗。他到上海不久就接上了党的关系，也开始与我相处并生活在一起。我是1931年由他介绍参加过组织的。

当时他在上海经济上是没有什么依靠的，有时靠我二哥每年给我的300元生活费维持我们两人的生活。开始我还住在学校内，我尽快地选学分，争取学分满了，可以提前毕业。“淞沪事变”后我就毕业了。

后来，由于党的工作需要，组织上要我们建立一个家庭，以便掩护党的工作。因为单身生活容易引起包探的注意，这样我就同叶林正式住在一起了。当时房租是组织上发的，每月还补贴我们每人6元的伙食费。我们经常租的是3元的小亭子间，里面仅够放一张床和一张写字台。靠马路包饭摊吃包饭过日子，用一只大煤油炉烧点开水喝，或吃点大饼。我们当时的家是“文委”接头的机关之一，叶林是中央文委成员。为了躲避包探巡捕的眼目，我们经常搬家，每月搬两次，有时搬三次。1932年夏天，为了中央文委开会，在梅白格路花20元租了一间前楼，会议开完就立即搬家。这次会议，我记得是叶林召集，中央派了一个干部主持，叶林告诉我们那个主持人是一位外国留学生（张闻天），出席会议的还有沈志远，沈当时的女朋友姜美娥也在“中公”读书，我认识。

叶林当时不仅联系“美联”的工作，也兼顾“左联”和“反帝大同盟”的事，我们也住在沪东松义路松义里做过工人工作。1931年底我亲眼看他在家里给丁玲的中篇小说《水》画过插图，有一二十幅，据说当时曾用锌版印刷出版过。他一回到家就伏案写作，他经常为党的公开小报《华北新闻》撰稿，由我给他传递。我记得最清楚的一次是送往法租界，一位名字叫吴进的人收，暗号是吴进坐在阳台上，我进门就交给他，有时还给他传递接头的小条子。叶林生活非常艰苦，穿着极为朴素，能吃苦耐劳，他对待党的工作确实是勤勤恳恳非常忠诚的，而且待人平易，个性也不急躁。由于工作紧张，有时也抽几支非常低劣的香烟。

叶林1932年通过关系，在大夏大学附中找到了一个担任图画教员的公开职业，每星期去上三次课，可以每月拿到近30元的薪金。数字虽不大，但是对我们当时的生活却有很大帮助。叶林每次下课回到家里，总是很不愉快，他说那几个国家主义派的大学教授，知识浅薄极了，只会装腔作势，摆臭架子。我见到他们那副装腔作势，专事挑剔的样子就心里不舒服，后来要命也不肯去上课了。我为经济困难，曾勉为其难地劝说他，说什么他也不听。在这方面他疾恶如仇，爱憎分明，性格也表现得特别倔强。后来他杭州国立艺专的一位低年级同学胡以撰（胡一川），被国立艺专开除，流浪在上海，生活毫无依靠，叶林就介绍他去代美术课了。

1932年接近年关的一天晚上，9点钟左右，他回到家里对我说，在包探面前暴露了目标，上海呆不下去了。江西瑞金中央要调他去，三天内就得离开上海。当时我听了心里十分难过，因为我们不安定的小家庭生活，开始还不久就要分开，怎么不难过呢？他说：“组织上再三研究过，想要我们同去。但因为去‘苏区’，女的化妆很不容易，尤其是留短发的女学生样子更难化妆，所以无法一块去。”我听了以后更加难过了，不同意他单独一个人去，把我留在上海。他最后说：“您忍心叫您的爱人被敌人杀害吗？”这时我更加止不住地哽咽，扑向他的怀里，眼泪把他的衣袖都浸湿了。当时，我那么年轻，要离开自己相依为命的爱人，确实心如刀绞。

第三天，他要走的这一天，天气非常冷，外面下了满地白雪，那真是白色恐怖笼罩大地呀！整个上午，他一直在埋头写信交待工作。我只是在一旁坐着哭泣、伤心、难过，他也不再劝我，他知道这时对我什么劝说、安慰都是多余的，都无法平静我快要碎裂的心。后来我才知道他写的信，有一些是嘱托自己的战友对我多加关心。后来华汉、雪峰同志都曾关心过我，华汉在叶林走后，来看过我多次。

叶林是1932年冬季一天的下午4点多走的。那天外面雪下得很大，整个江南大地就像冻结了一般。我们走出朝夕相处的机关，乘上电车，到了北火车站。在候车室里，我只觉得头晕晕的，整个候车室里人来人往，我却觉得一片模糊。

我正坐在椅子上出神如呆的时候，叶林突然向我做了一个动作，意思是他找到了带他去“苏区”的交通了，立刻立起来要走，并暗示我不能到月台上送他，那样会暴露目标。一转眼他就钻进了熙熙攘攘的人群当中。“汽笛一声肠已断，从此天涯孤旅”的滋味，我确实亲身感受到的。

叶林消失在人群中以后，我迈步走回了我们朝夕相处的机关。一进门感到的却是“人去楼空，满目萧然”。我把门一关，忍不住地抱头痛哭，最后我想叶林会派人来接我的，我们还会生活在一起的。我想只要我能坚持工作，不离开上海，不离开党，叶林总会有信给我……。我记得我与叶林生活在一起时，我在山东第三师范当校长的二哥，曾多次写信给我们，他说你们回家当教师，每月可以得300多元的薪金。我俩曾对此当笑料谈起过，叶林当时曾严肃地说：“现在革命正处在低潮时期，东方局领导被捕，很多党员自首叛变，我俩要是回到山东家乡教书，正式办理结婚手续，离开革命，也许能有暂时的一阵幸福，可是那样是多么可耻呀！在咱们党最困难时期离开他，就等于离开垂危的母亲啊！”叶林当时的这些话，鼓舞我战胜了不少日日夜夜痛苦的折磨。当时我二哥寄给我30元路费，要我回山东过年，我就利用这30元坚持地下活动。在叶林走后不久，有一天晚上八九点钟时，冯雪峰同志在楼下喊我。我下去后，他说敌人发现了我们的住处，夜里12点要来逮捕我，叫我马上转移，这已经是旧历年将近的时候了。我躲到大学一位同学家中藏了一个多月。

叶林走后不久，我曾经接到过他一封给我的信。信的大体内容是：“我离开你到了杭州，在旅馆里住了一夜，第二天又乘小船到了安徽屯溪，而后到了咱的老家。妈妈（党）很想念您，不久就会派人来接你回家团聚……。”这是叶林给我的最后一封信，也是我俩的诀别书。

1980年3月

启蒙恩师张鹤眺

丁子新

我在求学时期的老师中，使我最难忘记的恩师是张鹤眺。他是我新思想的启蒙者，他使我开始接触革命的新文艺，培养了我学习新文学的爱好和兴趣。最重要的是他使我认识了当时谁是反动的，谁是革命的、进步的，使我从16岁起便对中国共产党的向往，终生不渝。

1928年秋，我在潍县县中上学的最后一个学期，认识了张鹤眺老师，他这时来潍县县中担任了国画教员和“新文学”教员。他来县中担任国画课，我开始就很欢迎，因为我曾听我父亲（丁东斋）谈到过他。我父亲是当年的潍县私立广文中学图画教员。他说张鹤眺曾去广文中学找过他几次，这人很热诚，有学问，画画得很好，是青年画家，和我父亲很谈得来。张鹤眺现在来县中给我们上课了，我当然是欢迎的。我听说他来县中后便去找他，他也许是正想找我认识一下，他已听我父亲介绍过，我很喜欢画画，已经习作中国山水、人物、花卉画几年了。他一见我便十分热情，竟与我谈了很长时间的话。他像母亲对孩子一样问寒问暖，问及我的家庭情况，问及我的学习、爱好、兴趣，还谈了很多关于绘画的若干问题。使我感到吃惊的是我在小学、中学接触过几十个老师了，没有像这位老师不讲师道尊严，像一见如故的亲人、兄长，我从此很愿意去见他，常常找机会和他接触。在短短的四个月中（1928年10月至1929年1月），就去过近百次，这期间他对我在思想上影响极深，并建立了超过一般师生和一般同胞兄弟的深厚的友谊和感情。

图画每周只两节课，在这半个学期中就教会了我画素描写生，打下了我学西画的基础，也培养了我学西画的兴趣和欣赏西画的能力。我本来只学了几年国画，现在学会如何用透视法画写生，不像国画那样只在于临摹，不讲光线和透视，感到这方面收获很大。他对我的指导，不仅在课内，课外更多些。他这期间拿出了他所存有的许多画册，一幅幅地教我欣赏。从希腊的维纳斯像到中世纪的文艺复兴时期的艺术名作，如米开朗基罗的雕像、达芬奇的《最后的晚餐》等，直到19世纪欧洲现实主义的名作，如法国的米勒的《刈麦者》和《晚祷》等，中国古画他最喜爱石涛和八大山人的作品。我在他那里也见到了不少我未见过的中国古代名画的复印版本，使我十分钦佩他对中外绘画史的知识。而他自己画的油画，也画得很好，我想他真是一个当代的出色的青年画家。

张鹤眺老师给我的教育，还不在于绘画方面，我记忆中最多的是他对我新文学的介绍。我直到初中毕业所用的课本都是文言文的，尽管五四运动开始就提倡白话文，但直到1928年，北方中学的国文课本仍是古文，而课外我读的书也是古文，没有读过什么“新文学”。对于国外文学的译本，更没有见过。张鹤眺老师到县中后和训育主任徐力夫商议，给各班每周都添两节“新文学”课，由张鹤眺老师担任讲课，有时也由徐力夫老师上。这一学期虽然只讲了一本19世纪俄国短篇小说家柴堆甫的《悒郁》（赵景深译），从中选了几篇讲，但张鹤眺老师在课堂上并不单纯讲这本小说，而是着重介绍五四运动以后中国新文学运动的各派作家及作品，他也谈及了近代欧洲的著名作家。我们班是初中三年级下学期，即将毕业，第一次听到了这么许多新知识，同学们都十分欢迎，愿意上这一课。显然，受到新文艺思想的启蒙的，绝不只是我一个学生。我在课外经常去找他，受到的教诲就更多。他找出他所存有的书刊，一本本地借给我阅读，他首先借给我的是鲁迅的小说《呐喊》和《彷徨》，随后又叫我读日本著名文艺批评家厨川白村的著作《出了象牙之塔》和《苦闷的象征》，我每读完一本后，便找他去问长问短，从作家生平到每一篇每一段的大意，而他总是很高兴地很耐心地向我讲解，从而引起了我对新文学的极大兴趣，我那时才第一次知道鲁迅是什么人。当我同他谈到厨川白村时，他说：“他还是自由主义者，可惜他死得太早了，死于东京大地震。如果不死，他一定很快转变到普罗文学的方面来。”普罗列利塔利亚和布尔乔亚这两个名词，我常听到他和徐力夫老师谈话时谈到，我有一次好奇地问了，他作了解释。我深知他虽然广泛地介绍中国当代的以及外国的文学家及作品，但他最赞成的是普罗文学。我向他前后借读的书刊约百种，有外国的文学名著译本如托尔斯泰、高尔基的长篇小说，易卜生的戏剧，莫泊桑的短篇小说等，更多的是中国当代的作家如鲁迅、郭沫若、郁达夫、茅盾、郑振铎等人的作品。他存有不少文学刊物，也借给我阅读了不少，如《创造周刊》《语丝》《小说月报》等。有时他也到徐力夫老师那里借书给我看，我那时如痴如迷地白天黑夜读“新文学”，课外一有空暇便去找张鹤眺老师讨论聆教。我感到我在潍县县中的最后一个学期遇到这位老师，实在太幸运了。我真感到这个学期思想上和常识上的收获，超过了读几年中学。

在政治思想上，他更是对我影响极深。1928年下半年潍县国民党才公开，对国民党的所作所为，虽然很使人失望，不像我们青年学生原来对北伐军盼望的那样。当时对蒋介石1927年叛变革命后的情况完全不清楚。张鹤眺老师在课堂上虽然没有公开揭露国民党蒋介石，但总对他们透露着不满情绪。在课外他和我一个人接触时，他就谈得清楚具体，使我认识了国民党已经不是革命的了，革命者只有共产党了。他虽然从来未对我暴露他早已是中国共产党员，但他却使我逐渐坚定地具有了对中国共产党的向往和崇敬的感情。张鹤眺老师这样有真知灼见的人这么称颂共产党，我幼稚的像一张白纸似的学生，求知欲极强和正在寻找真理的青年，能不对党“虽不能至，心向往之”吗？在一个封建意识浓厚的县城内，一直受旧教育，出生在知识分子小康的家庭的我，又正在1928年秋乌云翻滚的政治气候时，即较牢固地树立了“要找党、要跟党走”的信念。这一正确的政治方向，决定了我的前途，使我多年来每一念及，便想起了我的恩师张鹤眺。

1929年11月，县中放寒假，他没有回家，仍住在校内，我仍常到他那里去。有一天他对我说：“我决定走了，我想春节后到杭州国立艺术院去再上学，学绘画去。”又说到杭州国立艺术院院长是林风眠，是当代的有名画家。我一听说他要走，很不高兴，因我原计划1929年暑假去考济南高中，在家这半年跟张鹤眺老师学新文学，他一走我怎么办？我便回家写了一封长信给他，把我这学期跟他学习的收获和思想上的巨大进步总结性地写出来了。最后提出请求，为了我和县中的同学们，他不要现在就离开县中。他接信后马上写了一封长信回答我，我记得第一句是：“我看了你的信后，高兴得几乎跳起来。”这是真的，这是真实的感情。他看到亲自培养的学生，迅速的成长和进步，能不高兴吗？当时我们两人之间已经建立了深厚的师生感情，是我过去信任尊敬过许多老师，但都没体会出的崇高的感情。他的信写了许多勉励我的话，还写了一些具体的学习方法，最后又说今后你不管学文艺还是做事情，要信赖真正革命的人。我明白他指的是中国共产党，信中对他非走不可的原因，他仍说是在艺术上还需要深造，我当时怎么能知道山东党内出了叛徒王复元之后，党组织已遭到严重破坏，像张鹤眺老师这样的党员怎能在潍城一个中学隐蔽住呢？为了保存党的骨干力量，他个人的决定，还是党组织的决定，他赶快离开这里是正确的。我反复地读他这封信，但越读越清楚，他这信是临别的赠言了，他不能再留在潍城了，他将很快与我离开了。我当时抑制不住地哭了一场，第二天我又去见他，谈了很久，我问他，徐老师怎么样？他说：“徐老师是训育主任，但并不效忠于国民党，现在他也只是做事吃饭罢了！”后来我与父亲商量，决定改变原来等半年去考济南高中的打算，我于1929年2月去青岛插入私立青岛大学的预科。我在青大时还常与徐力夫老师通信。我知道张鹤眺老师于1929年3月离开了县中，听说他也确实到杭州国立艺术院去了，再以后我便不知道他的消息了。

已经是50年没有讯息了。1980年在《大众日报》上读到田仲济教授回忆耶林的文章，继而又在《新文学史料》第2辑上读到张以谦同志怀念他九叔——耶林的传略，使我又一次想起了我的老师张鹤眺。53年前我与他接触的这段经过，历历如在眼前，他过早的死于王明的“左”倾机会主义路线，更使我十分悲痛。

1981年9月5日

回望赣东北苏区的工农剧团

陈家鹦

朋友发来消息说，老同志全荣花过百岁，县里领导已前去祝贺慰问。得此消息，我急忙赶回江西省弋阳县。

早在20世纪八九十年代，作为县委党史办干部，我没少和她老人家打交道。为发掘地方党史资料，为组织给青少年讲课进行革命传统教育，我们没少麻烦她老人家。全老是县里知名离休老干部。早在她11岁那年，被省苏维埃领导同志相中，参加了设在葛源的省工农剧团，成为该剧团最小的演员。这次见面，她老人家常会出现间歇性思维障碍，交谈吃力，可当我的话题切入她当年的革命经历时，她情绪格外兴奋，语言也变得清晰流畅，竟情不自禁地唱起了她那个年代流行的《妇女解放歌》。全老的思绪又回到了那个火红的年代……

在苏区新戏运动中应运而生

全荣花老人曾多次为我们描述：土地革命时期，群众文化活动在赣东北苏区一直有很好的基础。在根据地开创初期，当方志敏等领导暴动获得成功，地主老财丧失了昔日的威风，贫苦农民分得田地扬眉吐气时，群众就自发地编出了朗朗上口的民谣，情不自禁地歌颂自己的领袖，抒发胜利豪情。当年，《方志敏为穷人》不胫而走，流传弋（阳）横（峰）两县："湖塘塌塌岭，出了个方志敏。一心干革命，为的是救穷人。"到了1930年，随着根据地发展壮大，苏区的各项事业都得到蓬勃发展。

1931年3月，赣东北特区苏维埃政府在横峰葛源成立。方志敏作为根据地的主要创始人，除了亲自出任苏维埃政府主席，还一度兼任文化教育委员会主席。1931年5月9日中共赣东北特委在《苏维埃工作》文件中，阐述"文化问题"时，强调要坚持"摧毁封建社会和资本主义文化，建立无产阶级文化"这个方向。

在苏维埃政府的倡导下，赣东北根据地的文化教育……乡村普遍都建立有读报室、俱乐部等，群众文艺演出，多半利用民间传统的"串堂"、"三角班"小型文艺团体。加以改造，在旧的艺术形式上注入新的革命内容，如将老百姓喜闻乐见的旧戏"击鼓骂曹"改为"击鼓骂蒋"，"骂毛延寿"改为"骂蒋介石、国民党"等，那时的苏区新风蔚然，不准唱封建旧戏，俱乐部组织群众演新文明戏。另外，套用老少皆唱的传统《苏武牧羊》曲调，填补新词成了《工农革命歌》："革命大家向前进，工农兵联合，万众同一心。除军阀，杀贪官，土劣要灭尽……"。还有套用大革命时期曾唱遍大江南北的《国民革命歌》曲子，改成反映弋阳九区农民暴动"打烈桥"的《打到烈桥》："打到烈桥，打到烈桥，随河上，随河上……"这种民歌，都能在苏区迅速流传开来。

"红军打来晴了天，红色歌谣万万千，唱起歌子走天下，一人唱过万人传。"党和苏维埃政府倡导下，群众性的歌咏活动配合新戏运动蔚然成风，全老说，那时的许多村庄村口的简易舞台，都选用土墩作基础，再用黄土垒起，或用木板搭设，两三幅被单拼在一起就算幕布，燃烧的"松明子"悬吊起来就是照明灯光。土台幕后，戏团演员用猪油代替"凡士林"，木炭用油调和，就成了黑油彩，湿红纸涂抹到脸上就是搽"胭脂"，演出服装是自己做的，还设计出一种特制的多用服装。在省会葛源群众文化活动更加丰富多彩。

在红军部队中兴起"新戏运动"更为突出，红军每到一处都要向群众宣传"打土豪分田地"的主张，或揭露敌人鼓舞士气。宣传的形式从简单的演讲、唱歌，逐步变化为表演活报剧、小戏剧等。前方的战斗刚结束，就马上编出、演出反映这一仗的歌曲、戏剧等文艺节目，《邵式平活捉张天师》《动员参战》《坚壁清野》《眺高守夜》等是初期常演的节目。苏区群众将红军部队的演出团体多半称作"新戏团"。

方志敏兼任文教委员会主席半年，各地俱乐部组织的群众演出活跃空前，红军部队新戏运动蓬勃发展，这时他倡导应成立一个规范专业的红色新戏团。10月中旬，赣东北省工农剧团就这样在省会葛源应运而生。方志敏堂弟方志纯在回忆工农剧团的建立时说，"这个戏团是以原赣东北红军军乐队为基础组建起来的，所以又叫红军文工团，团员有叶云松、叶慧英、叶子群、徐文玉、钱禹雪、方远信、方慧英（方志纯之妹）等40余人……"

为补充新生剧团演员，省苏维埃文化部部长柳真吾等组织文化干部到基层各部门去抽调，也可以到学校选拔小演员。全荣花很幸运，她出生在弋阳县烈桥乡，她的父母和几个叔叔、一个姑姑都随方志敏参加了革命。1931年9月，小荣花才11岁，就被母亲接到红色苏区的"省城"横峰葛源镇进列宁小学念书。小荣花因喜欢唱歌跳舞，童音甜美，就被省苏维埃下派物色演员的文化干部选进了工农剧团。

全荣花进入工农剧团时，全团已经从开初的20余人，发展到40余人。全团分设宣传（演员、编导）、乐器、总务、勤杂四个组（科），演员年龄一般十五六岁至二十出头的青少年，男多女少，都是来自农家子弟，文化浅缺，还有几个不识字的。乐器手都是旧戏班来的，剧本主要由省文化部选供，有时剧团也编一些小剧本、快板词、双簧等曲艺歌舞之类的小节目。尤其是自编节目，紧密配合当时形势，如宣传扩大红军、抓紧春耕、扫除文盲、破除陋习讲卫生等内容。

这年春天，原上海吴淞口任国民党炮兵团团长的宣化民，曾与方志敏在高小是同学，大革命高潮时进黄埔军校。他在方志敏的亲自策动下投诚，携全家投奔赣东北苏区。他的妻子原安排在省苏政府机关，因她能歌善舞，有文艺特长，很快被剧团请来担任导演，她被大家亲切地称作王大姐。王大姐上过"洋学堂”，懂音乐，见过大世面。她教唱并排演了《可怜的秋香》、《葡萄仙子》、《麻雀与小孩》、《明月之秋》等具有新文化新思想的“新潮”节目，在省文化部的干部协助下，她还编导了独幕剧《检查卫生》《婆媳扫盲》等反映苏区生活的节目。

全老告诉我们，我当时年龄最小，大家都受到党的教育，个个革命热情都很高，不怕吃苦。省委文化部干部经常到剧团来，指定王大姐等几个文化水平高一些同志辅导文化学习。流动的剧团生活艰苦，每天早起锻炼练嗓子，规定那几个没读过书的演员，每天必须学会读写五个生字……

既是宣传工作队，又是战斗队和慰劳队

按照苏维埃省文化部的要求，工农剧团不仅仅是演出团体，而应建设成为一个宣传工作队、战斗队和慰劳队。

每当苏维埃政府举办各种重大的庆祝会、纪念会以及红军战斗胜利的祝捷会，工农剧团必须拿出一台节目来演出。平常工农剧团深入苏区乡村为民众巡回演出。

天黑了，四面八方的乡民手擎“松明子”火把，火光闪烁着，远看像流萤，不一会儿聚成一串串，涌向一个大村落。嘈杂的嚷嚷声中，总会夹着孩子们的欢笑和叫喊：“看大戏喽”。开幕之前，往往先由团长向观众作简短报告，内容大多是围绕当前党和苏维埃政府的中心工作或群众面临的生产突击任务，做一番宣传鼓动讲话。

报告完了，锣鼓大作，演出即将开始。一般是演唱歌舞节目靠前，双簧或快板等居中，串堂、戏剧类压轴。每到较大的村落，附近人口集中的地方，演出会延续三四天。台上台下，一片欢声笑语，气氛热烈而火爆！

1931年12月，省工农剧团在贵溪夏家村演出歌舞剧《送郎当红军》。

男：送郎当红军，革命要认清，豪绅地主，剥削我穷人。劝妹转家庭，你们要小心，我去前方，坚决杀敌人。

女：送郎当红军，切莫挂在心，粉碎围攻，快乐说不尽……送郎当红军，祝哥慢慢行，革命成功，欢迎转家庭……

当台上唱到主题歌时，台下的青年男女也跟着唱了起来。台上唱，台下和，台上台下沸腾起来。演出刚一结束，村苏主席立马登台宣讲斗争形势，号召青年参加红军，粉碎敌人新的反“围剿”斗争，结果当场就有80多个小伙子报了名。

有时候，省工农剧团还要到游击区钻进敌营附近或碉堡脚下，在红军的掩护下进行喊话演出。演员躲在敌人枪弹打不着的地方先喊话，“穷人莫打穷人”“欢迎白军兄弟投奔红军，快拖枪来归编”等，接着就开唱《欢送白军弟兄》《告白军歌》等，歌词“欢送白军弟兄，红军本是工农军，不杀白军的士兵，只杀军阀和豪绅”。唱完了又开始喊话，就这样反反复复循环。当发现敌人从碉堡出来骚扰，红军战士立即进行防御掩护，保证剧团演员安全撤离。

工农剧团到了某地，如果安排在此要演出三四个晚上，白天时间充裕，就必须承担就在此地写标语，出墙报的任务。有的就跑到军烈属家庭进行慰问，帮着干农活，或帮着挑水干家庭重活。如到红军医院宣传演出，剧团演员要做的份外

事就更多，除了帮助伤病员洗衣服外，还要学会当服侍伤病员护理工……

剧团演出内容紧密配合现实斗争，打击敌人，鼓舞斗争，反映苏区军民的思想感情，其中也包括控诉革命队伍内部的错误。

方志纯曾沉痛地记叙一段往事：土地革命的烈火燃烧起来后，赣东北群众广泛地流传“弋阳方志敏，横峰吴先民，两人共产来革命，都是救穷人”这首歌谣。可是1932年底，身任红十军政治部主任吴先民惨遭王明路线的顽固推行者曾洪易残酷杀害。1933年上半年，工农剧团为了反映红军将士对吴先民之死的悲愤，特意编排一台歌颂吴先民对错误路线控诉的戏《祭灵出征》。此戏剧情虽简单，却十分感人，引起红军将士的思想共鸣，效果很好。方老说，剧情十分悲壮、感人，在弋（阳）、横（峰）地区广为流传。

剧团频繁地巡回演出，演员们的生活很艰苦，但也充实愉快。一个个都是跑路两条腿，道具行李自己背，有时会配备一匹马随团跟着，驮布景等重物。群众颂曰：“青布包裹弯柄伞，苧麻草鞋裹腿绑。歌舞话剧样样有，放声高歌共产党。”

全荣花是全团年龄最小的演员，大家都把她当小妹妹看待。晚年全老还常对人说，一次工农剧团返行至离葛源十几里地的溪畈村，她实在走不动了，几乎想赖地休息，恰好遇见后面赶上来的方志纯，这位苏区“大干部”跑到荣花身边，笑嘻嘻地说：“来，驮马过河！”说罢，他将全荣花抱了起来，分开她双腿往双肩上一放，小荣花忙将两手扶住方志纯的头，就这样方志纯把全荣花驮到了葛源。剧团团长要感谢方志纯，方志纯哈哈一笑，“我也是你团长的编外演员，驮个娃娃是我应尽的本分啊！”

领导常登台，干部充当兼职演员

赣东北的新戏运动蓬勃开展和省工农剧团创建，倾注了方志敏等根据地领导者们的心血。根据地的主要创始人方志敏、邵式平和黄道等早在学生时代就深受新文化运动的熏陶，爱好文艺活动。都能拿起笔写文章，抨击黑暗，登台演文明戏，揭露社会顽疾，尤其方志敏还曾经在江西省“甲工”校园组织过剧社呢！他们曾是时代大变革的弄潮儿，如今方、邵、黄等挑起领导农民群众开展土地革命重担，他们在各自负责党、政、军的“工作之余”，分别在苏区的各项文化工作中大显身手。

在1929年秋冬，方志敏创作了四幕口语体话剧《年关斗争》，在贵溪苏区上演，方志敏等苏区领导人还亲自登台演出。分管军事的领导邵式平曾作《红军歌》，分管文化教育的黄道不仅指导或参与编写学校教材，也常常编节目、填歌词。方志纯谈到剧团找演员时说：“团员除了专职的，还有兼职的。如方志敏缪敏夫妇、邵式平、黄道等常常担任角色登台演出。演员不够时，我也曾临时参加演出……方志敏还扮演过军阀张作霖，我演过农民。”

许多老同志说，在讽刺喜剧《骂蒋介石》中，方志敏扮演军阀张作霖。该戏中有一段唱词：“骂一声蒋介石，你这卖国的奸臣。生是汉家的人，死是汉家的鬼。为什么投日寇，死绝了良心？”

黄道创作剧本也是高手，他代表作有《悔不该》《寡妇出嫁》《早婚之害》

等戏曲。《悔不该》讲的是一个中农，被国民党反动派的欺骗宣传所蒙蔽，在红军到来时，逃亡出去，结果在外乡受到的苛捐杂税等剥削更重，又打听到他原来家里的田地并没有被分掉，于是悔恨交加，不该外逃的，终于觉悟过来，回到家里。这些作品在当时演出效果很好，很受工农群众欢迎。

对于领导干部深入工作，与演员登台演出，省苏维埃政府极为赞赏。1933年1月10日，省苏维埃机关报《工农报》报道：新年期间，闽浙赣省级机关工作人员在红色公共俱乐部联合举办新年晚会，各机关工作人员合演《战争开始》一剧，邵式平与时任省文化部长柳真吾登台饰演主角。

方志敏等领导关注工农剧团演出。全荣花多次与人谈到，有次在葛源周家祠堂演出刚结束，方志敏就来到后台，拉着全荣花的手亲切地笑着说："小鬼，演得好呀！"还有一次，剧团在贵溪县标溪夏家演出时，正好邵式平在这里巡视工作，他当几个小演员面夸赞道："不错不错，演得不错，你们辛苦啦！"次日，邵式平还真的让伙房"杀了一只鸡"犒劳小演员。

著名红色戏剧专家李伯钊高度评价赣东北的红色戏剧运动，曾称赞方志敏《年关斗争》"它的政治性、艺术性都是很高的……为中国现代革命戏剧运动留下崭新一页。"

向中央求援，在学习和整顿中提高

20世纪80年代，从江西省档案馆现身的《中共赣东北省委宣传部致中央宣传部的信》（1932年1月11日）中，赣东北省委宣传部向在上海的"中央"提出六点"迫切要求"，其中"……请你们派两位同志来帮助我们的宣传工作。一个是做戏剧运动的，可由剧联调人来；一个是做文化启蒙运动，社会科学运动的，可由社联调人来，替我们解决。那么赣东北的宣传工作将有极大地转变，希望中央宣传部给我们以圆满答复。"

当时中共在上海的文化战线斗争很活跃。继1930年2月中国左翼作家联盟在上海成立，随后又先后成立了"剧联"、"社联"、"美联"、"音联"等几个联合会，它们都是中共领导下的左翼文化组织，其成员大都由党员担任，并且执行党的决议，其活动都是在中共"文委"的领导下进行的。后由于顾顺章的叛变，斗争形势已恶化，原在上海坚持斗争的中共部分领导干部，以及不少"左联"骨干分子，从1932年下半年至1933年初，陆续秘密转移到江西苏区。

当时，在上海曾担任中共"文委"领导干部的叶林、中央特科干部刘鼎、军委彭干臣等以及其他从事文化工作的"左联"成员共20余人，先后途经赣东北被方志敏挽留。其中叶林从上海出发，经杭州、安徽屯溪、横峰葛源这条秘密交通线于1932年底抵达赣东北，他被邀请在刚由赣东北省提升为闽浙赣省苏维埃政府中接替柳真吾，担负起文化教育部长的领导重任。次年，同样曾活跃在上海党的文化战线"左联"余干籍画家、彭友仁也辗转来到葛源，进入省委宣传部，具体负责宣传、文化，这两位都是充满热情、才艺出众的优秀文化干部，除了将多种宣传文化工作搞得热火朝天，对推动工农剧团的发展也功不可没。

彭友仁创办了省苏维埃"画室"，自任主任。他和画室的同志，不仅几乎包揽了省苏维埃所有党、团刊物《突击》《青年实话》等的插图，还配合各种宣传活动制作了标语、传单上的“打倒帝国主义”等漫画。至于省工农剧团的编导组想让他为舞台制作舞台布景，彭友仁一口答应，埋头苦干突击几天就拿出来了。

彭友仁还有独创，他以白竹布作画布，将革命形势介绍和讽刺打击敌人的漫画，以及工农剧团演出节目单和内容简介，全部绘制300多幅画，其中也包含叶林忙里偷闲贡献的画作，这些工作随剧团而流动展出，剧团在哪里，这个别开生面的画展就出现在哪里。战斗化的生活，剧团没闲人，这时演员又是讲解员，每到一处，得用多种形式向观众作广泛宣传。丰富多彩的文艺生活在苏区产生了巨大的教育作用，有效地进行了反帝反封建的文化宣传，使群众普遍接受了“革命文化”的教育。赣东北地区的这种创新精神，得到临时中央政府的肯定赞誉，《红色中华》报就此对工农剧团和彭友仁等苏维埃文化干部感人事迹作了宣传报道，群众在看戏的同时顺便还可以欣赏画展，省工农剧团的名声越来越显赫。工农剧团到某村的演出消息一确定，该村以及邻近村落的男女老少立即欢腾雀跃、奔走相告，甚至有人还把远处的亲戚也接来看戏。

1932年5月赣东北省苏维埃报告在“省苏文化方面情况”中提及工农剧团，“……到现在将近一年，现有49人，其中女8人……每次公演一时期后，即回来整顿一次，到现在有些进步……”1933年初，随着一批从上海来的革命知识分子和文艺专业骨干涌入，赣东北苏区文化事业发展如虎添翼，工农剧团充实了专业人才，“学习”有人辅导，“整顿”也抓得更紧，演员素质明显提高。

赣东北根据地发展鼎盛时期成为闽浙赣省，成为土地革命时期全国六大根据地之一。其区域纵横赣东北、闽北、浙西、皖南四省边区近50个县，人口100多万，红色苏区版图日益扩展，一个专业的文艺团体显然满足不了群众对文化生活的迫切要求。1933年7月，省苏维埃文化部将闽浙赣省工农剧团拆一分二，分别建立为工农剧团一团、二团，团址葛源周家祠堂，补充的演员大多数是从卢森堡妇女训练团抽调来，也有几个从列宁师范、机关调过来，黄道的儿子黄知真13岁，已经加入共青团，各方面表现出色，他就是直接从列宁师范调来的。

拆分后的工农剧团二团有50余人，女演员13人，全荣花被安排到二团了。随着苏区的经济发展，财政状况也有所改善，剧团成员待遇有所提高。团员每月享有津贴两块“花边”（银元），一年可领取两套衣服，还发5角钱草鞋费，吃饭免交伙食费等，这时候排练剧目在专业人员的指导下，引进较正规话剧技法。

工农剧团队伍发展壮大和专业水平在提高，省苏维埃对它寄予的希望也更高。剧团除了忙于深入乡村、基层演出，还常常接受上级任务，担当与中央苏区联系的接待和联欢活动。1933年1月26日，中央苏区参观团抵达葛源，闽浙赣省苏举办了以工农剧团为主要演出团体的盛大文艺晚会，欢迎中央苏区代表。紧接着2月4日，中央红军参观团抵达葛源，为欢迎中央红军代表，闽浙赣省区、总工会、列宁师范学校以及工农剧团等单位举办盛大的文艺晚会。

这年9月，闽浙赣省苏维埃政府在横峰葛源枫树坞新建一个占地千余平方米的红色广场，广场西面建造了一座比较规范的大戏台。每逢纪念日或红军凯旋回师休整，都要再次召开群众大会，省工农剧团几乎每次都要举行隆重的文艺演出。

1934年5月30日，闽浙赣省反帝拥苏大同盟在闽浙赣省最盛大隆重的演出出现在枫树坞红场召开的“五卅”纪念大会上，省委、省苏直属机关、各县代表团、葛源区人民群众共5000余人参加。红场四周挂满了宣传画，主席团两边各搭建了一个临时戏台，三个台同时演出。除了一个台讲解画报内容，其余两个台均由工农剧团演出，一台演出活报剧，一台演歌舞综艺节目。那天，红场上红旗招展，人山人海，真是热闹非凡……

这也许是走向鼎盛的工农剧团在赣东北苏区最大规模，影响最大的一次演出……

1934年下半年，中央以及闽浙赣省在第五次反“围剿”战争遭致失败，形势迅速恶化。11月，工农剧团正在上饶沙溪一带，奉命回到苏区中心地带篁村整休开会，这时方志敏根据中央指示临危受命，即将率红军北上抗日先遣队，离别亲手开创的根据地了，他心情沉重，想要说的话太多了。连日来忙得不可开交的方志敏赶到篁村，面对全体工农剧团团员宣布：“……目前重兵压境形势紧张，情况复杂，去闽北的交通已断，决定暂时解散剧团。你们回家后，不要忘记苏维埃，等以后情况有了好转，再通知你们回来……”说着，方志敏眼眶已湿润了。

工农剧团从1931年10月到这时，整整三年。它为繁荣苏区文艺，丰富苏区人民文化生活，宣传教育群众，服务革命战争发挥了不可磨灭的贡献。

1934年春，方志敏派出参加全国第二次苏维埃代表大会代表，以地雷战和红色剧团为赣东北根据地两项富有创造性业绩向《红色中华》报记者做了重点介绍。当时，担任中华苏维埃临时政府的主席毛泽东也如此称赞：“赣东北的同志们也有很好的创造，他们同样是模范工作者。……他们是革命战争的良好的组织者和领导者，他们又是群众生活的良好的组织者和领导者。”

在中国的苏区文化史上，赣东北苏区的“新戏运动”早有定评为光辉的一页。其实，工农剧团就是“新戏运动”中孕育出的鲜艳奇葩。

（此文原载《档案春秋》2019年第1期，作者系原中共弋阳县党史办副主任）

望天涯·想亲人
——怀念九叔张鹤眺

张笛心

我从7岁就死去了父亲，在旧社会里寡母孤女是经常受人欺压的。同族的叔伯为了要继承我母亲那几间破房子，有时与我母亲打得死去活来，我想到这里，就会对旧社会满腔仇恨。在那充满“人肉筵席”的旧社会里，哪里有平等和欢乐呢？家乡给我心灵中留下的印象是愚昧、自私、落后，我跟着丈夫流落到厦门鼓浪屿这座珍珠一样美丽的小岛上，已30多年了！故乡故土早已“换了人间”，我有时也怀念她。我怀念泥河潺潺的流水，也怀念故乡美丽的年画，那都是一瞬即逝的，我长久怀念的却是我终生难忘的亲人九叔——张鹤眺。在寡母弱女受欺凌的旧社会，只有九叔给我安慰、鼓励和帮助，整整半个世纪过去了，却听不到九叔的一点音讯。海涛拍岸会激起我对往事的回忆，海鸥翱翔能触动我对亲人的怀念。望天涯、想亲人，九叔您究竟在哪里呢？我的名字是他起的，我用的图章是他刻的，我走海北到天南，九叔的照片始终伴随在我的身边。是九叔教我识字明理，是九叔教我争取婚姻自主，是九叔教我争取做一个有文化、能独立生活的女子，不依人篱下，受人欺压。九叔比我大9岁，他是同族中年龄最小的叔叔，我已过了古稀之年，他如果健在，已经有80岁了。我现在温饱地安度着晚年，如果没有九叔那样的先烈流血牺牲，又怎么可能呢？九叔在我少年时代的启蒙话语，虽然不能句句记得，但九叔对我少年时代成长的关怀，我是永远不会忘记的。

60年前的旧中国，封建制度还没有完全解体，“女子无才便是德”的封建规条，还束缚着人们的头脑。尤其是在封建落后的农村市镇上长大的女孩子，眼界又能有多宽呢？还不是学会做针线，找个婆家，生儿育女罢了！五四运动的新文化思潮，一阵男女平等的呼喊声震动了这座沉寂的农村市镇。在九叔的积极倡导下，我的家乡也办起了女子小学，当时九叔是男子高等小学堂的校长，他那时还是一位刚过20岁的青年。由于九叔的鼓励支持，对我母亲的劝说，我才能冲破封建思想的藩篱，九叔劝我母亲说：“女孩子读了书和男孩子一样，能自己挣钱，不靠别人生活，能养活您的老，别人就不敢欺负你了。”我母亲在九叔的启发下，才答应叫我进学校读书的。九叔手把手教我识字，指导我自学，因此，我小学毕业后才能考取中学。我在家乡同族中，是唯一的有高中以上文化程度的女孩子，没有九叔的支持、鼓励、帮助，又怎么可能呢?

我还记得当我考取潍县乐道院文美女中时，九叔用毛驴驮着日用的行李送我到30里外县城里去读书的情景。一路上九叔对我娓娓而谈，耐心启发，鼓励我刻苦用功，要争一口气，做一代有文化知识的女子。每逢我假期回到家里，九叔总是介绍许多课外读物给我看。他介绍我看鲁迅先生的《彷徨》《呐喊》，使我懂得了人吃人的封建制度的罪恶。介绍我看《新青年》等进步杂志，使我开阔了眼界增长了知识。有些书我当时看不懂，九叔就耐心地给我解说，例如“德模克拉西”“康姆尼斯特”“布尔什维克”“布尔乔亚”等新名词，都是九叔启发下，我才知道它的含义。我当时读的是教会女中，学监和美国女校长对学生思想控制很严，对《新青年》一类进步杂志是严格禁止学生看的，只准读《圣经》和看《圣经故事》。九叔怕我年纪小受欺骗，就启发我说：“耶稣当时也是一位要改革社会的革命家，但他不是上帝的儿子，上帝是不存在的”。虽然我读教会女中，但我不信上帝，这是九叔启迪的结果。

在第一次大革命前，潍县进步思想是很活跃的。在文美女中，我们三个女同学——董佩珩（又名董爱莲）、刘美辰都喜欢看课外进步书，常常偷偷地传阅。那时庄龙甲烈士领导潍县的地下党活动，潍县县中、文华中学和文美女中都发展了不少“C·Y”（C·Y是共青团的英文缩写），董佩珩同学看见我爱看进步书刊，要介绍我参加“C·Y”。因为我当时只有十四五岁，自己拿不定主意，就回家偷偷地问九叔，九叔说：“C·Y”是进步青年的组织，是为劳苦大众谋解放的组织，人家愿意介绍你，你就参加嘛!”当时北洋军阀张宗昌统治着山东，对进步活动镇压非常残酷。我又是没有父亲的独生女儿，九叔怕我出事，特别嘱咐我说：“平时说话要小心，不可以稍有大意。”因为我们同族中有一些封建思想顽固的长辈，已经在风言风语地说：“要惹祸了，北巷子要不得太平了!”特意在巷口上修了一道坚固的大门，可能是针对着九叔的思想动向说的。九叔在担任小学校长时，就与当地的教育界守旧派封建残余斗争过，受到排挤后，到东北七叔哪儿去过一段时间，我参加“C·Y”的事，几十年来一直守口如瓶，在家里除了九叔外，谁也不知道。直到去年潍县调查庄龙甲烈士事迹时来信问我，我才告诉了他们。

我当时的上级领导人是姓宋的，叫宋×文，全名我忘记了。那时开会都是在晚上晚自修熄灯以后，摸黑到乐道院医院里开会，领导人的样子一个也看不清。由于我、董佩珩、刘美辰三人经常看进步书，被学监发现了，偷偷告诉了美国女校长。美国女校长想开除我们三人，又不敢公开除名，就偷偷地写信给我们的家长，要家长把我们领回去，也不说明原因。当时九叔正巧在家，接到信后就立即赶到学校来找我们年级刘老师。刘老师事前也不知道此事，就去质问美国女校长：“为什么私自开除学生。”女校长说：“他们看不好的书，里面有反对教会的字句。”老师们听了很生气，一致坚持不准私自开除学生，美国女校长坚决不答应。学生、教师联合罢课一周多，吓得女校长不敢到学校里来。这次反迫害学潮，就是在九叔的引导、启发、推动下开展起来的。

九叔在第一次革命前后几年里，行踪是不定的。有时在济南，有时在青岛，有时在家乡潍县、寒亭，偶尔到学校来看我一次问问我学习生活情况就走了。

第一次大革命失败后，文美女中“C·Y”的领导人宋同志被捕了。组织要转移，董佩珩告诉我：“要跟组织转移的，必须脱离家庭关系，不准通信。”因我母亲年轻守寡，只有我一个女儿，我离不开家，我也找不到九叔，从此就脱离了“C·Y”关系。文美女中停办以后，我又到济南读女中。听我母亲说：九叔有一段时间在青岛高苑路二号开画室。那时我母亲在青岛给一位大夫家当保姆，当时家里九婶生病，曾托我母亲找九叔回来一趟。九叔回家住了十天左右又走了。九婶病重去世后，我见过九叔一面，九叔对我说：“不是她（九婶）不好，是我对她没有爱情。她如果和别人结婚，也许能生活得很幸福。”九叔对封建婚姻制度是很痛恨的，但对封建包办的妻子却从来没有疾言厉色过。他也曾对我说：“一定要争取婚姻自主，爱情是纯洁的，是没有任何代价的。”这方面我是遵照九叔的教导去做的。

九婶去世以后，我还在济南女中，我有一位同班要好同学叫周湘浦，她比我大两岁。我就向她介绍说：我有一位九叔性格温和，待人和气，很有才能，我还把九叔写的诗和照片给她看，希望她和九叔通信。我记得她俩通过信。后来九叔到杭州国立艺术院读书，周湘浦考取上海光华大学，他俩怎样生活在一起的，我不清楚。后来听说他俩分开了。最近听我堂弟以谦告诉我，因为九叔去“苏区”参加革命两人才分开的。我看了九叔给丁玲同志的信上有一段话：“革命对于爱情是一种解放，在旧的社会之下，很难发生满意的爱情，只有在未来的社会之下，才有爱情可言。”九叔为了千百万人获得满意的爱情，离别了自己年轻的妻子，年仅34岁就牺牲了，而且死得那样惨烈，这是何等高尚的共产主义品德！九叔在信中提到和赞扬白莽烈士，说他是“左联”初期表现最好的一位作家。鲁迅先生在纪念“左联”五烈士时，曾提到白莽烈士最喜欢的诗：

生命诚可贵，
爱情价更高。
若为自由故，
二者皆可抛。

九叔不仅是赞扬“左联”五烈士，而是踏着烈士的血迹，忠诚实践了烈士的遗言。为了革命情愿抛弃生命和爱情。但是，他对这些又怎样看待的呢？他说革命：“其还不过是平平常常的一件事。我不能否认这是一个伟大的时代，在这个时代中就抓住了这一大群，他们也不过平平常常来做他们应该做的事情。”把爱情和生命都全部贡献给了壮丽的伟大的时代，却说是“平平常常”，这又是多么崇高的共产主义思想啊！甚至连亲人查寻他的革命事迹，竟费了几十年的时间，九叔不为名不为利，全心全意，忠贞为革命的崇高思想，又怎能不使后辈由衷地敬仰和虔诚地学习呢。

半个世纪来，我望天涯，想亲人，时时思念何时能得到九叔的下落，我想全国解放后，总会有九叔的消息吧！日盼夜想，等来的却是九叔惨死的噩耗。我手捧着谦弟的来信，泪如涌泉，悲痛欲绝。遥望着西北的蓝天群山而联想到辛弃疾的两句词：“青山遮不住，毕竟东流去。”青山是遮不住的，一切污泥浊水毕竟流去了！九叔苍翠挺拔的庐山真面目，终于展现在了亲人的面前。我面对弟弟寄来的一大堆全国各地寄来的怀念九叔的文稿，像拍岸的浪涛，击打着我的心胸，高兴，感激，悲痛，愧悔，万般滋味一起涌向心头。高兴的是九叔革命的一生，终于有人怀念他了；感激的是像丁玲同志那样，一生备受折磨，仍不忘死去的战友；悲痛的是九叔死的太早了，太悲惨了；惭愧的是我没有追随九叔革命，只是做了个庸碌的家庭妇女！九叔在九泉之下不会责备我吧。我仅能告慰九叔的是：我有两个女儿、一个儿子都已长大，都已大学毕业，都在工业、科研战线上为实现四化而劳作。他们三对夫妻，五个已经参加了党的组织。饮水思源啊！希望他们不辜负革命先烈的遗愿，在四化建设中做出贡献，以慰九叔在天之灵吧！

（原载昌潍师专《教学研究》1980年第2期）

忆叔父张星芝（耶林）

张以让

1979年11月第四届文代会期间，全国文联的一些负责同志，周扬、阳翰笙、丁玲、江丰、李可染、艾青、沙汀等发起在1980年纪念“中国左翼作家联盟”成立五十周年的时候，为当时“左联”领导人之一耶林同志撰写纪念文章，出版纪念文集，颂扬他在20世纪30年代所从事左翼文化运动的贡献。我听到这个消息之后，感到由衷的高兴，我万分地感激文艺界的革命前辈对耶林的关怀和纪念。耶林是我的叔父，在这里我也愿意把我所知有关叔父从事革命文艺工作的一些片段，介绍给故乡的人民，借以表示对无产阶级文艺革命先驱者的怀念。

叔父原名张星芝，字鹤眺，又名张眺、叶林。20世纪30年代初曾以耶林、椰林、零鱼、E.L等笔名发表绘画、小说等作品，他是山东潍县寒亭北巷子人，1901年出生于一个旧知识分子家庭。他在叔伯兄弟中排行第九，因此我们习惯称他“九叔”。九叔14岁毕业于山东潍县寒亭高等小学堂，是当时全县最小的高小毕业生。

由于我祖父去世，家境贫困，祖母未让他继续求学，他便在家一面自修一面帮助祖母劳动，与农民经常接触，熟悉村生活。21岁时就曾担任寒亭高等小学校长。九叔在1922年去济南考取了“济南美专”（因校长是周爱周，也叫周爱周美术学校）。他在济南读书时，我党初创不久，当时王尽美同志在济南等地进行马列主义传播，九叔开始接受马列主义。由于他参加了当时的爱国民主活动，被学校开除学籍，又回家乡继续自学进修。我从家存旧书中知他这时阅读过“共学社”出版的宣传社会主义的书刊及《新青年》杂志和鲁迅的早期著作。听我父亲讲，九叔自幼刻苦学习，博览群书，知识面较广，对古典文学造诣很深。16岁就能写很好的古体诗词，他写的一些乐府诗，在我的兄辈中经常传诵，其中有一首《秋荷》的诗，至今我还能背诵出来：“斜阳照在黄牛背，小牛依傍老牛睡，老牛小牛都无声，蝴蝶扑落花细碎。知是谁家好姑娘，家在山南水之阳。门前两棵红杨柳，一渠流水独木梁。树上一双白斑鸠……”还有一首《仿乐府古题》：“东邻富家儿，遇我巷之曲。顾我嗤然笑，阔步夸彩服。岂知吾生甘藜藿，不乐衣锦厌粱肉……”从这首少年习作中，就看出他对富贵丽达的鄙弃，对艰苦生活崇尚的人生态度。他自编的《学步集》收入他早期诗作七十七首，从残存的《学步集》自序中可以看到他当时每日除做诗、抄诗、读诗外，几无他事，即梦中亦往往哦成断句，见人无论解与不解，辄娓娓与谈诗，直疑人生不作诗，更无乐事……。由此可见，他对于写诗是下过一些功夫的。九叔有一位叫解端的朋友看了他的《学步集》以后，曾写了一首赞诗："读君《学步集》，知君吟诗苦。奇险逼昌黎，恕壮宗杜甫。荡荡云中龙，烈烈风中虎。愿君收全功，一鸣惊东鲁。"虽然《学步集》已散失，我们无法窥其全貌，但从赞诗中也可看出九叔早期是勤于攻诗的，而且也有相当造诣。

九叔1924年与国立艺专一位同学一起去青岛，在高花路二号自租房屋，自学绘画，每天靠白开水、大饼充饥。1927年大革命失败，国民党公开走向反共，对共产党人进行追捕，这时他依靠亲友的帮助，离开山东出走南方。同年考取"杭州国立艺术院"（艺术学院1929年下半年更名"国立艺专研究班"），他也改名张眺。与同班同学李可染同志，一起住在岳坟西边"善福奄"内，跟法籍教授克罗多学西洋画（油画）。九叔在国立艺专时，曾参加杭州"一八艺社"，是"一八艺社"的骨干成员。这时期九叔经常研读马列主义文艺理论和鲁迅著作，宣传进步思想，提倡普及大众文艺，并与于海（于寄愚）等人组织"左"倾文艺团体"泼波社"，后被国立艺专反动当局察觉，受到国民党浙江省党部迫害。1930年初被关进浙江军人监狱，后由校长林风眠、法籍教授克罗多保释出狱。

九叔出狱后，约于1930年4月到达上海，改名叶林。当时上海左翼文化运动在党的领导下，在鲁迅先生的支持关怀下刚刚兴起。九叔以上海山东会馆所办的"华北小学"为掩护，与杭州国立艺专先后到达上海的同学积极参加当时刚刚兴起的左翼文化活动。他先后参加"左翼作家联盟""左翼反帝大同盟"，在"左联"支持下与其他同志一起发起成立"左翼美术家联盟"，这时九叔是左翼文化运动的党内领导人之一。

据20世纪30年代初参加左翼文化运动的前辈回忆，耶林曾在"左翼文艺总同盟""文委"工作过，阳翰笙同志回忆耶林曾在他调"文总"之后，一度担任过"左联"党团书记、"文委"委员。九叔在20世纪30年代初与左翼文化运动的领导人张闻天、朱镜我、洪灵菲、冯雪峰、钱杏邨以及现在健在的周杨、阳翰笙、丁玲、江丰等人有过接触和组织关系。九叔在20世纪30年代初一方面作"文艺"工作，另一方面在沪东区作"工运"工作，组织工人罢工活动。据老前辈回忆，耶林同志生活艰苦朴素，平易近人，为党工作忠心耿耿，是一位很好的革命同志。

九叔在20世纪30年代初的文学艺术创作活动，主要是绘画和短篇小说。他画过较多的反映当时政治斗争的宣传画，也写过一些工人通讯和揭露国民党反动政策的时评，大都登在我党当时出版的地下宣传刊物上。由于年代较久，多已散失。他还给丁玲同志的中篇小说《水》画过近30幅插图，当时曾石印单独出版过，也已散失。现在还能找到的有20世纪30年代初发表在"左联"机关刊物《北斗》和《文学月报》上的短篇小说《村中》《月台上》《开辟》，都是反映当时工农革命斗争生活的，尤其是《村中》揭露了国民党反动派用飞机轰炸苏区和平居民的罪行。当时用小说这种形式反映三次围剿这一重大主题还是少见的。九叔的创作活动中始终坚持文艺为工人农民大众服务的方向，走文艺革命化的道路，认真按照鲁迅在"左联"成立大会上发表的"对于左翼作家联盟的意见"一文中的要求去做。他在1931年10月给丁玲的信中谈到："我刚从工人区域中搬出来，很快又要搬进工人区域中去，我像拜伦厌烦英国一样厌烦着小资产阶级生活"。在另一封信中还提到："小资产阶级分子，到工人中去，成立一个工人之友社，同工人建立联系，成立一些大大小小的学校，不一定要成为学校的形式，尽可以找两三个人在一个小房子里教他们认字，出版一些通俗的小书，使他们易于理解他们所处的地位和他们应做的事，如果这个工作能做起来，一方面可煅练工人，一方面也是从事文学的人们接触工人的好办法，也可以作为以后驱逐文盲运动的第一步"（九叔致丁玲同志三封信将在《新文学史料》第6期发表）。从这里充分反映出九叔投身工人运动，全心全意为工人服务的满腔热忱，而工人阶级的生活和斗争又成为他文艺创作的源泉。

此外，九叔在木刻和绘画方面也有自己独特的风格。据汪占辉同志回忆："张眺用木炭画人体和油画人体，艺术水平达到令人震惊的高度，格调特异，有民族风格和个人风调，功力深透而又典雅别致。他的钢笔画只勾轮廓，不图明暗，通过锐利的艺术提炼，简单几笔，非常打动人心"（汪占辉现在西安美术学院，是张眺杭州国立艺专同学）。九叔不仅在绘画艺术上有较高的造诣，而且在绘画内容上也是以反映工人阶级的斗争为题材。如1932年九叔在上海画了很多反映工人罢工的连环画，（锌版制作）登在当时独自发行的小报上。有几幅木刻和素描现存上海"一大"博物馆。

九叔1932年底，奉江西瑞金苏区中央调令，赴江西中央苏区，同行的有现在的三机部刘鼎同志。九叔到闽浙赣后，担任闽浙赣苏维埃政府文化部长，领导过闽浙赣当时唯一高等学府——"列宁师范"。并在闽浙赣党和政府机关报《红色东北》上发表过一些反应苏区人民斗争生活的文章和画稿，至今仍保留在江西省革命历史博物馆内。1935年初九叔在苏区牺牲，年仅34岁。由于长期从事革命斗争，没有留下后代。九叔就是这样，不管是在白色恐怖的上海，还是在战斗紧张的苏区，他始终没有停下战斗的笔，为劳苦大众，为无产阶级革命事业献出了自己的青春和生命。九叔的一生是革命的一生，是战斗的一生，他为左翼文化事业做出了应有的贡献。但是，建国后许多现代文学史著作中很少提到九叔，只有丁易著的《中国现代文学史略》中有过简短的记载，反映国民党反动政府三次围剿中用空军屠杀农民的只有耶林的《村中》。这位无产阶级左翼文化运动的先驱者所以不被文学史家注意，主要是由于九叔1932年底就离开上海去闽浙赣，再加他当时遗留的作品较少，化名又多，一般文学史家难以查考，因此长期湮没无闻。

九叔离开我们已经45年了，在这漫长的岁月中，尤其是在粉碎"四人帮"之后的今天，一个群星灿烂、繁花似锦的文艺春天到来了，九叔如地下有知，也定会含笑于九泉之下。

（原载昌潍师专《教学研究》1980年第2期）

第三部分　耶林专题研究

耶林

胡风

自1931年那个变故发生以来，一批青年作家接续地带着新的面貌在读者面前出现了，那里面有一个现在差不多被人忘记了的耶林。——我底用了“青年作家”这说法，既不是以为他们不能和“老作家”或“大作家”并列，也不是要说明他们除了作家之外还有别的更优越的条件，只不过是为了表明他们底年纪和他们在新文学史上出现的时期。

耶林是谁？我不知道，也无须知道，在这里要说的是他所写下的三篇小说：

《村中》（1931）《月台上》（1932）《开辟》（1932）。

《村中》虽然当时是在“积极的题材”这一说法下面被人称赞的，但作品本身却没有成功，没有如生地写出活人底感情和养成这种感情的环境，到了《月台上》和《开辟》，他底印象是在敏感的读者们底眼里才现出了特异的光芒。《月台上》写的是被愚弄被蹂躏的东北农民底一相，《开辟》写的是上海防卫战争中的失业工人组织义勇军活动的一个插话。两样的背景，两样的政治情势，两样的人物，但在作者底笔下却都流露着实感，显示了作者本人和描写对象之间都没有间隔。所以，我们现在还记着耶林，为的是他在创作对象上所开拓的领野，为的是从他底对于题材的把握态度上所表现出来的积极的精神，自然还为的是他底平易的，然而是清新的风格，那既不是浮出的感情表露，也不是冷淡的素描——这是当时青年作家在创作态度上的两个明显的倾向，作者的对于生活的积极的热欲只是溶合在有机地从内容流出的笔触上面。

因为这，我想尝试从《月台上》和《开辟》画一画这个作家底肖像。

先看《月台上》罢。

“在松花江的岸上，无边的森林的外边，在那里常年的有比人还高的草，只有一条小路是一直通到城市的，在地面上看着脚迹，可以分辨出熊和老虎来。”——在这样的森林边住着一个老人和他的老婆。一个日本人打猎打到这里来了，遇着了他。他帮日本人打得了许多禽兽，他自己只拿了一个麝带。他招待日本人在他的家里住了两天，他帮助日本人逃开了狗熊。因为这，日本人把他叫到某地去做了一个管仓库的。在仓库里，虽然他竭力奉承那个被叫做“先生”的中国人——工头，但三个月后，因为他请假回去看老婆，位置被人抢去了。他疯狂似地奔走了三天，连日本人都不肯救他以后，只好回到森林边去过了五年痛苦的生活。这中间，森林被森林公司伐得离他家远去了，野兽减少了，老婆死了，房屋被山水冲毁了，他只好又流浪到长春。在长春他又遇到那个日本人，使他回到了仓库，但两天以后就被那个“先生”驱逐了出来。从此他抱着回到仓库去的希望，狗一样地过了很久的流浪生活，最后算是得到了那个“先生”死了的消息，他急忙想赶到长春去，但在去长春的一个车站底月台上却被日本兵当作“小偷”抓住，猢狲似地被戏弄，狗似地被毒打了。在作者笔下，一个天真的森林老人变成了一个驯良的善揣人意的殖民地的奴才，但终于还是在中外“仕女”的笑乐下面流了他的奴才的鲜血。一个原始的为救生而不知道耻辱的忍受着苦难的可怜的动物。

例如，下面是他自己叙述他初到长春的一段：

“于是他就到长春去了。”

“为了这是一个千金难买的机会，他带着家乡的土产，小鸡和马铃薯，作为一点礼物送给日本人，日本人看见他就呵呵大笑起来：‘你来了？’‘来了！’‘我是多么想你啊！’他把日本人形容的像农民一样。”

“他在日本人家里坐了一点钟，吃了日本茶，日本人房间里摆着短短的小插屏，洋式的桌子上摆着花瓶和金鱼缸，简直耀眼，他这样夸耀着。”

在这样看似平易的描写中间，一副天真的面貌活生生地毕现了。这样的描写使得最后的场景更加有力，取得了感人的效果。那场景太长，只引儿段罢。

“他嘴里吐着很多白沫，并且间杂着鲜血，哀告着，用中国话哀告，又用日本话哀告，摆动着他的头，躲避着落下来的棍子，却又碰在皮鞋上。”

“他是一个在文明国的殖民地当中，学习的日语烂熟的家伙，他具有一个奴隶的聪明，他会找一句适当的话引得文明人们的喜悦，他低声说：‘啊里牙岛！啊里牙岛！’”

“站在两边的日本绅士们一起笑了。”

“于是他滚在地上，用他污秽的手指掣起他的耳朵，他有一种能力，会使他的耳朵，自己煽动两下。”

“啊里牙岛！啊里牙岛！”

“他愈高声叫起来。”

“正在打着他的日本兵士也笑了，缩一缩脖子，看一看四边的人们。”

“日本妓女从绿栏杆底下抓了一大把白雪，抟成一个雪球，对着老人打去，老人躺在地上，假装躲避雪球，可是正使她打在鼻子上，于是第一个第二个日本的绅士，也到栏杆下边去抓雪球，对着他瞄准，他仍然能够使它正打在鼻子上。”

“寂寞无聊的月台上，顿然显出活泼的气象来，中国的绅士们也模仿日本妓女用雪球打他。报馆的记者，抽开摄影机，在拍滑稽照片。”

“他一时睡在地上，一时坐起来，他会学一个骆驼，又会学菩萨，他的戏法层出不穷。日本士兵命令他吃了地上的雪，他就跪起来，像猫一样，舔吃着他身边银灰色的雪。日本士兵又命令他学狗叫，他就仰起头来，一边扇动着耳朵一边叫，并且学一个哑了嗓子的狗叫。”

这是怎样的画面阿！不必读到最后绿色的棍子在空中划一个圆圈，空气被挤压出嘶嘶的声音来，落在他脑壳上的一击，这就已经使读者难以忍受了。

所以，虽然这个人物底许多经历只是被抽象地叙过，没有被作者用浓的色彩创造出动人的形象，虽然有可能使读者仅仅把那个“先生”误会是这个人物不幸的原因，虽然后面的那条尾巴显得做作，那含意实际上应该是表现在这个人物在森林边的生活和周围环境的交涉上面。虽然如此，但这篇作品就是现在也还没有失去它的生命，读着它我们依然能够感受到在那后面发热的作者底不愿屈服的精神活动。

作者的这个精神，终于从遥远的满洲流进了《开辟》里的上海工人的草棚里面。

在这里作者找到了工人的单纯，然而是能够自己教育自己的，机警然后是硬朗、勇敢的性格，也照明了知识分子的啰嗦和临到实际问题的窘迫。当然，人物过多，没有创造出比较鲜明凸出的性格，主题的中心点也没有得到创造的加工，发展出激动的场面，而且也没有充分地被战时的气流和生活的色调所充溢。然而，这却是上海战争的一幅小小的侧面的画卷，反映了上海战争中的工人大众的一态。在这里我们明显地看得出来，作者的心境已经从《月台上》里的气压解放了出来，明朗、舒畅、活泼，他的表现法或文体也因而显得更加跳达了，他的积极的热欲在这里是寻到了依附的对象。

举一个例子：

失业团里的分子（老五，小水子等）因为信了一个汉奸的谣言，怀疑他们的最活动的分子阿二真的发了财，卖了他们，于是就灰心而且怠工了。但查帐底结果，阿二不过借用了一元二角，这里面有四角还是救济另一个工友的。事情一明白，群众马上有了裁判，阿二固然不是，但他们怠工却更不应该。接着——

“他们好像有意形容别人不好，一个人发起，许多人跟随着，你五十，他一百，把一元二角钱凑起来了，替阿二缴上。他们高兴得很，像一大群小孩子一样，大声笑着，把一元二角钱高高地举起来，而且有人拍起巴掌来。

“好容易老高把顶着屋子的声音压下去，他大声问：‘还有什么意见，一个一个的来！’他看了看老五，又看了看小水子。”

“老五夹着他的风泪眼，弯了弯腰说：‘好了，好了，就是那么样了，没有什么意见了！’”

“小水子动也没有动。”

“老高作了结论，重复了他已经三番五次对他们说过的工作的意义，又严格地批评了阿二和怠工五六天的他们，问他们同意不。”

“他们同意了，老高又切实地指出来：‘不允许一个人不工作。’就散了会。”

“他们从失业团里跑出来。”

“老五从后面赶上小水子，抓住他的手，同他说：‘糟糕——想起来——没有意思。’”

我们从这里读得出作者的高兴，好像看得见他带着按捺不住的愉快的笑容望着他的人物，犹如一个慈祥的母亲望着她闹过了别扭以后却忸怩地承认了过错，约着都去认真做事的孩子们一样。

不用说，这两篇小说并没有显示出怎样宏大的气魄，也许还不能算是真实的成功，但如果我们想一想，“九一八”以后，东北的劳苦同胞的生活是怎样地开始更被人民大众所关心，上海防卫战争中的上海工人的面貌是怎样地被人民大众所怀念，不就可以容易地理解到这两篇作品在新文学史上所给予的意义么？时光流去了几年，现实的生活在发展，耶林在《月台上》所展开的视野已经由别的作家在更大的规模上壮丽地开拓了，然而，由于他的《开辟》，丁玲的《夜会》、《消息》，文君的《豆腐阿姐》等而略略露脸了的那个新的生活大陆，那以后并没有被别的作家作更深入的探访，现在且差不多恢复为处女地带了。

1936年3月29日之晨

（原载《密云期风习小纪》，香港海燕出版社1938年出版）

想起耶林

散 木

耶林（1901—1935）是“左联”作家，后来却很少被人提到的。

记得当年丁玲在《北斗》杂志当主编的时候，耶林在《北斗》上发表过一篇名为《村中》的小说，后来丁玲把耶林给他的三封和在《北斗》上的读者来信以及答“E.L”的信，一并发表了，此外她还写了一篇《附记》。这是一桩几乎被人忘掉的“文案”。

《北斗》第3期发表有一篇署名“读者之一”的致编者的来信，信的作者即“读者之一”就是当时“左联”党团成员的耶林。耶林的信是批评《北斗》第一、第二期的一些小说的，他认为这些作品“描写技术上固然获得了较满意的成功，具体意识则不免颇多不正确的倾向”，什么“不正确的倾向”？耶林说其中几篇的取材对象是“更是十足的小资产阶级性”。“小资产阶级性”是当时的一种“批判话语”，当然是有着针对性的，后来也是我们所稔熟的。耶林几乎对《北斗》的每篇小说都作了分析，比如凌叔华的《晶子》，他以为《晶子》的技术十分圆熟，让人没有晦涩的感觉，却毫无意识可言，它写着一般小家庭的美满生活，社会与之不会发生任何冲突，或许这就是“十足的小资产阶级性”了。此外耶林还批评了冰心、徐志摩等的诗，他说：“诗多旧派，倾向太坏。”耶林还希望编辑能够重视文学批评的专栏，所谓“批评给予作者的指示是很大的，可以叫现在倾向坏的作者不再重蹈覆辙，同时可以使文艺界一般走上轨迹”。

其实丁玲就是从“十足的小资产阶级性”而走向了“十足的无产阶级性的”，这从丁玲创作《水》等的作品就可以看出那苗头，当然，这一过程不会是直线的，编辑《北斗》或许就是这必要的过程的一环。耶林来信的意思，当然也不是他一个人的意见，此前他就曾以工人工作者、文学青年的身份给丁玲写过三封信，那都是在《北斗》出版之后他看了有感而发的。在其中的一封信中，他谈到他们每礼拜有一次集会讨论有关文艺问题，“我们讨论过林风眠、郁达夫，日后可以把我们的结论写出来，寄给《北斗》”，所以批评《北斗》，也是他们集会讨论的一个结果吧。那时“左联”已坚定地走在阶级斗争的道路上，而就耶林来信被发表之后，《北斗》对“灰色”作家的批评也逐渐多了起来，比如笔名

“司马今”即瞿秋白的杂文《老虎皮》就是借冰心的小说而展开议论，文章说：“固然，冰心那种自由主义的伤感口气，证明她自己也只是一个市侩。”

那么，说说耶林吧。他原名张星芝，字鹤眺，又名张眺、叶林，山东潍县人，他早年在山东济南、青岛、潍县等地习画，其间还开过画室，做过中学教员，还参加了共产党。1929年春，耶林跑到杭州，在杭州国立艺术院研究部学西洋画，并在同学中传播进步书刊，组织左翼文学团体的“泼波社”提倡“普罗文艺”，又参加了杭州的“一八艺社”，最终被国民党当局关押于浙江省军人监狱，好在校长林风眠和法籍教授克罗多为之担保，使他得以出狱。1930年4月，耶林前往上海，不久即参加了上海“美联”和“左联”，当时他还在《巴尔底山》发表了《想对“左联”说的几句话》的文章，提出盟员应“极力克服小资产阶级个人主义”、“左联”除参加文化斗争外，应该“更进一步成为无产阶级革命运动的实践者”的希望等。此后他还担任中共上海法南区委宣传部长，并与冯雪峰等共同组织和领导了“左联”和“社联”下属的“暑期文艺补习班”，担任教员，主讲“大众文学与艺术”等，又组织成立了上海“一八艺社”。

1933年1月，耶林被派往江西中央苏区工作，在同年三月的闽浙赣省第二次工农兵代表大会，他被选为闽浙赣苏维埃政府文化教育部长，负责赣东北苏区的文化教育工作。1935年初，被中央代表曾洪易（后投敌叛变）打成“反革命”，在葛源山区秘密杀害。

耶林如何潜往苏区，如何被人诬陷，如何被“左”倾“肃反”秘密杀害等等，详情皆已不查，当年上海的“左联”同志如冯雪峰、丁玲、阳翰笙、楼适夷等，其生前都曾设法打听耶林的情况，可是都是由于事隔多年，也不便调查，只能不了了之，“留下无限怅惘”（见《新文学史料》1980年第1期“左联”成立50周年纪念特辑）。据说后来烈士故乡的中共山东潍坊市委进行了调查，对耶林作出了“恢复党籍，恢复一切政治荣誉”的决定。

作为作家，耶林的一个意义是他最早描写工人的中国作家之一（见其作品《月台上》《村中》），胡风还曾写过对他的小说的书评，那是分别描写东北善良的农民遭受日本人欺骗以及上海“一·二八”战役中上海工人支援守军的小说。这些作品，现在大概很少有人去看它了。记得在全国第四次“文代会”上，烈士故乡的代表田仲济先生曾写过一个报告，最后由周扬、丁玲、李可染等签名，他们建议出版一本《耶林纪念文集》，这本书后来由山东文艺出版社出版，如今也很难看到了。

（原载《中华读书报》2011年3月23日第3版）

关于耶林写给丁玲的四封信

张以谦

在纪念“左联”成立50周年的日子里，左翼革命前辈丁玲，为了表示对这一战斗的革命组织和为此而献出了生命的战友们的无限怀念，在1980年《新文学史料》第2辑“左联专号”中，发表了她珍藏48年的耶林给她的四封信。丁玲历尽战乱浩劫，仍保藏着这几封信，多么不易！可见她对共同战斗过的革命战友感情之深。丁玲在发表这四封信的《附记》（即本集中《我的怀念》一文一编者注）中说：“把这几封信的原件，全都寄给了张以谦同志。”当我收到这几封信的原件以后，感情激动，难以言状。我一方面感激革命前辈对我的信任与帮助；另一方面感激的是我查询几十年的亲人，终于找到了可靠的音讯。我收到这四封信后，反复进行了学习，并翻阅了与这几封信有关的历史资料。对这几封信的深刻内容，我一时还说不明白，现仅就与这四封信有关的背景情况，就查询所知，作一点说明，供研究这一史料的同志参考。

一、发信的时间、地点考释

《新文学史料》发表的共计五封信。耶林给丁玲的是四封，其中三封初次发表，第四封曾在《北斗》杂志第1卷第4期，以“读者之一”的署名发表过；另外一封是丁玲接到耶林的第一封信后，由于不知道耶林的通讯处，在《北斗》第1卷第2期上，以“代邮”的方式，复E.L（耶林）的回信。

耶林给丁玲的四封信，都没有写明写信的时间。因为这是在白色恐怖下的上海，耶林以一个革命者的身份写的。当时国民党反动派经常检拆出版编辑部的来往信件，对通讯双方进行无端的迫害，动辄有杀头坐牢的危险，所以耶林为了保护收信人的安全，在信首不写称谓，信末也不注明写信时间，这是当时革命同志之间通信所通常采用的做法。据说，耶林在杭州被捕，就是因通信而连累的，对此他是有教训的。

耶林在第一封信中，未署自己真实的名字，只用了“E.L”的代号（E.L，是耶林英文缩写）。考查这封信的写作时间，除有丁玲回忆证明外，还可以找到其他一些旁证，丁玲不仅保藏了三封信的手稿，同时还保藏了一个完好的信封，为确证写信时间，找到了重要证据。

这个信封背面的邮票完好，邮戳上的字迹也大体清楚。发信邮戳的时间是民国20年10月9日9时，上海七支局寄出的。

民国20年，即1931年，与丁玲在《北斗》杂志上答“E.L”的“代邮”出版时间1931年10月20日，前后相差11天。耶林信中提到，看到“代邮”后又给丁玲写了第二封信。由此可见，10月9日是第一封信发出的时间。据丁玲回忆，她那时正迫切想入党，当然会乐意及时给耶林回信了。因为耶林信中明确向丁玲提出：“希望你（丁玲）不要仅仅满足于一个同路人的地位……”，两个人的想法已不谋而合。另据丁玲回忆：“1932年‘一·二八’后，我要求参加共产党，很快被批准了”。这与耶林通讯前后相距不过几个月时间。

寄出信件的邮戳是“上海七支局”，经查讯，20世纪30年代初的七支局，即天通庵车站同济路一带的邮局。这与耶林给丁玲第二封信中告诉丁玲的通讯处：“天通庵车站同济路九三弄九号”所在地区完全相符。由以上的考释可以确证，耶林给丁玲的信是1931年10月9日以后不太长的时间内陆续从天通庵同济路寄出的，正是“九一八”事变后，耶林刚从工人区搬出，正密切关心着“左联”的活动。

二、《北斗》第3期开始编辑色彩的变化

耶林给丁玲的第二封信中问：“你们要不要工人通讯？”提出这一问讯的目的，就是准备给《北斗》写一些读者通讯（据周湘浦回忆：“耶林20世纪30年代初写过很多工人通讯，发表在当时的地下小报上。”20世纪30年代是否有“左翼工人通讯联盟”这一组织，有待查证）。果然，在《北斗》第1卷第4期上发表了“读者之一”的通讯。丁玲在发表此信的编后记中说：“这里的一封，是刚刚看到第2期便寄来的，可是我看到这信的时候，第3期已付印，所以才放在这期上，我们非常感激他对我们不客气的批判。”从编者的“后记”中的这段话，也可以看出“读者之一”的通讯是耶林看了《北斗》第1、2期后就写的。自从耶林看了第1、2期《北斗》，对《北斗》的创作倾向写信提出批评后，丁玲在答“E.L”的“代邮”中就明白地表示：“愿意在行为上答复你（耶林）”，于是《北斗》从第3期开始，由蓝色封面换成了红色封面，不再发表徐志摩、陈衡哲等作家的作品，刊物开始红起来了。耶林是以个人的身份给《北斗》编者写信的，但编辑色彩变化的原因，究竟是耶林的意见与“左联”意图不谋而合，还是“左联”领导意图的贯彻，丁玲1980年四封信发表时的《附记》中未详作说明，我不好妄加猜测。

三、耶林1931年10月前后的住处行迹

耶林在给丁玲写第二封信时告诉丁玲：“写信给我，可以写到天通庵车站同济路九三弄九号张眺收”。经我查询同济路九三弄九号，是“九一八”以后，“上海一八艺社”从江湾迁来闸北的新址。前楼“上海一八艺社”成员活动，耶林住后楼亭子间。据健在的成员黄山定证实，耶林当时穿着朴素，早出晚归，行动谨慎，很少说话。黄还听到“上海一八艺社”另一成员陈铁耕说，他叫张鹤眺，原是“杭州一八艺社”的，现在不画画了，并暗示黄不要多问其他情况。又据于海回忆，在“九一八”事变后不久，耶林、洪灵菲曾介绍于海入党。江丰也回忆说，“九一八”以后，耶林把他介绍给洪灵菲而参加了“上海反帝大同盟”。种种迹象表明，耶林当时的活动确非一位普通文艺爱好者，而是在做职业革命工作。从他给丁玲信的口气，也是有意争取丁玲更快地参加党的队伍，以发挥更大的作用。“一·二八”事变后的上海，处在动乱之中，各派政治力量都在活动。我党也正在此时，积极发展组织力量，展开与帝国主义、国民党的斗争。至于当时耶林肩负党的何种职责，至今说法不一（阳翰笙证明他是“左联”党团书记，是1932年下半年的事情）。不过，当时耶林所在的闸北地区，是20世纪30年代左翼文化人聚居活动的地区，这早已为史家所共知。

四、耶林与冯雪峰等人的交往

耶林在给丁玲第三封信中说：“繁市是一个比较好的理论者，他有时间写文章，可以叫他多写。他已经托雪峰拿去几个短篇，收到否？”从这段话中可以看出，当时耶林与雪峰关系已经很密切了，否则不会由雪峰代转稿件。我没有亲见雪峰，但从他解放后给我父亲和我写的信中得悉，雪峰是一直关心查询耶林情况的，可惜他已逝世，许多情况无从核对。雪峰生前与许多革命前辈谈过耶林，这是许多前辈证实的。雪峰与耶林在20世纪30年代初确非一般朋友关系，这也是大家都知道的。

繁市，即李岫石，四川隆昌人，是一位有才华的左翼青年文艺战士。鲁迅先生与青年木刻者合照中有李岫石。20世纪30年代的左翼刊物《文艺新闻》的刊头，就是于海担任《文艺新闻》美术编辑时，找李岫石设计的。岫石在1932年夏天因“春地事件”被捕过。出狱后在抗日战争初期，曾在安徽做抗敌宣传工作，1938年因肺病逝于安徽安庆。他与耶林1929年在杭州国立艺术院时关系就十分密切，据刘风斯回忆，1932年与岫石、丁玲等同时在上海大三元饭店宣誓入党。李岫石在20世纪30年代初有不少木刻遗稿，可惜无人搜集。

刘风斯，即刘芳松，山东蓬莱人。20世纪30年代的左翼青年诗人，在《北斗》、《文学月报》上发表过一些诗，并是“中国歌会”的发起人之一。艾青的第一首诗《会合》，就是风斯交给《北斗》发表的，因那时风斯与丁玲已经很熟悉了。风斯与耶林在杭州国立艺术院时就认识，风斯还在沪东地区做过“左联”发展工人通讯员的工作。1930年先后与耶林从杭州到上海，与耶林曾在“华北小学”任教，后来耶林继续做党的工作，与风斯常在“华北小学”碰头见面。

林风眠，是耶林在杭州国立艺术院读书时的校长。耶林1930年春在杭州被浙江国民党省党部逮捕，林风眠曾出面营救耶林出狱。林风眠在20世纪30年代初曾画过以人道主义为主题的反残酷暴政的大幅油画，受到蒋介石的当面训斥，耶林曾动员争取林风眠去苏联游学参观。1931年耶林在上海时，也曾寄过进步的文艺理论书给林风眠（见本集《林风眠的回忆》一编者注）。

耶林在20世纪30年代初，对非党的进步艺术家、文学家林风眠、郁达夫等，并未表现出“唯我独革”的极左倾向，而是能耐心地做着争取团结人的工作，正如阳翰笙回忆所说“耶林很能团结人”。文学史家常一般地论证“左联”的关门主义，至少是不全面的。20世纪30年代初的“一八艺社”，以非左翼群众团体的面目出现，耶林仍然积极参加了活动，从而团结了不少为党工作的美术骨干。

五、白莽烈士及《北斗》前面的一张木刻

耶林在给丁玲的第一封信中提到：“回头看一下，我们觉得只有白莽好些，可惜牺牲了！”在这里，耶林肯定白莽（殷夫）是20世纪30年代初左翼作家中最好的一位，对他的牺牲，表示十分痛惜！另外他在第二封信中，对丁玲为纪念“左联”五烈士的牺牲，去鲁迅家选发的珂勒惠支的黑白木刻“牺牲”（登在《北斗》创刊号上），极为赞赏地说：“在《北斗》前面那一张画是很好啊！”对“左联”战士的牺牲，怀念之情溢于言表。耶林对“左联”文艺战士被国民党杀害，有压抑不住的悲痛，表达了真挚的无产阶级的爱。这对丁玲的工作，不能不说是很大的支持与鼓励。丁玲在答“E.L”的信中说：“我还得到了许多快乐”。我想，这也是一个方面。

六、对《一幅剪影》《一侍女》不良倾向的批评

耶林在给丁玲的第二封信中说：“《北斗》2期我看了两篇，都不是好作品。尤其是《一侍女》，在内容和形式方面都是很坏的作品”。另外在第四封信中批评《一幅剪影》《一侍女》说：“《一幅剪影》显见作者过分缺乏支配材料的能力。全篇集中点在于一个行近幻灭而不能自裁的知识女子，对于革命虽有同情，却没有实际参加的勇气，……情节既枯燥无味，配置又不得宜，这里有的只是感情的对话与修辞的装点，在旅馆房间里做着机械动作的两个剧中伶人而已。《一侍女》虽似要指出，资本主义统治下畸形发展的都市生活之末运，但因表现得不显明，深刻印象且不说，即最低限度的一丝同情心都引不起。徒使人感到侍女无赖的可厌。”

经查阅《北斗》第1、2期，知《一幅剪影》《一侍女》是后来叛变了的姚蓬子所写的两篇短篇小说。一个作者不健康的思想感情，不可能不从他的创作实践中流露出来。不管他打着什么招牌，装着什么嘴脸，以正确的文艺标准去鉴别就不难发现，姚蓬子当时尚未公开转向，耶林也是就文论文，可见他的批评是很有见地的。另据丁玲《关于“左联”的片断回忆》（《新文学史料》1980年第1辑）中介绍，九一八事变后，“左联”成员参加“上海反日大同盟”所组织的反日示威游行，被反动军警冲散，逃散群众再度集合起来，“左联”清点人数时，发现只少了一个姚蓬子。姚蓬子在20世纪30年代初，无论是创作还是参加革命斗争活动，都表现了他不坚定的投机性，这一点“左联”的领导，并没有推动对他的警觉，对他的言行是早有发觉的。正如耶林给丁玲的第一封信中就说：“这里边有好的人，也有坏的人。”后来“左联”领导见于姚蓬子一贯右倾，撤掉他《文学月报》编辑的职务，就是明证。也正如鲁迅所说：“这样的翻着筋斗的小资产阶级，即使是在做革命文学家，写着革命文学的时候，也容易将革命写歪”（《上海文艺之一瞥》）。像姚蓬子这样翻着筋斗的投机分子，混迹在左翼队伍内部，只能对革命有害。

从《耶林写给丁玲的四封信》中可以看出，耶林对同志、朋友和对坏人的鲜明的爱憎。在信的字里行间，倾注着对革命事业的全部热情，对同志和朋友以赤诚之心相待，有话就说，毫不隐讳。对混迹在革命阵营内部的坏人，保持着高度警惕，并对那些危害革命的创作言论，予以毫无情面的批评和揭露，从而表现了耶林坚定的革命立场。对于“四封信”我学习得很不够，仅以浅薄之见，作了一点事实情况说明，深望知情者多做批评。

（原载《上海师范学院学报（哲学社会科学版）》1983年第2期）

略论耶林在“左联”前后的文学创作

张以谦

耶林的文学创作活动，可分为“左联”以前与“左联”时期两个阶段。耶林受“五四白话文运动”和《新青年》杂志影响，开始写民歌体的诗和白话小说。这时不管他的诗，还是小说的题材，仍然没有离开男女爱情这一传统的生活圈子。例如他写的一首叙事长诗《秋荷》，就是描写一位农村少女名叫田秋荷，长得美丽多姿，为村中少年所倾倒，但是她偷偷地爱上了钱晨星，半夜私自奔向钱家，希望与晨星相会。由于受到封建礼教的压迫束缚，不但没有能够相会，相反受到羞辱！回家后，思念之情不得摆脱，忧愤不已而投河自杀。就其诗的艺术技巧、诗句文字优美来讲，显示了他的文学才华。从思想倾向来看，只不过塑造了一位强烈的反封建礼教、追求婚姻自主、个性解放的勇敢的少女形象。随着时代的动荡发展，耶林的创作也不断地变化发展。

他以前“左联”的作品，可以从发表在《新女性》上的《白沫》为代表。《新女性》杂志是原商务印书馆的章锡琛主编的，由于他自由恋爱，为商务当局不赞成，便脱离商务印书馆，以妇女研究会的名义，从1929年开始主编《新女性》杂志，这是当时允许的综合性的探讨妇女问题的刊物，就在于其思想倾向来看，仍然是资产阶级性质的杂志。

耶林从山东家乡投稿该刊发表的《白沫》短篇小说，从形式上看也是探讨婚姻恋爱问题的，从思想尝试来看，已远远跨出了单纯的家庭生活圈子。他描写了一个进项并不宽裕，吃穿去了，还有零钱听戏的小资产阶级知识分子，因自由恋爱而结婚。自己在距家不远的城市里工作，工余回家探望自己的爱人一民。他一路上只是想着喋喋不休地与同伴讲着自己的爱人一民会到火车站来接他，会甜蜜地亲近他，会说“我永远永远爱你……”一类使他感到有“趣味”的甜言蜜语。由于他的爱人一民三个月前生了孩子，忙于照料孩子，忘记来车站接他。这个叫吴敬堂的小知识分子，没到家就气呼呼的，到家后看见爱人一民脸也没洗，屋子那么臭，一民又只顾逗孩子与爸爸亲近，这个满脑子罗曼蒂克，只会拿“共产共妻”开玩笑的吴敬党，一下子觉得这自由恋爱的爱人，失去了对他的“趣味”而“只有孩子”。在一民拿自来水笔逗孩子时，吴敬党竟满脸肥皂白沫还未洗净，就冲向自己那位自由恋爱结婚的妻子，恶狠狠地说“你脸也不洗，闹得屋子这么臭！你什么都忘了！有孩子吧，算得什么呢！你只当有了孩子，就没有用我的必要了吗！我会不承认孩子是我的呀……”。而他的爱人一民回答的也非常简单：“好吧，算了吧，我都知道了，你先去把脸上这些白沫洗净了，再回来说吧！”

耶林在这篇涉及婚姻、恋爱、家庭生活问题的短篇小说中，批评了把自由恋爱看成是追求个人“趣味”，忽视家庭责任的错误恋爱观，指出抱着这种恋爱观而结婚的人，他（她）的生活就像“白沫”一样一吹就散，一洗就净的，爱情是不会长久的。同时对那种把妻子当作“花瓶”，当作自己玩物，当作满足自己低级趣味的封建资产阶级思想进行了讽刺。对吴敬堂之流认为妻子姿色没有过去美了，对自己没有恋爱时的温存，就翻脸不认自己的女人孩子的坏家伙的丑恶灵魂作了无情的暴露。

更值得注意的是，他在揭露这种小知识阶层的灵魂时，明白地揭露了这种人，就是那些相信国民党“共产共妻”的反动宣传，并拿“共产共妻”作为夫妻谈兴的思想反动的家伙，这种人完全是对自由恋爱的亵渎。尽管当时他批评这种人时还是比较含蓄的，但也清楚地看出他关心人生，关心社会的进步倾向。在第一次大革命失败前后，他曾往来于潍县、青岛之间，他所接触的人当中，就有一些是以反封建自由恋爱为标榜，实际是玩弄女性的好色之徒。国民党右派叛变后，出现的那一批“新贵”实际就是“吴敬堂”之流反动分子的演化。

耶林在写《白沫》这篇小说的同时，还写过这样一首小诗，可以作为他当时思想的佐证：“听鸟声，差不多像人答话。它说，罢！罢！他既不顾你，你也别管他。”这首小诗，是从另一个侧面告诉那些陶醉在恋爱里受骗上当的女子，切勿恋恋不舍。正如他1931年给丁玲的信中说：“在旧的社会之下，很难发生满意的爱情。”

从耶林所写的《秋荷》诗和《白沫》小说来看，虽然两者都是以男女爱情为主题，前者反映了单纯地追求婚姻自主的反封建的民主思想，而后者更深入一步涉及到婚姻恋爱后的家庭生活，以及丈夫对家庭子女的责任问题，清楚地看出他思想的飞跃。

从第一次大革命失败以后，我国正处在大变动时期，在当时的青年中、知识分子中，恋爱、婚姻、家庭是最敏感的问题，不知有多少青年男女，为婚姻恋爱而演出了种种悲剧。耶林的《白沫》小说所展示的小家庭内部的矛盾，是当时社会矛盾的一个小小的侧影。鲁迅先生在《对于左翼作家联盟的意见》一文中说过：“我以为在现在‘左翼’作家是很容易成为‘右翼’作家的。为什么呢？第一，倘若不和实际的社会斗争接触，单关在下班窗内做文章、研究问题，那是无论怎样的激烈，‘左’都是容易办到的！然而一碰到实际，便即刻要撞碎了。关在房子里，最容易高谈彻底的主义，然而也最容易‘右倾’。”尽管耶林写《白沫》时，是在“左联”活动，并一度是上海“左联”党的领导人之一，他在“左联”时期所写的三个短篇小说，就与更广阔的社会斗争接触了。他选取的题材、对象就完全与工农大众的实际斗争结合了。他不仅自己身体力行，而且启发其他左翼革命同志沿着这条广阔的道路前进！

耶林在“左联”时期所发表的第一篇小说是《村中》。关于《村中》的题材，正如钱杏邨对耶林的《村中》给予的很高的评价，说他是在1931年左翼文坛上，唯一能抓住这一重大主题的左翼作家。《村中》发表于1931年12月。这时东北三省已沦入日寇的铁蹄之下。国民党政府又加紧执行他“攘外必先安内”的反动政策，用他搜刮来的民脂民肓，购买大批外国飞机，不用于抵抗日本帝国主义对我东北三省的侵占，而是用来轰炸“苏区”和平百姓，使平白无辜的善良农民惨遭不幸。同时又用几十万军队“围剿”红军，对“白区”地下党也以残酷的手段进行破坏，杀戮了几十万共产党员和革命青年，摧残了几百万工农群众，妄图把“白区”的文化反“围剿”与“苏区”的军事反“围剿”隔绝开来，耶林的《村中》就是在这样的背景下写出来的。当时主编《北斗》杂志的丁玲认为：“关于《村中》的题材……都非常有可取之地方，比较一般自身周围打圈子寻取恋爱的悲喜剧材料的，已经显得不枯窘的多了，而且新鲜。在意识上，也确有很好的倾向……。”

《村中》是描写一群男女老少农民，正在打谷场上欢乐地休息，忽然听到半空中像是蚊群叫的声音，接着又像是地震一般的声音，震动了这一偏辟的山村，一位出过远门见过世面的农民说：“这是飞机的声音”。大家立即欢快地仰望着，惊喜地议论着，凝神地注视着这“青天白日徽号清楚可见”的船形东西。忽然霹雳一声，一阵白烟之后，几颗炸弹在谷场上爆炸了，刹时间这山村谷场上无辜的农民，被炸得断头残臂，血浆崩裂，谷场上顿时出现一片哭喊惨叫，那景象真使人目不忍睹。但是第二天国民党统治的大城市的新闻报纸上，却登出了一则引人注目的消息“……匪徒数百，白昼散布在××河上，我军用飞机追击，掷弹数枚，幸能命中，毙匪无数，察匪势已窘，不日可以完全肃清云……”。

钱杏邨（阿英）在《1931年中国文坛回顾》一文中评价耶林《村中》有这样一段文字：“在描写战争以及士兵生活的‘大著’以外，有一个‘短篇’倒是不能忽略的，那是耶林的《村中》”。他又说：“三次围剿，是1931年中国一件最重大事件，特别是左翼作家应该抓住的主题之一，这是阶级斗争最尖锐的表现，可是他们都忽略了。这一主题，只有耶林的一篇展示了一个‘小景’。”是的，不只是展示了一个“小景”，人们擦亮眼睛看看人民出钱养肥了的“国府”究竟在干什么？

耶林的《村中》可以说最密切地配合了“苏区”的军事反“围剿”斗争。当时“左联”的工作纲领中曾明确地提出过配合“苏区”军事斗争的口号，耶林忠实地以实际行动实践了这一口号。在这儿附带提出的，1930年左翼“美联”成立时，耶林还领导“美联”的美术家为“苏区”的教科书画过插图。

周扬在《论现阶段的文学》一文中说：“以沈阳事变，上海战争中士兵、工农和小市民的生活和斗争为题材，当时辈出的新人如张天翼、沙汀、艾芜、李辉英、耶林、葛琴等都送出了他们有意义的新鲜作品。”耶林所写的《月台上》，反映了东北人民在日本帝国主义统治下的苦难遭遇。《开辟》是以上海事变后的上海工人运动为背景写的工人的救亡斗争。这两篇都是十分有价值的硬性文字。

《月台上》一文正如耶林自己介绍说，他写这篇作品，是他22岁时去东北的一次见闻。耶林在青年时代，确实到过东北哈尔滨、呼兰一带，当时耶林的哥哥、嫂嫂都在东北，哥哥在东北阜济林木公司当职员。耶林去探望过哥哥、嫂嫂，这是他第一次出远门。那时的东北，日本帝国主义的经济势力，在亲日派东北军阀张作霖的支持下，已充斥了东北三省。日本人开的洋行、商店比比皆是，有中国买办做帮凶，雇用一些穷苦的劳动者做杂役，廉价进行剥削。《月台上》就是揭露在日本帝国主义经济侵略下，广大东北人民所过的屈辱悲惨的生活！揭露中东铁路上的日本占领军残酷蹂躏东北人民的罪恶。小说的主人公是一个日本洋行失业的小职员。这个靠打猎为生的劳动者，在一次偶然的打猎途中，结识了一个日本洋行的老板。这位穷苦的劳动者为生活所逼，接受了这个日本老板介绍职业的“恩赐”，到长春给日本人所经营的洋行看仓库。由于他没有中国买办做后台，因此在他一次回家探亲时，被洋行买办辞退而失业。当他听说中国买办死了，想再回长春去侥幸复职时，穷困潦倒的连乘马车的路费也没有，不得不祈求别人将他捎到车站月台上，被占领中东铁路的日本兵当作小偷抓了起来，受到日本兵和日本随军妓女的百般奚落、污辱、毒打，以致不幸地惨死在冰天雪地里。这一故事所展示的情景，确实真实地反映了大半个世纪以前东北人民所过的亡国奴式的苦难生活，意在告诉尚未沦亡的关内人民，日本法西斯匪徒就是这样一群吃人的豺狼，千万要警惕，要不做亡国奴，只有奋起救亡抗日。在国民党政府“侈言抗日者杀勿赦”的反动统治下的上海，耶林如此大声疾呼，是多么的难能可贵啊！只有把握了正确的政治方向的左翼作家，才能送出这样有现实意义的作品。

《月台上》一文，不单是揭露日本法西斯的暴行，而且对那些脑满肠肥为虎作伥的日本买办也进行了揭露，对那种麻木和愚弱的民族意识，也给予了深刻的批评。在展示故事情节、塑造人物形象方面也有一定的深度，所以冯雪峰生前所编的《中国现代小说作品选》的篇目中，选用了耶林的《月台上》，把耶林列入20世纪30年代初一位有成就的作家。

《开辟》是耶林在上海参加实际工运斗争的实录性的文字，也是他离开上海到“苏区”去所留下的唯一一篇有纪念意义的作品。“九一八”事变后，上海紧接着出现了“一·二八”事变。当时十九路军，在全国人民同仇敌忾的“抗日救亡”呼声之下，对日本帝国主义的侵略进行了抵抗。由于日本侵略军的炮轰，上海许多工厂停工，造成大批工人失业。上海总工会、上海反帝大同盟，在党的领导下派出了大批的党员干部，深入到失业工人当中宣传抗日救亡，组织工人除奸防特，支援十九路军的抗战，《开辟》真实地反映了这一斗争的一个侧面。耶林1931年，也确实在上海沪东区做工人工作，他曾在沪东松义路松义里与包承工住在一起，并和牙刷厂工人老毛（盐城人）经常接头，领导工人运动。他自己也当过工人，正如他给丁玲的信中说的：“我是一个学生变成的工人”。《开辟》是将他亲眼所见、亲身体会、用艺术的形式概括出来的作品，不是关在亭子间里瞎编硬凑的衣服是工人，实际是小资产阶级粗制滥造的东西。

我们读《开辟》一文，清楚地看到当时的失业工人团，是在地下党的直接领导下进行活动的。那一大群失业工人老高、阿二、小信子、大马、小水子……，他们在党的领导下，商量着如何支援十九路军的抗战。在他们发现汉奸破坏时，个个义愤填膺，发现了敌人的拉拢腐蚀，坚决地予以抵制，发现了自己的同志，因家庭生活困苦，多用了团体的块把钱，表现了大公无私，认真追查，最后查明为同志困难所需，经大伙一起讨论，把自己仅能维持生命的一点钱拿出来补齐团体公款。

《开辟》一文在塑造工人群像时，虽然是漫画式的每人几笔，着墨不多，却勾划出了20世纪30年代初一群有觉悟的、团结的、大公无私的工人阶级的形象，而不是概念化的图解。从作者的描写中，也显示了他提炼人物形象的画笔才能，也看出他深入到实际工人生活中，观察体验的真切。如果不与工人有直接的接触，不会写出这些有真情实感的细节的。《开辟》不是一般地描写工人的不幸遭遇悲苦的生活，而是描写工人在党的领导下的团结战斗的生活。这在20世纪30年代的左翼作家中，也是不多的。沙汀回忆说，《月台上》、《开辟》的校样，可能是他在周扬家中校对的。直到今天，这两篇小说的大体情节，他还有些记得。并肯定说，耶林是20世纪30年代初写工人写得最好的一位作家。

耶林在20世纪30年代初，并不是一个普通的青年文学爱好者，当时他已经是担负着党的重要职务的领导干部。他创作的思想动向，直接反映了当时我党所关心的重大事件。阳翰笙曾给我来信说："我在'左联'担任党团书记时认识叶林（耶林），我们在一起工作过，后来我被调到'文总'和中共中央上海局文委工作，中央就委派叶林担任'左联'党团书记，并说叶林同志是个作家，他写了好几篇小说，还有诗。"从已发现的"左联"时期耶林所写的三篇短篇小说来看，他是坚定严格地按照"左联"的斗争纲领创作的，题材、主题都是无可非议的。如果以他写得形象不够饱满，情节不够曲折，没有宏篇大著来要求，那就太苛求了。20世纪30年代初与他生活在一起的同志回忆，他当时党的工作任务太重了，生活也太不安定了。也正如他自己给丁玲的亲笔信中说的："我很少有坐下来三小时的时间"。这些看上去还显得简单的作品，是他百忙中的急就篇，却不是粗制滥造的"标语口号"，是货真价实的鲁迅先生所说的"遵命文学"。

（原标题《耶林在"左联"前后的文学创作》，原载《山东师院学报（哲学社会科学版）》1980年第2期）

关于“歌特”化名考证
——与肖扬先生商榷

张以谦

1983年《中国社会科学》杂志第四期上发表了程中原先生写的《“歌特”为张闻天化名考》一文。然后，随之附和者大有人在，在学术界引起了一阵“歌特”旋风。当时，笔者正在编辑《耶林纪念文集》（耶林即张眺），大力收集考证耶林的佚文、化名，发现“歌特”与“鹤眺”谐音，是双声叠韵化名，并用了十年的时间调查和考释。

1990年6月，《张闻天研究文集》第一集同时收录了肖扬先生的《关于“歌特”化名调查》一文，对我的某些看法，断章取义地作了否定。对此我又调查研究了十年，更进一步证实“歌特”为张眺的化名。

一、否定之否定

考证方法，历来有“大胆的假设，小心的求证”的说法。“假设”是前提，“求证”得结论，求证的结论正确与否，以是否经得起历史的检验为标准。肖扬认为“歌特”不是张眺，有以下五点论据：

1.张眺当时担负的是（党的）局部工作，不可能写出“歌特”具有战略眼光的文章。

2.张眺的文风与“歌特”也大不相同。

3.张眺指摘《北斗》一、二期小说“取材更是十足的小资产阶级性”与“歌特”不同。

4.文字不老练。

5.夏衍说：“不可能是张眺。”

以“局部工作”、“不大相同”、“不同”、“不老练”、“不可能”这些否定式的句子作为党史研究的观点，有悖于发扬“实事求是”的调查研究之风，以某人说来做结论，带有封口的意味，有悖于学术问题应遵循“百家争鸣”的方针，如此的文章是不能令人信服的。

二、张眺的政治身份

张眺，即叶林、耶林。1930—1932在上海以职业革命者的身份从事地下斗争，整整三年，是左翼文化运动的组织者、领导人之一。1932年曾在丁玲之前任“左联”党团书记。1933年初，被党中央派往闽浙赣苏维埃区任文化部长，方志敏是该苏区主席。张眺在苏区“肃反”扩大化的冤案已平反昭雪，恢复党籍及政治荣誉。对此，全国第四届文代会形成决议，发出简报，为耶林出版纪念文集（该文集于1988年由山东文艺出版社出版）。耶林与冯雪峰等并列为“左联”党团书记，在上海“左联”纪念馆内展出，众多的文艺刊物发表过纪念革命前辈张眺的文章。

另据调查，张眺在上海的住处，曾是中共中央文委的所在地，由中央特科负责保卫工作，负责党中央刊物《斗争》《红旗》编辑、出版、发行工作，张眺是刊物的领导人之一。具体事务工作极为繁忙，所以他在上海三年发表文章不多，他的生活费及住房租金，都由中央拨给。他到苏区后就担任文化部长，陆定一曾复信笔者说“知道叶林”。张眺在苏区的职务，不低于冯雪峰在苏区的职务，这不是偶然的。由此可见，以张眺“负责局部工作”的论点，显然是站不住脚的。

三、“歌特”文章出现的背景

20世纪30年代，“左联”成立后，左翼文艺界的关门主义、宗派主义倾向，由于“左联”领导受王明“左”倾路线的影响，一度发展到顶峰，排斥所有的非党的“中间”作家，把“大众文学”作为唯一的创作形式，以上海方言写小说，视为最革命的表现。中共中央文委的领导，发现了这一倾向，把张眺从工人区调出来，代替钱杏邨任“左联”党团书记，以纠正这一倾向。

1932年7月，张眺（叶林）临时租用上海梅白格路的一幢寓所，某一天由张眺召集，张闻天参加并主持的一次文委会议，讨论了文艺战线的问题，参加此次会议并负责保卫工作的是张眺的女友，上海光华大学学生周湘浦。据她回忆叶林告诉她，主持会议的人是一个美国留学生。直到解放后，她看到张闻天的照片，才认出当时这次会议的主持人是张闻天同志。

1932年7月开会，10月31日写《文艺战线上的关门主义》一文（以下简称“关文”），11月3日《斗争》发表，1933年1月15日《世界文化》转载，这段时间，恰恰是张眺负责“文委”的时间。周扬说：“叶林知道我的住处，证明他是上级，那时下级不知上级的住处。”楼适夷回忆：“敌人要逮捕叶林，雪峰通知我去通知他。我在叶林住处附近开了一个旅馆，叫茶房去送信，茶房回来说叶先生不在家，他女人在家，说过了。”艾芜说：“叶林与丁玲在兆丰公园见面，我在边上，认识叶林。”剧联党团书记赵铭彝说：“叶林给我送过文件。”美联党团书记于海（于寄愚）说：“我是叶林介绍入党的。”凡此种种，我调查了几十位前辈都有亲笔信，都直接或间接证明张眺是当时左翼文化运动的领导人之一。

四、张眺的统一战线观点

张眺，1929年以前，在家乡山东潍县就是新文化的传播者，家乡的父兄都知道。在读书时阅读过《赤都心史》《饿乡纪程》《苦闷的象征》《十字街头》《小说月报》《穷人》及鲁迅的《彷徨》《呐喊》等，在“左联”没有成立时，他把自由主义者，或称第三种人，视为“普罗”文学的盟友。据他中学教过的学生丁子新回忆鹤眺老师，在讲台上谈到厨川白村时说：“他是自由主义者，可惜死的太早。死于东京大地震。如果不死，他一定会很快转变到普罗文学方面来。”

“左联”成立后，丁玲未入党前，“左联”方面，一度把丁玲的作品作为“革命加恋爱”的小资产阶级进行批判。张眺对某些批评者的非左即右的形而上学的观点，认为是“简直不懂辩证法”。

张眺1931年10月写信给丁玲：“我希望你一方面进一步的在文章上努力，一方面想法直截（接）跑到这一方面来，跑过来有许许多多帮助你的地方。自然不能像那些什么事也不做的人一样，我们对于你的希望不仅是一个赛甫林娜。”这段话中的“我们”，肯定不是代表个人，是代表党组织对丁玲的启发、关怀，丁玲不久入党，进入了“左联”党团。

张眺对中间作家、艺术家的团结，例如林风眠，左翼美术青年把林先生视为欧美学院派艺术家加以攻击。张眺亲自寄马列主义文艺理论书给林先生，并劝他去苏联游学。张眺代表左翼发动《中国著作家为中苏复交致苏联电》时，有意团结23位非“左联”著作家联合签名，其中就有所谓的第三种人杜衡、施蛰存等，据我调查与张眺有过接触联系的，除上文提到的以外，“美联”的成员几乎都认识张眺。“左联”方面有洪灵菲、沙汀、阳瀚笙、穆木天、彭慧、叶以群、力扬、马达（林杨波）、王绍洛、刘风斯，特科的刘鼎，军委的彭干臣，诗人艾青，画家李可染、江丰，文艺评论教授田仲济……。阳翰笙回忆文章中说：“叶林很能团结人。如果叶林不牺牲，他是会为党做出很多贡献的。”

关于《大众文学》的讨论，张眺对丁玲说过一段重要的话：“最近我听到‘左联’方面，特别注意到大众文学这一方面去，我个人的意见，这只能算是在新的文艺运动当中的一小部分，这绝不是他的全部。（着重号是笔者加的）我有许多意见……”这一基本观点提出是在“关文”出版前半年，在“关文”发表时对此作了充分的论述。

至于批评《北斗》“十足的小资产阶级性”，是具体指姚蓬子写的《一侍女》和《一幅剪影》两篇小说，是从“情节既枯燥无味，配置又不得宜”的艺术角度批评的。“十足”是从内容到形式的十足，并不是一般地反对小资产阶级作家，以此否定张眺的文艺观点，不也有“十足”主观味吗？

五、“歌特”化名考

张眺是一个很会起名字、刻图章的人，他与刘鼎（解放后曾任三机部副部长），在上海和苏区时都有交往，据刘鼎说叶林曾给他刻过图章。现在上海一大纪念馆保存我捐赠的“鹤眺自选”印章拓片。张眺在家乡时给人起的名字很有诗意，如我妈的“琴玲”、堂姐的“笛心”、堂兄的“秦初”等。

据我考证起“歌特”这个名字，“特”是三岁的小牛犊《诗·魏风·伐檀》“胡瞻尔庭有悬特兮”、“歌特”者，是歌颂小牛犊，即歌颂新生力量，又联系到张眺的原名“鹤眺”，《孟子·梁惠王上》“鹿鹿濯濯，白鸟鹤鹤”，《诗·大雅·灵台》也作“鹤鹤”。再从“歌特”（ge te）和“鹤眺”（he tiao），两个名字双声叠韵化名是常见的。张眺，从小有家学渊源，他的父亲张潼是清代光绪辛卯科举人。他自幼在家教的熏陶下，16岁就能写很好的古典诗词，20岁左右撰写《学步集》序言一篇，由我赠给上海“中共一大纪念馆”收藏，该文有“解端”赞诗一首，“解端”是谁，我不清楚。赞曰：

读君学步集，知君吟诗苦。

荡荡云中龙，烈烈风中虎。
奇险逼昌黎，悲壮宗杜甫。
愿君收全功，一鸣惊东鲁。

从赞诗中看出张眺古典诗词根底是很深的，起名字，也反映他古典文学的修养和造诣。无论是“歌特”的歌颂新生力量，还是“鹤眺”的站得高，看得远，都有很高的思想境界，反映出一种新的人生观、世界观。这样认识是否牵强，这要从张眺的为人去看，他在家乡办教育时，就一贯愤世嫉俗，不与封建保守势力同流合污，有人说他过分清高，叫他“张疯子”，到南方革命后，进一步与马列主义接触，思想更敏锐了。

总之，“歌特”即张眺的化名是一脉相存的。

六、关于“文风”问题

“文风”是考证“歌特”最多，似乎是最有把握的话题，但不能先肯定是某人，而后再找论据。如：虽是“如若”这样的词，不是张闻天独创的，张眺文章中就出现过。词汇有历史的演变和方言的影响，这是研究词汇学的两个方面。如果考证者就文章研究文章，跳不出先验的框框，必然南辕北辙。据笔者所知，“虽是”、“如若”、“像如”、“像是”、“法子”等这类词汇，是山东潍县寒亭一带的方言，至今张眺家乡的父老兄弟仍在普遍使用，怎以会是张闻天的独特用词呢？至于“的”字句多少，只要多看几篇张眺的文章，无需赘述。

张眺给丁玲的信有一段话很值得注意：“我是一个学画的人，原名张眺，现在叫叶林，我非常喜欢文学，但是我的时间可以说很少很少。但是在走路的当中，没有睡觉的时间，每天总是想它个把钟头。我不会写论文，写小说我很喜欢，但是第一没有充分的时间来写，第二我总是拿着笔写不出来，我的修养是很浅的。假设不是太妨害你的工作，你应该教我的。我打算多写一些短文章，练习练习，我对于自己有一个可笑的计划在进行着，我很希望我自己会写文章。”

这短短的一段话，可看出以下一些问题，首先他的语文带有浓重的家乡话色彩，上海人讲“欢喜”，他讲“喜欢”；上海人讲“妨碍”，他讲“妨害”；上海人讲“钟点”，他讲“钟头”；南方一般说“水平很差”、“修养很差”，他说“很浅”。这一段话共用了10个“的”字，加标点共200字。我看张闻天的文章一段230个字，用了5个“的”字。这样的比较，我总觉得过于牵强。不过，程中原考证的“文风”，“用语”恰恰是张眺所独有的。

其次，张眺在信中反复强调自己时间“很少很少”、“没有充分的时间”。笔者在上海50年，调查到他在上海既无家，又无产，三年来没有固定职业，凡见过他的，除冯雪峰、阳翰笙外，没一个知道他住哪儿，他“打算多写一些短文章”，笔者至今收集到的也只有三篇小说。《北斗》“一读者”给编辑的信，是我从丁玲保存张眺50年的三封亲笔信的文风中考证“一读者”可能是张眺，结果丁玲证实确是张眺，所以在《新文学史料》上公布了四封信，其中三封原件还在我处保存。

张眺的“可笑的计划”有没有实现，在哪里实现，始终是我几十年追寻的踪迹，感谢张闻天文献组的同志解开了这方面的谜底，更证明“歌特”是张眺的化名，而不是张闻天的化名。

七、结束语

张闻天是党和国家的领导人，他的一生功绩，不以三篇文章是谁而掩盖，也不为三篇文章是谁写的，否定他对左翼文化运动的领导和他坚持反对关门主义的正确文艺观点，“歌特”这个化名是张闻天，还是张眺，这是具体问题要作具体对待。“关文”的意义首先是代表中共中央文化工作委员会（简称“文委”）对左翼文化运动的领导，批判“左联”的关门主义、宗派主义倾向，这对当前研究左翼文化运动，纠正那些把“左联”看作一个“亚文化政治团体”，误认为是彻头彻尾为王明“左”倾路线服务的偏见。

“关文”当时不仅在党内刊物《斗争》上发表，其目的是各联盟党团注意纠正这种错误倾向，同时也要求文化总同盟领导下的公开文化团体，响应中央文委的这一号召。

1936年雪峰同志重返上海，强调了“歌特”的统一战线观点，说明他是清楚“歌特”来历的。这时雪蜂向胡风、周扬谈过“叶林之死”是“肃反”扩大化的冤案。此后，雪峰对叶林之死表示沉默，与当时的形势和个人处境有关。雪峰临终前编的《中国现代小说选》，还是收录了张眺（耶林）的《月台上》。

雪峰在20世纪30年代与张眺（叶林）的交往，众多的左翼前辈已有回忆。有人提出张眺肩负的责任，为什么鲁迅著作中没有提到他。这是因为张眺1929年曾在杭州被捕，出狱后到上海，浙江国民党省党部曾向林风眠校长追查张眺去向。国民党又通缉“堕落文人”鲁迅，而张眺负责“文委”，为安全回避与鲁迅联系是情理中的事。张眺到苏区与方志敏过往甚密，上海左翼的活动，张眺能不向方志敏介绍吗？方志敏狱中文稿，千方百计送往上海，找与鲁迅有关者转交中央，这不是猜想，是历史的必然。

夏衍同志，1932年大部分时间集中在左翼电影界，他与其他左翼党团联系不密切，我至今没查到夏衍与张眺的交往，然而雪峰、阳翰笙、丁玲、周扬等与张眺都有交往。20世纪30年代处在白色恐怖之下，没有工作的特殊需要，是不能擅自暴露身份的。据张眺的女友回忆，她与张眺每人每月生活费6元，经常搬家，房租是组织上给钱支付的。张眺不是在外面跑，就是回家伏案写，生活很苦很苦，靠大饼、白开水过日子，这是阳翰笙回忆中提到的。说明张眺在上海是一个职业革命者。

笔者是张眺的亲属，不为亲者扬，也不为亲者讳，只是客观地把事实写出来，供研究者鉴别。求得党史研究的真实。

2000年3月于上海

（原载《昌潍师专学报》2000年8月第4期）

歌特是谁
——关于“歌特”化名考证与程中原先生商榷

张以谦 杨富康 张列力

2013年5月《中华读书报》刊登了程中原先生的《破解张闻天研究的两大难题——以四重证据法破解党史国史七大疑案实录之一》的文章（以下简称“2013程文”），作为张眺的后代，十分诧异。早在20世纪末，即2000年3月，张以谦先生针对程中原先生1983年4月在《中国社会科学》杂志刊登的《“歌特”为张闻天化名考》（以下简称“1983程文”）一文，1992年3月《鲁迅研究月刊》杂志刊登的《“歌特”是张闻天已经没有疑问》（以下简称“1992程文”）一文，写了《关于“歌特”化名考证——与肖扬商榷》一文（刊登在2000年8月《昌潍师专学报》第四期，以下简称“2000张文”）。在此文中张以谦先生用20年的心血先后调查、考释、研究，其考证结果，一是发现张眺的原名“鹤眺”与“歌特”谐音，是双声叠韵的化名。二是考证1932年10月至12月期间，以“歌特”化名发表的《文艺战线上的关门主义》《论我们的宣传鼓动工作》《在走向粉碎四次“围剿”的路上》等三篇文章，是出于张眺之手，证实“歌特”为张眺的化名。不仅考证十分清晰，而且事实足够清楚，特别是张以谦先生在文中最后写道：“笔者是张眺的亲属，不为亲者扬，也不为亲者讳，只是客观地把事实写出来，供研究者鉴别。求得党史研究的真实。”

党史已载明，张闻天在我党历史上重要领导人的地位是毋庸置疑的，是任何人诋毁不了的。不会因为1932年10月—12月间的三篇用“歌特”笔名写文章的作者是否张闻天而受到丝毫的影响。既然如此，张眺的后代想要问程中原先生，为何要在2000年后的十余年，旧事重提，旧题重论。在进入正文前，笔者先就“2013程文”的题目啰嗦几句。

一是，“党史”是党史，“国史”是国史，两者不可混淆。一并出现在题目中，是否不严谨，不严肃，有悖常识。

二是，什么叫“实录”？顾名思义，事实真相的记录。是考证，听他人说，当面用笔记录，写成第一手材料？还是用摄录设备，再整理成材料或就是特指影像材料本身呢？然而，“2013程文”中通篇没有找到任何“实录”，只有档案和文献材料的摘录性引用，文字的推测性表达，以及作者主观性认识和观点的展现。读后，百思不解为何用“实录”两个字，要不程先生写下的这篇2013年的

“破解”之文就是“实录”。

一、关于对“2013程文”总体意义上的感受和认识

数读“2013程文”，笔者感到：第一，从考证材料的内容上看，一无新发现的直接证据材料；二无原考据理应延伸所提供的新材料。但新增了间接的重磅材料：一是，杨尚昆的《给刘英的信》[1]“同意我们的考证，确认歌特是闻天同志的笔名”。同时还连带着胡乔木的“同意考证”、李何林的“说服力很强”和唐弢的“考证是可信的”等；二是，由夏衍的质疑引发的启示和提醒，而作的深入“张闻天思想体系发展演变”考察分析论述，安排了较大篇幅。第二，从运用考证材料的论证方法上看，只是原先考据详略互换、角度转移的重新排列组合，可以说“新瓶装老酒”及“穿新鞋走老路”。第三，从“2013程文”考证思维的逻辑上来说，本身就是以偏概全。不去具体分析某些具体关系，而是进一步就此而跳到“拆拒”和“回归”两个抽象的纬度去概括。这也是笔者之所以认为这种考证是“穿凿”与“牵强”的附会，岂能破解得了党史研究中的难题。

“2013程文”所说的，完全按照自己的理论逻辑和现实意图进行直接考证的，是与其原先“1983程文”一脉相承的。笔者就以文中关于“夏衍质疑的启示、胡乔木的点拨”那些拥有六个自然段1700余字篇幅的内容议论几句。笔者认为，文中程先生无非一是将“歌特三篇文章”放到“张闻天思想体系的发展”演变中去考察，找到了“张闻天写出‘歌特’文章的原因及其在张闻天思想发展过程中的意义”。二是把用对“质疑”的回答，从张闻天由“左”到反“左”的思想演变轨迹角度来考察，而认为“在第三次‘左’倾路线时期，张闻天的思想经历了一个由‘左’倾到反‘左’倾的发展过程，‘歌特’的《文艺战线上的关门主义》等三篇文章恰好成为他从‘左’倾错误开始向反‘左’倾转变的标志”。不仅如此，“2013程文”中还有更直接的表述，即“掌握了1931年至1934年长征出发前张闻天思想变迁的路径，理清了张闻天自觉转变的过程，再来看‘歌特’文章，显而易见……。‘歌特’之为张闻天是完全可以理解的”。很明确，“醉翁之意不在酒”，是在生拉硬拽制造接轨“缝口”。对此笔者要想说的确有不少，但限于篇幅只问一点，“张闻天思想”（程先生应概括出该段历史“张闻天思想”的表达内容是什么）与“歌特”文章内容观点（同样需表达出概括性内容）的“内在联系”到底在哪里？两者吻合点又在何处？很遗憾，“2013程文”除了只有肯定性、结论性的话语，没有其他任何实质性、实证性可把两者接轨的“缝口”，更无一字提及“张闻天思想”和“歌特文章内容观点”两者“内在联系”是什么的任何内容，这样的破解式考证还有何意义。一句话，没有看到逻辑清晰、内容明确的破解“‘歌特’为张闻天之化名”这一难题的理由和根据。

二、关于对破解难题的“四重证据法”点滴想法和认识

“2013年程文”开头就让“四重证据法”醒目亮相，写道，“‘四重证据法’是在实践中概括出来的破解近现代史疑案的科学方法……‘四重证据法’

1.1983年3月26日，刊载于《文献和研究》1984年第2期。

是我在破解张闻天研究的两大难题的过程中形成的”。在“2013程文”结尾处，专辟区域对“四重证据法”作了专门注解、论述和总结。一言概之，“四重证据法”就是指“人证、书证、物证、史证”。然而，让笔者既感困惑更觉不解的是“这种方法，套用王国维‘二重证据法’的概括，我把它称为‘四重证据法’。其要义是从四个方面寻找史料并进行考辨、考释，使之成为证据，得出结论或者证实结论。”

1.套用王国维的“二重证据法”，自创“四重证据法”能否成立

王国维是我国近现代在文学、史学、美学、哲学、考古学等各方面成就卓著的学术巨子，国学大师。“二重证据法”是把发现的史料与古籍记载结合起来，以考证古史的方法。它作为一种重要的治史观念和方法，是20世纪初中西学术交融和新史料大量发现刺激下的产物，是20世纪中国考古学和考据学的重大革新，对20世纪中国学术研究产生了巨大影响。“二重证据法”是运用“地下之新材料”与“古文献记载”相互印证，以考古代历史文化，是一种公认科学的学术正流。换句话说，“二重证据法”就是“地下之新材料”与“纸上之材料”相互印证的研究方法，就是将“地下发现之新材料”与“纸上记载之材料”二者互相释证，以达到考证古史的目的。

王国维创立的“二重证据法”是什么及用途，笔者认为，程先生应是完全清楚的。“套用”其实就是借用，借来用之，拿出“地下”和“纸上”相互印证的材料，完全可以。然而，程先生没有借用“二重证据法”用于分析破解“歌特”为张闻天之化名，更没有搬出破解难题的“地下”和“纸上”互相印证的证据材料，却是套用“二重证据法”的概念，望文生义，用“二重证据法”的名称，把“二重”改为“四重”称之为“四重证据法”。程先生仅仅是名称改动的套用，只是把“人证、书证、物证、史证”四个方面称之为“四重”，用“四重”置换“二重”，而不是用“二重证据法”实质性内容和意义来破解党史研究的难题。请问程先生，你认为这样的套用，能把“二重”和“四重”扯拉上关系吗？能否套用上，破解党史研究中的难题？答案十分清楚，不能。这个自创的“四重证据法”不能成立。假如程先生硬要扯拉成“套用”，牵强加穿凿，岂不令人啼笑皆非，亵渎了我们党史研究的初衷。

2.“人证、书证、物证、史证”只是证据不同的类别分类，不是“四重证据法”的独立要素

“2013程文”在对“四重证据法”论述中指出，“通过综合运用人证、书证、物证、史证四种方法，分析研究，使史料成为证据，来考定历史人物的作为、著述、历史事件的真相”。众所周知，证据是人在社会实践活动中形成的，证据的主体是人。证据的存在形式和载体，多种多样，丰富多彩，如文字、声音、图像、甲骨、竹木、纸张、光盘、手写、印刷、摄影……，证据的内容是人的社会实践活动结果的表述和记录。“人证”是现实和历史中的人，是一种自身客观存在的证据（证据的形成者和制造者）；“书证”是证据存在和载体的多种形式之一；“物证”是以物质（事物）为证据；“史证”是与现实对应的，已逝的现实证据。“人证、书证、物证、史证”，只是从不同角度将证据分类的不同类别名。很明显，“2013程文”把四种不同类别的证据拼组混淆，自创

“四重证据法”，这四种不同类别名称的证据，不能成为“四重证据法”的独立要素。

据本文前述，“二重证据法”的“二重”独立要素就是“纸上之材料”（古籍记载）和“地下之新材料”（发现的史料）。因而，从准确的科学的意义上来讲，由“人证、书证、物证、史证”组合成的“四重证据法”，应改名为“四类证据法”或“四种证据法”为好。言至此，不禁让笔者想重温中国古代“名辩学说”其中集大成者——墨家墨辩的推论七原则之一，其内容是“进行概括时只能以同类事物为实例，进行推演时只能在同类事物中进行”[2]。

三、关于对“2013程文”中若干具体论述问题的不同看法和意见

第一，关于证明“歌特”化名的落点指向是谁。“2013程文”在证明《文艺战线上的关门主义》（以下简称“关文”）等三篇署名“歌特”为张闻天的化名时，排列出了16人的大名单，并说“关文”的作者必须同时具备五个条件，以此排除了15人，最后指落在张闻天身上。这是依据“1983程文”的基础，又一次在“2013程文”中加以指定，不过程先生是用排除法，回避耶林（叶林、张眺），肯定“歌特”为张闻天的化名。对“歌特”化名指向谁，中间既没有任何论证过程，又缺乏逻辑性。其实张先生18年前（见“2000张文”）都已经把这个问题讲清了，程先生没有提出任何反对意见，2013年程先生重新提出此问题，不知何意。另外笔者要强调一下，耶林（张眺、耶林）是受中共中央委派接替钱杏邨担任“左联”党团书记，负责上海左翼文化运动，是上海文艺界党内领导人，完全符合“2013程文”中提出的“具备的五个条件”。张闻天是临时中央局主管宣传工作，1932年期间上海临时中央局主导路线是“左”倾政治路线，这是历史事实。而耶林（张眺、叶林）作为上海左翼文化运动党内领导人，了解全国工农武装割据，红军反“围剿”斗争。在他的小说《村中》就是展示“反围剿”这个主题，同时耶林（张眺、叶林）在给丁玲的信中针对文艺界“左”倾关门主义，批评钱杏邨不懂辩证法。从叶林担任“左联”领导人期间所做的一系列事情，可以说明他一直在纠正上海左翼文化运动的“左”倾关门主义倾向，“2000张文”已经说得很明白很清楚了。

第二，在“2013程文”中论述“歌特”为张闻天的化名，提供了三个史料证据。（1）张闻天自传材料；（2）1932年10月中旬，在上海的团中央机关遭遇了国民党特务大搜捕，团中央书记袁炳辉被捕叛变，团中央机关爱文义路平和里27号遭到破坏，张闻天离开原住处，搬到党中央设在摩律斯新村（今重北公寓）的机关住了一个月。（3）1932年10月25日、27日分别召开了中央政治局常委会和中央政治局两次会议，张闻天在会议上作了记录和总结。首先，笔者认为依据这三个史料证据，不足以推论“歌特”是张闻天化名。凭程先生主观想象推断，证明不了“歌特”是张闻天的化名。

不仿，笔者梳理一下当时的历史。20世纪30年代中国共产党领导的中国革命异常艰苦，白色恐怖笼罩整个上海，国民党特务机关清楚知道共产党的首脑机关在上海，布满了军警宪特，千方百计要抓捕中共首脑人物，摧毁共产党在上海的

2.摘自《中国哲学小百科全书》，中国大百科全书出版社2001年版，第133页。

组织领导机构。在这非常时期，党内经常出现叛徒，这些叛徒往往会直接危害党中央机关的存在，危害党中央领导人的生命安全，有的领导人为此被捕牺牲。张闻天之所以搬到摩律斯新村（今重北公寓）居住，就是党内出现了叛徒。从1931年到1932年底，顾顺章、向忠发、卢福坦等党内重要领导人被捕叛变，临时中央局在上海不能立足，机关人员陆续撤离上海，张闻天也随中央在1933年1月撤离上海进入江西中央苏区。“2013程文”提出，“这是张闻天住在摩律斯新村一个月研究写的”。当时党中央的主导思想是“左”倾政治路线，而张闻天的基本思想是“左”倾教条主义，短短一个月，一百八十度转弯能写出“关文”吗?依据历史资料，“张闻天在莫斯科中山大学学习时，他是王明为核心的宗派教条组织成员之一，标榜百分之百的布尔什维克。”[3]张闻天回国后到中央工作，一直追随王明、博古（秦邦宪）的“左”倾政治路线，到江西中央苏区根据地，继续追随博古（秦邦宪），执行“左”倾教条主义路线，这是一段抹不去的历史事实。一句话，“2013程文”没有说明是如何研究的，是如何转变的。正如“2013年程文”提到夏衍开始坚决不同意，恐怕原因就在于此吧。

其次，“2013程文”在论述“歌特”与张闻天，“关文”与张闻天的文章之间的关联问题时，如前所述“2013程文”仅提供了三个史料证据，根本没有做内外动因的分析和量变到质变的论证，凭主观逻辑推理，生拉硬扯，找“缝口”接轨，没有找出张闻天由“左”倾走向反“左”倾思想转变的关节点（转折点）和转变发展的脉络，从而证明张闻天是“歌特”，以“歌特”为化名的“关文”等三篇文章是张闻天写的。

再者，“2013程文”中还提到，张闻天在《自传》中谈到了关于左翼文化运动的问题。笔者认为，如果“关文”是张闻天写的，张闻天当时完全可以在自传中明确地说明“歌特”就是自己，完全没有必要隐瞒。

第三，“关文”的思想与张闻天、耶林（张眺、叶林）文章各自观点之间的对照。我们先看“关文”的思想内容，“关文”的开头明确指出：“中国左翼文化运动，所以一直到今天没有发展的原因，是由于我们在文化运动中一些做领导工作的同志的右倾消极与‘左’倾空谈。”[4]还有“在有阶级的社会中间文艺决没有超阶级的自由，而且还要去领导这些革命小资产阶级的文学家，为了争取自由而进行反帝国主义与反国民党的斗争。只有这样才能使小资产阶级的文学家了解到我们所指示的道路的正确，而走到我们的道路上来。”，“关文”还指出“小资产阶级的文学家，不是我们的敌人，而是我们的同盟军”[5]。这是一个开放式的，包容我们可以团结一切可以团结的力量，统一战线的观点。

“关文”与张闻天文章的观点。张闻天的《在争取中国革命在一省与数省的首先胜利中中国共产党内机会主义的动摇》是典型的“左”倾思想路线的文章，文章的通篇充满着“左”倾路线方针和政策，错误地估计当时红军与国民党

3.摘自《王明传》，戴茂林、曹仲彬著，中共党史出版社2008年版。
4.摘自中共中央机关报《斗争》第30期，1932年11月3日。
5.摘自中央中央机关报《斗争》第30期，1932年11月3日。

军队的力量对比，对于不同意见的同志采取无情的打击。在《满洲事变中各个反动派别怎样拥护着国民党的统治》这一篇中，有关在阶级矛盾上升到民族矛盾时，作为中共中央领导人的张闻天，文章表现出“关门主义”思想，打倒一切孤立自己。尤其在《烟幕中的“民主政治”》一文中指出，“中间派是最危险的敌人”[6]，这是典型的“关门主义”观点。与“关文”的思想观点恰恰相反。

张闻天在江西中央苏区刊物上发表的文章，例如《什么是罗明同志的机会主义路线》一类以反右倾机会主义面貌出现的文章，文章内容充斥着极“左”路线的观点。在对待持不同观点同志，缺乏说理、教条、粗暴、扣大帽子，对待同志不讲团结，做法是残酷斗争，无情打击。《关于苏维埃政府的〈宣言〉与反机会主义的斗争》虽然对于抗日民族统一战线有了新的认识，但是没有摆脱“左”倾思想，在文章中没有从阶级关系的变动上来认识和纠正“左”的关门主义。没有看到国民党将领爱国抗日，以及资产阶级统治要求变化的反映，这一点正是表明张闻天整个思想尚未摆脱“左”倾窠臼。《反对小资产阶级的极左主义》虽说反对极“左”，但是还是跳不出“左”倾政治路线印迹的框框，在思想上表现出有着很深的极“左”思想。从张闻天到达江西中央苏区后写的文章和“关文”发表前所写的文章，都是“左”倾政治路线的产物，其思想观点一脉相承，何来思想转变。

综上所述，张闻天1932年4月至1934年6月的文章并没有从思想上改变，还是“左”倾政治路线。在20世纪30年代末，他也还有个别八股味很浓、开中药铺式的文章。[7]这是一个不争的事实。

“关文”与耶林（张眺、叶林）文章的思想观点。阅读耶林（张眺、叶林）给丁玲信关于团结统一战线的观点，“我希望你一方面进一步的在文章上努力，一方面想法直截（接）跑到这一方面来，跑过来有许许多多帮助你的地方，自然不能像那些什么事也不做的人一样。我们对于你的希望不仅是一个赛甫林娜。”[8]还有大众文艺的观点，“最近我听到‘左联’方面特别注意到大众文学这一方面去，我个人的意见，这只能算是在新的文艺运动当中一小部分，这绝不是他的全部。我有许多意见……”[9]，然而“关文”指出：“文艺应该大众化，左翼文艺家为了要实现宣传鼓动的目的，应该采取各种通俗的大众文艺形式，通俗白话文，写出能为大家所了解的文艺作品，这完全是正确的。”耶林（张眺、叶林）给丁玲的信中说的只是一个基本观点，“关文”则对文艺大众化作了详尽的充分论述”[10]。

1932年底，耶林（张眺、叶林）奉瑞金苏区党中央调令，赴江西中央苏区受阻，在闽浙赣苏区工作时，他具体负责文化教育宣传方面工作，和他在上海的思想观点也是一贯的。1933年3月第二次闽浙赣省苏代表大会文化的工作决议案中，耶林（张眺、叶林）在讲话中指出：“今后文化教育总的方针，应该是加紧

6.《红旗周报》第40期，1932年5月15日。
7.曾彦彦《谈谈歌特宣传工作论文的历史意义》，《张闻天研究文集》第97页。
8.摘自《耶林给丁玲的四封信》，《新文学史料》第1辑，人民文学出版社1980年版。
9.摘自《耶林给丁玲的四封信》，《新文学史料》第1辑，人民文学出版社1980年版。
10.张以谦《关于“歌特”化名考证——与肖扬先生商榷》，《昌潍师专学报》2000年8月第4期。

群众阶级的政治教育，提高群众对革命战争的热情及战争胜利的信心和决心；发展识字运动，扫除文盲，着重青年儿童的文化教育，发展新的社会力量，反对把文化与斗争割离，与工农群众实际生活割离，以及把劳动与知识割离开来；实行政治化的、社会化的、劳动化的文化教育，即政治与文化教育的辩证关系。”[11]普及小学，让根据地适龄儿童都能读书，也印证了耶林（张眺、叶林）在熟练地运用马克思主义的理论与实践工作结合中，不仅纠正上海左翼文化界的关门主义，而且同样在闽浙赣苏区根据地，纠正了不重视文化教育，把苏区文化教育搞得欣欣向荣，热火朝天，这是一脉相承的。可惜的是他被极“左”路线迫害，牺牲于江西葛源。闽浙赣苏区的经济、文化教育事业发展成果，受到了当时的中华苏维埃共和国主席毛泽东的表扬，称之为“方志敏式”。

第四，关于“歌特”文章的语言风格，“2000张文”的已经有了很清楚的论述。“2013程文”又搬出来旧事重提，用“乾嘉朴学和统计学”方法进行考证，列举了“虽是”、“如若”、“表示”、“一直到现在”、“与”五个词语，是张闻天的“个人惯用语”。其实“2000张文”有关文风问题已经作了充分的论证，并且强调这些词语“都为耶林家乡的地方方言，至今张眺的父老乡亲仍在普遍使用”[12]，程先生没有任何异议。笔者不明白“2013程文”又提出张闻天的“个人惯用语”，只是用统计学论证“五个词语”使用频率次数，而张闻天的“个人惯用语”用词特点一字不提。“2013程文”根本跳不出已经被“2000张文”在十多年前否定的“1983程文”和“1992程文”的老框框。

在此笔者对语言风格问题做些补充：1.文章语言风格形成的特点，与作者出生地，所在环境和受的教育有着密切关系，尤其在语言方面与母亲的语言有着直接的联系。如“2013程文”所提到的“背境”、“侵掠”、“不经常”、“前面”等词语都是吴方言读音，张闻天家乡在上海川沙县属于吴方言区。这些词语是张闻天家乡方言用词，至今当地口语中还在使用。耶林（叶林、张眺）的语言特点是：语言朴素平实简练，逻辑性强，有节奏感，语句多“的”字结构，与“关文”所用语言的特点很相似，有浓烈北方语音的方言特点，这已经被“2000张文”论证确实了，这是一个不争的事实。2.“五四”运动以后，虽然大力提倡白话文，当时的书面语表达没有像现在那样规范，书面语表达和口语表达也没有像现在有明显的界线。那时的作者往往在写作中，在书面表达中难免会出现自己家乡的地方方言词语和口语化，有的经常会应用在文章里，形成了特有的语言表达方式。“歌特”的三篇文章里时常出现的词语，例如“虽是”、“如若”……等等词语，早已经过“2000张文”考证，这五个词语是耶林家乡一带地方方言，至今仍然使用。

第五，关于张闻天的思想的转变问题，笔者认为，“2013程文”没有从张闻天思想发展脉络去分析，仅依据某些立论相对接近的材料，不作具体分析，以偏概全加以肯定，有悖于考据学的基本常识。张闻天在上海临时中央局常委主管

11.《第二次闽浙赣省苏文化工作决议案》（1933年3月23日），摘自《闽浙赣苏区革命文化史料汇编》，江西人民出版社1997年版。

12.同7。

宣传，执行王明的“左”倾政治路线，是“左”倾政治路线的追随者，张闻天的许多文章已经证明了这一问题。张闻天1933年1月进入江西中央苏区，继续追随博古执行“左”倾政治主义路线，六届五中全会还是很“左”的。在长征初期，湘江战役前，张闻天继续执行王明、博古“左”倾政治路线，以及博古、李德的“左”倾军事冒险主义，根本没有意识到“左”倾政治路线在军事上对红军的危害性极大。只是在湘江战役以后，中央红军从8万人锐减到3万人，张闻天这才开始意识到博古、李德军事冒险主义的危害，才从思想上渐渐有了认识的。

1936年4月瓦窑堡会议以后，党中央要与上海的地下党恢复联系，决定派冯雪峰到上海联络。冯雪峰到达上海后，曾用吕克玉化名发表《对于文艺运动几个问题的意见》引用了“科德”的话，谈论左翼文化运动，文中提到了“科德”先生就是1933年1月5日在《世界文化》上发表《文艺战线上的关门主义》的署名人，其实“科德”和“歌特”是同一人。冯雪峰的这一做法，已完全透视出冯雪峰知道“歌特”是谁。

党中央决定派冯雪峰去上海，时任党的总书记张闻天，为此找冯雪峰谈话。冯雪峰到达上海，曾召集留在上海文艺方面的党员领导开会，与会的有周扬、沙汀等同志。顺便补充一下，耶林（张眺、叶林）在离开上海前把工作移交给周扬，周扬接替了耶林（张眺、叶林）在上海的工作。在这次会上，冯雪峰跟与会者曾经说过：“你们知道耶林是怎么死的吗？”冯雪峰在会议上对周扬等人所说的话，可以清楚地知道，“歌特”不是冯雪峰本人，同时也证明了“关文”作者不是张闻天，而是耶林（张眺、叶林）。如果是张闻天写的，冯雪峰在会议上可以直接告诉与会者“歌特”是张闻天。耶林（张眺、叶林）在闽浙赣苏区根据地被害牺牲，事实上冯雪峰已经知道耶林死因的。

第六，关于“2013程文”中，程先生提供的1983年3月26日杨尚昆给刘英的信，及胡乔木、李何林、唐弢等人同意“2013程文”观点的资料。笔者认为，杨尚昆、胡乔木是老一辈无产阶级革命家、理论家，李何林、唐弢是著名学者理论家、文学家，这些革命家、理论家的观点，早已经被“2000张文”否定了。因此，杨尚昆、胡乔木等人的肯定性结论言语证明不了，何况事实上他们本身也不知道“歌特”到底是谁。“2013程文”以此作为重要的证据，帮不了破解难题的忙。

第七，“从夏衍质疑的启示、胡乔木的点拨”看问题实质。对于这个问题“2013程文”着墨很多，但整篇没有令人期待的论述张闻天的思想转变和发展的过程。从“歌特”的“关文”的发表，到张闻天进入江西中央苏区，中间也就是两个多月。张闻天在上海就是“歌特”，到达江西中央苏区，又仍是一个“左”倾政治路线的执行者，这个“突变”是合乎逻辑的存在吗？再说了“2013程文”对张闻天有利的证据侃侃而谈，对张闻天不利的证据避而不谈，这样的考证符合实事求是的考据学原理吗？

第八，笔者要重申，耶林（张眺、叶林）是一名优秀的中国共产党党员，肩负着党中央的使命，在担任上海文艺界党内领导人期间，负责上海左翼文化运动，从不搞形式主义和教条主义，提醒同志们不要犯教条主义的毛病，要懂得辩证法，运用辩证唯物主义方法来解决问题。他曾经批评过夏衍不要躲在亭子间里搞创作，只想着成名。要求夏衍多参加一些社会活动，多做一些实际工作。耶林（张眺、叶林）在上海工作期间，他身体力行为党工作，写了《村中》、《月台上》、《开辟》等小说，对"左联"作家题材开拓有指导性意义，是现代文学史上"左联"时期的"重大主题"的开拓者。从耶林（张眺、叶林）整个思想发展过程看，无论在上海还是到闽浙赣苏区工作，他的思想和歌特的"关文"等三篇文章阐述的观点脉络是相吻合的，"歌特"不是张闻天的化名，而是耶林（张眺、叶林）的化名。

最后，笔者郑重提醒一下，程中原先生和张以谦先生在1982年前有书信来往，程先生对"2000张文"考证"歌特"的化名是耶林（张眺、叶林），十多年没有进行辩驳，持默认的态度。

2018年6月1日

参考资料：

《红旗日报》（1930年8月15日—1931年3月8日），人民出版社1982年影印版（第1—182号1册合订）

《红旗周报》（1931年3月9日—1934年3月1日），人民出版社1982年影印版（6册合订）

《耶林纪念文集》，张以谦编，山东文艺出版社1988年版

《张闻天文集》（第一、二集），中央党史研究室张闻天传记组编，中共党史出版社1995年版

《张闻天研究文集》，张培森主编，中共党史资料出版社1990年版

《闽浙赣苏区革命文化史料汇编》，江西人民出版社1997年版

《闽浙赣革命根据地史料选编》上、下册，江西人民出版社1987年版

《王明传》，戴茂林、曹仲彬著，中共党史出版社2008年版

《耶林给丁玲的四封信》，耶林，《新文学史料》1980年第1辑，人民文学出版社

《关于"歌特"化名考证——与肖扬先生商榷》，张以谦，《昌潍师专学报》2000年8月第4期

《"歌特"为张闻天化名考》，程中原，《中国社会科学》1983年4月第4期

方志敏狱中文稿转送至上海渠道和源头信息提供者的确认

杨富康 张列力

方志敏烈士，人们并不陌生。因为人们在青少年时期读过的课文《可爱的中国》《清贫》等，都是他在狱中撰写的。凡读过方志敏文章的人，都有一种震撼，他的文章对激发我们强烈的爱国责任感和使命感，确立我们正确人生观和理想信念，起到了巨大的推动作用。然而，方志敏狱中文稿，在白色恐怖年代，是怎样从江西转送往上海，找与鲁迅有关者转交至党中央的，这个“重大悬题”近十几年一直萦绕在我们的心中，重压在我们的肩上。随着时间的推移，考证调查的不断深入，寻查考证“悬题”的多条线索共同指向一点，就是叶林（张眺、耶林）与方志敏在苏区革命斗争生活中建立的关系。这种过往甚密的特殊关系，是他们在苏区革命斗争生活的七百多天里，在共同革命目标基础上，用理想与信念凝结而成的坚实信任和牢固友谊。

一、叶林（张眺、耶林）与方志敏关系建立与形成的背景与缘由

叶林（张眺、耶林）是20世纪30年代上海左翼文化运动的重要领导人之一，担任过“左联”、“美联”党团书记和中央文化工作委员会委员。1932年12月，奉江西瑞金苏区党中央的调令，赴江西中央苏区。在经过闽浙赣苏区根据地时，遇国民党军队对红色根据地的第四次围剿，受阻于闽浙赣苏区，而无法到达中央苏区。叶林（张眺、耶林）、刘鼎、彭干臣等一行20余人滞留在闽浙赣苏区根据地。闽浙赣苏区根据地正是由方志敏、黄道、邵式平等人创建的大规模的红色苏维埃政权。

方志敏是闽浙赣苏区的党和政府的主要领导人。当时，与叶林（张眺、耶林）一同受阻的20多位同志中，刘鼎是特殊人才，中央点名让他到瑞金，彭干臣到红军作战部队，只有叶林（张眺、耶林）被方志敏留在葛源文化部工作，被任命为苏维埃政府文化部部长，负责苏区根据地的文化教育和宣传工作。不久，在全省苏维埃第二次代表大会前，叶林（张眺、耶林）代表全省党政军在《工农报》上发表了《用实际工作拥护全省苏维埃代表大会》的重要社论，并且在全省苏维埃第二次代表大会上当选为主席团成员之一，执委会委员，文化部长。

方志敏，这位闽浙赣根据地苏区的第一领导人，他平易近人，善于交谈，常在第一线工作，深入群众，了解情况，发现问题，及时解决。他对从上海来苏

区根据地的革命同志尤为重视，通过逐一谈话，了解国统区的实情。方志敏与叶林（张眺、耶林）年龄相近，叶林（张眺、耶林）又是上海左翼文化运动的领导人，真是相识恨晚。方志敏与叶林（张眺、耶林）家境相似，都受过良好的高等教育，也都喜欢和有兴趣于小说诗赋，爱好趣味更是相投，更重要的是他俩理想和信念坚定不移，对党的事业赤胆忠心。据曾和耶林一起在闽浙赣工作的赵平介绍，方志敏与叶林（张眺、耶林）彼此之间朝夕相处，无话不谈。为了革命斗争和苏区建设商讨谋划工作，甚至会彻夜长谈，相互交流苏区、国统区情况和革命斗争经验。当方志敏知道叶林（张眺、耶林）是教师之家，叶林（张眺、耶林）既是教师，又是作家和绘画艺术家，更加心投意合。方志敏将根据地苏区文化教育和宣传的重担交给叶林（张眺、耶林），让他勇挑重担，领导全面展开工作。叶林（张眺、耶林）挑重担甩手干，在两年时间为苏区文化教育宣传工作和苏区文化建设交上了优秀的答卷。根据研究发现，从1933年至1934年底，苏区文化教育宣传工作和文化建设朝气蓬勃，卓有成效。特别是根据地所有的文化教育和宣传工作的文件和报告，乃至小到宣传壁报，哪怕是幅漫画，都出自耶林之手。他俩在根据地七百多个日日夜夜里，面对艰难而残酷，随时可能牺牲生命的危险，夙夜为公，从容不迫，以坚定信念和革命乐观精神开展工作，一边领导工农武装随时与国民党短兵相接展开反围剿武装斗争，一边大力发动和带领根据地人民建设红色政权的革命根据地。他们在这样的形势和环境下，坚信共产党的使命和宗旨，共同并肩战斗，共同一心建设，他们之间建立并形成了具有共产党人特质的伟大纯洁友谊和为公忘私、相互信任的同志关系。

为了印证方志敏与叶林（张眺、耶林）之间这种具有共产党人特质的同志关系，我们应该并且必要向世人公开一个细节：当年，方志敏把叶林（张眺、耶林）创作的“春耕组画”，特意贴在他自己办公室的板壁上（由江西省资料、革命纪念馆研究者提供）。至此，我们不禁想起鲁迅与瞿秋白之间的一件趣事，当年鲁迅转书清代金石篆刻家何溱的一副对联写给瞿秋白，“人生得一知己足矣，斯世当以同怀视之”。“知己”是理解自己值得信任的人，“同怀”就是志趣相同相投。这副对联清楚表明了鲁迅与瞿秋白之间至深至浓的情感和友谊。“灵魂知己，同怀相知”是多么难能可贵，她是人们对于精神上的共同渴望和追求。叶林（张眺、耶林）与方志敏之间的关系如同鲁迅与瞿秋白之间的关系一样，不就是“灵魂知己，同怀相知”吗！因而，我们相信在此不作任何解读，人们对这种关系也会深信无疑。方志敏与叶林（张眺、耶林）之间超乎寻常的同志关系，只是因当时环境逼迫不能显露，只能深埋心底。总之一句话，叶林（张眺、耶林）与方志敏在两年革命战斗生涯中建立的关系，就是“同甘共苦，生死与共，肝胆相照，矢志不渝”，这十六个字正是他们之间关系的真正“灵魂”。

二、从叶林（张眺、耶林）与方志敏关系中，认定方志敏狱中文稿转送至上海渠道和党的秘密联络点的根据

在工农劳苦大众“翻身求解放”的革命战争年代，形势瞬息万变。1934年11月方志敏率部北上抗日，叶林（张眺、耶林）留在根据地打游击，曾洪易（1935年投敌叛变）在闽浙赣根据地继续大搞“肃反”，以“中央代表”自居，挥舞“左”倾大棒，残酷打击党内不同意见的同志。1934年底1935年初，叶林（张眺、耶林）被“莫须有”诬陷为“反革命”而秘密杀害，牺牲于江西横峰地区。这时方志敏正在北上抗日途中，于1935年1月29日与国民党部队遭遇战中，方志敏因寡不敌众不幸被捕，同年8月6日被国民党秘密杀害。方志敏牺牲以后，方志敏狱中的文稿被秘密转送至上海。据多年多方的寻查考证，我们得知，当年转送文稿的人先后分别去过宋庆龄的住处，前往过虹口内山书店和韬奋书店等党的秘密联络地点，最后这些文稿被安全转送至党中央。通过前后仔细梳理，在转送方志敏文稿过程的指向点中，清楚发现这条转送至上海渠道的源头信息提供者就是叶林（张眺、耶林），因为就是叶林（张眺、耶林）向方志敏提供了上海这几个党的地下秘密联络点的人与事。我们之所以能肯定这个“重大悬题”的答案，主要根据有以下几点：

1.在革命战争年代，闽浙赣苏区根据地与上海文化界党组织不可能有公开直接的关系，只有建立隐蔽战线，而且要严格遵守中国共产党的组织原则和组织纪律，一切联通要经过中央与地方地下交通线的批准。

2.当年，从上海经闽浙赣苏区根据地到江西瑞金中央苏区根据地，上海各条线的党内有不少同志，但真正留在闽浙赣苏区根据地领导文化工作的上海党内领导人仅有叶林（张眺、耶林）一人。当年，由于受阻滞留在闽浙赣苏区根据地与叶林（张眺、耶林）一起的刘鼎、彭干臣等同志，先后离开葛源根据地或者担任红军其他职务，张闻天、瞿秋白、陆定一、冯雪峰等人途径闽浙赣地区陆续去了中央苏区根据地。根据寻查考证和到目前现有资料信息显示，没有其他党的领导人留在闽浙赣苏区根据地工作，这已被呈现的历史事实所说清楚的。

3.2000年3月，张以谦先生在《关于“歌特”化名考证——与肖扬先生商榷》一文的结束语中指出，“有人指出张眺肩负责任，为什么鲁迅著作中没有提到他。这是因为张眺1929年曾在杭州被捕，出狱后到上海，浙江国民党省党部曾向林风眠校长追查张眺去向。国民党又通缉‘堕落文人’鲁迅，而张眺负责‘文委’，为安全回避与鲁迅联系是情理中的事。张眺到苏区，与方志敏过往甚密，上海左翼的活动，张眺能不向方志敏介绍吗？方志敏狱中文稿，千方百计送往上海，找与鲁迅有关者转交中央，这不是猜想，是历史的必然。”张以谦先生在这段文字中用肯定式的陈述语言，写出了他埋藏心中长久但已渐趋明朗的重大问题——叶林（张眺、耶林）与方志敏的关系，以及方志敏狱中文稿是怎样转交至中央的。用“过往甚密”、“能不向方志敏介绍吗”、“这不是猜想”、“是历史的必然”，这不就是在悄悄提醒后代后人坚信用自己的心血和毅力，百折不挠地继续寻查考证。叶林（张眺、耶林）的后代后人没有忘记父辈的嘱托，用可靠的事实和清楚的明证，双肩担起这个重任，进一步深深悟到了，查证弄清了这个“重大悬题”的答案——叶林（张眺、耶林）是方志敏狱中文稿传送至上海渠道，党的几个秘密联络点源头信息唯一提供者。

4.世界上没有一件事是偶然发生的，每一件事的发生必有其原因。这是宇宙的最根本定律，人的命运也不例外也遵循这个定律。人的思想、语言和行为是“因”，都会产生相应的“果”。换句话说，人只要有思想，就会引发什么样的语言和行为，必然不断地“种因”，从而导致什么样的“结果”。叶林（张眺、耶林）与方志敏之间共同不断“种因”，而产生了方志敏牺牲后有人将其狱中文稿转送至党中央的“果”。这是顺理成章，符合宇宙客观事物发展规律的历史事实。

我们还应该明白一个常识（常理），在这个世界上，人的思想（心念）总是与其一致的现实相互吸引的。这为什么呢？因为人所处的现实由人的思想（心念）吸引而来，人也被与自己思想（心念）一致的现实吸引过去。这种相互吸引无时无刻不以一种人难以察觉、下意识的方式进行着。叶林（张眺、耶林）与方志敏在革命斗争生活中朝夕相处，共同的理想、信念和目标将他们之间相互吸引，而凝结成了肝胆相照的亲密战友。虽然他们都不幸为革命而牺牲，但他们之间一个隐藏的未完成的任务——方志敏狱中文稿，最终由叶林（张眺、耶林）提供的渠道，有人甘冒生命危险将其转送至党中央，从而能让方志敏狱中文稿重见天日，启迪、教育和鼓舞一代代接班人。

“真心寻查十余年，坚持求实何惧难，扭住悬题不松手，总会落定出答案。”最后，笔者想以张以谦先生2000年3月的文章（同本文前述）在结束语中所表光明磊落之态的一段话结束本文，笔者增删稍改几个字，叙述如下：“笔者是张以谦和叶林（张眺、耶林）的亲属后代，不为亲者扬，也不为亲者讳，只是客观地把事实写出来，供研究者鉴别。求得党史研究的真实。”

2019年10月1日

失踪的零鱼

——作家素描之二

野 邨

前几天无意中从一位朋友处得到了零鱼的一点消息，说是今年的时节在沪被捕了！那位朋友还到龙华去看过他一次。以后便不知道他被送到什么地方去了（编者：这是作者听的传闻，耶林当时已去苏区）

这话拖来了五年前的一个蓬散着头发，右腮上长着一个大大的黑痣的青年影子。

是一个火焰烧得地壳快焦了的五年前的夏天，马路上的柏油软软的、湿润润的融化着，我从外面回到寓所，大英烟草公司红锡包广告的短针正指着耳子形的了，热得平日成串的在路上爬的黑甲虫也稀少了。从太平桥下了电车，踏着软软的柏油路回去，同寓的老王正在同汽水拼命。我脱去外衣坐下，不久屋门忽然被推开，伸进了一个蓬散着长发，右腮上长着一个大大的黑痣的陌生的脸。

一丝的不快意的情绪，如水蒸气似的轻轻地从心中擦起，我感到来客的过于唐突。

一刻后，水蒸气似的不快意的情绪，如水蒸气似地消失了。因为这就是和他名字久已熟悉的零鱼，一个一般的作家。零鱼！近来没作文章吗？虽然是陌生，可是彼此早以知道。不久，便如老友似地谈着了，但他只是笑着摇了摇头。

知道了他是刚从监狱中出来不久（编者：指耶林1930年初在杭州被捕出狱），我才注意到他穿的衣服的不调和。斜纹的布小翻领内衣、灰呢裤、领扣松着，袖子挽到肘上，圆筒似的裤管。

坐了一会，这鞭长莫及着长发右腮长着大大的黑痣的青年便走了。临走时再三地约着到他那里玩，并说他就住在附近××路。

因为住得近的缘故，从这次见后便常常见面，对于他的一切也知道得更详细了。

他这次从杭州出狱后便来上海了，同来的还有四五个杭州国立艺专的同学，他们同住在一个二楼的厢房里。里面没有桌子，也没有床，被褥都铺在地板上，墙里间凌乱地放着几本书，靠门间摆着与屋子很不调和的四扇屏。他说被捕的原因，是一位在日本的友人寄给他了一本什么书。

说一说狱中的情形不好吗？一天屋门被推开后，这蓬散着长发的青年又进来了，还穿着第一次晤面时那件翻领内衣，袖子仍是挽到肘上，还是圆筒式的裤管，却不是灰呢，而是白斜纹布的了。坐下后又说起在杭州的情形，从读书到被捕。“苏州、上海、××，以××监狱的情形最好了。”长着大的黑痣的脸微笑了笑，“在上海用鞭子抽的你连喘气都不敢，在××却比较的自由，有的情形且是想都想不到的呢！里面各党派仍然有严密的组织，新进去的，他们必开欢迎会，并给你一种极可贵的帮助和指教，苦的是不属于任何党派的人。”

“我们一同进去共三个人。”蓬散着头发用手向后梳了梳，又挽了挽在肘间的袖子，继续地说：“他们开欢迎会，低低地唱××歌，自然是找机会偷偷地干革命的。‘作政治报告，作政治报告！’这是他们提出的第一个要求。当我们简单地报告着外面的情形时，都静静地听着。最奇怪的是他们问我看什么书不，说着便有一个负责的人掀开了一方地板，从底下取出了许多书籍，有许多是在外面尚且难以见到的。”

“里面有几个人给我的印象很深。第一便是那被称为刘大哥的，已经判了无期徒刑的瘦长的二十八九岁的青年，他在里面年岁最多，给了我许多的帮助；其次便是那个称为×××的青年，性情沉静坚毅，被判了死刑，正在进行上告，他却一点也不为危安难卜的命运伤心；另外一个，是一个16岁的青年，也是××嫌疑而被捕的。他原是一个医院的学徒，因作诗被名作家××非常赏识，所以他也成了青年诗人了；还有一个，是和这些人正正成对比的一个人，一个四十来岁无恶不作的土匪，常自夸他曾杀过多少人，奸过多少女人，言外之意是‘死也不冤枉了，过几十年后又是一条好汉！’”

“在里面，没有消极，没有悲哀。‘青年只流血不流泪’的精神，不想在那里看到了。遇着被酷刑拷打的，大家悲愤地默默地守着他。就是当一位难友被提出执行死刑，当他回头微笑着说声‘努力’时，我们也都只在喉中低低地唱着×××歌送他……”

长着大黑痣的脸又仰起来看了我一下，好像他想到了当时悲壮的事迹，蓬乱的散发下的面孔显得异常严肃。

从这次谈话后，有很久没见他。一天，我从外面回来，一进门一个长着大黑痣的腮的脸正望着我。

“难为你记得这么详细呢！”他站起来微笑了笑，将我写他狱中的情形的几张原稿纸放下。

以后又隔了一月多吧，才见过他一次。时令已是深秋了，不，已是冬了。在上海住过的都有这个经验吧，夏过去是冬，没有艳丽的秋日。在冬天他仍然穿着那件白斜纹布裤管已成圆筒的裤。我想，夏日的灰呢裤该穿上了，却始终没有穿。我疑心是送到所谓平民银行的当铺中去了。

不久，我便知道所以不常见他的原因，是他的希望建筑在另外一种制度上了。他终日为他的希望而忙碌，而奔波。

上海的冬日的特征是接连不断的阴雨天气。就在这末一天的夜半时零鱼忽然又跑到我那里去了，穿着一件灰布棉袍，里面却仍是那件斜白纹布裤。棉袍的后面沾满了泥迹，像是走了极长的路。

“忙吗？”

“从天明到现在没住脚呢！”他点了点头微笑着。

这是最后见他的一次了。不久我便离开了上海，难得再听到他的消息了。我是连他被捕我也没听见说，但这事是时刻可能的。不是正有的人为阻止这希望的实现而不惜残酷地杀戮，已有许多为实现这希望的青年被毁灭么？

我很怀念这位蓬着长发的青年，不知道他现在是不是还和我们同在这日光底下？可是我又同时想到了丁玲曾说过的话：“死去的，倒下死去，躺入混合了泥土与积水的大坑中，挤在一个地方，腐烂了，也就完事了……我们应当注意的，是活人应当如何好好的活，且预备怎样同这种人类的愚蠢与残酷作战。如何活下去，又如何继续死去。”

（原载《青年文化》，1935年第3卷第2期。零鱼即张晀。作者野郇是当时田仲济的化名）

普罗文学的先驱者

田仲济

张眺，字鹤眺，山东潍县寒亭人，笔名耶林、零鱼等。20世纪20年代末，他到西湖之畔杭州国立艺专求学，因为他参加革命活动被捕。以后他出监狱了，但在杭州仍难以停留，于是他和于寄愚、李岫石、刘芳松等几人先后到上海，在西门路一间小亭子间里住了下来。就是在那一段时间，他们几个人组织了“无名文艺社”，出了油印的颇为精美的《马达》杂志。张鹤眺在这一段时间内继续从事革命活动，也是在这段时间内，他参加了“左联”，并继续进行文学创作，如1931年在《北斗》上发表了《村中》。1932年在《文学月报》上发表了《月台上》和《开辟》。他以新的姿态，现实主义笔法，在左翼文台上崭露头角。

20世纪30年代后期，文艺界提出并讨论了无产阶级革命文学的口号。实际即社会主义现实主义的问题，此后所有革命作家无不遵循这一创作方法。自然，由于长期的生活不同，不理解，不够熟悉，甚而某种程度的间隔都难以避免的。当时，像耶林对工人写得这么熟悉、亲切，贯注着无限热情的作品是很少见的。他的问世作品虽不很多，那时我见到的仅那么三两篇，应该说尽管难称完美无缺，但的确是社会主义现实主义的新苗。惟其如此，颇引起了不少人的注意和谈论，而作品的生命力至今还存在，作者的名字也一直留在一些人的记忆中。遗憾的是，中华人民共和国建立后中国现代文学史出版了许多，却只有较早的丁易那本《中国现代文学史略》中曾提到了耶林的名字和他的作品，这显然其责任不在后者而是前者。更令人遗憾的是，当时读过这些作品的人如今大半均已谢世，在世的少数人也均是耄耋之年了。因此，将这几篇创作结集出版，就显得更为必要而有意义了。这不仅仅是为了纪念作者的个人，更为重要的是为我国新文学的发展中的一个重要阶段保存几篇重要史料，这对文学史的编写者实在是所惠良多了。

潍坊市寒亭区为了纪念这位20世纪30年代的革命家，为他出版这本集子，其意义固不仅限于纪念他个人而已。

1987年夏于泉城

被淹没50年的耶林

龚义江

20世纪30年代的“左联”先后担任党团书记，领导这个战斗的革命文艺组织的有冯乃超、阳翰笙、冯雪峰、钱杏邨、丁玲、周扬，这是大家都知道的，但是很少人知道在钱杏邨之后，还有一位，那就是耶林同志。他被淹没了50余年鲜为人知，直到十一届三中全会之后，才被“发现”，他的名字被重新写进“左联”党团书记领导成员行列之中。

耶林（1901－1935）原名张眺，笔名耶林、零鱼等，山东潍县寒亭人，自幼喜爱文学、绘画，在读书时就接受五四运动影响，阅读进步书刊和马列著作，参加中国共产党，从事革命活动。1928年国共分裂波及山东，他在当地不能立脚就由山东经上海去杭州，投考林风眠创办的杭州国立艺术院研究部（后改为杭州国立艺专，在校与于海（于寄愚）、李岫石、汪占辉等组织进步文学社团“泼波社”和最早的革命美术团体“一八艺社”，提倡普罗文学，反对“为艺术而艺术”，传播革命思想，因此被捕，由林风眠出面保释。1930年3、4月间出狱后离开杭州来到上海，在上海参加“左联”，在“左联”领导下，与冯雪峰等人组织暑假文艺补习班，主讲大众文学与艺术，与江丰等组织成立上海“一八艺社”，并发起组织“左翼美术家联盟”，担任党的领导。以后又参加工人运动，组织工人罢工斗争。“一·二八”事变发生后，参与组织领导上海市各界支持十九路军抗日斗争，画了大量的宣传画。这些画为鲁迅所保藏。他还亲自上前线采访，写报告文学，代表中共江苏文委召开会议，建立“美联”党团，指导成立“春地艺术社。”“春地艺术社”被查封后，又支持成立“野风画会”。1932年32岁时出任“左联”党团书记。阳翰笙同志在回忆这段往事时写道：“叶林（即耶林——笔者）是我的老战友。我在‘左联’担任党团书记时认识他的，我们在一起工作过，我被调到‘文总’和中共上海局文委工作，中央曾委派他担任过‘左联’党团书记。”对耶林的为人和清贫的革命生活，阳翰笙有很生动的描述，他说：“叶林对党忠诚，工作刻苦努力，他对人宽厚，很能团结人，他的生活朴素，我曾多次到他家里去过，他们夫妇俩住在亭子间里烧烧洋油炉子，吃点烧饼之类，过得十分艰苦，经常有一顿无一顿的，我看他穷，有时我得了点稿费买点食（品）给他送去，他无论如何不肯收，

说，“你不是和我一样穷么？你的负担比我还重呢！’我对他的印象非常好。”（阳翰笙：《我的老战友》）

1933年他被中共中央派往江西苏区，在闽浙赣省第二次工农兵代表大会上与方志敏等12人被选为主席团成员。方志敏被选为闽浙赣省苏维埃政府主席，耶林被选为闽浙赣省苏维埃政府文化教育部长，在他的领导下闽浙赣苏区文教事业有突飞猛进的发展。但不幸在王明“左”倾路线影响下，苏区大搞“肃反”扩大化，耶林被错杀在江西葛源附近，终年34岁。

耶林在担任繁重的领导与组织工作的同时，还写了不少作品，画了不少画。到目前为止，已发现他留存的短篇小说《村中》、《月台上》、《开辟》、《白沫》、《晚潮》、《白骨塔》，以及以工农为题材的人物素描、反帝组画和为丁玲的小说《水》所画的插图等。

胡风在1938年出版的《密云期风习小纪》中，对耶林的短篇小说《月台上》和《开辟》作了如下评论：“《月台上》写的是被愚弄被蹂躏的东北农民底一相，《开辟》写的是上海防卫战争中的失业工人组织义勇军活动的一个插曲话。两样的背景，两样的政治情势，两样的人物，但在作者笔下却流露着实感，显示了作者本人和描写队形之间都没有间隔。所以我们现在还记着耶林，为的是他在创作对象上所开拓的领野，为的是从他底对题材的把握态度上所表现出来的积极的精神，自然还为的是他底平易的，然而是清新的风格，那既不是浮出的感情表露，也不是冷淡的素描——这是当时青年作家在创作态度上的两个明显的倾向，作者对于生活的积极的热欲（pession）只是融合在有机地从内容流出的笔触上面。”

钱杏邨（阿英）在《1931年中国文坛回顾》中，评价耶林的短篇小说《村中》说，“三次围剿，是1931年中国一最重大事件，特别是左翼作家应该抓住的主题之一，这是阶级斗争更尖锐的表现，可是他们都忽略了。这一主题只有耶林的一篇展示了‘一个小景’。”是的，这不只是展示了“一个小景”，而且是在于无声处的大地上的一声“怒吼”，让人们擦亮眼睛看看人民出钱养肥了的“国府”究竟是在干什么。

沙汀回忆这两篇小说是他在周扬家中校对的。并肯定说：“耶林是20世纪30年代初写工人写得最好的一位。”

20世纪30年代，丁玲在主编《北斗》时，耶林给她写过三封信，加上以读者身份给《北斗》写过一封信，这是第四封信。在信中他批评姚蓬子作品中的不健康倾向，后来姚蓬子果然转向了，由此可见他政治上的敏感性。这封信公开发表在《北斗》上。在给丁玲的信中，他与丁玲交换文艺方面的意见，并对丁玲的文章及刊物提出批评与建议，他说：“我希望你一方面进一步的在文章上努力，一方面想法直截（接）跑到这方面来，跑过来有许许多多帮助你的地方，自然不能像那些什么事业也不作的人一样。我们对于你的希望不仅是一个赛甫林娜。”他鼓励丁玲不要满足于做同路人，不久以后丁玲就参加了党。这三封信丁玲一直珍藏着，于1980年“左联”成立50周年时发表在《新文学史料》上。

耶林的作品虽然不多，但客观评价是很高的，在现代无产阶级文学创作中，作为开拓者，起了一定作用。应该说他是党在20世纪30年代左翼文化领导者中，一位值得纪念的早逝的人才。

（原文发表于1990年9月4日《文汇报·笔会·文化天地》）

寄语海外

——记林风眠先生和克罗多教授营救张眺的一段往事

张以谦

抗日战争时期，当时我还不满十岁，曾无意中听长辈谈论说，我的九叔张眺在杭州国立艺术院时被国民党逮捕过，是他的校长和一位法国教授保出来的。但是，这位校长和教授叫什么名字，长辈没有讲（也许他们也不知道），九叔也一直没有回过家，因此，在我幼小的心灵里，留下了一个不解的疑问。最近为了整理先叔的遗文和生平，在许多革命前辈的帮助下，特别是看了有关“一八艺社”的回忆，终于弄明白了，营救先叔的就是林风眠先生和法籍教授克罗多先生。

我的九叔张眺（曾用叶林、耶林笔名），1901年生，山东潍县人。靠借来的50元钱去杭州国立艺术院研究班学习，与李可染先生是同学。由于他平时刻苦好学、思想进步，因此在国立艺术院同学中享有威望。他还在同学中组织了进步团体“泼波社”，也是“一八艺社”的成员之一。1930年春被国民党浙江省党部逮捕，关在浙江军人监狱里。由于张眺为人正派，学习刻苦，平时又与林风眠经常接触，探讨各种艺术问题，林校长对他有极好的印象，克罗多教授和李可染同学也竭力说项，因此，就由林校长出面交涉营救，终于被关三个月后出狱了。

张眺出狱就到了上海，积极参加20世纪30年代初上海的左翼革命文化活动，与于海（于寄愚）、江丰、许幸之、陈卓坤（广）、李岫石等人组织左翼美术活动。在他1932年去“苏区”前曾担任过上海“左联”党团书记。1930年下半年，国民党浙江省党部又要林校长交出张眺，但林先生说：“人早已不知去向，我怎么交出人来……。”为此担了风险。其实，1931年上半年，林先生还收到过张眺的信，张眺在信中可能曾对林先生当时所画以《人道》为主题的油画作了讨论（另见给丁玲的信），信中还劝林先生到苏联去游历参观，并寄了当时翻译出版的苏联革命文艺理论书。林先生最近从巴黎回信来回忆这一段往事。林先生是我国美术界的老前辈之一，他营救张眺的正义行为，是十分令人感激的。

这里还要感激另一位法国友人克罗多教授。他是法国第戎人，父亲是著名的小提琴制造者。1925年，应林风眠先生的聘请到我国北京艺术学院任油画系教授（司徒乔先生曾向他学习）。1929年春，又随林风眠到杭州国立艺术院教授油画兼为研究班上课。克罗多教授平易近人，爱护学生，深受同学尊敬。他对国民党私逮刑讯无辜青年的暴行极为愤慨，有时公开大骂国民党政治黑暗。他与林校长共同担当营救张眺出狱，并周济他出狱后的费用。克罗多教授的义举是中法两国人民友谊的体现。

克罗多教授是在1930年回法国的。最近，李风白先生写信告诉我，1952年他在维也纳出席世界和平会议时遇到过克罗多教授。克罗多教授当时也是出席会议的法国代表，两人相遇倍极亲热。交谈中，克罗多教授回忆了他在中国的经历，对过早的离开中国甚为惋惜。克罗多教授现在怕也是八九十岁的老人了。

历史虽然过去了半个世纪，但是老一代留下的事迹，虽经风霜严寒，仍然活在我们心中。

注：原文标题“寄语海外——记林风眠先生和克罗多教授20世纪30年代的一段事迹”（原文发表于1980年4月15日香港《文汇报》）

我终于真正知道胡风

张以谦

以30年前的老话说，我是农村长大的“土包子”。这是对大城市出身的青年学生而言，后来“土包子”进城了，反而吃香，“土包子”变成了一种“美称”，事物的发展不断产生“异变”，不管“土包子”、“洋包子”，凡进过圣人门的，一概斥之为“臭老九”。十年浩劫中，也和胡风先生及其所谓集团一样，批的批，斗的斗，关的关……几无幸免。回忆往事，使我又想起了胡风先生。

32年前，我还是个不满20岁的青年学生。解放战争的炮火，把我送进了山东解放区草创伊始的革命大学——华东大学。这所大学初创于山东潍坊市乐道院广文中学旧址。我记得那时候的校长是韦悫，教务长是刘雪苇，秘书长是于仲戍。这时，在潍坊的华东大学，集中过一批从白区跑到解放区的进步文化人，都住在绿树掩映的、一座座红顶美式小洋楼里。济南战役前，这儿算得上最安定、最舒服、最适宜大知识分子聚居的环境了。不到半年，随着解放战争的胜利形势，他们也都各自奔向了新的战斗岗位，去迎接全国解放。

就在此时，我在不知名的“洋包子”那儿，知道刘雪苇与胡风是好朋友，而且也住在乐道院的红楼里。那“洋包子”同学还神秘地告诉我介绍说：“胡先生是一位自由主义者，不愿意参加共产党的进步人士……与鲁迅先生关系密切……。”因为我当时还处在蒙昧的无知状态中，对这些话也就一听而过。这是我第一次听说胡风的名字。

因为我后来所做的工作，与文化界无关，也没有再打听这位胡风先生。我进一步知道胡风，是在1955年那场家喻户晓的深挖“胡风反革命集团”的斗争。这下子可把我吓了一大跳，全国竟挖出那么许多“反革命分子”，竟连我所崇拜的华东大学教务长刘雪苇，也成了著名的胡风分子。以我当时的幼稚的心理判断，刘雪苇在我随军南下的纪念册上曾提过一句诗：“把革命的鲜花插遍江南原野。”那笔飞墨舞的字体，我很欣赏，他在华东大学时曾反对“洋包子”搞的合唱团，唱有小资产阶级情调的歌曲，我总以为他是革命的，岂知我的判断，真真的太天真了，于是那张签名题辞，也就偷偷地撕毁了，免得飞来横祸。

记得1949年3月，在南下的出发点——济南火车站上，我曾问刘雪苇：“是不是知道‘左联’时期有位叶林？”（叶林即耶林，是我叔父，几十年无音讯了）。他回答说："也许在白区地下潜伏着，全国解放后再打听吧！"从此匆匆告别，上了征程。记得1952年刘在华东局文艺处工作时，我曾写过一封信给他，也没有回信。因此，我与胡风反革命集团，当然沾不上边，也就不耽心深挖了。

我第三次知道胡风是1957年在大学读书参加反右斗争时，有一位好心的同学问我："有人说胡风不是反革命，你的看法如何？"我这时政治方面不太"幼稚"了，只能不表态，无言对答。因为那是中共中央定的"反革命集团"，还人手一册《胡风反革命集团材料》，大概我现在还有保存。在"四清运动"、"文化大革命"中，在上纲上线挨批挨斗时，听到引用过这里面不少颇为熟悉的句子，极"左"之调门，均似曾相识。

我第四次知道胡风是在打倒"四人帮"后，有一位朋友向我介绍香港海燕出版社出版的胡风著的《密云期风习小纪》（这本书从1955年即成禁书了）中，有一篇《耶林》（即叶林），有三千多字。胡风分析评论了耶林20世纪30年代初写的三篇小说——《村中》、《月台上》、《开辟》，对这位"差不多被人忘记的耶林"，他实事求是地爱护、评论，令我感动！这20世纪30年代"左联"的主要成员，唯一一位给予耶林正确全面评价的理论家，这是多么难得可贵呀！

我搜集耶林的史料几十年，总算看到了这样一篇文章，真是既高兴又懊悔，也捏了一把冷汗。我高兴的是"左联"成员，在耶林死后一年多（耶林牺牲于1935年初，胡风写《耶林》是1936年3月），终于没有忘记他，还以那样长的专文介绍他。我懊悔为什么早没有多看一些胡风的书，早看不是早知道了吗？也捏了一把冷汗的是，假若1948年在山东潍坊就与胡风挂上钩，自己究竟是什么样子就难说了。

这一次，我终于彻底解放了思想，壮起胆子给胡风写信。他在大病初愈以后，也认真给我回了信，对耶林"正名"表示关切，并告诉我1936年，确实听冯雪峰谈过耶林"苏区"之死。也许胡风1936年所写的《耶林》，含有对一位左翼作家的纪念意义吧！这也是"左联"成员中最早的、最真切的，对左翼作家耶林的肯定和赞美的文章。

（原文1980年发表于香港《大公报》）

周扬印象二三事

——一位“左联”前期领导人后辈的怀念

张以谦

周扬带着遗憾离开他为之奋斗的文艺战线13年了！周扬去世后，我首先看到的纪念文章，是内蒙古人民出版社出版的《回忆周扬》，据说是周扬的子女出资出版的。我没有赶上《回忆周扬》出版时写点什么，13年来我始终没有忘记周扬，周扬的身影常常在脑海里徘徊。因为我们这一代人是看周扬的书，读周扬的理论文章长大的。我们对他的一言一行，不管听说的还是亲历的，都留下了深刻印象。

尽人皆知，周扬是20世纪30年代“左联”后期的领导人，那时的周扬，也只是一个二十五六岁的年轻人。1936年周扬到了延安，负责“鲁艺”，是举鲁迅的旗帜作号召的。毛泽东提出文艺为工农兵服务的方向，周扬是竭诚拥护积极响应的。

中华人民共和国成立后，周扬走上了文艺战线第一把手的岗位。“文艺是政治的晴雨表”，周扬身居要职，接近最高领导层，对政治的动向是最先触及的。谁也不讳言周扬与胡风在文艺理论观点上有过分歧，但如果把胡风问题后来的升格看作仅仅是某个人的行为，是没有任何说服力的。“文革”十年，周扬被诬为“反革命两面派”的悲剧，也正是从一个方面说明周扬对文艺界的大是大非最初是保留自己的意见的。大家都清楚，在形而上学的思想桎梏中，不是“左”就是右，中间道路是不存在的。十年“文革”中，中国的知识分子没有几个不被打成“牛鬼蛇神”。

笔者与周扬在20世纪50年代有过一次通信，这是很少有人知道的，从周扬的回信中颇能看出他当时内心对“左”倾路线的态度。

我的叔父张眺，党内化名叶林，笔名耶林。20世纪30年代，是左翼文化运动前期的领导人之一。1933年初，他被中央派往闽浙赣苏区，与冯雪峰等人走了相同的路。由于苏区一些领导人贯彻王明“左”倾路线，“肃反”扩大化，叶林在苏区被诬以托派罪名，牺牲于江西葛源。他遇难的真情，家人是几十年后才知道。我出生时，叔父早已到南方参加革命了。对叔父之死，我们一家总感到困惑。解放30多年来，这一公案始终未了结。左翼文艺界许多老同志对叶林之死，是心知肚明的，但谁也无法站出来为叶林说话。

20世纪50年代，我在南方一个大城市某大学读中文系时，因为叔父是“左联”作家，我总想看到叔父的作品，翻遍了左翼刊物找不到叶林的名字，无意中发现了耶林。周扬在《论现阶段的文学》一文中也提到耶林，我鼓足了勇气给周扬写了一封信，问：“你文中提到的耶林是不是叶林，我是他的侄儿，有他的手稿。”不久，周扬给我回了一封信，他说：“我提到的耶林就是叶林，在上海有党的组织关系，去苏区的情况不知道，你在上海找叶以群。”我通过教我现代文学的王西彦教授，把周扬的信转交给了叶以群。叶把信转给了上海革命历史纪念馆筹备处。

周扬肯定叶林在上海有党的组织关系这件事，我没有声张，也没有向领导汇报，就这样了结了。但是我知道，周扬身居要职，肯定叶林在上海有党的组织关系，这不是随便说说的，对叶林之死，也必定有所闻，随意复信是不可能的。周扬之所以复信于我，不是我一个普通大学生说的话有什么重要，而是叶林的身份使他重视，何况当时有不少“左联”名人蒙冤，周扬对叶林之死，不避嫌疑，必定有他的想法。

由于当时的政治气氛，和我个人的认识水平，信交了就算了。我只是沉默地观察着文艺界的政治风云，做自己应当做的事情。即使如此，“文革”中，还是有人揭发我“有一位20世纪30年代文艺黑线的叔父”，我以出生后从未见面为由而搪塞了过去。

1979年10月，全国第四届文代会召开我到北京，在北京东罗圈胡同沙汀的寓所，与沙汀谈起耶林。沙汀说，耶林在《文学月报》上发表的小说，是他亲自校对的。并谈到当年冯雪峰到上海传达中央指示时，确实谈起过叶林之死，说叶林是触犯了王明“左”倾路线在赣东北的代理人而遭冤杀的。我联想到20世纪50年代周扬给我复信，确实不是随意的。我未对沙汀提起过我与周扬的通信。沙汀的说法，与我的猜想吻合，不是偶然的，颇能说明周扬对革命同志的政治生命是慎重负责的。

全国四届文代会期间，众多的20世纪30年代的“左联”前辈，提出为耶林出版纪念文集。周扬在北京社会科学院接见过我，还问我“江丰也认识叶林吗？”我说“一八艺社的”，他明白了。我说丁玲保存了耶林给她的三封亲笔信，他感到惊讶。周扬在关于出版《耶林纪念文集》的报告上，第一个签上了名字，还亲笔给上海文联党组书记钟望阳写了一封短信：

望阳同志：耶林纪念文集出版请大力协助为盼！

周扬

此短信由我亲自交给钟望阳，第四届文代会为出版《耶林纪念文集》发了简报。

在编《耶林纪念文集》的耶林年表时，我再一次向周扬查询耶林在20世纪30年代党内职务时，周扬实事求是地回答了我：“白色恐怖之下，下级不知上级的住址，只是上级知道下级住址，耶林能找到我，说明他的身份、具体职务是不能随意暴露的，他的具体职务，你再问问更老的同志。”我问阳翰笙，阳翰老证明叶林曾担任过“左联”党团书记。阳翰老还在《人民日报》上撰文证实叶林是“左联”党团书记。《耶林纪念文集》出版时，阳翰老还写了回忆老战友的文章。

当时阳翰老因田汉被“四人帮”迫害致死，满怀悲愤，在《诗刊》上发表了一首诗：

是非功过何须问，惨别泪流催我心。

故人忠骨天涯遍，敢信鸣冤后有人。

文代会期间，我去北京医院见阳翰老，他从书桌上拿起这首诗对我说：“我们不知道叶林还有后代，你是当之无愧的鸣冤后人。”其实，没有20世纪50年代周扬给我复信，肯定叶林在上海有党的组织关系，我是很难承担“鸣冤后人”的。

注：原文标题“周扬印象记——一个‘左联’后辈的怀念”（原载《北方论丛》2003年第5期）

惦记“危楼善福庵”之微言

张以谦

西湖之吸引游人，除了山光水色，风景秀丽之外，名胜满目，古迹处处，更使她身价愈高！景能悦目，迹以怡神，二者缺一，就不免煞风景！西湖如果略去“断桥相会”“济公好义”“岳武忠烈”……誉为“天堂”，恐怕会使人感到不满足。

近半个多世纪来，人们为西湖之美，又凭添过多少耐人寻味的“遗迹”呢？很少。笔者以为西湖之滨，岳墓近处，有一座小小的“善福庵”，应当列入当代文人遗迹的行列。“善福庵”过去虽然是简陋破旧的小尼姑庵，半个多世纪以来，虽然有不少著名文学家、艺术家踏过善福庵的门槛，在此坐闻桨声，卧梦佛堂。湖畔诗人汪静之，曾在此低徊吟咏；现代小说家许杰，也在此握管沉思；驰名中外的画家李可染，曾以此为宿，陈丹穆青；早期“左联”作家耶林，由此而涉嫌“异党”，身陷囹圄……即是到了20世纪50年代，南江一代女作家陈学昭，在“善福庵”，也有过一段笔耕生涯。

这种不期的“偶合”，如果以“物华天宝，人杰地灵”来解说，将为近代人所不嗤。只有一种说法，也许近乎事实。在那风雨如晦的二三十年代的旧中国，有志于文学、艺术的青年，穷困无依，借贷度日，当然无钱租赁公寓洋房，只能借助这座租价低廉，“闹中取静”破旧庵堂。它与当年杭州拱振桥的“贫民窟”，可说是孪生姊妹。“达官贵人”、“公子官儿们”，腰缠万贯，自有“灯红酒绿”的娱乐场，自然不会光顾这破旧的尼姑庵。这是“善福庵”的“善”还是“福”，颇值得“后来人”回味。

抚今追昔，感慨万千。当代的作家、艺术家，不管是老是青，南游桂林，北临碣石；深入工厂，下抵农村，自由驰骋，天地广阔。即使偶来杭州，也总有大旅馆可住，不再像当年的穷书生游西湖那样，愁一席之寝，忧三餐之饱了！这一变化，自然而然地把西湖的“善福庵”推向了“名胜古迹”的地位。

“善福庵”在中国近代文学史上，确实留下了不少旧闻遗迹，很值得后人为之一睹。笔者的“小记”，或许有共鸣者……

（原文标题“‘善福庵’小记”，原载1984年《西湖》文学月刊第6期）

林风眠与“一八艺社”

张以谦

提起“一八艺社”，人们会自然想起鲁迅先生1931年所写的《一八艺社习作展览小引》，这篇支持新兴美术运动的文章，指出了这一新生事物发展的方向，鼓舞了当时参加“一八艺社”的那帮穷学生，鼓起了他们的勇气，肩起了普罗美术的大旗！鲁迅先生又请内山嘉吉先生为“一八艺社”的青年美术爱好者，举办木刻讲习班，传授木刻版画的技艺。中国左翼木刻运动的发展，是中外进步人士的汗水共同浇灌的。

一切新生事物的成长，都需经过许多有识者的精心培育，方能成长壮大。“一八艺社”1929年在杭州国立艺术院成立，没有林风眠先生的支持，也许在摇篮里就被扼杀了。这一点，半个世纪来，人们提到“一八艺社”时，却说得不多。陈卓坤等在国立艺术院发起成立，“一八艺社”请林先生当该社顾问，林先生当即慨然应诺。“一八艺社”社员，每周都拿自己的作品向林先生请教，林先生都一一予以指点，“一八艺社”社员，师承林先生的教诲，在艺术上有所进益，这是大家不会忘记的……林先生十年来从事我国的美术教育和美术实践，为继承发展祖国优秀的美术传统，兢兢业业，勤奋不息，有目共睹。林先生一生的事业，在中国现代美术史上举足轻重的地位，是客观存在的。

林风眠先生20世纪20年代在法国巴黎学画时，就与周恩来总理有密切交往，两人彻夜倾心长谈。林先生对此说得不多，大家自然知之甚少。但是，林先生在巴黎时创作的《白头巾》——天色向晚，一群贫穷的渔家老妇，眼望着秋云浓重，波涛汹涌的大海，等待吉凶未卜的丈夫、儿子归来……就是充满着对劳动人民热爱的深情之作。

20世纪30年代初，林先生创办的杭州国立艺术院，延聘著名国内外教授来校授课。在支持“一八艺社”的同时，他自己创作的反残酷暴政的大幅油画——画面上那些没有衣着，戴着沉重镣铐和铁链的受难者，受着极刑的善良的工农、高尚的革命者，处在非人的监狱中。这些有鲜明政治倾向的艺术品，充满革命人道主义的大幅油画，曾遭到当时国民党最高当权者的反骂、训诫，但林先生仍然把这些油画保藏到抗日战争后期，不幸毁于战火中。

林先生已年逾八十，至今活跃在祖国美术界领导岗位上的前辈，或参加过

“一八艺社”，或直接、间接师承于林先生者，是大有人在的。林先生从20世纪30年代初支持“一八艺社”的成立，到晚年继续对民族艺术的探索、创新，默默地做了多少不为人知或少为人知的工作。

（原文发表于香港《文汇报》，1980年11月24日）

“左联”的一桩公案
——姚蓬子对张眺（耶林）的宿怨

张以谦

4月15日，《笔汇》副刊上，我写过一篇《寄语海外》的短文，对林风眠先生、克罗多教授，在20世纪30年代初，营救张眺出狱的义举，表示感激与怀念！读者对张眺这位20世纪30年代上海左翼文化运动的领导人是很陌生的。我现在把姚蓬子与张眺联系起来，大家就会眼熟了。因为姚蓬子1934年5月14日曾在国民党《中央日报》上，发表过《脱离共产党宣言》，又由于他的儿子姚文元，一度在“文革”中发迹，老子也沾了光，带过红袖章，“红”了一阵。这本来是一句讽刺闹剧中的小插曲，令人一笑了之的。我再提起，已是过时文章，读者不免索然。不过，我要介绍的，乃是有关“左联”的事，与“文革”似乎无关。

我这个人，常爱做些不甘寂寞的事。二十多年前的一个盛夏，我忽然想到姚蓬子也参加过“左联”，也很能够有一些作品出笼，向他打听点“左联”史料，也许不无收获。我走向上海工业展览馆东隔壁弄堂的姚家，进门以后说明来意，姚先生倒也客气，让我沙发上坐，我开门便问：“姚先生20世纪30年代初在“左联”认识耶林吗？”他满口说：“认识，认识，耶林文章写得很清新。”我一听他们是老熟人，就接着问：“你记得耶林发表过什么作品吗？”“这……不记得了！”我再问一句：“您知道耶林当时参加过哪些“左联”活动吗？”他支吾了一阵说：“也记不起了，你去问楼适夷，他比较清楚，或者问问阳翰笙。”我一听话不投机，赶紧转换话题。我说：“姚先生书还不少嘛？”他一听兴致勃勃，一阵向我介绍了三种《金瓶梅》版本……我又扯到姚文元发表了不少文章，他赞许到满脸微笑地说：“这孩子，政治上很敏感……。”我的目的并不在此，只不过是无话找话借此告退而已！又应付了几句，就惶惶然地离开了姚先生的书斋。

事隔二十多年，这次颇为尴尬的访问，终于没有淡忘。直到年前，看了丁玲女士寄给我的她珍藏了48年的，耶林给她的几封亲笔信以后，才恍然大悟。原来姚先生与张眺在20世纪30年代初有过一段难解的宿怨。1931年12月，张眺曾在丁玲女士主编的“左联”机关刊物《北斗》杂志上，对姚先生的大作——《一幅剪影》《一侍女》进行过全盘否定的批评。张眺在《读者通讯》中说：“《一幅剪影》全篇集中点在于一个行近幻灭而不能自裁的知识女子，对革命虽有同情，却没有参加的勇气……情节既枯燥无味，配置又不得当，这里有的是：感情的对话与修辞的装点，在旅馆房间里做着机械动作的两个剧中伶人而已！”“《一侍女》虽仍指出，资本主义统治下畸形发展的都市生活的末运，但因表现得不明显，深刻印象且不说，即最低的一丝同情心都引不起，徒使人感到侍女的无赖可厌”。“无论从内容和形式上都是很坏的作品”。

姚蓬子并未因张眺坦率的批评而改弦更张，错误创作倾向滑得更远，以至于当时领导“左联”的冯雪峰，不得不撤换他《文学月报》编辑的职务而由周扬代替。此时，张眺才有可能在“左联”机关刊物《文学月报》上，发表了《月台上》《开辟》两篇小说。姚蓬子在“左联”早期的活动，他1934年在中央日报上的一段自白，把他当时的内心活动说得极为真切，“我发现并理性的确定这一厌倦的来源，不是我过去政治的不坚定，而是由于共产主义之路在中国已经成为一条悲惨的绝路。”既然如此，任你如何批评帮助，都是徒然的。文如其人，张眺的批评确有远见，姚蓬子自己，本来就是一个“行近幻灭而不能自裁的知识分子”。现在，张眺作为左翼文化运动优秀领导者已载于史册，姚蓬子作为人类不齿者已幻灭。他们之间近50年的宿怨，也就此永远结束了。

1980年5月1日于上海

（原载香港《文汇报》1980年7月10、11日）

在西子湖畔"危楼"的日子里

——追忆左翼文化运动领导者张眺

张以谦

西湖，山光水色，夹岸桃柳，波光粼粼。几千年来，她哺育过多少英雄豪杰，她培养了多少贤才硕儒。岳武穆的忠烈，陆放翁的豪情，秋瑾女士的英俊，激励过多少仁人志士。鲁迅的足迹，郁达夫的屐痕，沈雁冰的脚印……都为她增添过骄傲！

1927年，蒋介石叛变了革命，把无数革命者投入了血泊！西湖，成了江浙财阀统治中心；成了国民党达官贵人的瑶台；也成了革命者与反动派生死搏斗的战场。这在刀光血影中，一批追求民主，追求自由，追求解放，追求艺术真谛的革命青年，曾拥进了西湖的怀抱，想从西湖找到温暖，找到幸福，找爱情。早年，当代艺术教育家林风眠先生，看中西湖的秀美，在这里创建了一所艺术之宫——杭州国立艺术院，容纳了来自全国各地爱好艺术的青年。他们有的渴望为祖国的艺术事业有所贡献；有的因穷困所逼，想找一个解饥的饭碗；有的受反动派追逐，想找一暂时栖身之处，擦干身上的血迹，继续战斗！

张眺就是后者，他出生在渤海之滨的潍县。扬州八怪之一的郑板桥，曾在潍县做过多年县令，在此留下许多竹兰佳趣，所以张眺自幼爱好绘画。帝制的腐败，军阀混战，打破了他做一个雅士的迷梦。五四运动的呼喊，十月革命的炮声，使他觉醒！他开始阅读了大量的反映新思想的书刊，使他明白了只有马列主义可以救中国的真理。他曾经写过这样一首诗：

世人但从梦里老，反将睡梦疑晴晓。
都道苍天真无缝，哪知女娲原非巧。

他清楚地意识到幻想女娲五色彩石，是无补苍天之缝的。因此，他开始投入了轰轰烈烈的革命斗争。他曾在北洋军阀统治的山东济南、青岛、潍县传播进步思想，组织反帝反军阀的斗争。当他正在迎接北伐革命大军胜利北上时刻，他的上级领导人邓恩铭同志，在泉城的大明湖畔被叛徒出卖了，顿时山东省出现了对共产党人的血腥屠杀。他在上级的布置下，必须迅速转移。向何处去？此时，他想到了祖国的文化中心，党中央的所在地——沪宁杭地区。1929年的春天，他凭借来的50元盘缠和一颗寻找真理的决心，离开了家乡，脱离了险境，来到了西子湖畔，进了杭州国立艺术院研究班。

当时不到30岁的张眺，在杭州国立艺术院一年多的时间里很快地成了青年同学的长者，进步同学的朋友。他与青年时代的李可染同志，同属杭州国立艺术院的研究班的学生。在法籍教授克罗多和林风眠先生指导下学画油画，他与李可染是同窗好友。同住在岳坟附近的“善福庵”内小楼上。同学戏称这座小楼是“危楼”，因为栏杆已经现剥腐蚀，楼梯东摇西晃大有摇摇欲坠之势。由于租金低廉，对于这两个贫穷的研究生来讲，恰是最佳的住所。

读书、绘画是张眺的爱好与专长，参加革命斗争却是他更高的理想与追求。他虽然勤勉好学，生活俭朴，绘画也有一定造诣，与李可染同学同时为低年级同学所倾慕钦佩。但是，张眺更多时间，却从事对普列塔里亚思想的传播。他抓紧一切业余的时间，找同学谈话，物色进步力量。有时在“危楼”上，常常与进步同学谈至深更半夜，向进步同学介绍各种进步书刊，而且不厌其烦地解释书中的大意，对要求进步的同学给予启迪。就是对林风眠校长和克罗多教授，也以请教和探讨艺术问题的方式，展开争取和团结的工作。直到粉碎“四人帮”以后，林风眠先生还从国外来信说：“……张眺当时常来找我谈艺术上的问题，我对他比较熟悉。”并说：“张眺在上海时，还写信给我，说我在艺术上很有成就，劝我到苏联去研究、旅游，还寄给我几本关于艺术理论新出版的书，记得是冯雪峰编译的。”团结群众，联系群众，对于共产党人来说，是不可须臾停止的，张眺就是这样时时刻刻地身体力行的。

张眺在杭州国立艺术院，逐步团结和组织了一批进步学生骨干，并先后有陈卓坤、于海等出面发动组织两个进步文艺团体——“一八艺术”和“泼波社”。他把整个艺术院进步同学，团结在这两个进步团体的周围，形成了一个左派领导核心，开展了向“为艺术而艺术”的错误思潮的斗争，打破了艺术院那种纯艺术沉闷空气。张眺还亲自在《泼波》创刊号上，写了《新的认识》一文，阐述了“普罗”文艺的主张。并组织李岫石等同学，写了批驳李朴园“为艺术”的错误主张，展开针锋相对的挑战，为此而震动了这所艺术官苑，就像在平静的西子湖中，投进一块嶙峋的巨石，溅起了闪光耀眼的浪花……正如汪占辉同志说的“一八艺社”中，虽然大家都是社员，张眺同志却是当然的领袖，这是由他高超的领导艺术和马列主义水平所自然形成的。

由于张眺在西湖畔的艺术官苑里，拨动了进步同学的心弦，播下了左翼文学、美术的进步种子，并枝叶茂盛地生长了起来。因此，也惊动了江浙财阀统治中心的鹰犬。1930年初春，春寒陡峭，张眺的同宿学友勤勉好学的李可染，从图书馆走回“危楼”，只见大门大开，书物零乱，独不见张眺，联想到这几日来，“山雨欲来风满楼”的谣传，知道出事！张眺同学可能被捕！随即各处打听，果然张眺被国民党省党部特务抓去了，关在浙江军人监狱。

张眺在监狱中，情绪自如，每天锻炼身体，团结革命战友，并争取被迫谋生的狱卒，坚不吐露任何一点组织进步活动的背景。因为敌人逮捕张眺，也只是为上海寄到国立艺术院的一本进步书刊的株连，并无其他证据。由李可染请求林风眠校长以及克罗多教授的担保，被关了两三个月就被保释出狱了。张眺出狱后，毫无颓废气馁的情绪，而且将囚徒蓄的长发的形象拍了一张照片，送给他的好朋友，背后写上“张眺出狱后”五个字，以表示他囚徒生活的骄傲，对国民党监狱的蔑视。

张眺在上海左翼作家联盟正式成立的前一年，已在杭州国立艺术院组织了左翼文学、美术团体，为新兴的木刻运动组织了新生力量，开辟了道路。正如于海同志回忆说：“并没有多少人晓得，最早在杭州点起星星之火，把我们这批人数虽然不多的青年美术工作者引向革命道路的人，是张眺同志。”张眺不仅在杭州点燃了新兴木刻运动的星星之火，当他出狱以后到了上海，又团结了江丰、陈铁耕、黄山定等人，成立了“一八艺社”上海分社。大家所经常看到的鲁迅先生与青年木刻者合影中那些青年木刻者大都是张眺介绍入党，或引向革命道路的。直到今天健在的左翼木刻运动早期的参加者江丰、陈卓坤、李可染、胡一川、汪占辉、王肇民、沈福文、黄山定等，以及过世的李岫石、马达等，无不怀念张眺同志。正如江丰同志在回忆中说的：“我在想，那些风雨如晦的年月，那些曾经为新中国的来临执行催生作用并为此英勇地献出生命的战士——包括张眺这样至今少为人知的同志，是永远不能被遗忘的。”

张眺同志在20世纪30年代初领导左翼文化运动中，默默地做了大量的组织工作，写过一些革命小说，画过大量不具名的革命宣传画，为鲁迅先生保藏，至今还在鲁迅纪念馆内展出。他被党中央派往江西苏区，任闽浙赣省苏维埃政府文化部部长兼列宁学校校长，将上海左翼文化革命活动扩展到苏区革命根据地。他在《红色东北》报上，继续画了大批反映苏区人民反“围剿”斗争的革命画。不幸为“左”倾路线迫害，牺牲于苏区，年仅34岁。

党和人民没有忘记他。青岛海滨、西子湖畔、黄浦江边、苍莽的闽浙赣山区，都留下了他的脚印，都有人怀念他！西湖的山光水色，哺育过一代代英雄豪杰，也同样哺育了像张眺一样的无数革命先烈。

张眺同志在去苏区前给丁玲的一封信中，谈到“左联”的文学成就时说：“回头看一下，我们觉得只有白莽（殷夫）好一些，可惜牺牲了！”张眺同志，不仅是口头上赞扬白莽，而是踏着烈士的血迹，直到献出自己年轻的生命！

（原文标题“在湖畔“危楼”的日子里，原载《西湖》月刊1982年2月）

于寄愚与张眺之革命战友情谊

张以谦

流落长衢挟酒瓶，低头弯腰曲背行。

十年一觉文坛梦，赢得空头作家名。

读了《上海滩》第六期，于寄愚写的“调侃”与“自嘲”的诗，使人顿生许多感慨，也“不禁长叹一声”。于老有辉煌的过去，知之者多已亡故，他寂寞的晚年，人们已不再关心。黄屏与王元化回忆往事，仍不忘于寄愚，触动了我的乡思。我这个于寄愚的晚辈，也八十岁了！于寄愚与我，他是父执一辈，对他与我叔张眺（耶林）在杭州艺专是同学，在上海左翼文化运动中是战友，我最初是不清楚的。

20世纪50年代末期，我在大学中文系读书，对左翼文化运动颇感兴趣，尤其对左翼美术家联盟更感兴趣，因为这与叔叔张眺的革命经历有关。因为那都是党的地下活动，资料很少，即使有资料，也不一定看得明白，因为参加活动者都用的是化名。因为丁景唐写过鲁迅的化名考，在这一方面是专家。我到中共上海市委报刊处（丁任处长）找丁景唐请教，丁告诉我，你要了解“美联”的历史，可写信到安徽文联请教于寄愚同志，他清楚。我回到学校不揣冒昧地给于寄愚写了一封信，于寄愚十分热情地给我回了信，介绍了他与我叔的交往和革命友谊，使我知道了许多书本上看不到的故事。由于种种历史原因，我和于老的通讯中断了。“文革”后期，我回山东老家，我的一位堂兄告诉我，有人到家乡调查于寄愚与先叔的关系，我知道于老仍健在，还在安徽文联。“四人帮”打倒后，我为了先叔的冤案平反昭雪，又与于老开始通讯，直到于老1991年去世。

于老在向我介绍20世纪30年代左翼文化运动的历史背景时，不能不涉及到他本人。因此，我对于于老的一生也有了大体的了解。

于老是山东蓬莱人，生于1909年，1991年去世，享年82岁。如果健在，将近百岁了。于老青年时代在唐山工业大学读书时，即参加进步活动。1927年大革命失败后，进步活动受到了迫害，他转向南方投考杭州新办的国立艺专，在此认识了同乡同学张眺。张眺比于老大七八岁，正在艺专读研究生。于老在张眺的启发下，与李岫石等同学组织了一个文学社团——“泼波社”，宣传革命文艺，比当时处于中间状态的杭州“一八艺社”左一些，大家都是二十来岁的小青年，血气方刚，以初生牛犊不怕虎的精神，挑战学校当局“为艺术而艺术”的办学思想。这一下闯祸了，引起浙江国民党省党部的注意，加强对国立艺专学生思想的控制。恰在这时，有人从日本寄了一本《一周间》给张眺，省党部如获至宝，以此为借口逮捕了张眺，张眺被关在了浙江军人监狱中。除此之外，没有任何其他证据，不久张眺被校方保释出狱了。

张眺出狱后即离开杭州到上海寻找党的组织。国立艺专进步的星星之火，由于张眺出走，也渐渐熄灭。其他进步同学，由于学校当局的限制压迫，也以种种原因离开了国立艺专。

张眺在上海参加了方兴未艾的左翼文化运动。凡离开国立艺专，奔向上海的国立艺专同学于寄愚、刘芳松、李岫石、胡一川、力扬、艾青、陈卓坤等几十人，都聚在张眺的周围，成了一支不小的力量，首先组织了上海“一八艺社”。鲁迅先生与内山嘉吉举办的木刻讲习班，参加的大部分是这批人。于寄愚当时就起着办班的穿针引线的组织工作，多次见鲁迅。

于寄愚直接与间接在张眺的领导下从事革命活动，先后参加过党的外围组织“互济会”、“上海反帝大同盟”、“美联”等，发行过党刊《红旗》，散发过传单，参加过飞行集会，事事走在前面是非常活跃的，因此很快经张眺、洪灵菲介绍入党（1932年）。后来，于寄愚又与成仿吾一起办过《德言报》，担任过左翼刊物《文艺新闻》的编辑。

1932年6、7月间，在党的领导下组织掩护左翼美术家联盟活动的公开机关“春地艺术社”，在上海法租界西门路打出了“春地”招牌，发宣言、开讲座、办展览，把美术界的左翼青年，团结到了“美联”旗下。革命热情是高涨的，方法过于公开和暴露，很快引起法租界巡捕房注意，开办仅两个月，1932年7月“春地艺术社”就被查封了，江丰、艾青、李岫石、力扬、黄山定、于寄愚等十几位同志遭逮捕被关进了监狱，这是上海轰动一时的“春地事件”。30年后于老回忆起这件事，遗憾地反省自己，当时年轻革命热情有余，经验太贫乏，使十几位同志一起受囹圄之苦，颇感悔恨。

于寄愚当时是一个20岁出头的青年，出了象牙之塔走向了十字街头把一切献给党，是十分勇敢的。“春地艺术社”被捕的同志，在抗战前后走出了监狱。于寄愚是1934年由山东蓬莱老家花了钱，通过上海山东同乡会保释出狱的。于寄愚出狱后回蓬莱当了小学教员。1934年正是白区的党处在极端困难中，张眺已去了苏区，洪灵菲牺牲了，一时难以找到党，是十分苦闷的。一年后，“一二·九”学生运动兴起了，于老又恢复了组织关系。“七七”抗战全面爆发，于寄愚在山东家乡积极投入了抗日救亡活动，参与和领导抗日武装起义，任抗日救国军副总指挥。1938年7月，山东《大众报》报社成立，中共山东省委调于寄愚任报社的社长兼总编辑，活跃在敌后的宣传战线上，后来又担任过冀鲁边区的宣传部副部长，中共鲁南区委的宣传部长。于寄愚在抗战中，一直做文化宣传的领导工作，无论是编报刊，写社论，思路敏捷，一挥而就，充分表现了他的才华。在犬牙交错的敌后战场上，是非常活跃的。山东解放区老一代的革命文化人，对他是十分熟悉和敬佩的。

全国解放后，于寄愚担任中共山东局的文委书记，山东省文联主席。他曾以山东文艺界代表团团长的身份，率团出席过第一次全国文代会。华东局成立时，调华东文联任秘书长兼党组副书记。当时党组有三个人，其中一位是“四条汉子”之一的夏衍，一位是与胡风有过交往的刘雪苇，两人貌合神离，于寄愚夹在中间左右为难，只好“低头弯腰”的调和折衷彼此彼此了！

解放后，文艺界的斗争，一波未平，一波又起。从批判《武训传》到知识分子思想改造，以至于反胡风、反右派，矛头直指党内外的知识分子。文联党组，应在斗争的漩涡中，积极也好，消极也好，不是整人，就是被整。于老没有整人之心，也不是被整的对象，只能以“挟酒瓶”、“养金鱼”的姿态，在“长街”以图自保。然而，阶级斗争没有第三条路可走的，你不整人，必然被别人整，历次政治运动的历史，说明了这一规律。于老这种消极的态度，最后被套上了“革命意志衰退”的帽子，发配去安徽到大别山体验生活了！没有像张春桥那样，拿着棍子、辫子、帽子，红到发紫发黑的地步。所幸者，于老只是一个“空头文学家”，没有可资批倒、批臭的更多资料。君不见，从巴金到丁玲，从路翎到王蒙，虽不空头，一个个不是“低头”几十年吗？

于寄愚与千百万“低头、弯腰”的知识分子一样，打倒“四人帮”后重见了天日，以古稀之年写下了50万字的《一支不正规的队伍》，出版了。于老在安徽“文联”一向低调，从不显山露水。但是，在三中全会后第四届文代会召开时，他接近耄耋之年，还是挣扎着参加了。在开会过程中，欣逢几十年没见面的艾青，于老问他“认识我吗？”“认识，认识，于玉海，于玉海”，这只能是老人见面的话，“于玉海”三个字不是昔日同难的战友，别人不知道的。他们一起为苏区蒙冤的革命引路人张眺，写了出版《耶林纪念文集》的请示报告，送达周扬手中，为此发了会议简报，我是十分感激的。

至于于老向王元化借钱的事，于老曾与我谈起过。不是在“文革”中，是在打倒“四人帮”后，他来上海市委宣传部，谈对他错误的处理结论，要求落实政策，住在东湖路市委招待所，一切食宿自费。市委对他的问题拖拖拉拉，时间一久，经济上发生了困难，因此向老朋友王元化借钱救急。王元化因“胡案”在身，尚未落实政策，于寄愚是清楚的，于寄愚从来都把王元化视为可信赖的朋友。“胡风集团”在他的心目中，压根就不是什么“团”。其实，于寄愚在上海熟悉的人，何止一个王元化啊！他再三思考还是向王元化开口，元化是不会让他为难的，可见两人早已“心有灵犀”了！

我与他在私下里闲扯时，他说从20世纪30年代文人的帮派习气来说，我还是倾向“冯雪峰一边”的。记得全国第一届文代会上，他以山东解放区代表团团长的身份与会，在会上亲切地与冯雪峰握手，压根没有理会周扬同志。事后回忆，对周扬着实有些失礼不恭，这一细节也表达了一种感情的倾向性。

于寄愚下放安徽文联，到他1991年去世差不多有30年时间，人人都知道他资格老，但他个人始终过着平淡的生活，为人十分低调，甘于寂寞，但从不争名于朝，争利于市。

在“文革”中有造反派红人传话，“康生曾关心于寄愚到哪里去了”。但他听了一笑了之，从无“受宠若惊”的神色。确实在冀鲁边区工作时康生欣赏过他的才能，在“非常时期”被提起，是福是祸是难以预料的。至于于寄愚在何处，干什么？张春桥是十分清楚的，因为他们在上海市委，本来是平起平坐的。此时一个“天上”，一个“地下”，否则于老不会有晚年的《一支不正规的队伍》50万字。

于寄愚的前半生是辉煌的，那是在烽火连天的岁月；后半生是寂寞的，是硝烟散尽的和平年代。即使“和平年代”，所有人格独立、思想自由的知识分子，也没有过过太平的日子。在于寄愚身上，充其量是“金鱼处长”、“花边传闻”的丑化而已，这与政治有多大关系，见仁见智了！正如在政治运动中的顺口溜说的：“说你是，不是也是。说你不是，是也不是”，这是文化专制主义的固有逻辑。

改革30年后，改革开放的鲜花开遍了原野，所有正派的知识分子，能人尽其才，老一代的知识分子当含笑九泉了！

2008年6月于上海

（2008年原文原标题“于寄愚与张晀”，发表于上海《党史信息报》）

追忆楼适夷的一段往事

张以谦

楼适夷原名楼建南，1905年生于浙江余姚。2001年谢世于北京，整整活了96岁。楼老在国民党的白色恐怖中，既受过囹圄之苦，又尝尽了颠沛流离的滋味，但始终在革命文化战线上，进行不屈不挠的斗争。

当年，笔者看到20世纪30年代时中国作家给苏联的一份致电，上面有我叔耶林（张眺）和楼老的名字，我知道楼老是“左联”成员。于是，萌发了给楼老写信的念头，信中试探地问楼老是不是认识一个叫叶林（耶林）的“左联”成员。没想到，他很快给我复了信。信中说：“认识叶林，1932年夏天，冯雪峰通知我去告诉叶林，当天晚上国民党要来逮捕叶林，要他马上转移。”还说：“我接到任务后，马上到叶林住处附近，租了一间旅舍，叫茶房马上送信去给叶林。”叶林由于楼老的及时通知，逃脱了国民党的逮捕，不久就被中央派往赣东北苏区去了。

楼老当时还主动打听叶林的生死下落，冯雪峰告诉他，叶林是苏区“肃反”时死的。楼老写信告诉我时，还劝我“不要难过，革命中这类事还很多的”。我收到信后十分感动。在“千万不要忘记阶级斗争”的年代，有些人对此类事躲之唯恐不及，楼老竟热情地打听我叔的事，并深情地劝我，是何等的难能可贵啊！

1979年初，我把我知道的先叔的经历，写了一份资料寄给楼老。

楼老看了我的资料，主动找了当时尚未平反的阳翰笙和丁玲去核实，并积极帮助我找当年在赣东北苏区认识叶林的老同志，不久便找到了上海纺织局的顾问赵平。赵平在苏区与叶林一起工作过，赵平证明叶林冤死，使叶林得以平反昭雪。

楼老一生为文学创作和出版事业做出了巨大的贡献，给我们留下了丰硕的精神财富。同时，他做事认真负责、待人宽厚仁慈的高尚人品，足以为后世的楷模。

（发表于上海《党史信息报》2006年8月）

冯雪峰的脾气

张以谦

1979年11月，我接到在北京召开冯雪峰的追悼会通知。对这位20世纪30年代为左翼文化运动立过汗马功劳的先辈，在他生前我虽未亲聆教诲，但在20世纪50年代，却收到过亲笔复我的信，追怀了与叶林的过从。他俩在20世纪30年代初，是交往密切的战友。后来雪峰去了中央苏区，参加二万五千里长征。叶林去了闽浙赣苏区，担任过闽浙赣省苏维埃政府文化部长兼列宁学校校长，后因“左”倾路线受害牺牲。我怀着虔诚的态度，以沉痛的心情，参加了为革命先辈平反昭雪的追悼大会！从追悼会上拥挤得水泄不通的签名者，可见雪峰的一生是受人崇敬的。在私下里，我还遇到一位“左联”前辈，由于没有收到追悼会的通知，而流露着无限惆怅的情绪！

雪峰于我，是父辈的战友。中国古训是“子不言父之过”，作为后辈来讲，只应发扬先辈的革命精神，继承先辈的革命遗志。援此为例，不应谈父执一辈的是非，但我却要谈“冯雪峰的脾气”，这不是违心吗？其实也不尽然。

脾气从心理学的角度说是一种先天的气质。人人都有脾气，或急躁，或温和……可说是千差万别。从我接触的知情者回忆雪峰同志的文章，都不免提到他急躁的脾气，就连他儿子冯夏熊所写的《父亲给我的》一文中，就专写了一段“父亲的脾气”。其中有几句介绍雪峰对自己脾气自我解剖的话，给我印象最深，“他说，虽然早年参加革命，也参加了二万五千里长征，做了多年党的地下工作，但他作为知识分子作家，其特性却是属于自由职业者的范围的。他的暴躁、偏激、骄傲以及一些自由主义的习性和作风，正是他早年在近于流浪者的窘迫生活环境中所形成的，这经常给他带来极大的不安……。”

在20世纪30年代初，他为纠正《文学月报》发表了那篇辱骂性的文章——《汉奸的供状，曾向编者周起应发过脾气》。当然，后来还多次发过脾气，我再补充一点别人不知道的他发过一次脾气。在全国解放之初，中学课本上选过一篇鲁迅先生的《鸭的喜剧》，我中学的国文老师徐力夫（已故世，在北京读书时与雪峰有点认识），曾写过一封信给雪峰，大意是鲁迅先生有很多好的散文不选，为什么单选《鸭的喜剧》……。于是，雪峰亲笔给徐先生回了一封信，大发脾气，劈头就说：“你这个徐力夫，竟如此狂妄地贬低伟大的鲁迅先生……。”

我当时听长辈谈及此事时，也觉得冯雪峰的脾气实在太大，有一种难以谅解的情绪！现在回忆起来，凡雪峰发脾气时每每都在坚持某种正确的意见，尤其是涉及到对鲁迅先生的意见，或不正确的看法，那他更是“当仁不让”。正如周扬同志1980年《新文学史料》第四辑中，《致友人一封信》中说的：“……在我党同志中，他（雪峰）是最早对鲁迅采取比较正确的态度的一人。”这样的肯定，无疑是十分公正的。如此一来，我却觉得雪峰的脾气是可以理解的了！

脾气，总归是脾气，不以脾气定是非，不以脾气判断意见正确与否。沙场武将脾气暴躁，人们多不以为非；文坛名人脾气偏激，却常受到指责；曾有人对一代文豪鲁迅先生的脾气，也啧有繁言。自古以来，有不少文人，有脾气，或嫉恶如仇，或不同流合污，或恃才傲世，或玩世不恭……各有其形成的先天气质与社会环境。真正做到不以脾气判断人的是非，不以脾气影响正确的坚持，难矣哉！从这一点去理解，雪峰同志对自己脾气自知自明，可说是一份宝贵的精神遗产。

（原载香港《文汇报》1982年2月16日）

关于二幅幽默漫画作者的考证

张列力

关于两组幽默漫画，是指由鲁迅收藏的《民众画报》和江西横峰县博物馆收藏的闽浙赣苏区根据地宣传漫画。

一组是《民众画报》出现在1931年“九一八”以后，上海民众反日会印刷的宣传组画，其内容反映上海人民反对抗议日本军国主义对我们东三省的侵略，人民抗日情绪高涨，国际联盟的调查瓜分中国的丑态的一组漫画。

另一组是第二次国内革命战争，在方志敏领导的闽浙赣苏区根据地1933年画在白竹布上的漫画。它有两幅，一幅反映蒋介石国民党与代表自己利益的地方军阀的内部争斗。另一幅反映蒋介石的国民党军队在帝国主义的支持下，对苏区的第五次围剿和工农红军进行反围剿的场面。

上海《民众画报》反帝组画是叶林（耶林）所画的。叶林在上海担任“左联”、“美联”党团书记，中共中央文化工作委员会委员之一，是上海左翼文化运动党内重要领导人，到苏区任闽浙赣省苏维埃政府文化部长。叶林的家乡山东潍坊，是我国四大版画之乡。叶林从小喜欢绘画，绘画基本功非常扎实，素描技法很娴熟，1929年考入杭州国立艺术学院研究部。在上海负责党内文艺工作期间，经常为党的外围进步组织画画、插图，也为苏区根据地教科书课本画插图。

2010年，在左玮编著的《左进亮红色收藏》一书中发现了踪迹，此书第86页《两幅幽默的漫画在严酷岁月里诞生》一文，曾在1990年8月30日发表于《中国文物报》第四版，文章指出“没有考证出作者姓名”，此画收藏于横峰县博物馆。从两组漫画对照，绘画表现的特点，绘画的风格都出自一人之手，这人就是叶林。

我们从两个方面对比考证：

第一，从两幅画的头部和手臂衣服的纹理，绘画方法仔细端详比对，用放大镜仔细对照，进一步观察分析，反帝组画和两幅幽默画绘画特点、笔法和绘画技法，两组漫画都是笔法娴熟有力节奏感强，技法高超有穿透力，有深厚素描功底，绘画基础扎实。从两组漫画人的头部和脸部的细节上，能显现出头部轮廓和脸部五官布局，头型脸部五官表情形象都是一个人。手臂、握枪的手和人民拳头，其画法线条清晰一样，人物的线条和衣服纹理画法，两组绘画如出一辙，一模一样。简单几笔生动展现栩栩如生画面，表现人民反日情绪高涨，把日本帝国主义赶出中国的决心。在对待国民党军队的围剿苏区根据地，我们红军战士双手紧握手中枪奋勇杀敌场景的表现力，逼真传神。同样，反帝组画表现国联会议，列强们举手表决手势的形象，和白竹布画的国民党军队的手画法、技法都是一样的。

第二，两组画上的字体书写，两组漫画上共同出现的“帝国主义”四个字同是楷体，其书写表现结构也是一样的。“民”的书写方法，字形结构，字的形态表现如出一辙，出自一人之手。

总之，从两个方面研究品鉴寻找历史史料论证，左进亮先生在20世纪90年代，在《文物》杂志发表《两幅幽默的漫画在严酷岁月里诞生》一文中，所提到幽默漫画是出自叶林之手。此文曾在2016年出版的《百年耶林》一书中刊用。

这里再说明一下，两幅用白竹布画的幽默漫画，原画被江西省横峰县博物馆收藏。而《民众画报》反帝组画是被鲁迅收藏的，现存于北京、上海鲁迅纪念馆。

2016年8月9日

一位被淡忘的左翼文化运动党内优秀的组织者和领导者耶林

张列力

一、一颗闪烁光芒的“流星”

1949年前后出版了许多现代文学历史和作家的著作，几乎没人提到左翼作家耶林的名字，只有建国前丁易写的《中国现代文学史略》中，提到了耶林在丁玲“左联”时期办的《北斗》杂志上发表的小说《村中》。当时的左翼作家，只有耶林触及了苏区反围剿这一主题。《村中》[1]所描写的是国民党的飞机轰炸苏区的场景，那时苏区老百姓从来没有见过飞机，忽然天上飞来像蚊子一样的影子，大家正在奇怪地议论时，飞机降临头上，突然投下了炸弹，把和平的百姓炸得血肉横飞。耶林以这一“小景”来揭露蒋介石打内战的罪恶，耶林是左翼作家中发掘这一重大主题的先驱者。不久，耶林又在周扬主办的《文学月报》上又发表了《月台上》[2]、《开辟》[3]两篇描写失业工人的小说。然而遗憾的是，耶林在这左翼文坛上，闪烁光芒的新星暂时消失了！关于耶林的小说，1938年胡风在香港出版的《密云期风习小纪》[4]中有一篇评论，肯定了耶林小说的内容和主题。

无论是丁易，还是胡风，不清楚耶林的生平，在介绍耶林的作品时，只能就作品论作品。耶林的作品，当年发现的只有几个短篇。由于耶林1932年底，奉江西瑞金苏区中央命令派往中央苏区，在闽浙赣苏区工作两年后，又因王明的“左”倾“肃反”路线，以“莫须有”的罪名被杀害。中华人民共和国建立后，尽管“左联”健在的有些领导人知道耶林死得不明不白，但在当时的形势下，大家都回避谈这一话题。直到打倒“四人帮”后，耶林的亲属向中央提出申诉，耶林的冤案平反昭雪，耶林恢复政治荣誉后，在报刊上才渐渐出现耶林生平、作品及革命事迹。

耶林原名张眺，笔名耶林，党内名叶林。1901年出生于山东潍县（现在潍坊市）寒亭的一个知识分子家庭中，父亲张潼是清光绪辛卯科举人，在山东荣城做过12年教谕，教谕相当于现代一个管文化教育的副县长的职务。张潼喜新学，对

1. 耶林：《村中》，载《北斗》1931年12月第1卷4期。
2. 耶林：《月台上》，载《文学月报》，1931年第1卷第4期。
3. 耶林：《开辟》，载《文学月报》，1932年第1卷第5—6期合刊。
4. 胡风：《密云期风习小纪》，香港海燕出版社1938年。

数学很有钻研，在当时“新学”与“旧学”的斗争中，力主办新学。在家乡曾主持搬神像、办学堂，受到守旧派的攻击。

张潼有七个儿子，前妻生了三个儿子。前妻去世后，继配又生了四个儿子。大儿子是与宋教仁同时代的日本留学生，参加辛亥革命的淮泗讨虏军，任军需。第五个儿子就是2009年7月24日上海《文汇报》“记忆”副刊上介绍的《红色国际特工张逸仙》。耶林最小。耶林画画很好，潍县寒亭杨家埠是我国四大年画产区之一。耶林受家庭进步思想和环境艺术氛围的影响，从少年时代就有与众不同的抱负。诗云：“世人单从梦里老，返将睡梦疑晴晚。都到苍天真无缝，那知女娲原非巧。”

耶林出生时，家庭属于小康，父亲一死，由于人口多，经过多次分家，耶林读书时家境已败落。耶林16岁以前写的旧体诗中有一首《乐府古题》：“东邻富家儿，遇我巷之曲，顾我嗤然笑，阔步夸彩服，岂知吾生甘黎藿，不乐衣锦厌粱肉。”我们从《题记》和《乐府古题》的“不乐衣锦厌粱肉”的清贫生活，和“女娲非巧”的浪漫主义想象中，可看出耶林从青年时代就怀有大志。耶林少年时勤奋地习诗学画，颇有艺术天才。父亲一去世家庭经济败落，耶林就开始了打工自学的生活，曾到东北找五兄谋过职业，到青岛自开过画室，接触了当时青岛如火如荼的工人运动。在家乡当过小学校长，受“五四”运动和《新青年》杂志的进步思想影响，提倡白话文，自编白话尺牍教学生。担任中学教师时，在学生中大力宣传新文艺。与潍县早期的党员张同俊交往密切，并被介绍入党。1927年国共分裂影响到山东，耶林受到分裂后的国民党县党部的压迫，出走南方，考入杭州国立艺术院研究部，与李可染同窗共寝成为挚友。在杭州国立艺术院同学中传播进步思想和文艺书刊，悄悄地点燃左翼美术的星星之火，被浙江省党部怀疑为“左”倾分子，被关进杭州陆军监狱，在狱中接触了一批“宁死不屈”的共产党人，找到了向往的共产党组织，更加坚定了耶林的革命意志。耶林被林风眠校长保释出狱后，立即到上海投入了轰轰烈烈的工人运动，参加了方兴未艾的左翼文化活动。用他的手中画笔，投入到革命的洪流中去，从组织左翼美术活动开始，与以鲁迅为首的“左联”共同战斗，成为了20世纪30年代初左翼文化运动的党内领导人。1932年曾一度担任过“左联”党团书记，主持过文委的工作，担任中央文委书记。他的住处是文委的机关，成了职业革命家，身份越来越隐蔽。周扬生前写信说：“叶林当时能找到我的住处说明他是上级，当时上级能知道下级的住处，下级不知道上级的住处……”[5]

1931年以后顾顺章、卢福坦等党的高级领导人相继叛变后，中央领导开始向苏区转移。1932年冬，中共中央决定耶林撤往中央苏区。1933年初（旧历年前）耶林化装为商人，由地下交通带领经安徽屯溪通往闽浙赣苏区的秘密交通线，到了方志敏领导的闽浙赣苏区，由于去瑞金道路受阻，耶林（叶林）受方志敏委任负责闽浙赣苏区的文化教育宣传工作，他担任了“苏区”的文教宣传建设重任，并参加了闽浙赣省第二次工农兵代表大会[6]，与方志敏等同时被选为主席团十二

5.1981年周扬给张以谦的信。

6.《中国共产党闽浙皖赣革命根据地组织史资料》（1927—1937）专题上报本。中共江西上饶地区组织史办公室（1987年3月）。

位成员之一，后被选为闽浙赣省苏维埃政府文化部长（文化部同时管教育），方志敏被选为主席。耶林在《红色东北报》上画过一些革命画，写过一些文章，领导普及了闽浙赣苏区的列宁小学，大力开展扫盲活动，在乡村普遍建立俱乐部，列宁室，乡村文化壁报角，主编工农读本第四册，改组工农剧社，组建工农剧社一团、二团，经常亲自带剧团到前线慰问演出，兼任列宁师范学校课程，经常到画室指导工作，和画室工作人员一起为苏区报刊杂志画组画、画插图等。该苏区的文化教育建设被中央誉为模范区，耶林为此做出了贡献。

当时，闽浙赣省委的书记是王明派出的钦差大臣曾洪易（后投敌叛变）。曾洪易积极推行王明的极“左”路线，在“肃反”中迫害正派的革命同志。1934年11月方志敏率部队东征时，扩大“肃反”打击面，耶林在留在当地坚持进行游击斗争背景下，被以“反革命”的罪名，秘密杀害于葛源附近山区，年仅34岁。耶林是左翼文化战士中，最早受“左”倾政治错误路线迫害者。

从耶林生平中可以看出，尽管他三十几岁就牺牲了，但他短暂的一生，每时每刻都在前进，始终站在斗争的前列，散发着光和热，决不过“梦里老”、“疑晴晚”的醉生梦死的生活。为实现“女娲非巧”的“补天”宏愿，兢兢业业地为革命工作。

二、耶林的文学创作实践

“左翼文艺家负起解放斗争的使命，作品要以无产阶级感情为内容，支持世界无产阶级解放运动，向国际反无产阶级的反动势力斗争”[7]这是“左联”在理论纲领中向左翼文艺家的号召，是左翼文艺家遵循的最高创作准则。

耶林的小说无论是《月台上》还是《开辟》都是写的失业工人，积极响应了“左联”的号召。《月台上》写的是在帝国主义奴役下的失业工人；《开辟》是写与帝国主义斗争的失业工人群体。《月台上》是写被奴役的个别失业工人的悲惨境遇；《开辟》是写有组织的工人与帝国主义斗争的实况。前者可以说工人还处在“自在阶级”的状态，后者已到了“自为阶级”的状态。从“自在”到“自为”是一个发展的过程，不管哪一种状态，作为文学作品，必须以客观来反映，而不是抽象的教条。

在松花江岸上，无边的森林外，在那里常年有比人高的草，只有一条小路是通到城市的，在地面上看着脚迹，可以分辨出熊和老虎。——在这样的森林边住着一个老人和他的老婆。一个日本人打猎到这里来了，遇着了他。他帮日本人打得了许多禽兽，他自己只拿了一只麝带。他招待日本人在他的家里住了两天，帮助日本人逃开了狗熊。因为这，日本人把他叫到某地去做一个管仓库的工人。在仓库里，虽然他竭力奉承那个被叫做“先生”的中国人——工头，但三个月以后，因为他请假回去看老婆，位置被人抢去了。他疯狂似地奔走了三天，连日本人都不肯帮他，以后只好又回到森林边去过了五年艰苦的生活。这期间，森林被砍伐得远离了他的家，野兽减少了，老婆死了，房屋被山洪冲毁了，他只好流浪到了长春。在长春他又遇到了那个日本人，让他回到了仓库，但两天以后又被那个“先生”（工头）驱逐了。从此他抱着回到仓库去的希望，狗一样地过了很久

7.《左翼作家联盟理论纲领》，载《拓荒者》，1930年3月10日1卷第3期。

的流浪生活，最后终于得到了那个（工头）“先生”死的消息，他满怀希望赶到长春去，但在去长春的一个车站的月台上，被日本兵当作“小偷”抓住，猢狲似地被戏弄，狗似地被毒打，这就是《月台上》这篇小说的主要故事情节。

森林老人为了这是一个千金难买的机会，他带着家乡的土产，小鸡和马玲薯，作为一点礼物送给日本人。日本人看见他就呵呵大笑起来：“你来了？”“来了！”“我是多么想你呀！”你看他把日本人形容的像善良的农民一样。

他在日本人家里坐了一点钟，吃了日本茶，日本人的房间里摆着短短的小插屏，洋式的桌子上摆着花瓶和金鱼缸，简直耀眼，他这样羡慕地夸耀着。

从上述的描写中，我们看到了森林老人渴望生存，以仅有的一点土产去巴结日本主子。但是他的这一善良的愿望，最后遭到了无情的戏弄。

在小说的结尾失业的森林老人被怀疑为小偷遭虐待时，他嘴里吐着很多白沫，并且间杂着鲜血，哀告着，用中国话哀告，又用日本话哀告，摆动着他的头，躲避着落下来的棍子，却碰在皮鞋上。他是一个文明国的殖民地当中，学习的日语烂熟的家伙，他具有一个奴隶的聪明，他会找一句适当的话引得文明人的喜悦，他低声说：“哪里牙岛！哪里牙岛！”站在两边的日本绅士们一齐笑了。于是他滚在地上，用他污秽的手指，拿起他的耳朵，他有一种能力，会使他的耳朵自己扇动两下，“哪里牙岛！哪里牙岛！”他愈加高声叫起来。正在打着他的日本兵也笑了，缩一缩脖子看一看四边的人们。日本妓女从绿栏杆底下抓了一大把白雪，抟成一个雪球，对着老人打去。老人躺在地上，假装躲避雪球，可是正使它打在鼻子上，于是第一个第二个日本的绅士，也到栏杆下边去抓雪球，对着他瞄准，他仍然能够使它正打在鼻子上。寂寞无聊的月台上，顿然显出活泼的气象来，中国的绅士们也模仿日本妓女用雪球打他，报馆的记者，抽开摄影机，在拍滑稽的照片。”[8]

这是怎样的画面啊！不必读到小说最后绿色的棍子在空中划一个圆圈，空气被挤出嘶嘶的声音时，落在他脑壳上的一击，就使读者难以忍受了。

森林老人从打猎到做工的简单经历，已经勾勒出在日本帝国主义殖民统治下失业工人命运的缩影。老猎人暂时离开艰苦的狩猎生活走进了大城市，然而也只有梦幻的三个月，等待他的是侮辱，践踏和悲惨的死亡。在20世纪30年代那些失掉土地的农民，在上海杨树浦日本纱厂做工的男女工人，不也有同样的命运吗？耶林曾亲眼看见，被日本“拿摩温”敲打的中国工人，为了生存也只能“哪里牙岛，哪里牙岛”哀告而已。工人阶级从“自在”的阶级到“自为”的阶级是一个过程，是从不自觉受奴役到自觉地反抗奴役的过程。受压迫者有本能的反抗意识，但是不经教育、启发、组织、领导，即使反抗也是乌合之众，就个别而言，面对强大的统治阶级的力量，像森林老人一样反抗也只能是悲剧。现实中的工农受尽屈辱，作家应站在什么立场上去描写？是同情工人的不幸，揭露殖民者的暴虐，还是欣赏工农身上被奴役的伤疤？这是一个立场问题。耶林对森林老人的不幸是控诉式的描写，以此引起人们对殖民者的憎恨和反抗，但相比更多的左翼作家，耶林更早

8.同2。

更自觉地意识到，作家必须“以无产阶级感情为内容进行创作”。

工人要改变自己的命运，从遥远的满洲走向了《开辟》里的上海工人的草棚里。耶林在“立三”路线时，特别是“一·二八”事变前后，响应党的号召，深入到杨浦区松义里，长期与纱厂、牙刷厂的工人住在一起，感受了工人生活的一切。正如他当时给丁玲的信中说：“我刚从工人区搬出来，不久又要搬回工人区域去。我像拜伦厌烦英国一样，厌烦小资产阶级生活”。[9]“九一八”事变后，上海紧接着出现了“一·二八”事变。当时的十九路军，在全国人民同仇敌忾的“抗日救亡”的呼声之下，对日本帝国主义的侵略进行了抵抗，由于日本侵略军的炮轰，上海许多工厂停工，造成大批工人失业。上海总工会、上海反帝大同盟，在党的领导下派出了大批的党员干部，深入到失业工人当中宣传抗日救亡，组织工人除奸防特，支援十九路军的抗战，耶林是党派往工人区的党员之一。在这一过程中，他自觉地响应党的号召，改造自己的世界观。耶林的《开辟》真实地反映了这一斗争的一个侧面，将他亲眼所见，亲身体会，用艺术的形式概括了出来。

《开辟》描写了一大群失业工人，老高、阿二、小信子、大马、小水子……，他们在党的领导下，商量着如何支援十九路军的抗战。在他们发现汉奸破坏时，个个义愤填膺；发现了敌人的拉拢腐蚀，坚决地予以抵制；发现了自己的同志，因家庭生活困苦，多用了团体的块把钱，表现了大公无私，认真追查。最后查明为同志困难所需，经大伙一起讨论，把自己仅能维持生命的一点钱拿出来补齐团体公款。在这里把工人阶级的“大公无私”、“团结战斗”写得多么真切呀！

《开辟》的人物较多，耶林是绘画出身，他善于以素描构形的手法抓住每个人物的特征，只是简单的几笔就勾画出人物的脸谱。例如：失业团里的老五、小水子等，因为信了一个汉奸的谣言，怀疑他们的最积极分子阿二真的接受了汉奸的钱发了财，卖了他们，于是就灰心而且怠工了。但查帐的结果，阿二不过借用了一元二角，这里面有四角还是救济另一个工友的。事情一明白，大家马上有了裁判，阿二固然有不是，但他们怠工却更不应该。

“一个人发起，许多人跟随着，你五十，他一百，把一元二角钱凑起来了，替阿二缴上。他们高兴得很，像一大群小孩子一样，大声笑着，把一元二角钱高高地举起来，而且有人拍起巴掌来，好容易老高把顶着屋子的声音压下去，他大声问：‘还有什么意见，一个一个的来。’他看了看老五，又看了一看小水子，老五夹着他的风泪眼，弯了弯腰说：‘好了，好了，就是那样了，没有什么意见了！’小水子动也没有动。老高作了结论，重复了他已经三番五次对他们说过的工作的意义，又严格地批评了阿二和怠工五六天的他们，问他们同意不，他们同意了。老高又切实的指出来：‘不允许一个人不工作。’就散会了。”[10]

《开辟》不是一般地描写工人的不幸遭遇，悲苦的生活，而是描写工人在党

9.耶林：《给丁玲的四封信》载《新文学史料》，1980年第1辑。

10.同3。

的领导下的团结战斗的生活。这在20世纪30年代的左翼作家中，也是不多的。正如耶林当时在给丁玲信中写道："一个非无产阶级出身的人，只要是站在无产阶级立场上，是可以写无产阶级的文章的，这话也是对的。只有无产阶级出身的人才能写无产阶级的文章，这话也是对的。在没有无产阶级的文章的时候，我们渴望着看看站在无产阶级立场上的文章，这样的文章是宝贵的。"[11]耶林以辩证的观点，阐述了小资产阶级的左翼作家立场转变的重要，这也就是毛泽东后来在延安文艺座谈会上，号召文艺工作者深入工农兵生活的用意。耶林在20世纪30年代初，就提前实践了立场的转变。《开辟》一文中描写了失业工人团中一群有一定觉悟、自己教育自己、机警而有智慧、勇敢而又团结的工人形象，这就是站在无产阶级立场上的作品，与姚蓬子在《北斗》上发表的《一侍女》[12]立场有根本的区别。

《开辟》比《月台上》前进了一步，塑造的不是逆来顺受的失业工人，而是团结斗争的失业工人。胡风在评论中客观地说："不用说，这两篇小说并没有显示出怎样宏大的气魄，也许还不能算真实的成功，但如果我们想一想，'九一八'以后东北的劳苦同胞的生活是怎样地开始更被人民大众所关心，上海防卫战中的上海工人的面貌是怎样地被人民大众所怀念，不就可以容易地理解到，这两篇作品在新文学史上所给予的意义么？"[13]

耶林与工人同呼吸共命运，创作出了真实反映工人生活的作品，虽然不是宏篇巨作，但在作品的语言、字里行间中跳动的是工人的真实的感情。耶林描写工人，不单外形是工人，骨子里的一言一行都是活脱脱的工人，这是耶林的成功之处。沙汀说："《月台上》、《开辟》两篇小说，是我在周扬家里校对的。当时'左联'作家写工人，耶林是最成功的一个"。[14]耶林不仅看到了工人的痛苦，也看到了工人的觉悟。从《月台上》到《开辟》是耶林文学创作的一个飞跃，这一飞跃体现了耶林的立场从小资产阶级向工人阶级的转变，耶林实践了"左联"号召的"深入工人"和"以无产阶级感情为内容进行创作"。

三、耶林现象的思考

我们从耶林的生平和创作中看到，耶林一步一步在实践他"补天"的理想——为共产主义而奋斗。不管在"白区"还是在"苏区"，他一刻也没有停止战斗，直到献出自己的生命。耶林从1930年参加"左联"到1935年在苏区"肃反"扩大化中牺牲，前后不过四年多的时间，他创作的小说虽发现只有几篇，但人们最终没有忘记他。更为有趣的现象是我在网上发现，直到最近有一位日本研究生，在写研究日本左翼作家大岛觉的论文时，在网上查找《月台上》的作者耶林究竟是谁？因为该研究生写论文时涉及到1933年大岛觉翻译成日文的《月台上》，日文译为《驿头》[15]，如果论文答辩时，有人提出耶林是谁的疑问，答辩者不知"耶林"为何许人，将是十分尴尬的。我通过网络把耶

11.同9。
12.姚蓬子：《一侍女》，载《北斗》1931年12月第1卷2期。
13.同4
14.沙丁给张以谦的信。
15.大岛觉（武田泰淳）：《驿头》，载日本《现实》杂志，昭和八年五月（1933年）出版。

林的生平告诉了他，他把大岛觉翻译的日文原文《月台上》发给了我。耶林离开人间70多年了，他生前并不知道自己的《月台上》曾被翻译为日文，因为那时耶林已在苏区。这一现象说明什么？只要你的创作在历史上是站得住脚的，就不会被历史湮没。

中华人民共和国建立后，研究“左联”历史和作家的人成百上千，几乎没有人提到耶林。责任并不在研究者，因为耶林死的不明不白，在没有政治结论前，了解耶林的人不敢轻易涉及，在当时的政治环境中是可以理解的。但冯雪峰在他“文革”前编的《中国现代小说选》中，收录了耶林的《月台上》，雪峰恰恰是知道耶林怎么死的知情者，说明雪峰为人的耿直。另外“文革”后，1984年出版的《新文学大系》第四集小说集二收录了耶林的《村中》。《村中》不过三千字左右，因为她反映的是苏区“反围剿”的重大主题，同时代的作者没有人写这一主题，耶林的创作填补了这一历史空白，因此奠定了耶林现代文学史上的地位。在左翼作家中，像耶林一样有坎坷遭遇者，在“文化大革命”中成了普遍的现象，但是人民的历史是不允许亵渎的，为人民做了好事的，人民不会忘记他。不管是日本的大岛觉，“左联”领导人冯雪峰，还是当代的研究者，以及《新文学大系》的编者等，都以公正的态度对待耶林。耶林的生平与创作已青史留名，耶林在九泉下可以安慰了！耶林的老战友阳翰笙在打倒“四人帮“后，为不幸牺牲于“左”倾路线的革命战友写了一首诗：

是非功过何须问，惨别泪流摧我心。

故人忠骨天涯遍，敢信鸣冤后有人。[16]

耶林尽管沉寂了半个多世纪，最终他的作品，他的精神，他的“补天“的理想，都在一一被继承和实现中，这就是不以个人意志为转移的历史。耶林的现象最终也告诉我们中国古已有之的“山不在高，有仙则名。水不在深，有龙则灵”的普遍真理，关键是你是不是真正的“仙”或“龙”。

新的历史条件下，社会为作家、艺术家提供了无限广阔的创作天地，已经没有任何限制。这是一个发挥才智的时代，有充分创作自由的时代，作家、艺术家已经摆脱了压在身上的桎梏。尤其网络的发展，为创作提供了非常便利获得各种信息的条件，这是“左联”时代的作家难以想象的。因此，作家、艺术家能有“左联”时期作家的刻苦牺牲精神和关心亿万苍生命运的良心，一定能创作出史诗般的作品，这就是我们发扬“左联”精神遗产的初衷。

2019年10月1日修改

附记：

大岛觉（武田泰淳）小传

大岛觉（1912－1976），日本小说家。生于东京。幼名觉，本姓大岛，曾多次来到中国。1931年入东京大学中国文学系，翌年因参加反政府活动被捕。后入芝增上寺为

16.阳翰笙：《诗刊》，1979年第10期。

僧。1934年与竹内好、增田涉等组织中国文学研究会，在会刊《中国文学月报》（1935年3月创刊）上发表论中国文学的文章。1937年被征入伍，1939年退伍。1941年在日本出版协会海外科任职，与小田岳夫共著《扬子江文学风土记》。1942年至1944年撰写《东洋思想丛书》第37种《司马迁》。1944年参加创办杂志《批评》。同年在上海汪伪政权设立的“中日文化协会”任理事。1946年任北京大学中国语言文学系副教授。1947年回国，任北海道大学副教授。1948年辞去公职，专事小说创作与文艺批判，为“战后派”代表作家之一。他曾翻译过茅盾、萧军、丁玲和耶林等人的作品，他和沈从文合作翻译《从文自传（湖南的士兵）》。他的作品还有《风媒花》《美貌的信徒》《人间 文学历史》《政治家的文章》《我的中国修养》《毛泽东——他的诗与人生》《秋风秋雨愁煞人》《混混沌沌》《富士》《快乐》《光苔》《森林与湖泊的祭典》等。1956年参加创建日中文化交流协会，任常任理事。战后1961年、1964年和1967年随日本作家代表团访华。1976年筹建日本鲁迅展览会。同年病逝。

耶林（张眺、叶林）在苏区革命文化活动查访考证

张列力 张建九

根据文献资料记载的考证，叶林（张眺、耶林）在上海担任过“左联”党团书记，中央文委书记，是20世纪30年代左翼文化运动的组织者和领导者之一。在1932年11月至12月间，奉江西瑞金苏区中央命令，赴江西中央苏区工作。据周扬回忆叶林（张眺、耶林）把他上海的工作移交给他。当时正值国民党军队大肆围剿苏区红军的危急形势，叶林克服重重艰难险阻来到赣东北苏区根据地。在此期间，方志敏主席任命叶林（张眺、耶林）为省苏文化部部长[1]，他在这期间组织创办了闽浙赣工农剧团二团，主持了闽浙赣省红场修建。同时，叶林（张眺、耶林）负责宣传编辑工作，主编出版了《工农读本》第四册，巩固发展了乡村俱乐部，开展了新戏运动和各种不同项目的竞赛活动等，为苏区文化教育事业作出了巨大贡献。

在纪念中国共产党建党90周年日子里，我们从相关文献中，发现了一篇刊登于1933年3月第7期《工农报》上署名叶林的文章，此文是叶林（张眺、耶林）代表闽浙赣省苏区领导写的指导全省工作的社论——《用实际工作来拥护全省苏维埃代表大会》。同时，我们还发现了他为闽浙赣苏区报刊创作的一些漫画。

闽浙赣苏区的《工农报》[2]，是民国19年（1930年）8月，由方志敏于江西弋阳县芳家墩创办并提名，是活跃在闽浙赣苏维埃地区的一份重要的报纸。1932年11月，作为闽浙赣省苏维埃政府的机关报[3]，其社址迁至江西横峰县葛源，该报纸出版每期均有社论，都由报社干部自写或省负责人署名撰写。

在查访中，笔者与党中央派往苏区的一些干部进行过直接或间接的沟通与考证中，具体过程在此不再啰嗦。获悉当时党中央从上海派往赣东北的干部不止叶林（张眺、耶林）一人，还有陆定一、刘鼎（特科）、彭干臣（军委）等二十多

1.据史料记载：1932年12月11日，经中华苏维埃共和国临时中央政府批准，赣东北省苏维埃政府改名为闽浙赣省苏维埃政府，省苏下设文化部。见《闽浙赣苏区革命文化史料汇编》，1997年江西人民出版社出版。

2.见程沄主编《江西苏区新闻史》，2001年江西人民出版社出版。

3.据记载：报纸开始是3日刊，后为周刊，8开单面印刷，也出现过16开单面印刷，每期1张至6张不等。石印，印刷精美，少数几期用绿色土纸石印，油印质差。见程沄主编《江西苏区新闻史》，2001年江西人民出版社出版。

人，他们都是经上海、杭州、屯溪、江西葛源的秘密交通线进入赣东北苏区。在陆定一[4]生前给笔者父亲的信中曾专门答复我父亲，告知我父亲知道叶林，他也是从屯溪进入赣东北地区的。综合各种史料显示，1933年初，党中央派往赣东北的20余个干部中，确有一个叫叶林的，且是当时“左联”的领导，入苏区后被任命为闽浙赣省苏区文化部长，就是唯一的在1932年任上海“左联”党团书记的叶林（张眺、耶林）。从当时方志敏如此信任和重用叶林（张眺、耶林），委托他撰写指导全局工作意义的指导性文章一事，足见叶林当时在苏区的地位与职务之举足轻重。

在闽浙赣苏区《工农报》[5]发现的，由叶林写的社论，是一篇迄今发现的有重要意义的文献。时间上很好地证明了叶林（张眺、耶林）于1932年底到达赣东北苏区，同时与方志敏[6]一起开展工作[7]。这一社论从另一个侧面也显示，叶林（张眺、耶林）在苏区不是一般的领导干部，而是一位对闽浙赣省苏区提出指导性工作意见的省苏领导干部。

为更密切地联系广大工农群众，扩大对苏区人民的宣传教育，鼓舞苏区人民的战斗精神，《工农报》后改组为《红色东北》，不定期出版画报，画报上常常可见叶林（张眺、耶林）独具匠心的漫画作品。这一时期，叶林（张眺、耶林）积极组织开展了多种生动活泼有创意的宣传教育活动，我们还在《左进亮红色收藏》[8]一书中，发现了叶林（张眺、耶林）在苏区创作的漫画，漫画画在白竹布上。经我们将之和叶林（张眺、耶林）在上海抗日《民众画报》的漫画认真仔细地比对，结果发现无论从绘画的风格、技巧，还是到绘画的表现形式，都确认无疑出自叶林（张眺、耶林）的手笔。

综合各种文献，我们发现这篇署名叶林（张眺、耶林）的文章不是一篇简单的文稿，而是一篇有着重要理论价值和现实意义的文献。文章无论从形式还是到内容，与叶林其他文章有着显著的特点，是一篇政论性质的“社论”，它充分展现了作者在政治上的高度敏锐性和杰出的政治才能。20世纪80年代，原湖北省省长黄知真给笔者父亲的一封信中曾这样写道：“叶林是我的老师，在江西赣东北省苏区任文化教育部部长。他在苏区时写过许多文章，画过许多画，主要刊登在《红色东北》上。”确实，我们发现叶林（张眺、耶林）在苏区的文稿时，看到了这样一段记载[9]：“1970年，在上饶县清水乡前汪村灵山白云峰峭壁石洞里，清水乡林场工人张天顺发现了一包闽浙赣省文化部的重要文件和文章。”古人有云：“藏之名山，留之后世”。上述史料中提到的“重要文件和文章”是谁藏的？对于当年留下坚持斗争，身处险境，同时有着深厚古典文学修养和功底的叶林（张眺、耶林）来说，是不会不明白这句古训的深刻含义的，他毫不犹豫这样

4.陆定一在苏区曾主编共青团报《列宁青年》。

5.特指《工农报》1933年3月第7期署名叶林发表的社论。

6.方志敏：闽浙赣苏区根据地创建人，时任省苏维埃政府主席。

7.刘鼎、黄知真、赵平、徐大妹等人，20世纪80年代给张以谦的信，提到1932年底开始叶林确在闽浙赣苏区工作。叶林在《工农报》上发表的“社论”，为他们的证明史料，增加了旁证。

8.《左进亮红色收藏》左玮编，中国国际文化出版社2009年版。

9.《闽浙赣苏区革命文化史料汇编》，江西省人民出版社1997年版。

做了。根据我进一步的查访，这些东西确是叶林（张眺、耶林）在情况十分危急时藏进山洞里的。这告诉我们，叶林（张眺、耶林）在苏区不仅仅留有这一篇文章，应该还有更多的文章，散落于闽浙赣苏区的各类报刊杂志等载体上。

1932年底，叶林（张眺、耶林）进入闽浙赣苏区便被方志敏委以重任，负责全苏区（闽浙赣地区）32个县苏维埃的文化教育工作，下属管辖单位有文化机关、报社、学校等，如今我们发现的这篇社论，是方志敏委托叶林（张眺、耶林）代表全省苏维埃第二次工农兵代表大会，起草并撰写的指导全区性工作的重要文献。叶林（张眺、耶林）响应省苏“二代会”的号召，到苏区后就开展了一系列提高苏区人民文化知识的指导性工作。例如，制订闽浙赣省群众组织阅读省苏维埃政府的《工农报》具体计划，把推广《工农报》的发行和群众读报活动紧密结合。据原闽浙赣省政府文化部副部长、原上海纺织局顾问赵平回忆，叶林（张眺、耶林）作为省苏文化部长，全面负责苏区各地有关文化教育工作，苏区所有关于文化教育的文件和通告都由叶林（张眺、耶林）亲自撰写。据史料记载，“1933年6月24日，省苏维埃政府召开了第二次县教育部长及直属区教育部长会议，作出《闽浙赣省苏七、八两月文化教育工作的突出计划》的联合决议，要将《工农报》的发行量增加至一万份，并对各县发展《工农报》固定读者的数量提出具体要求”。这些都是叶林（张眺、耶林）做出的重要指示。

1933年6月，省苏维埃“二代会”召开以后，为加强全苏区宣传文化教育工作的指导力度，省苏决定改组《工农报》为中共闽浙赣省委、省苏维埃政府、省军区政治部、省总工会联合出版的机关报，取名《红色东北》，当时叶林（张眺、耶林）是省苏“二代会”主席团成员、文化部长，也是省苏政府执行委员会成员。同时，叶林也是《红色东北》刊物的全面负责人、主要领导。作为杭州国立艺术院的研究生，擅长绘画的叶林（张眺、耶林），亲自参与了《工农报》的改组，并为改组后的《红色东北》[10]设计了报头。为使《红色东北》继续发扬《工农报》的传统，为使红色足迹遍布全省，更贴近工农，联系工农，叶林（张眺、耶林）在苏区六片分区，58个中共县级组织，中共县级苏维埃四百多万人苏区工农中，利用苏维埃的“红角”——农村文化站，积极广泛发展通讯员，每期发行量达4000～5000份。由于苏区根据地在广大农村，有较多工农群众是文盲，就利用壁报、俱乐部、列宁室识字认字读书读报，广泛地宣传中国共产党领导的土地革命，为什么要建立红色政权。每逢省苏有重大政治任务时，《红色东北》就会出版不定期画报，用生动形象的漫画语言，教育发动群众。例如，为进一步宣传苏区人民春耕生产的重要性，使苏区人民更好地配合完成春耕任务，多打粮食支援前线，叶林（张眺、耶林）创作了《广泛而深入的开展春耕生产》组画，这幅被誉为特殊时期的“宣传品”、“鼓号机”的组画，后来被贴在方志敏葛源办公室的板壁上。叶林（张眺、耶林）除了有极强的政治敏锐性、组织领导及绘画才能以外，同时还能写一手漂亮魏碑体毛笔字。可以

10.《红色东北》，中共闽浙赣省委、省苏维埃政府、省军区政治部、省总工会联合出版的机关报。扩大了报纸版面，地域性更明确，倾向性更鲜明。为4开2版，周刊，石印附不定期画报。见程沄主编：《江西苏区新闻史》，江西人民出版社2001年版。

说，在新闻战线[11]上，叶林充分展现了其特殊的不可多得的全方位才能。

方志敏与叶林的家庭出身、文化背景、经历、年龄有许多相似，两人作为一起并肩工作的亲密伙伴，交往密切，十分投缘，彼此间有着很多的共同语言。在工作中，两人相互尊重，彼此提醒，共同决策。在闽浙赣苏区方志敏与叶林（张眺、耶林）“一武一文”配合得非常默契，两人建立了深厚的友谊。正因如此，在中央拟调叶林（张眺、耶林）去瑞金工作之时，方志敏以工作需要为由坚决不放，直到他1934年11月北上抗日。他俩亲密无间，还表现在与鲁迅先生有着深厚的渊源关系。方志敏对鲁迅极为崇拜。叶林（张眺、耶林）曾是“左联”党内领导，与鲁迅等作家在同一条战线共过事，熟悉鲁迅。[12]因此，叶林（张眺、耶林）在闽浙赣苏区工作时，方志敏经常与其谈起鲁迅，两人都视鲁迅为政治上可信赖的朋友。方志敏牺牲前在狱中写下的遗文，也曾千方百计托人找鲁迅，目的就是希望通过鲁迅、宋庆龄、内山书店和韬奋书店，将遗文转交到党中央手中。显然，方志敏这些行为不是盲目的，是有的放矢的。事实一再证明了，叶林（张眺、耶林）是方志敏在建设文化苏区时的亲密战友和得力的帮手。

叶林（张眺、耶林）在《工农报》上发表社论以及刊出所创作的漫画，距今已经70多年了，这些文稿的发现无疑对纪念叶林有非常重大的意义。革命先驱的初心和政治理想，现在已经成为现实，山东潍坊的家乡父老们，以有这样一位先驱的革命战士而感到无比的光荣和骄傲。家乡人民为了纪念这位人民的好儿子，人民的英雄，在山东潍坊市修建了耶林纪念馆，让人们永远缅怀叶林——左翼文化运动先驱者的丰功伟绩。

叶林（张眺、耶林）在闽浙赣苏区活动资料披露，尤其是他文稿的重大发现，首先，为我们澄清了叶林几十年魂归何处的迷雾，使我们对叶林政治身份、思想面貌认识更加全面，对叶林（张眺、耶林）一生的革命事迹和著作的意义，理解得更加深刻。叶林（张眺、耶林）不仅是左翼文化运动的先锋战士，也是早期苏维埃区政治、经济、文化建设的领导者组织者，他是方志敏建设苏区的得力帮手和亲密战友。其次，叶林（张眺、耶林）1933年至1935年，在闽浙赣苏区仅三年不到的时间，便使得苏区面貌有极大的改观，人民积极参军和生产，在普及文化和扫盲运动中，他有很多创新性的工作方法，党中央肯定闽浙赣省是模范苏区，恰恰是在这段时间。所以，叶林（张眺、耶林）无愧是我党内有多方面才能的精英人才。在党的光辉历史上，闪烁着革命先驱叶林的光彩，更闪烁着千千万万老一辈革命者的光彩。在1934年11月方志敏北上抗日以后，中央代表曾洪易[13]篡夺闽浙赣省委的领导权，妄杀无辜，叶林（张眺、耶林）被诬陷为“反

11.叶林在白区就是办报能手，办过支援“一·二八”抗战的《民众画报》（此画报被文坛巨匠鲁迅所收藏，现存于鲁迅纪念馆）。叶林未到苏区前，在上海期间，就曾为“苏区”教科书画过插图。

12.据记载：叶林的亲哥哥张逸仙档案中有这样一段纪录（该档案目前在潍坊市档案馆），“我为了东北抗日事宜到南方寻求帮助，到上海见过弟弟张眺，改名为叶林。弟弟张眺告诉我，他是中央“文委”委员，现在和鲁迅一起工作，他的小说已翻译成多国文字。”

13.曾洪易，原中央代表，中共闽浙赣省委书记，在国民党重新占领苏区时，投敌叛变，跑到南京领授国民党给他的小职员位置，成了货真价实的反革命。

革命”惨遭秘密杀害，牺牲于江西横峰葛源山区。叶林（张眺、耶林）为中国革命流血奋斗，30多岁就献出了宝贵的生命。

我们是叶林（张眺、耶林）的后代。自从叶林（张眺、耶林）1929年离家后80多年，家族中一代代流传着有关九爷爷的故事，工于诗词，擅长绘画，懂得篆刻艺术，多才多艺，南方参加革命，在杭州被捕过，被一位外国教授和林风眠校长保释出来，辗转杭州、上海和江西苏区，叶林（张眺、耶林）的后代，至今保存他的遗作遗墨。叶林（张眺、耶林）的宗亲族裔中，有几十位共产党员，几十位教师，大家都活跃在新中国的文化战线上。虽然他们也经历过坎坷，但在叶林（张眺、耶林）这面旗帜的影响感召下，仍然初心不变，信念不变，革命的、民主的、爱国的家族传统不变，为新中国建设殚精竭虑，告慰于九泉之下的叶林。我们要牢记古人“秦人不暇自哀，而后人哀之；后人哀之而不鉴之，亦使后人而复哀后人也”的古训。我们对叶林的牺牲既“哀”之又“鉴”之，决不让“后人而复哀后人”的悲剧重现。

2019年9月10日修改

浅论叶林（张眺、耶林）对闽浙赣苏区文化建设的贡献

张列力

一、苏区文化运动缘起的历史背景

1927年7月汪精卫集团继蒋介石集团之后叛变革命，对共产党人和革命群众进行公开镇压和屠杀，共产党的活动被迫转入地下，国共合作彻底破裂，轰轰烈烈的大革命惨遭失败。

中国共产党“八七会议”，确立了武装反抗国民党反动派屠杀政策的新方针。“八一”南昌起义打响了武装反抗国民党反动派的第一枪，从而揭开了中国共产党独立领导革命斗争即土地革命战争的新时期。[1]

土地革命主要在红色苏维埃农村地区开展，除当时赣南闽西的中央苏区外，还有鄂豫皖苏区、闽浙赣苏区、湘鄂赣苏区、湘鄂西苏区和川陕苏区等地。“讲到乡村中心的时候，还必须联系到一个问题，即农民必须由无产阶级政党领导，但当时要党不去用主要的力量与城市无产阶级联系，而把主要力量放在农村，这是史无前例的。”“在离开城市无产阶级的农村条件下，如何实现无产阶级政党的领导，一开始，认识上还没有解决”[2]。中国共产党人就是在这样的经济落后的社会背景下，带领着工农劳苦大众进行着前无古人的伟大事业，在广大农村地区创建了一个又一个的红色根据地，领导着工农劳苦大众进行着土地革命战争。

革命根据地的广大民众在中国共产党的领导下，英勇顽强地对国民党的反动武装进行了反击，以革命武装力量来反抗反革命武装力量，不断扩大根据地同时，又创造和培育了富有革命战斗精神和理想精神的苏区文化。在这个伟大的事业中，中国共产党领导广大劳苦大众，从政治、军事、文化教育方面开展了一系列活动，其中文化教育形成了中国革命历史上的苏区文化，苏区文化是中国革命传统文化重要的资源，是中国人民的宝贵精神财富，闽浙赣苏区文化便是整个苏区文化中的重要一脉。

二、叶林对苏区文化运动的思想认识与实践指导意义

1931年9月，当时中共赣东北省委（后改为闽浙赣省），第一次代表大会

1.何沁，《中国共产党武装斗争认识史》，中共党史出版社2007年版。
2.《周恩来选集》（上卷）177－178，人民出版社1981年版。

《关于苏维埃工作决议案》中强调指出："提高贫苦儿童、成年群众和妇女的文化程度和政治认识"。赣东北时期初小开设国语、算术、唱歌三科，高小增加政治、体育，开展文化教育运动。1931年，赣东北苏区创办了红色教员养成学校，1933年改为列宁师范学校。这所学校实行免费教育，课程设有国语、算术、政治、体育、自然常识、军事训练等学科，学制为18个月，毕业生由省教育部分配到各县，由县派往各乡小学任教。这所师范学校为闽浙赣苏区培训出一批批合格的教师人才，在教育事业的发展中发挥了重要作用。但是，1932年前一段时间，由于省文化部领导在苏区根据地文化教育工作上产生错误思想，忽视了文化教育工作，片面地认识斗争的重要性，把文化与政治分开，导致根据地的文化补习、俱乐部和列宁室的建设停滞不前。

1932年12月，叶林奉江西瑞金苏区党中央命令，派往江西苏区根据地。他是20世纪30年代上海左翼文化运动党内早期优秀组织者、领导者，曾任左翼美术家联盟党团书记，左翼作家联盟党团书记，中央文委书记，他是杭州国立艺术院的研究生，既是一名画家、诗人，又是一位作家。早年曾在上海大夏大学附中教过木刻，有着教师和小学校长的经历。叶林在上海《巴尔底山》杂志发表的《想对"左联"说的几句话》一文中说到："'左联'不仅以'参加'革命的文化斗争为满足，应该更进一步成为无产阶级革命运动的实践者。"[3]他是这么说的，也是在不断的斗争实践中努力这么做的。1931年叶林在给丁玲的信中提到："我是一个学生变成的工人"[4]。从理论迈向实践，从实践中获得大量有益的东西，最终运用到我党的苏区文化教育事业中。叶林以他的革命浪漫主义精神，用他不断实践所获得的真知，为中国革命，为江西苏区的文化运动绘制着美好的明天，叶林在江西苏区文化运动中发挥了极其重要的作用。

1932年1月，中共闽浙赣省委省苏维埃政府任命叶林为闽浙赣省苏维埃政府文化部部长，主管文化教育宣传工作。在担任文化部长期间，受方志敏委托，叶林1933年3月7日，在闽浙赣省苏维埃政府机关报《工农报》发表社论《用实际工作来拥护全省苏维埃代表大会》，号召全体根据地人民大众，以饱满的热情迎接省苏维埃代表大会。

叶林在担任苏区文化部长期间，发现根据地忽视文化教育，他对于这种情况及时纠正，明确指出并全面指导纠正当时普遍存在的一种忽视苏区文化建设在革命工作中重要作用的错误倾向。他指出："在斗争环境中，只要斗争，不要文化，把文化与政治割裂开来，甚至认为文化工作的建立要在革命成功以后，视文化工作仅仅为和平建设事业错误观点。"1933年3月，叶林被推选为闽浙赣省苏维埃第二次工农兵代表大会主席团成员，执行委员会成员，省苏政府文化部部长。叶林在第二次闽浙赣省苏维埃工农兵代表大会上讲话，在文化工作决议案的讲话中强调："号召全省工农群众，并责成各级政府，反对过去忽视文化教育工作的严重错误，开展苏维埃文化教育运动，从文化教育工作中提高工农群众的文化政治水平与斗争情绪，以加强苏维埃政权的战斗力量，实现文化教育在革命斗

3.张以谦，《耶林纪念文集》，山东文艺出版社1988年版。
4.《闽浙赣苏区革命文化史料汇编》，江西人民出版社1997年版。

争过程中的战斗任务”[5]。同时指出：“打击一切把文化与斗争分开的不正确观念，并决定列小要增加到300所，积极加紧扫除文盲运动，识字人数要增加到10万人，提高工农群众文化政治水平——这些决议都是以战争为中心而决定的，这些决议的执行，对于争取战争胜利是极有把握的。”[6]省苏维埃政府所在地葛源还办有妇女职业学校和省属列宁小学，苏区各乡有列宁完小，各村有列宁小学，各级列宁小学均实行免费教育。为扫除成人文盲，苏区还办有工农补习学校、识字班、识字岗等，使根据地的文化活动形式多样、内容丰富多彩，苏区的文化活动开展得非常活跃。闽浙赣省苏区的文化运动，在以方志敏同志为首的闽浙赣省苏维埃政府的关怀下，在闽浙赣省苏维埃政府文化部的直接领导下，因地制宜，因陋就简，有声有色，轰轰烈烈地开展起来。

1933年3月23日，闽浙赣省苏维埃第二次工农兵代表大会（简称省苏“二大”）上，叶林作了《文化工作决议案》（以下简称《决议案》）的报告。《决议案》中提到：“在目前日益开展的国内阶级战争中，加紧工农群众革命的阶级的政治教育，提高工农群众的文化水平，激励工农群众的斗争情绪，坚定工农群众对革命斗争的胜利信心与决心，粉碎反动统治阶级麻痹工农群众的精神工具——封建迷信和国民党教育，团结工农群众在革命的阶级战线上，争取革命战争的完全胜利，这是文化教育工作的中心任务。”[7]

叶林在《决议案》中指出：“发展识字运动，扫除文盲，着重青年儿童的文化教育。发展新的社会力量，反对把文化与斗争割离，与工农群众实际生活割离，以及把劳动与知识割离开来，实行政治化的、社会化的、劳动化的文化教育。依据这个总体的方针，执行下列的文化教育工作：1.俱乐部工作，是文化工作最主要的部门，是最易于团结群众、鼓动群众、教育群众的文化机关。各级政府与各级群众团体密切联系起来，协同努力，建立普遍各乡的俱乐部，应包括识字、读报、壁报、工农补习夜校、新戏运动、晚会、研究工作各部分，在这些工作中，都要以给群众阶级的政治的教育，鼓动群众对革命战争的热情，转达解释苏维埃一切重要的决议与中心工作为主要内容。2.为提高群众的政治水平和阶级的政治教育，扫除文盲是目前极重要的工作。除本年上季310所工农补习夜校完全建立与健全其工作以外（闽北苏区要尽可能的开办工农补习夜校），下季全闽浙赣应开办400所，在今年一年中，参加工农补习夜校要达2万人以上，识字班是识字运动的补助办法，应在各村普遍建立起来，大的村需组织30人至40人的识字班，小的村组织20人至30人的识字班，在本年参加识字班的，要达到8万人，合参加工农补习夜校，要完成10万人识字的计划。3.壁报在各农村、各工厂、各学校、各机关都应建立起来。4.读报工作，应普遍在各村建立起来。5.鼓动群众对革命战争的热情，加强群众的阶级教育，揭发反动派的反动宣传，肃清封建迷信。6.社会科学是工农革命重要的武器，在目前为了使广大工农群众逐步地获得社会科学的高深知识为目的，要尽量开展马克思列宁主义的初步知识传播运动。

5.《闽浙赣苏区革命文化史料汇编》，江西人民出版社1997年版。
6.同上。
7.同上。

7.反对迷信还是要继续不断地进行，彻底肃清反动统治阶级利用麻醉工农群众的封建思想迷信观念。8.体育运动，应在工农群众中去展开，发动群众经常做各种运动，强健身体，锻炼在革命战争中所需要的技能，更有力地粉碎敌人的大举进攻与四次‘围剿’，争取革命在中国的完全胜利。9.搜集斗争中纪念品，建立革命纪念馆，使群众观览，兴奋群众革命的斗争情绪。10.学校教育方面。”[8]《决议案》依据文化教育总的方针10大方面要求各级文化部门全面执行，叶林在报告中详细地阐述了文化教育工作的重要意义。《决议案》第10点学校教育方面，就有13个大点，详细说明了教育工作的指导思想和具体实施方法。可以说，《决议案》总结了上一届文化部的工作不足和严重错误，同时提出了今后文化教育工作的具体方向与措施。据研究调查发现，从1932年底至1934年11月方志敏同志率部队北上抗日，闽浙赣省苏维埃政府有关文化教育工作的所有文件、报告、公告，如1933年4月24日叶林在文化部工作会议上下发《关于怎样建立壁报》，指导各乡村文化教育部门如何办好壁报。1933年6月17日在闽浙赣省苏维埃文化部大会上作了报告《关于识字班的工作》，认为识字班工作是当务之急的大事，认字学文化是配合工农武装反击国民党军队的围剿，对提高根据地群众政治觉悟和思想认识具有重大意义。

叶林在整个闽浙赣苏区文化运动中，始终保持着高涨的革命意志和战斗作风，他用艺术家的指挥风格，积极鼓励苏区工农群众向着革命斗争前方勇往直前。他在1932年11月18日在中共中央机关报《斗争》杂志上发表的《论我们的宣传鼓动工作》一文中说：“我们的党以及群众团体还没有能够打破宣传鼓动工作中的这一传统藩篱，而尽量的去采取与创新的宣传鼓动的方式。关于宣传鼓动队的组织与作用，我们早已提出了，然而并没有引起所有我们党的组织，尤其是党的宣传部注意。利用图画、利用唱歌、利用戏剧等许多群众的宣传鼓动方法，向广大的群众进行宣传鼓动的工作，我们还没有系统地开始。图画、唱歌以及戏剧等的宣传鼓动的方式，事实上已经证明更为群众所欢迎，更能吸引广大群众，然而我们并没有把这些方法充分的应用。”[9]

叶林指出：“在宣传鼓动的内容方面，我们往往是死板的，千篇一律的，笼统武断的。”“只有带有时间性、具体性的适合于群众目前斗争要求的宣传鼓动，才能把最大多数的群众，不管他们的政治倾向如何的不同，团结在统一的战线之下。”[10]叶林充分运用辩证唯物主义理论，对苏区的革命文化运动的宣传鼓动工作的大众化、通俗化以及在宣传鼓动的内容方面都提出了重要的意见。

省苏“二大”会议后，闽浙赣省苏维埃政府文化部编印了识字课本，在工农读本一、二、三册的基础上，在叶林领导下较高质量主编完成《工农读本》第四册，各种列宁小学教科书及其他政治常识等，叶林还在《闽浙赣省苏维埃文化部关于识字的工作》一文中指出：“识字工作是文化工作的基础，由于群众识字少，文化水平低，有许多作为战斗武器的文化部门，为社会科学、文学艺术无法

8.《闽浙赣苏区革命文化史料汇编》，江西人民出版社1997年版。

9.张以谦，《关于“歌特”化名考证——与肖扬先生商榷》，《昌潍师专学报》2000年8月第4期。

10.同8。

开展，那怕是最通俗的作品也没有鉴赏力，因此在目前扫除文盲是文化工作最紧迫的。”以提高工农群众的思想认识，使大家能始终保持昂扬的斗争精神与饱满的工作热情，积极投身到革命战斗中去。

根据地的俱乐部是群众性教育机关。文化部加强对闽浙赣苏区俱乐部的领导和管理，1933年1月10日，《闽浙赣省苏维埃执行委员会向全省选民报告》中记载："俱乐部，上饶33所，横峰33所，弋阳16所，贵溪132所，德兴32所，葛源4所，总计各县（乐平、万年、余江在外）俱乐部有254所，会员有2322名（弋阳、乐平、余江、万年、省公共俱乐部在外）。”[11]1933年6月24日，闽浙赣省苏维埃文化教育部还具体要求："在七、八两月中，俱乐部普遍在各乡建立起来，要求上饶70所，横峰54所，弋阳57所，贵溪52所，德兴43所，葛源9所，余江483所，乐平30所，化婺德84所，万年20所，总共902所。各俱乐部应完成的工作有演戏4次，读报8次，演说竞赛2次，晚会4次，壁报出刊8期，演活报剧2次，泅水比赛2次，这项计划除余江外，基本完成。”[12]

在苏区文化教育宣传工作会议上，叶林在《怎样去领导俱乐部列宁室工作》一文指出："俱乐部是党教育群众提高群众政治文化水平的场所，是扩大党的政治影响的重要工具之一。主持俱乐部列宁室工作一定要落实抓实，搞好党和红军的宣传工作。”[13]于是在原有的规模上进一步发展，闽浙赣苏区各村俱乐部辟有阅报室进行读报活动，阅报室内放有苏区出版的各种报刊，如《红色东北》《工农报》《青年实话》《互济生活》等，供识字群众阅读。1933年3月23日，叶林在闽浙赣省第二次工农兵代表大会《关于文化工作决议案》中指出："在俱乐部里面，应包括识字、读报、壁报、工农补习夜校、新戏运动、晚会、研究工作各部分。……同时省文化部应计划与实行训练大批俱乐部工作干部，各级政府应发动甲俱乐部与乙俱乐部互订比赛条约，进行各种工作的比赛，更有力地促进俱乐部的各种工作的进步。”[14]列宁小学的老师经常到阅报室为群众读报，从此读书识字活动在俱乐部里轰轰烈烈地开展起来。

对于壁报工作，叶林以闽浙赣省苏维埃政府文化部名义写了《闽浙赣省文化部〈关于怎样建立壁报〉》一文，详实地讲述有关如何办壁报的过程。内容有壁报的作用、建立和编辑，壁报的材料和文字，因为壁报是在当时的根据地极为普及宣传形式，苏区文化部在各县、乡、村和机关均开展壁报方式的宣传活动。工农群众的言论，当地实际生活情形，红军的地方的斗争消息，工农群众、青年儿童、文艺绘画等工作，都经常被壁报搜集，起着配合斗争中心内容、宣传教育群众的作用。省苏维埃政府文化部还要求区文化部每月举行全区壁报展览会，好的壁报，应用各种方法奖励之。[15]

根据地的歌舞活动，是剧团和当地人民群众喜闻乐见的文化形式，获得了解

11.《闽浙赣苏区革命文化史料汇编》，江西人民出版社1997年版。

12.江西省文化厅革命文化史料征集工作委员会，《中央革命根据地史料选编（下册）》，江西人民出版社1982版。

13.同12。

14.同12。

15.同11。

放的闽浙赣苏区人民群众，放开歌喉纵情歌唱在共产党、方志敏同志的领导下，团结一致、武装起来闹革命的胜利景象，歌唱他们为革命“万众一心”、“众志成城”的坚强意志。当时，苏区到处是一片歌声朗朗的喜庆景象，群众在田头地角唱，台上台下唱，会前会后唱，唱对歌、拉歌和赛歌。歌唱的内容从鞭挞封建压迫者到渴望翻身做主人，如《可怜的秋香》、《妇女解放歌》；积极争当红军，歌唱苏维埃，如《当兵就要当红军》、《恭喜做个红军娘》等等。积极开展歌咏大会，根据地到处歌声嘹亮。

演文明戏是相对于演旧戏的说法，早在赣东北苏区时期，省苏维埃政府就提倡演新戏，即文明戏。当时成立了“红色新戏团”，后改为“赣东北省工农剧团”，形式有独幕剧、歌舞、演唱、快板等，剧本除省文化部提供外，有的是演职人员自编自演，内容配合中心任务，紧跟时势发展，如扩大红军、扫除文盲、讲究卫生等等。1933年省苏文化部在闽浙赣工农剧团基础上，拆一分二，把原有的工农剧团撤销，新成立的工农剧团扩大为两个团，分别为工农剧团一团、二团。排练剧目不断引进新的话剧技法，剧团演员分别从卢森堡训练团、列宁师范、列宁小学、机关、农村选调，如黄知真、陈冬玉等叶林的学生也积极参加演出。剧团除参加省苏维埃政府在葛源召开的庆祝会、纪念会、祝捷会外，大部分时间都在山区为群众和红军战士演出，有时还深入游击区为群众演出。当时演得较多的剧目是独幕小戏《婆媳扫盲》、《红光在前》，舞蹈《苏区红军》，表演唱《送郎当红军》，活报剧《消灭白狗子》等。总之，文化部还积极配合闽浙赣省委省苏维埃政府反帝反封建，开展内容丰富、形式多样的文化运动，宣传苏维埃政权的性质、任务等相关方针政策，对闽浙赣省苏区人民群众文化艺术上吸取各种养分等方面都产生了巨大影响，叶林还经常带剧团上前线慰问红军指战员。

三、叶林在苏区文化建设中的成绩与贡献

根据省苏“二大”召开前，在整个闽浙赣省根据地开办的各种学校俱乐部、读书会、剧团等，有关文献记载统计，劳动小学总计163所，学生人数5538人，教师170人；工农补习学校总计311所，学生人数约6615人；识字班357个班，参加识字人数3664人；俱乐部有254所，会员有2322人；读书会760个等。在具体的实地调查统计中发现，有些县乡村只是在形式上走过场，多数没有实质性内容。

省苏“二大”以后，在叶林的领导下文化部坚持实事求是，脚踏实地，认真贯彻省苏“二大”有关省苏文化教育决议案，提出的各项要求，切实做好闽浙赣苏区文化教育工作，闽浙赣苏区开办的各种学校、识字班使苏区人民有了学文化兴趣，受教育机会的人多了，扫除了文盲的人数不断增加，人民群众的文化水平和政治水平大大提高。据不完全统计，至1933年6月前，据闽浙赣省苏维埃教育部第二次县教育部长及直属区教育部长联席会议统计，当时闽浙赣省苏区共建立乡俱乐部357所，参加工农补习夜校人数达2万人，参加识字班人数达4万人，列宁小学学生数达1万多人，固定读报者达10万余人，苏区根据地的工农群众政治思想觉悟普遍提高，革命的意志更为坚定。

在中共闽浙赣省委省苏维埃政府的领导下，以叶林为核心的文化部，忠实执行省苏“二大”文化教育决议案的精神，使省苏文化教育事业成果不断扩大，整个闽浙赣根据地人民的文化水平大大提高。特别是闽浙赣根据地标志性的建筑，即大型活动中心——红场的修建完成，苏区学生教科读物的编撰，党政工的机关刊物《红色东北》杂志社的重组，全省俱乐部规模的进一步拓展，学校整体教育网络格局的完善……叶林在建设和发展闽浙赣苏区宣传和文化教育工作中付出了极大的心血，作出了重大的贡献。叶林在闽浙赣苏区文化运动的实践中获得丰硕成果，与他具有极高的马克思列宁主义理论修养和认识水平并将其和中国革命实际相结合，与他对党内极右和极“左”思潮的尖锐批评，坚决抵制，与他一贯坚定科学的革命理想与工作方法密切相关。

议论至此，不禁让我们想起叶林在离开上海前一个多月，以歌特的笔名在中共中央机关报《斗争》杂志，先后发表了《文艺战线上的关门主义》《论我们的宣传鼓动工作》《在走向粉碎四次“围剿”的路上》三篇文章[16]。因为在这三篇中，叶林阐述的关于对左翼文化运动的整体思想理论与他的苏区革命文化建设的指导思想，是一脉相承和一以贯之的。

这三篇文章在闽浙赣苏区文化革命运动，从开展到深入发展起到了先导作用。直至今日，依然有着其重要的参考价值和现实意义。闽浙赣苏区工农群众的阶级觉悟、政治认识不断地提高，工农群众团结起来参加解放斗争的积极性不断地增长，闽浙赣苏区的文化教育运动不断地蓬勃开展，离不开叶林为闽浙赣苏区文化运动殚精力竭的工作。正是由于我党拥有像叶林那样忠诚于党的革命事业，忠实而出色地履行作为共产党人的光荣使命与职责，才谱写了闽浙赣苏区文化教育的新气象，新篇章，才成就了众多新兴的文化运动的兴起与发展。

忆往昔，峥嵘岁月稠；看今朝，万象文化新！

叶林，闽浙赣省苏区文化运动的主要组织者、建设者，必将永载共和国历史的史册。

2019年11月20日修改

参考资料：

《关于“歌特”化名考证——与肖扬先生商榷》，张以谦，《昌潍师专学报》2000年8月第4期

《耶林纪念文集》，张以谦，山东文艺出版社1988年版

《闽浙赣苏区革命文化史料汇编》，江西人民出版社1997年版

《闽浙赣革命根据地史料选编》，江西人民出版社1987年版

《江西苏区新闻史》，程沄编，江西人民出版社1994年版

《左进亮红色收藏》，左玮编，中国国际文化出版社2009年版

16.张以谦，《关于“歌特”化名考证——与肖扬先生商榷》，《昌潍师传学报》2000年8月第4期。

叶林（张眺、耶林）在闽浙赣苏区革命活动追寻记

张列力

江西省上饶地区，我十几岁时就知道，是听父亲说的，那里是我祖父叶林（张眺、耶林）为中华民族的解放事业牺牲的地方。父亲一直想去江西，由于种种原因最终没去成，留下遗憾。我有幸前后两次到江西上饶地区，一次是20世纪90年代末（1998年7月），第二次在2016年7月，这两次去江西上饶地区都为了调查寻找我祖父叶林（张眺、耶林）革命活动的轨迹。叶林（张眺、耶林）是20世纪30年代的中国著名作家、画家、诗人；20世纪30年代早期上海左翼文化运动党内优秀的组织和领导者之一；左翼作家联盟党团书记，左翼美术家联盟党团书记，中共中央文化工作委员会书记；闽浙赣省苏维埃政府执行委员会委员，文化部长，共产主义学校校长。1934年11月方志敏率红十军北上抗日，叶林留在根据地坚持游击斗争。不久被曾洪易（“中央代表”，后投敌叛变）以“肃反”名义杀害，牺牲在江西横峰葛源附近山区。

我从小经常听父亲讲有关叶林（张眺、耶林）的故事，对叶林的印象深刻，固然关注。我去江西前，山东老家曾经派人去过两次江西上饶，一次是山东潍坊为了叶林出版纪念文集，有寒亭区史志办的同志去上饶、横峰、弋阳等地调查。第二次是潍坊学院筹建潍坊名人馆，派二位老师去上饶、横峰调查叶林（张眺、耶林）的革命活动。我分别在1998年7月6日和2016年7月20日去过江西上饶地区，第一次到上饶市住在弋阳龟峰景区内的招待所，这里原来是中共江西省党校，党校搬迁后，龟峰开发成旅游景区。我无心欣赏美景，因始终没有忘我们家族与江西上饶地区历史渊源。

龟峰所在地是弋阳也是方志敏的家乡，大约两个小时左右车程，数不尽的弯曲盘山路，把我们带到了调查的目的地——葛源镇。葛源镇乡是一个小村，整个村是什么样已记不清了，车直接到葛源烈士园，“纪念堂”就在里面，一位30多岁的男子接待了我们，他说：“看门负责纪念堂是他的夫人，家里有事过一会儿她会来的。”他先带我们到纪念堂门前，这房子有年头了，打开门，映入我眼帘的是墙上一排照片，那男子指着照片说：“这些人都是当时根据地的领导，都已故去。有的是烈士，看看有你爷爷的照片吗？”我扫视了一遍，没有。我缓缓前行，看到展览区的墙壁上有闽浙赣苏维埃政府组织机构谱系表，有主席团主

席、副主席及成员，还有下设的各个部。主席是方志敏，在主席团成员中看到了叶林，文化部部长叶林1933年3月至1935年2月，我告诉陪同的纪念堂同志：“文化部长叶林就是我爷爷。”我拿出照相机，拍下了整个纪念堂的展示内容，作为资料保存（这批资料现在存于山东省潍坊学院，当时潍坊学院要建潍坊名人馆，该学院蔡老师拿去了，但至今未还）。同时我问：“照片上的人都是烈士吗”？“不是的，比如被自己杀了就不能追为烈士，这是规定。”他用手指着一张照片说：“比如，这个人是被那一个人杀了”，手又指着另一个人说：“他把那个人错杀了，后来这人也牺牲了，他是烈士，那人不是。”我听了一头雾水，“有这样的事，跟错误路线作斗争被错杀不是英雄吗？死了白死？”走出“纪念堂”，在传达室遇见了负责管理的女教师，他们俩告诉我，你到横峰博物馆可去找祝也安同志，他知道很多，也是编辑资料史料的。临走，他们送给我一本《闽浙赣革命根据地史料》。

在回弋阳龟峰的路上，我一直在想，葛源之行，证实了祖父在这里生活过，也是在这里为革命牺牲的，山东潍坊老家只是作了平反昭雪，恢复党籍，“恢复一切荣誉”，“荣誉”在哪里？潍坊市政府认为叶林革命活动没有在山东，牺牲也不在山东，而江西方面却说被自己人错杀的不予追认烈士，为什么会有这样截然不同的答案……。回沪后向父亲汇报“葛源调查”之事，那时父亲正在撰写“歌特”的化名是谁的论文，我所讲述的情况与父亲已掌握的资料信息基本相符，个别有新的进展。

2009年，我父亲身体一直不好，检查出是癌症，在这段时间内我一方面对父亲的病积极治疗，另外帮助父亲做他没有做完的事，尤其关注在网上出现叶林的文章。2010年在福建省“地方史志办”官网上，发现了记载“闽浙赣苏维埃政府机关报《工农报》上一篇刊登于1933年3月第7期署名为叶林的文章，是叶林代表闽浙赣省苏区领导写的，指导全省工作的社论，题为《用实际工作来拥护全省苏维埃代表大会》”的信息，接着又相继收集到《闽浙赣苏区革命文化史料汇编》和《闽浙赣皖鄂苏区革命文化纪事 人物录》，两本均由江西省人民出版社出版的书。父亲让我继续调查，无意中发现了由左玮编著的《左进亮红色收藏》一书，在书中发现了不知道作者是谁的反军阀的漫画，漫画画在白竹布上，可能是叶林在苏区创作的作品。经我和父亲及他的同学将其与叶林在上海抗日《民众画报》（存于鲁迅纪念馆）的漫画认真细致比对，确认无论从绘画的风格、技巧，还是到绘画的表现形式，无疑均出自叶林的手笔，我心中的兴奋，进一步增强了追寻式调查的信心。

2010年至2012年父母相继病故，我受到极大的打击，心情一直很难平复。在夜深人静的时候，父亲的形象总是萦绕在我的脑子里，常常在告诫我：“家族的任务你要担起来”。我决定把父亲留下的爷爷遗作、遗照全部交给中国“左联”成立大会会址纪念馆，并在《虹口文化》上发表了《关于叶林在闽浙赣苏区革命活动》的一文。为索要叶林在闽浙赣省苏维埃机关报1933年3月第7期《工农报》上发表的社论《用实际工作来拥护全省苏维埃代表大会》，2016年暑假，我拿上介绍信，奔赴福建省福州市，江西省南昌、上饶、横峰、弋阳等地调查，同时深入查找叶林在闽浙赣革命根据地革命活动遗迹。

2016年7月，我先到福建省地方志编纂委员会办公室信息中心，打听到了编纂这一内容的部门。福建省档案馆告诉我当年的《工农报》是福建省负责，先后去过两次，查找无果。后来我赶往江西省南昌市，先到江西省档案馆查找，后又到省图书馆，也一无所获。但是，我拿着“方志敏研究会”的介绍信，在江西省委省政府附近找到了“方志敏研究会”，恰巧那天没有人办公，传达室师傅告知我，写个简单的信，留下了联系方式，由他转交。离开了“方志敏研究会”，连夜赶回福州。

在福州，朋友帮我提供了查找方向。我到福建省出版署，有位“史志科”老师接待了我，看了我提供的资料，这位老师告诉我：“我知道这件事，具体负责编写的老专家两年前已经住进医院，现在靠氧气活着，还有几个已经故去。”那位“史志科”的老师还对我说：“你说的报纸不是我们新闻出版署负责，我们只是负责出版方面的事务，编写报纸的内容是由《福建日报》负责的，你应该到《福建日报》社去查找，或许能有消息。”我离开福建省出版署，又来到《福建日报》社，恰巧报社主编外出开会，报社资料室办公室一位女同志接待了我，那位女同志告诉我：“老的资料员快退休了，不常来，有一位刚从总务调入资料室协助管理的同志你去可问问她，现在有人办公。”我又到了另一间资料室，跟管理员说明来意，那位工作人员告诉我：“刚调来，这里的情况我都不清楚。”我有些茫然，只能无奈地离开《福建日报》社。回到住处，想想半个多月查询无果，真有点沮丧，只能暂别福州作罢。那天，就在我很沮丧的时候，突然接到了一个电话，对方姓陈，受“方志敏研究会”委托想了解一下情况。“你是叶林的孙子吗？你是如何知道叶林是闽浙赣苏区政府的文化部长的？”电话里我逐一回答，对方告诉我，是你有信留在“研究会”才找到你，她让我去了解一下情况。我告诉他，等我回上海我们再联系，我记下对方姓名和电话（陈家鹦老师是原弋阳县党史办副主任，方志敏传记小组副组长，方志敏研究专家）。看来，到南昌还是有收获的。当天我来到上饶，下火车又转长途车到横峰。在横峰新城区，县委县政府附近，我看到一座特别的建筑物，我问广场周围的保安才得知，这个漂亮的建筑物是“闽浙赣皖革命根据地纪念馆”。

第二天上午，我拿着介绍信到“县委党史办”，见到了县党史办主任姚贵木，他热情接待我，闲聊了一会儿，我送给姚主任一本有关叶林的书，姚主任送给我两本有关横峰历史的书，他接着给我介绍一位上海人，是“党史办”的工作人员叫孙军。孙军老师原来是上海知青，插队在江西，恢复高考后，考入江西一所大学，大学毕业后留在江西，后到“横峰县党史办”工作。我向他们说要找方志敏时期的1933年刊登在《工农报》我爷爷的一篇文章。孙老师说：“你爷爷叫什么名字。”我告诉他：“叫张眺，即叶林，是闽浙赣苏维埃文化部长。”孙老师说：“这个名字很熟悉，一时想不起来，要到‘横峰博物馆’去找。”孙军老师热情地陪我一起到横峰县博物馆，在横峰县博物馆，孙老师找了横峰文化局副局长、博物馆馆长邱贵红。在邱馆长带领下，我们到博物馆库房，把他们馆珍藏的《工农报》的原件拿给我看，查一下是不是有我需要的那一期，十分遗憾，全不是。但还是有收获，我在博物馆库房看到了《左进亮红色收藏》一书所说的两幅幽默画的原作。我对邱馆长说：“这两幅画是叶林画的，不是彭友仁画的，我做过比对。”孙老师对我说：“你把你写的文章资料回上海后寄给我一份”，我一口答应。查阅结束了，我谢过邱馆长，送给他一本《耶林百年》。

想见《左进亮红色收藏》一书的“编者”。于是，孙老师带我到横峰文化馆，见到了左玮馆长。孙老师向她介绍了我的来意，在与该书编者交谈中，知道左老已经病故，想要面对面了解一些史料的愿望落空了。告别左玮馆长，离开文化馆，我和孙老师去葛源镇。葛源镇当年原貌踪迹全无，当年“纪念堂”变成了“闽浙赣革命根据地葛峰历史纪念馆”。“纪念馆”展出闽浙赣根据地的历史，参观后，我们就离开了葛源镇，返回横峰县城。

第二天，我们到弋阳，参观方志敏烈士纪念馆。我邀孙老师陪同，我们租了一辆车，直接找到弋阳县委孙老师的朋友，弋阳县史志办陈主任，陈主任带我们赶赴“方志敏纪念馆”，不巧“方志敏纪念馆”馆长出差，由一位年轻的副馆长接待我们。当我们参观到“闽浙赣省苏维埃政府组织系统一览表”时，我驻足观看，主席团成员共计12人，叶林是其中之一。在文化部一栏里表明，叶林是文化部长，但任职时间和馆藏资料不一致，我对副馆长提出了更改意见，希望他们经过查实予以纠正，同时我也留下了相关的资料。副馆长又带我们到了“方志敏纪念馆”梁湘红书记处，吃了午餐并聊了一些相关叶林的情况。临别时，我由衷地感谢他们的热情接待和帮助。

二十多天的寻查结束了。虽然预期目标完成不理想，但收获确实也不少，收集了一些新信息，更深入了解了一些情况。尤其在江西访谈查询时，总有一种为什么来得这么晚的遗憾之叹。事实来得是晚了一些，作为叶林的后代，我担责了。我用自己行为，告慰地下有知的祖父，你的后代没有忘记，时时刻刻记住你为中国革命做出的功绩。

夜深人静，我追寻调查的思绪万千，祖父的老战友阳翰笙爷爷赠送给我父亲的那首诗总是萦绕在脑海中：

是非功过何须问，惨别泪流摧我心。
故人忠骨天涯遍，敢信鸣冤后有人。

2019年5月26日深夜上海寓所

耶林板画《前进》

蔣
閻
張
農
工

嘀！嘀！大家應為祖国而犧牲呀！
第二国際
第一次世界大戰
執行帝国主義對殖民地的屠殺政策
巴力斯坦
五一屠殺德国工人
埃及
屠殺印度革命羣衆。
背叛無產階級革命的第二国際破產了！
第三国際
（一）
（二）
（三）

呀！東方的革命高漲了！我来屠殺你去欺騙罷！
帝国主義
樊迪文
革命狂潮
中国革命羣衆
只有在第三国際領導之下，才能完成社会主義革命！
第三国際萬歲！
第三国際
（四）
（五）
（六）

差異
社会主義
資本主義
全部的生產增大
全部的生產減退
收容失業工人，失業者
任意開除工人，失業者增多
工作時間縮短
工資增加
工作時間延長
工資減少
勞働者生活水準提高
勞働者生活水準低下

擁護工農階級自己的報紙！
反對白色恐怖！

釋放被捕工友！增加工資 發給罷工期內工資
法電工友
国民党

反對帝国主义在中国演習大屠殺！
打倒帝国主义国民党！
日本陸战隊
国民党

蒋
士兵
閻

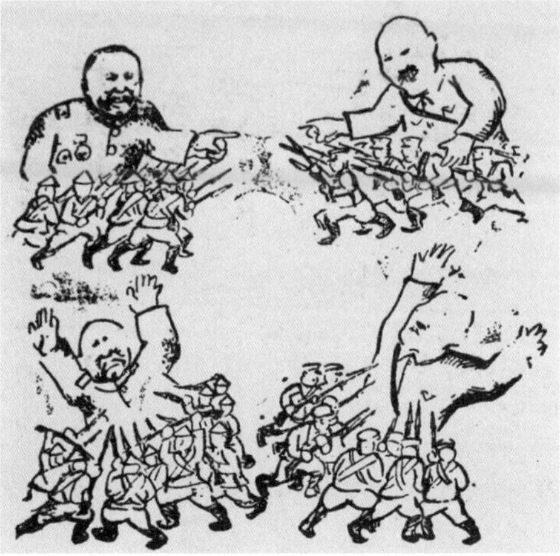

發動二次罷工
決議案
一 加緊并擴大赤色工会組織。
二 號召全体工友起来一致行動・
三.揭破刮民党
本家黄色工会
之陰謀

四路工友團結起來！
繼續政治同盟罷工，實行武裝暴動！

慶祝赤色職工國際萬歲！

紅旗俱樂部

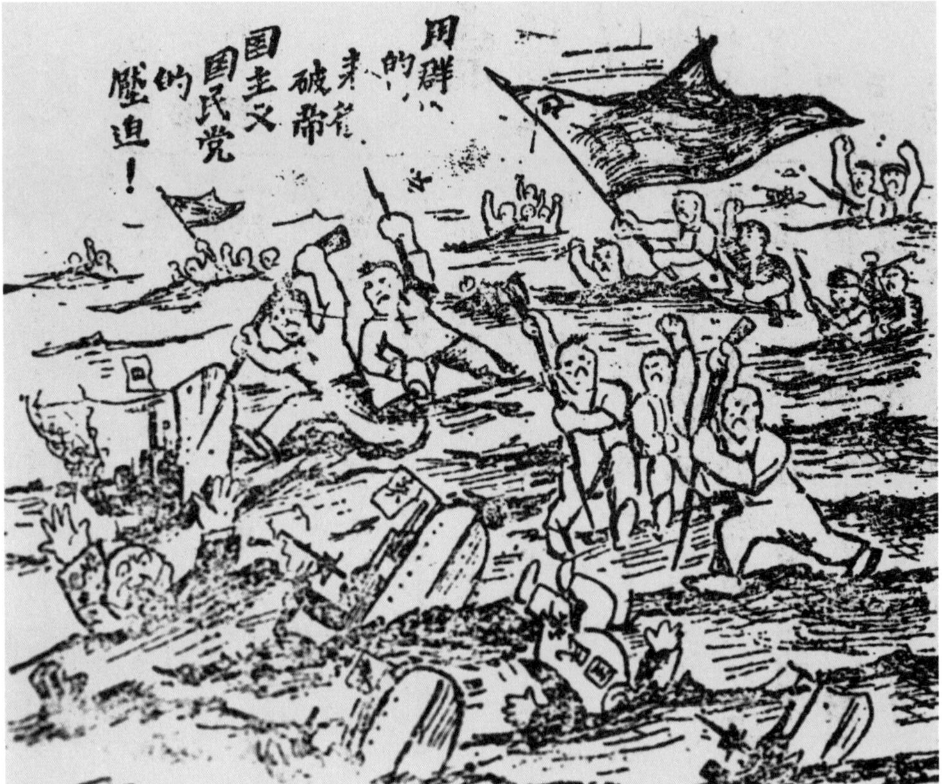

上述图片散落于《红旗日报》《文艺新闻》等报刊

耶林在苏区创作的连环画之一

耶林在苏区创作的农耕实景

耶林年谱

张以谦 张以让 张列力

1901年（清光绪二十一年）出生

耶林出生于山东省潍县寒亭镇北巷子一个知识分子家庭。寒亭是一座古老的市镇，很早以前就是“全国木版年画”的三大产区之一，其父为1891年（清光绪十七年）辛卯科举人，清末参加同盟会。耶林的长兄张瑞芝，于1905年留学日本，参加同盟会。二兄、三兄是农民。四兄擅长绘画，24岁亡故。五兄张逸仙（即张岱芝），九一八事变后，受耶林影响参加抗日义勇军，1933年被党派往苏联学习。六兄18岁少亡。耶林最小，自幼受家庭民主革命思想影响，他原名张星芝，字鹤眺，又字梦仙。参加革命后用名张眺、叶林，曾用耶林、菊华、范亢、零鱼、椰林、耶灵、歌特、科德、书林、瑗霖、叶久苍、E.L等笔名发表作品。

1905年 5岁

随父母离开家乡，其父张潼赴任山东荣城县当教谕。在寒亭家乡发蒙诵读古典诗词，习墨笔字贴、字画。

1907年 7岁

入本村于氏私立两等小学堂。在张潼力主拆除神像的东大寺倡办。当时，寒亭一带有十余人留学日本，如曹星五、齐芾南、张伯言等，都是留日革命党人，归国后，任教于该小学。校长于均生，后任北洋政府国会议员。留日教员在校常向学生灌输反清革命思想。

1912年 12岁

毕业于寒亭于氏私立两等小学堂。是全校毕业年龄最小的学生。毕业后，因家庭人口众多，又遇分家，经济情况下降，其母不让耶林继续上学，遂在家自修。终日刻苦读诗、写诗、练字、绘国画，并以诗词会友，邮件往来，才艺出众。他写的诗，在同辈、后辈中经常传诵，有的至今能背诵出来。好结交贫穷下层知识分子，并喜欢搜集民歌、民谣。

1917年 17岁

五兄张逸仙在潍县旧制中学毕业后，任寒亭公立两等小学堂校长。耶林在该校任教员，教授国文、习字等。

1919年 19岁

五四运动暴发，波及山东。潍东地区以寒亭为中心，成立了国货维持会。张逸仙任国货维持会长，领导掀起了查抄、抵制日货的爱国民主运动。小学同仁带领学生游行示威，张贴标语传单，震动了整个潍县东乡。耶林积极参加了这一活动，带领学生游行、罢课，四处演讲。

《新青年》杂志创刊后，由在北京任国会议员的于均生老师按时寄回家乡，耶林每期均仔细阅读，开始阅读鲁迅的作品。

1921年 21岁

原寒亭小学堂校长赴东北谋事，耶林接任校长，大力提倡学生读写白话文。耶林也开始练习用白话文写小说、诗歌，自编《白话尺牍》作教材，教学生习作。

反动军阀张宗昌统治山东，掀起“尊孔读经”的逆流，镇中守旧的封建顽固派借势抬头，攻击耶林“离经叛道”，排挤耶林。因此，他愤然辞去小学校长职务。

1922年 22岁

与同村同学徐力夫，同赴东北呼兰县，投奔五兄张逸仙谋事。在五兄介绍下，入呼兰县同善社所办的小学及国学专修馆任教。这时正值俄国十月革命之后，苏联大批宣传社会主义的小册子传入东北，他自学俄语，自修阅读，开始接触马列主义。并继续阅读鲁迅及创造社的作品，文艺修养随之加深。

1923年 23岁

年底回家探亲，母亲不让外出，在本村小学继续任教，协助父亲抄录诗词、随笔。帮助母亲操持家务，参加农业劳动。继续练习书法、绘画。与北乡纸房村韩氏，由家庭包办结婚，婚后无后。

1924年 24岁

父亲因脑溢血病逝于潍县旧制中学任上，协助兄长料理丧事，丁忧在家。不久母亲去世。耶林会同五兄变卖了家中的部分产业，以此为资，去济南考取了周爱周在金菊巷办的“爱美专科学校”，深造绘画。进校读了一年左右，发现周氏办学，纯属学店，为了赚钱，并无艺术可言。在此与谷巢谷、陈志玉、张浩然、王绍洛等同学结友，大量阅读新文学书刊。后与同学陈志玉等自动退学去青岛高苑路自租房舍，一面自学，一面卖画。这时耶林的绘画已有较高造诣，仍过着大饼、开水充饥的清贫生活，决心走先进青年自修成才的道路。

此时，开始学画西洋画，画人体素描和油画，有时也画讽刺性的漫画，并研读《西洋美术史》等著作。阅看《读雪斋》《小石仓山房》等印谱。自刻图章，也有相当造诣。

1925年 25岁

上海“五卅惨案”爆发后，青岛在邓恩铭的领导下，也掀起了轰轰烈烈的罢工斗争，耶林秘密参加了这一斗争。与同村于祖黄的女儿于佩贞有来往，于佩贞当时负责青岛共青团的工作，是耶林的学生。这时耶林曾引用李白诗：“我昔东海上，崂山餐紫霞”，“中年谒汉主，不惬还归家”来表明自己“遇到光明，追求光明”的心迹。

因张宗昌残酷镇压工人运动，耶林又一度回到家乡。第一次国共合作活动，已在山东秘密开展。寒亭一带进步人士齐杞南、张逸仙、张晓帆等，借用“五·四运动”时期维持国货收取的部分资金，在寒亭筹办了一所东明中学，作为国共合作党务活动的机关部。东明中学的同仁学生与耶林都有师生同学之谊，交往甚密，传递各种进步书刊，耶林阅读了《共产党宣言》、《共产主义之路》、《社会主义问题详解》，他也看过《向导》《饿乡纪程》等书刊。

耶林常往来于青岛、潍县之间，秘密联络进步人士，准备迎接北伐胜利进军，支援进步青年投奔南方参加革命。

1926年 26岁

妻子韩氏去世，在家料理丧事，继续从事国共合作的活动。在东明中学推行以自学为主的教学方法。5月秘密组织欢送好友胡殿武、宋幼石、张耘南等去广州投奔黄埔军校，农民运动讲习所。同年9月9日，有“君去沧江望澄碧”、“我欲因之壮心魄”的诗句条幅保存，表达自己对战友的祝贺和对第一次大革命胜利的欢欣鼓舞。

因张宗昌查封东明中学，耶林曾避居潍县乐道院文华中学张祺家中，与张祺儿子张述祖有交往。还与中共地下党员张同俊等共同组织进步活动，宣传进步思想。

在此期间，先后写过《秋荷》诗和《别墅》《差不多》《白沫》《白骨塔》《晚潮》等小说，所涉及的题材，多为人生、恋爱等问题，当时有的未发表。

1927年 27岁

1月，将自己20岁以前所撰写的诗词七十七首集成《学步集》。在集序中有“此余16岁至20岁所作诗”，“民国16年1月耶林识于青岛”。序中并有“解端”题赠：“读君《学步集》，知君吟诗苦……愿君收全功，一鸣惊东鲁”的赞词。如其中一首《古乐诗》中写道：“东邻富家儿，遇我巷之曲。顾我嗤然笑，阔步夸彩服。岂知吾生甘藜藿，不乐衣锦厌粱肉……”看出他对富贵丽达的鄙弃，崇尚艰苦生活的人生态度。潍县文化界誉耶林为青年艺术家。

耶林的堂房侄女张锦萼在文美女中读书，与陈少敏、董汝勤等都是共青团员，在校内参加共青团活动，被校方发现传递所谓反对上帝的书，校长秘密通知家长，勒令张锦萼等退学。耶林正从青岛返回寒亭，接到通知后，赶到学校问开除原因，有些教员还不知此事，耶林当即与中共地下支部书记庄龙甲和张同俊等取得联系。文美中学学生在党团领导下，组织了“文美女中”反迫害罢课斗争，向校方提出“读书自由，信教自由，出入自由”的口号，迫使反动校长不敢露面，耶林积极支持了这一斗争。文美女中被迫停办，党团组织部分同学转学到济南、青岛读书，张锦萼转入济南女中后认识周湘浦，并介绍周与耶林通信。

据张同俊等生前的回忆，耶林在1927年以前已是中共党员。

1928年 28岁

国共分裂局势在山东日趋明朗，国民党右派日趋嚣张，以张苇村为首的右派省党部在泰安建立，右派“新贵”纷纷投靠。潍县形势与全国一样，斗争错综复杂。耶林从青岛返回寒亭，一时处于苦闷之中，阅读《苦闷的象征》以及《出了象牙之塔》《走向十字街头》等鲁迅翻译的作品。经在潍县县中任教的徐力夫同学介绍，在该校任绘画教员，并开设了新文学课，讲柴霍夫的小说，讲鲁迅、郭沫若的作品。这是潍县县中最早开设的新文化课。大力提倡写白话文，画西洋画。耶林与徐力夫系同村同学好友，都喜欢新文学，有时在课堂上旁敲侧击地分析政治形势，启发学生。

中共潍县中心县委书记庄龙甲惨遭国民党右派杀害，地下党遭破坏，斗争形势日趋恶化。耶林的政治面目与言行国民党县党部已有所耳闻，为“山雨欲来风满楼”的险要形势所迫，他不得不作出出走的打算，曾一度失掉党的关系。

1929年 29岁

初春，耶林在文美女中校长徐焕滋资助下，又有好友李庭环的接济，经青岛乘轮船到上海去杭州，投考了林风眠新创办的杭州国立艺术院研究部，是杭州国立艺术院五位研究生之一，跟法籍教授克罗多和林风眠学油画。与李可染同窗共寝于西湖之滨的“善福庵”。

在该校与低年级同学于海、李岫石、汪占辉、刘芳松、陈铁耕、陈卓坤等，先后组织进步文学艺术社团“泼波社”“一八艺社”。耶林虽不是公开出面的主持人，却是上述社团的中心领导人。在杭州国立艺术院悄悄地点燃中国左翼美术的星星之火。

在杭州《国民日报》办副刊“泼波”，发表《新的认识》，提倡“普罗”文艺。

与学校反动当局斗争，打破国立艺术院“为艺术而艺术”的沉闷空气，再一次撒下了进步艺术的种子。

“善福庵”这座摇摇欲坠的破旧庵堂，成了他团结进步学生的处所，但他生活却极为贫困。同年，处女作小说《白沫》，在《新女性》杂志以零鱼笔名发表。

1930年 30岁

1月，在杭州国立艺术院传阅进步书刊，为浙江国民党省党部察觉逮捕，关在浙江省军人监狱中。

耶林在狱中组织同监进步难友继续传阅进步书刊，教唱《国际歌》，并争取下层狱吏的同情支持。

3月，因无确实“罪证”，经林风眠校长出面担保，保释出狱，恢复党的关系，即离开杭州到上海。

4月，住沪西区，与进步同学一起讨论文艺问题，向“左联”刊物《巴尔底山》以“菊华”化名，投寄《想对“左联”说的几句话》。不久，以中共党员的身份，参加“左联”为盟员。

5月，通过山东会馆所办的华北公学校长王宇澄（潍县人，文华学生，早期共青团员）的关系，在华北公学任教。

6月，与杭州国立艺术院被开除的同学李岫石、刘芳松以及新华艺专的马达（林扬波）等人住上海西门路一亭子间，组织“无名文艺社”，共同出版油印刊物《马达》。担任中共法南区区委宣传部长，并担任互济会部分领导工作，组织领导“飞行集会”，“散发传单”，“街头讲演”，发行《红旗日报》等活动。

7月，在“左联”领导下，与冯雪峰等人一起组织暑假学生文艺补习班，动员杭州国立艺术院学生胡一川等参加，并任学习班教员，主讲大众文学与艺术。组织杭州国立艺术院同学到上海举办版画展出。组织成立上海“一八艺社”，陈卓坤、江丰、黄山定等均参加。

在“左联”领导下发起组织“左翼美术家联盟”，是“美联”的党的领导人。

8月至12月，被调到杨浦工人区，组织工人罢工斗争。住松义路松义里，领导牙刷厂工人罢工斗争，归“上总”“上海反帝大同盟”统一领导。深入工厂，亲自做工人，为民众团体画宣传画，并以上海话写通俗文艺作品进行宣传。经常在党的机关刊物《文艺新闻》《红旗日报》《斗争》发表文章。

1931年 31岁

1月，中共中央“六届四中”全会后，中央领导成员发生变动，李立三为王明代替，原来搞工人运动的同志，也陆续进行了调整，耶林又开始过问文艺工作。由工人区搬出来，住闸北同济路九三弄九号“一八艺社”新址后楼亭子间。

引导“社联”“美联”部分成员，参加了中国革命性质的辩论，即反取消派的斗争。与“剧联”党团书记赵铭彝有联系，向赵传送过党内文件。与阳翰笙等共同领导“左联”党团工作。

3月，关心支持冯雪峰出版《前哨》，表示对“左联”牺牲的战友胡也频、白莽等怀念。与耶林有联系的“一八艺社”成员江丰等具体参与了这一工作，并介绍江丰给洪灵菲，参加“上海反帝大同盟”。

6月，发现“民族主义派”化名“左联A3”，写匿名信给中间刊物编辑部及著名学者，挑拨与“左联”的关系，及时建议“左联”组织在《文艺新闻》等刊物揭露反击。

10月，以个人名义写信给《北斗》杂志发表通讯，对当时尚未叛变的“左联”领导成员姚蓬子所写的《一幅剪影》《一侍女》的错误倾向提出尖锐批评。

11月，在《北斗》发表《村中》，受到左翼文艺理论家阿英的赞许，认为是左翼作家以反“围剿”为题材的唯一作品。

向冯雪峰介绍李岫石的理论文章。

写信给林风眠，并寄送苏联艺术理论书刊，争取林向“左”靠拢。

1932年 32岁

1月，“一·二八”事变爆发，积极参与组织领导上海市各界支持十九路军抗日斗争，进行反日斗争宣传工作。

为“上海反帝大同盟”所领导的《反帝画报》《民众画报》《慰劳画报》画过大量的宣传画。此画鲁迅先生有所保藏。也为苏区教科书画插图。

组织工人、市民、“左联”成员，积极参加支援十九路军抗日斗争，并亲自到前线采访，写了部分报告文学作品，刊登在地下油印和铅印的小报上。

3月，代表中共江苏省文委召开会议，组织“美联”恢复活动，建立“美联”党团，由于海、江丰、马达负责。指导成立“春地艺术社”，为“春地艺术社”撰写“宣言”，后在《文艺新闻》发表。“春地艺术社”作为“美联”的公开合法机关，艾青、力扬等均参加工作。

7月，“春地艺术社”被查封后，又支持陈卓坤、马达等在江湾成立“野风画会”，继续“美联”活动。

为丁玲《水》画插图，单独印刷出版。在大夏大学附中兼教篆刻课。

任“左联”党团书记，党内名字叶林，参加“文委”“文总”的领导工作，任中共中央文化工作委员会书记，简称“中央文委书记”，负责“文委”机关，指派周湘浦担任“文委”机关“内交”，周经常为耶林传递文件，寄递为党机关报所撰文稿，由法租界吴进收转。

哥哥张逸仙以“东北抗日义勇军”第11路军高级总参议身份，受命到南方寻求人力物力支持，到上海看望亲弟弟叶林。向党中央汇报哥哥的身份和来南方目的，党中央同意，派中央军委委员彭干臣与其哥哥见面交谈。其哥哥回到东北不久加入中国共产党，后到苏联在莫斯科红军情报学校学习，成为共产国际反法西斯战士，为东北抗日作出了贡献。

在上海梅白格路“文委”临时机关召开“文委”重要会议，中共中央张闻天参加，“文委”成员冯雪峰、沈志远与会。讨论“文艺界的统一战线”、“文艺大众化”等重大问题。

国民党政府宣布恢复中苏邦交，组织包括中间派小资产阶级革命著作家57人联名祝贺，发表《恢复中苏邦交致苏联电》，以耶林笔名签名于电末。此电体现了反“左联”的关门主义倾向，发表于12月《文学月报》5－6期合刊。

10月31日，在中共党的机关刊物《斗争》杂志，以笔名歌特发表《文艺战线上的关门主义》。其主要内容：1931至1932年，“左联”在批判“第三种人”时态度时有偏激，不利团结。中央文委领导人叶林为此发表《文艺战线上的关门主义》一文，帮助“左联”克服关门主义，批判“左”倾关门主义思想对革命危害，提出抗日民族统一战线的初步思想，确定了上海文艺界的统一战线的战略方针，做出了不可磨灭的历史贡献。

1932年11月18日，在中共中央机关刊物《斗争》杂志第31期，以笔名歌特发表《论我们的宣传鼓动工作》。其主要内容：对我党在上海文化界宣传鼓动工作的特点、现状、方法进行了深刻的分析和阐释，批评了当时文化界宣传工作存在的问题，对党在宣传工作中的发展进步有着实际的指导意义，是中国共产党思想宣传领域上的一篇重要文献。

1932年11月18日，《斗争》第33期，转载1932年12月10日《红旗日报》第53期，以笔名歌特发表《在走向粉碎四次“围剿”的路上》。这篇文章是叶林在上海以歌特笔名写的，其主要内容是广大苏区根据地面对国民党四次“围剿”，红军取得胜利的论述，文章揭露了国民党蒋介石的造谣生事，对国统区人民压榨，和国民党的内部矛盾。叙述了工农红军坚决执行党中央关于四次“反围剿”的决议，粉碎了帝国主义国民党四次“围剿”以及帝国主义直接干涉。号召全苏区工农群众联合起来，不怕牺牲，在共产党的领导下团结战斗，扩大苏区，扩大红军，争取更大的胜利。但是，也指出了在胜利和困难面前，对当前的形势有一个清醒的认识，不要犯右倾机会主义和“左”的所谓盲动主义与关门主义，在粉碎四次“围剿”路上走向更大的胜利。

12月冬，奉江西瑞金苏区中央调令，赴中央苏区。当时前后去闽浙赣苏区的“左联”成员共有20余人，经杭州、安徽屯溪进入闽浙赣苏区，后因去瑞金道路受国民党军队围剿红军阻碍，滞留横峰葛源。

1932年12月11日，经中华苏维埃共和国临时中央政府批准，“赣东北省苏维埃政府”改称为“闽浙赣省苏维埃政府”。到达闽浙赣苏区根据地葛源，由于去瑞金道路受阻，留在葛源，方志敏委任具体负责闽浙赣苏区根据地文化教育宣传工作。

1933年 33岁

1月，作为省苏负责文化教育宣传的领导人，指导闽浙赣省画室成立，与画室主任彭友仁及画室工作人员一起，为苏区报刊绘制插图、画组画，为壁报上绘制壁画和书写标语。用白竹布前后绘制了三百多幅时事宣传画，随剧团流动展出，经常随剧团为前线红军战士演出等。这一经验得到中央苏维埃政府的肯定和赞扬，《红色中华》报对此事做了详细报道和高度的评价。

1月，主持修建红色广场（闽浙赣省红场）。

3月2日，主持《工农读本》编辑工作，高质量完成《工农读本》第四册，由省苏文化部刻印，省苏文化部发行，省县消费合作社出售。

3月10日，在闽浙赣苏维埃政府机关报《工农报》第7期，发表社论题为《用实际工作来拥护全省苏维埃代表大会》的文章，文中号召省苏工、农、商、学、兵积极行动起来，努力工作，争取同国民党军队的斗争胜利，以实际行动迎接全省第二次工农兵代表大会的伟大日子到来。

3月23日，闽浙赣省苏维埃第二次工农兵代表大会在江西葛源召开，方志敏、汪金祥、徐大妹、叶林等12人被选为主席团成员。方志敏继续被选为闽浙赣省苏维埃政府主席，耶林被选为闽浙赣省苏维埃政府执委会委员、闽浙赣苏维埃政府文化部长，具体负责闽浙赣苏区文化教育宣传工作。

3月23日，大会上通过了叶林讲话所作的第二次闽浙赣省苏大会《文化工作决议案》的报告，其主要内容：规定文化教育的总方针是加深群众阶级的政治的教育，提高群众对革命战争的热情及争取战争胜利的信心与决心。

4月24日，叶林以闽浙赣省苏维埃政府文化部名义编写闽浙赣省文化部《怎样建立壁报》宣传手册，内容有壁报的作用建立和编辑，壁报的材料和文字。

6月17日，叶林在省苏文化部各级文化部大会上作《闽浙赣省苏维埃文化部关于识字的工作》的讲话，指出：“识字工作是文化工作的基础，由于群众识字少，文化水平低，有许多作为战斗武器的文化部门，为社会科学、文学艺术无法开展，那怕是最通俗的作品也没有鉴赏力，因此在目前扫除文盲是文化工作最紧迫的。”

6月24日，在省苏文化部大会上通过叶林所作的《闽浙赣省苏维埃教育部关于七、八两月文化教育工作的突击计划——第二次教育部部长及直属区教育部长联会决议》。主要提出，在这两个月内应建立乡俱乐部357所，俱乐部应完成如下工作，演戏4次，读报8次，演说竞赛2次，晚会4次，壁报8期，活报剧公演2次，泅水比赛2次。

7月12日，在省苏宣传工作大会上通过叶林作《怎样去领导俱乐部列宁室工作》的报告，强调党如何教育群众，提高群众政治文化水平的场所，是扩大党的政治影响的重要工具之一。主持俱乐部列宁室工作一定要落实抓实，搞好党和红军的宣传工作。

7月17日，在部队、工厂都成立了“红角”剧团，闽浙赣省苏工农剧团撤销原建制，分别成立工农剧团一团、二团，不足人员由卢森堡妇女训练团补充。

1933年，在省苏文化部壁报展览会上展出叶林的《闽浙赣全省壁报展览会总结》。

其主要内容，在担任文化部长期间，省苏的教育文化方面的文告、通告、工作计划、决议都出自叶林之手，在列宁师范学校兼政治课和图画课，培养了苏区教育方面的人才，如黄知真、陈冬玉等人，领导推动闽浙赣苏区文化教育事业的发展，使闽浙赣苏区文教事业有突飞猛进的发展。列宁小学遍及省苏，还组织了妇女识字班，开展扫盲活动，普遍建立俱乐部列宁室，开展新戏运动和各种不同项目的竞赛活动，群众文化事业极为兴旺，学校教育网更加完善。在《红色东北报》、《工农报》等报刊发表文章以及《春耕组画》等通俗画稿，搜集整理了许多民间歌谣。

与方志敏经常到列宁师范学校作报告，并兼任共产主义学校校长，亲自上课。

1934年　34岁

11月，方志敏奉中共中央中央革命军事委员会命令，亲自率领红十军北上抗日，叶林留在根据地坚持游击斗争。

1935年初　35岁

横峰县城已被国民党军队占领，形势十分紧张。某一天，他在葛源赶作一幅宣传画，这幅画还没有画完，秘密来人逮捕了他。在逮捕时，他对来人表示，要求将这幅画画完再跟你们去，因为这幅画对于鼓舞斗志、坚持游击是大有益处的。当天，曾洪易（1935年5月后投敌叛变）把他当作“反革命分子”秘密杀害，牺牲在葛源附近的山上。

2019年11月21日

（原载《昌潍师专学报（社会科学版）》1987年第1期，本集收录时有重大修改）

耶林著作及研究资料编目

张以谦 张列力

一、著作

1.短篇小说

《白沫》，笔名零鱼，载《新女性》1929年第4卷第2号。

《村中》，笔名耶林，载《北斗》1931年第1卷第4期。

《月台上》，笔名耶灵，载《文学月报》第1卷第4期。

《开辟》，笔名耶林，载《文学月报》1932年第1卷第5－6期合刊。

《晚潮》，遗作，发表于《海鸥》1980年第7期。

《白骨塔》，遗作，有手稿。

另有《别墅》、《差不多》、《上海方言小说》、《菊花》等四篇，只有篇目，尚未查到原稿及出处。

2.信稿及评论散文

《新的认识》，载《泼波》1929年创刊号（杭州国立艺术院《泼波》期刊，原刊尚未找到）。

《想对“左联”说的几句话》，笔名菊华，载《巴尔底山》旬刊1930年第1卷第2－3号合刊。

《给丁玲的四封信》，载《新文学史料》1980年第1辑。

《读者通讯——致北斗编者》，署名“读者之一”，原载《北斗》1931年第1卷第4期。

《春地美术研究所成立宣言》，载《上海新闻》1932年5月26日。

《到火线上去》，载1932年3月5日《文艺新闻·烽火》。

《前线一瞥》，载《文艺新闻·烽火》1932年2月13－14日。

《怎样去反对国民党黄色工会》，载《红旗日报》第25期1931年12月2日。

《谈谈工厂小报和群众报纸》，载《红旗日报》第31期1932年3月11日。

《开展群众的斗争来回答白色恐怖》，载《红旗日报》第53期1932年12月10日。

《文艺战线的关门主义》，笔名歌特，载中国共产党中央机关报《斗争》杂志第30期1932年11月3日。

《论我们的宣传鼓动工作》，笔名歌特，载中国共产党中央机关报《斗争》杂志第31期1932年11月18日。

《在走向粉碎四次“围剿”的路上》，笔名歌特，载中国共产党中央机关报《斗争》杂志第31期1932年11月18日。转载1932年12月10日《红旗日报》第53期。

3.画稿及其他手迹

《两个农民》，素描两幅，作于1926年以前，原稿存上海革命历史博物馆。

《反帝组画》，载1932年上海民众反日会印《民众画报》第8期，现存北京、上海“鲁迅纪念馆”。

《春耕组画》，载1934年闽浙赣苏区《红色东北报》，现与其他画稿一起存江西省上饶博物馆。

两幅第二次国内革命战争时期闽浙赣苏区宣传漫画，白竹布，由闽浙赣省委文化部绘制。

丁玲中篇小说《水》插图，1932年“野风画会”锌版小册子，约30幅，已散失。

《上海工人罢工钢笔连环画》，1930年初锌版制图。

条幅，1926年9月8日笔录李白诗二首抒怀，墨迹。

自刻图章拓片。

自刻名字“鹤眺自选”四字拓片。

自刻“解衣盘博”四字拓片。

刻赠亲属“张笛心”篆刻图章一枚，有实物。

自编《白话文尺犊》手抄本一本，1921年在家乡任小学校长时自编。原稿现存上海革命历史博物馆。

4.诗稿

《学步集》，旧体诗，现仅存《序言》一篇与“解端”题赠诗一首，手迹现存上海“一大纪念馆”。

《伪乐府诗一首》，见《新文学史料》1980年第2辑，《耶林同志生平》引录。

《秋荷诗》，乐府民歌体叙事诗，原稿解放后散佚，仅有残篇。

《咏蜘蛛》，新诗，见短篇小说《白骨塔》引录（未发表手稿）。

新诗二首：《将来》笔名瑗霖，载天津《大公报》1930年3月22日第15版《小公园》文学园地第796号。

《习作旧体诗》，手抄本一本，“文革”期间张以谦先生在上海体育学院工作时，被学生张某强行拿走，至今尚无下落。

二、研究资料

《忆张眺同志》，江丰，载《山东文学》1980年第9期。

《给丁玲的四封信》发表时的《附记》，丁玲，载《新文学史料》1980年第1辑。

《引路的先驱者》，于寄愚，载《中国现代文艺资料丛刊》1980年4月第5辑。

《怀念张眺同志》，胡一川，载《美术》1980年第4期。

《忆张眺同学》，李可染，载《西湖》月刊1980年第5期。

《悼张眺诗》，王绍洛，载《文汇增刊》1980年第3期。

《云天寄怀思》，刘芳松，载《新文学史料》1982年第3期。

《望天涯·想亲人——怀念九叔张鹤眺》，张笛心，载昌潍师专《教学研究》1980年第2期。

《忆叔父张灵芝（耶林）》，张以让，载昌潍师专《教学研究》1980年第2期。

《论现阶段文学》，周扬，原载《光明》1936年第1卷第35期。

《1931年文坛回顾》，钱杏邨，《中国现代出版史料乙编》。

《中国现代文学史略》，丁易，人民文学出版社1954年出版。

《耶林》，胡风，载《密云期风习小纪》，香港海燕出版社1938年出版。

《失踪的零鱼》，野邨，载《青年文化》，1935年第3卷第2期。

《“左联”成立的经过》，阳翰笙，载1980年《文学评论》。

《历史的借鉴》，于海，载《美术》1980年4期。

《画坛十年》，汪海，载1935年《天津庸报》。

《美术生活的轮廓》，汪占非，载《抗大学刊》1941年第35期。

《关于张眺的三封信》，林风眠、李可染、汪占辉，载《中国现代文艺资料丛刊》1980年第5辑。

《谈“一八艺社”和“春地画会”》，江丰，载上海师大编《鲁迅研究资料》。

《谈“一八艺社”和木刻运动》，胡一川，载上海师大编《鲁迅研究资料》。

《中国左翼作家联盟简况》，张大明，载《新文学史料》1980年第1辑。

《耶林同志的生平》，张以谦，载《新文学史料》1980年第2辑。

《关于给丁玲四封信补正》，张以谦，载《新文学史料》1980年第3辑

《耶林同志“左联”前后文学创作介绍》，张以谦，载《山东师院学报》1980年第2期。

《寄语海外—记30年代林风眠先生与克罗多教授的一段事迹》，张以谦，载香港《文汇报》1980年4月15日。

《“左联”的一桩公案——姚蓬子对张眺（耶林）的宿怨》，张以谦，载香港《文汇报》1980年7月10日－11日。

《耶林》，见《中国现代文学简明辞典》，山东师范大学冯光廉等编，山东教育出版社1987年出版。

《林风眠与“一八艺社”》，张以谦，载香港《文汇报》1980年11月24日。

《李可染为什么画牛》，张以谦，载香港《文汇报》1981年1月17日。

《我终于真正知道胡风》，张以谦，载香港《文汇报》1981年1月26日。

《冯雪峰的脾气》，张以谦，载香港《文汇报》1982年2月16日。

《一八艺社纪念集——我国近代美术史珍贵文献资料》，张以谦，载香港《文汇报》1982年3月31日。

《李可染苦学国立艺专》，张以谦，载杭州《西湖》文学月刊1983年11月。

《"善福庵"小记》，张石邻，载《西湖》1984年第6期。

《崂山书简》，冠西，载《西湖》1983年第12期。

《林风眠与国立艺术院》，张以谦，载《西湖》1982年第10期。

《中国现代文学史》，田仲济、孙昌熙，山东文艺出版社1985年出版。

《中国现代小说史》，田仲济、孙昌熙，山东文艺出版社1985年出版。

《胡风评论集》，胡风，人民文学出版社1985年出版。

《忆叶林同志》，赵平，载《新文学史料》1984年第2期。

《"射虎者"子孙的往事》，张石邻，载《西湖》文学月刊。

《革命先烈有"二张"》，韩征文，载《大众月报》1987年10月24日。

《左联盟员谈"左联"》，刘芳松等，载《中国现代文艺资料丛刊》1981年第6期。

《方志敏传》，方志敏传编写组编，江西人民出版社1982年出版。

《艺术摇篮——浙江美术学院六十年》，浙江美术学院出版社1988年出版。

《艺苑星火——中共中国美术学院党史资料（1927年－1949年）》，中共中国美术学院党史资料编委会，浙江美术学院出版社2003年出版。

《我参加苏联红军情报部的经过（摘要）》，张逸仙，载《大连党史资料通讯》（增刊）1983年12月1日。

《潍县志 人物篇》，山东省潍坊市寒亭区史志办公室，1986年4月。

《中国共产党闽浙皖赣革命根据地组织史资料》，中共江西省上饶地区组织史办公室编，1987年3月。

《六十年文艺大事记》，1979年10月四届文代会筹备组起草组文化部文学艺术研究所理论政策研究室。

《耶林纪念文集》，张以谦主编，山东文艺出版社1988年出版。

《"左联"回忆片断》，刘芳松，《"左联"纪念集》，"左联"纪念馆、鲁迅纪念馆，作家出版社1990年出版。

《鲁迅先生与"一八艺社"》，江丰，《美术》1979年第1、2期。

《鲁迅是中国左翼美术运动的旗手》，江丰，《美术》1980年第3期。

《一位真正的艺术家（1981年11月2日在林风眠艺术研讨会上的发言）》，李可染，《美术》1990年第3期。

《中国现代作家丛书》，李志强主编，北京十月文艺出版社1990年出版。

《西湖边上两兄弟》，台湾《中国时报》1993年7月31日。

《李可染传》，陕西人民美术出版社1994年出版。

《左联词典》，姚辛，光明日报出版社1994年出版。

《二十世纪中国著名女作家传》，阎纯德主编，中国文联出版社1995年出版。

《闽浙赣苏区革命文化史料汇编》，江西、福建、浙江文化厅革命文化史料征集工作委员会编，江西人民出版社1997年出版。

《闽浙赣湘鄂苏区革命文化纪事·人物录》，福建、浙江、江西、湖南、湖北省文化厅革命文化史料征集工作委员会编，1997年出版。

《往事苍老》，李辉，花城出版社1998年出版。

《左联画史》，姚辛，光明日报出版社1998年12月出版。

《林风眠传》，郑重，东方出版中心1999年出版。

《关于歌特化名考证——与萧杨先生商榷》，张以谦，2000年4月《昌潍师专学报》第4期。

《歌特是谁——关于“歌特”化名考证与程中原先生商榷》，张以谦、杨富康、张列力。

《方志敏狱中文稿转送至上海渠道和源头信息提供者的确认》，张以谦、杨富康、张列力。

《周扬印象记》，张以谦，《北方论丛》2003年5月第5期。

《丁玲给我的三封信》，张以谦，《上海滩》2003年2月第7期。

《怀革命文艺工作者——诗人力扬》，季嘉。

《左进亮红色收藏》，左玮编，中国国际文化出版社2009年出版。

《关于两幅幽默漫画作者的考证》，张列力。

《方志敏》，陈抚生、陈家鹦，江西人民出版社2017年出版。

《红旗日报》，中共中央委员会机关报，1931年3月9日创刊，1934年3月1日终刊（共出64期，附刊13期）。

《江西苏区教育资料汇编》（1927年至1937年）共计8册，赣南师范学院苏区教育研究室编，江西高校出版社出版。

《一位被淡忘的左翼文化运动党内优秀的组织者和领导者耶林》，张列力。

《耶林（张眺，叶林）在苏区革命文化活动查访考证》，张列力、张建九。

《浅论叶林（张眺、耶林）对闽浙赣苏区文化建设的贡献》，张列力。

《叶林（张眺、耶林）在闽浙赣苏区革命活动追寻记》，张列力。

（本集收录的资料有增加）

后记

历史无声无言，却诉说着一切，记载着一切。

历史是由人创造的，没有人根本没有历史可言。所以，人是历史发展的中心，历史发展的动力。历史的巨轮，正是汇聚“无数个的人”（即人民）的力量，滚滚向前推进。

虽然，芸芸众生对于整个人类历史的发展都有或大或小的不同贡献，但是在历史发展中，不容讳言，某些人群团体，或某些个人往往是历史发展的主导力量。近百多年来，在中华民族的历史发展中，中国共产党就是历史的主导力量。在创立和建立中华人民共和国的历史发展中，更显示出中国共产党在实现中华民族伟大复兴事业中，是领导的核心力量。自1921年中国共产党诞生以来，一代代共产党人以坚定的马克思主义本土化的理念和信仰，践行着党的宗旨和奋斗目标，不断强大地显示出中华民族之所以屹立在人类历史舞台，共产党人的理念和信仰是万古奔流的精神支柱和不巧的精神力量。

在中国新文化运动发展历史中，中国左翼文化运动，是中国共产党领导的无产阶级文化战线的重要阵地，代表着先进文化的前进方向，引领了中国新文化发展之路。中国左翼文化运动的历史犹如一幅波澜壮阔的画卷，以鲁迅为旗手的左翼文化运动，其中参与就有“左联”、“美联”、“剧联”、“社联”和“文总”等许多大大小小的社团组织，涉及文学、美术、语言、新闻、教育界等诸多文化领域，有许多作家、画家、剧作家、文艺理论、音乐家、导演、演员和记者等，以及一大批进步学生和青年，尤其是地下党骨干分子领导的党团组织，以半公开和保密的方式，活跃在战斗前沿，这其中蕴含着共产党人的无限政治智慧和文化历史密码，更是不啻为左翼文化运动的核心。

然而，在中国左翼文化运动历史中，鲜为人知的耶林，不仅是在初期就投身左翼文化运动的共产党人，更是左翼文化运动的组织者和领导人之一。何因，其知名度不彰，影响力不显。其根本原因，在耶林奉党中央命令赴中央苏区（江西瑞金），途困滞留闽浙赣苏区前，他自始至终战斗在党的隐蔽战线的领导岗位上。

2020年是“左联”成立90周年。我们遵照前辈张以谦先生的意愿，与“中国左翼作家联盟成立大会会址纪念馆”合作的《耶林文集与研究》问世了。在合作出版过程中，我们得到了“中国左翼作家联盟成立大会会址纪念馆”的大力支持和许多帮助，在此我向何瑛馆长、葛玮副馆长和资料部顾良辉主任，表示衷心的感谢！

张以谦先生是研究耶林的奠基人，当年由于历史条件和其他因素的限制，他的研究受到较大的难以预见的制约，但还是出版了《耶林纪念文集》，取得了研究耶林的初步成果。这与20世纪20年代末至20世纪30年代初，与耶林一起战斗过的周扬、阳翰笙等20多位革命战友的鼎力支持分不开的。在此我们怀着十分崇敬的心情，向这些老一辈的革命同志致以崇高的敬礼！

耶林，这位早期共产党人，牺牲时仅有35岁。1933年初，他奉命赴江西瑞金中央苏区前，在杭州、上海一直战斗在党的隐蔽战线的领导岗位上，投入左翼文化运动，参与党的领导工作，活跃在党的各项革命活动中。隐蔽就是不显露，秘密而不能公开，这决定了耶林其人的“神密”色彩。故而，耶林的显示信息资料不多，知晓他的人也不多见。随着社会的不断发展和进步，历史资料的解密，研究历史成果的不断发现，我们在前辈研究考证的基础上，沿着耶林革命活动的足迹，近年来在山东、浙江、福建、江西和上海等地，实地考察和访谈，收集材料，撰写研究论文，有了颇丰的收获，不仅进一步印证了个别已有的研究的收获，而且有了研究的新认识和新启发，为深入研究耶林开阔了思路。

《耶林文集与研究》收集了近30年来研究的成果，本书新增的内容有两大部分。

第一部分：1.在中共中央机关报《斗争》和《红旗日报》刊登署名“歌特”的三篇文章，经过考证进一步认为“歌特”的文章出自耶林之手。歌特此三篇文章和耶林在《红旗日报》上发表的其他若干篇文章此次收入在本书内。2.根据一百多封20世纪30年代与耶林共同战斗的老战友和同学与张以谦先生信件往来中，佐证了阳翰笙的明说“耶林是‘左联’党团书记”，佐证了周扬说的，“耶林是他的上级领导”。从而，进一步印证了耶林是上海文艺界党内的领导人，曾担任过中央文委书记。3.耶林是名副其实的中国左翼“美术”和“作家”联盟乃至整个左翼文化运动的组织者和领导人。

第二部分：耶林在江西苏区（闽浙赣）任文化教育部长，与方志敏主席共同建设苏区文化教育宣传事业。本书收录了耶林在苏区所写的文化教育论文、报告、专题指导文章和教科书的部分内容，在苏区根据创作的画作也有收纳。同时，又一次确认了耶林牺牲的时间和地点。对耶林的年谱作了必要修改，证实了耶林在中国“左翼文化运动”和“闽浙赣苏区”文化教育革命活动中的地位和功绩，详实的史料载明了耶林为无产阶级革命和文化建设作出的重要贡献。另外，我们有一个重要的研究成果是“方志敏狱中文稿转送至上海渠道和源头信息提供者的确认。”

在编辑本书过程中，在此我们要首先感谢张以让和吴微两位老前辈、老教授的支持和帮助。其次，我们要向江西横峰县党史办主任邱贵红、上饶博物馆馆长江进民和上饶美术馆馆长潘旭辉表示感谢！他们为出版本书提供了不少重要资料。同时，还要感谢横峰县党史办孙军老师的鼎力相助。

最后，我们要特别说明的是在《耶林文集与研究》编辑过程中，张列力的大学学兄杨富康先生，为本书的策划、编辑、修改、内容编排和统稿等方面做了大量的工作，不仅提出了指导性意见，而且潜心深入研究和撰写研究文章，为本书的编辑出版付出了无私且可贵的真诚和精力。在此，我们要向杨富康先生表示衷心的感谢和敬意！

《耶林文集与研究》的出版，是在前辈研究的基础上延伸和发展，经我们同心合力深入考证研究，编辑成书。虽然本书中有个别观点与“左联会址纪念馆”观点相左，值得商榷，有待我们进一步深入探讨研究。

本书中定有不足之处，敬请读者批评指正。

杨富康 张列力

2020年1月3日

图书在版编目(CIP)数据

耶林文集与研究 / 中国左翼作家联盟成立大会会址纪念馆，张以谦编. -- 上海 : 上海辞书出版社，2020
ISBN 978-7-5326-5677-6

Ⅰ. ①耶… Ⅱ. ①中… ②张… Ⅲ. ①耶林（1901-1934）-文学研究②耶林（1901-1934）-人物研究 Ⅳ. ①I206.6②K825.6-53

中国版本图书馆CIP数据核字(2020)第229776号

耶林文集与研究

中国左翼作家联盟成立大会会址纪念馆　张以谦 编

责任编辑　陆琦杨
装帧设计　蔡伟平　张列力

出版发行　上海世纪出版集团
　　　　　上海辞书出版社（www.cishu.com.cn）
地　　址　上海市陕西北路457号(邮编 200040)
印　　刷　上海华教印务有限公司
开　　本　787×1092毫米　1/16
印　　张　20.25
字　　数　464 000
版　　次　2020年12月第1版　2020年12月第1次印刷
书　　号　ISBN 978-7-5326-5677-6/K·1160
定　　价　98.00元